KB111160

Theories of
SOCIAL WORK
P|R|A|C|T|I|C|E

사회복지
실천론

전남련 이재선 정명희 김치건
최흥성 오영식 홍성휘 김연옥

圖書出版 오래

▪ 머 리 말 ▪

현대 사회는 급속한 사회변화와 함께 다양한 사회문제, 사회구성원들의 다양한 복지 욕구가 나타나고 있기 때문에 사회복지실천의 영역과 범위도 점점 넓어지고 다양해지고 있다.

1999년 사회복지사업법이 개정되면서 사회복지사자격 국가시험제도를 도입함에 따라 사회복지 실천론은 사회복지사 자격을 취득하기 위한 국가시험 필수과목이자 사회복지방법론교육을 위한 가장 기본적인 과목이 되었다. 국민들의 다양한 사회문제와 복지욕구의 증가로 사회복지 전문인력의 수요가 양적으로 증대되고 있으며 사회복지 전공자들의 체계적이고 전문적인 교육이 요구되어짐에 따라 2003년부터 사회복지사 1급 자격취득을 위한 국가시험이 시행되었다. 이는 사회복지사의 자질향상과 전문성을 사회로부터 인정받고, 전문가로서의 자리를 확고히 할 수 있는 계기가 되었다고 할 수 있다.

이 책은 사회복지사 1급 시험을 준비하고 있는 수험생에게 도움이 될 수 있도록 각 장별로 연구문제와 기출문제를 수록하였기 때문에 사회복지사 1급 시험을 준비하는 학생들에게는 좋은 지침이 되리라 본다.

이 책은 총 11장으로 구성되어 있다. 제 1 장은 사회복지실천의 이해, 제 2 장은 사회복지실천의 가치와 윤리, 제 3 장은 사회복지실천의 변천사, 제 4 장은 사회복지실천의 관점, 제 5 장은 사회복지실천의 관계론, 제 6 장은 사회복지실천을 위한 면접과 의사소통기술, 제 7 장은 사회복지실천을 위한 기록방법, 제 8 장은 사회복지실천과정, 제 9 장은 사회복지실천 접근방법, 제10장은 사례관리, 제11장에는 사회복지실천모델의 종류를 소개하였다. 공저자 나름대로 최선을 다해 책을 구성하고자 하였으나, 지면상의 문제로 사회복지실천분야의 사례를 자세히 설명하지 못한 점 등 여러 가지 면에서 미흡한 점이 많다. 독자 여러분의 서슴없는 비판과 아울러 지속적 조언을 기대한다.

이 책이 출판될 수 있었던 것은 훌륭한 연구원들을 만나게 하신 하나님의 크신 은혜이며 글로벌 멘토링 연구회 회원들의 지속적인 관심과 배려 덕분이다.

책이 출판되기까지 물심양면으로 헌신해 주신 공저자 여러분과 사례관리의 사례를 제공해 주신 이재선 관장님, 원고정리를 해 준 이여선, 이정은 조교, 기출문제를 일일이 정리해 준 박지민 조교에게 깊은 감사를 드린다.

또한 이 책을 출판해 주신 오래출판사의 황인욱 대표님과 편집부 직원 여러분에게도 지면을 빌어 감사를 드린다.

여러모로 부족하지만 이 한권의 책이 사회복지학을 공부하는 모든 분들께 좋은 지침이 되길 간절히 바란다.

2011년 7월
글로벌 멘토링 연구소에서
저자대표 전남련

제 2 장 사회복지실천의 가치와 윤리

02부　사회복지실천의 과정

Theories of Social Work Practice

제 5 장　사회복지실천 관계론

제 9 장 사회복지실천 접근방법

03부   사회복지실천의 모델

Theories of Social Work Practice

제11장   사회복지실천모델의 종류

PART 01

사회복지실천의 개관

제1절 사회복지실천의 개념

1. 사회복지실천의 정의

사회복지실천이란 영어로는 'social work practice' [1]라고 번역되며 사회복지실천은 인간의 삶의 질 향상을 위해 개인, 가족, 집단, 지역사회를 대상으로 사회복지사가 그들의 사회적 기능을 원활히 수행하기 위해 클라이언트의 강점을 살려 그들의 욕구와 문제를 스스로 해결해 나갈 수 있도록 도와주는 종합적·체계적·전문적인 활동이다(이종복 외, 2006 : 18-19).

그러나 사회복지실천을 누구나 이해하기 쉽고 구체적이고 간결하게 정의를 내리는 것은 쉽지 않다. 왜냐하면 사회복지실천의 기능, 사회복지실천의 과

---

1) 'social work practice' 란 우리말로 번역하면 사회사업실천이라고 할 수 있으나 최근 우리나라에서 '사회사업' 을 '사회복지' 의 개념으로 사용하고 있어 이 책에서도 '사회사업실천' 을 '사회복지실천' 이라는 용어로 사용한다. 우리나라에서 사회사업(social work)을 사회복지로 바꾸어 사용하게 된 것은 1976년 한국사회사업대학협의회의 워크숍에서 공식적으로 논의한 후 사회사업학과를 사회복지학과로 명칭을 변경하게 되면서부터 보편화된 것으로 볼 수 있다.

정에 대해 분명한 정의를 내리지 못하고 있으며 실천방법과 장면들이 다양하여 모든 내용을 포괄하여 정의 내리기가 쉽지 않기 때문이다(Morales & Sheafor, 1980 : 17).

우리나라에서 사회복지실천은 1998년 사회복지사업법 시행령 및 시행규칙 개정 당시 한국사회복지사협회가 사회복지사업법의 개정과 더불어 2003년부터 사회복지사 자격취득 국가시험제도를 도입하게 되어 기존의 개별사회사업(개별지도)과 집단사회사업(집단지도)이 없어지고 사회복지실천론과 사회복지실천기술론으로 변경한 2000년부터 사회복지실천이라는 말을 공식적으로 사용하게 된다(전재일 외, 2004 : 17).

사회복지실천에 대한 개념은 사회복지가 발달하던 초기에는 개인이나 개인의 성격변화에 초점을 둔 정의가 대부분이었다. Richmond는 사회복지실천을 "개인 대 개인 및 인간과 사회환경 간에 적응하는 능력을 갖도록 성격을 발달시키는 과정(Those processes which develop personality through adjustments consciously effected, individual by individual, between men and their social environment)"으로 보았다(Richmond, 1922 : 98). 그러나 1949년 Bower(1949 : 317)가 사회복지실천의 정의를 클라이언트와 환경 사이에 조화를 이루도록 지역사회 내의 자원과 클라이언트 개인의 능력을 최대한 동원하는 지식과 기술로 정의하면서 개인이나 개인의 성격을 벗어나 지역사회의 자원을 강조하는 정의로 변화되었다.

사회복지실천에 대한 포괄적 정의가 내려지게 된 것은 1950년대 후반부터 사회복지방법에서 사회복지사가 수행하는 공통적 역할과 요소가 있다는 점에 착안하여 사회복지통합방법2)이 나오게 되면서부터이다.

Boehem(1958)은 사회복지실천으로서 사회복지를 기존의 개인중심 정의에서 보다 포괄적으로 다음과 같이 정의하였다.

"사회복지는 개인이 단독으로 또는 집단 내에서 그의 사회적 기능을 강화시켜 주기 위한 하나의 모색이다. 사회적 기능의 강화는 인간과 환경과의 상호작

---

2) 사회복지실천의 통합적 방법이란 사회복지사가 개인, 집단, 지역사회에서 제기되는 사회문제에 활용할 수 있는 공통된 하나의 원리나 개념을 제공하는 '방법의 통합화'를 의미한다. 즉, 통합적 방법이란 전통적 방법의 전부 또는 일부를 조합해서 교육함으로써 한 명의 사회복지사가 복수의 방법을 통합적으로 사용하여 클라이언트에게 개입할 수 있도록 하고자 하는 것이다.

용으로 이루어지는 상호관계에 중점을 두는 활동으로서 개인의 능력을 회복시켜 주는 활동, 개인과 사회자원을 보충시켜 주는 일, 개인의 역기능을 예방하는 기능이다."

Boehem에 따르면 사회복지를 일련의 계획된 변화활동을 통해 개인, 집단, 지역사회의 사회적 기능을 향상시키는 도구적 전문직으로 보고 전문적 지식과 기술을 강조하면서 인간과 환경 사이의 상호작용을 구성하고 있는 사회적 관계형성에 초점을 두고 손상된 능력의 재활, 개인적 또는 사회적 자원의 제공, 사회적 역기능의 예방을 포함한다.

그러나 사회복지실천에 관한 공식적인 최초의 작업적 정의는 1958년 미국의 사회복지사협회에 의해 내려졌다. 미국의 사회복지사협회는 가치, 목적, 사회적 승인, 지식, 방법론의 집합적 영역에서 사회복지실천의 작업적 정의를 내릴 수 있다고 하였다(NASW, 1958 : 344 ; 양옥경 외, 2005 : 28).

1958년 미국의 사회복지사협회는 사회복지실천의 개념을 다음과 같이 세 가지에 목적을 둠으로써 1930년대 사회복지의 제3의 방법으로 수용되었던 지역사회조직사업이 사회복지실천개념에 분명한 위치를 차지하게 되었다(NASW, 1958 : 5-6).

첫째, 개인과 집단이 환경 간에 불균형상태가 일어났을 때 문제를 정확히 발견하여 그 정도를 경감시키거나 해결할 수 있도록 도와주는 일이다.

둘째, 개인 또는 집단과 환경 간의 상호작용 과정에서 발생할 수 있는 잠재적 문제를 확인함으로써 양자 간에 불균형상태가 발생하는 것을 사전에 예방한다.

셋째, 개인과 집단과 지역사회 내의 잠재력을 찾아내고 확인하며 이를 강화시켜 준다.

앞의 정의에서 살펴본 Boehem과 미국사회복지사협회(NASW)의 정의는 사회복지실천의 통합적 방법을 활성화시키는 중요한 계기가 되었다고 볼 수 있다.

Pincus와 Minahan은 사회복지실천을 사람과 자원체계 간의 연결(linkage)과 상호관계(interaction)라고 정의하였으며, 미국의 사회복지사협회(NASW)는 1973년에 사회복지실천은 "개인, 집단, 지역사회가 사회적 기능(social function)을 향상시킬 수 있는 자신들의 능력을 회복하거나 증진시키고, 그들의 목표달성을 위한 사회적 조건을 창조할 수 있도록 도와주는 전문적 활동(Social work is the professional activity of helping individuals, groups, or communities to enhance or restore their capacity for social functioning and to create societal conditions favorable to their goals)" (NASW, 1974 : 4-5)이라고 정의하여 개인, 집단, 지역사회의 사회기능향상 및 회복을 돕는 역할을 강조하면서 최초로 사회복지실천이 전문직이라는 것을 강조하였다.

1977년과 1981년 2차례에 걸쳐 미국 사회복지사협회는 사회복지실천의 정의, 목적, 승인, 지식, 가치, 특성화에 대해 공식적 입장을 표명하는 글을 발표하면서 사회복지실천의 정의를 재정립하고자 하였다. 즉, "사회복지실천은 인간의 삶의 질 향상을 위해 사람과 사회적 조직체가 사람들의 심리사회적 기능(Psychosocial functioning)이 향상되도록 행동을 변화시키는 전문적 활동으로 무장된 체계"라고 정의를 내렸다(Alexander, 1977 : 413).

개인과 사회환경과의 상호작용에 초점을 두면서 삶의 질 향상을 목적으로 하고 있는 1977년의 NASW 정의는 이전의 정의에 비해 상당히 발전된 것으로 사회복지의 사회통제(social control), 사회개혁(social reform)의 기능이 보완된 것이라 할 수 있다(양옥경 외, 2005 : 29).

1980년대 이후부터 협회는 사회복지실천의 목적을 명료화하기 시작하였다. 1994년의 정의는 사회복지실천을 "인간복지(human well-being)의 향상, 빈곤과 억압의 경감, 그리고 최상의 삶의 질 향상을 위해 업무를 수행하는 전문직" (Dolgoff et al., 1997 : 318)이라고 하여 삶의 질 향상과 전문성을 강조하고 있다.

양옥경 등(2005 : 30)은 사회복지실천을 사람의 삶의 질 향상을 위해 개인, 소집단, 가족, 또는 지역사회의 문제 및 욕구에 권한부여적(empowering) 문제해결 접근방법(problem-solving method)으로 개입하는 종합적(generic) 전문활동(professional activity)이라고 정의하였다.

사회복지실천의 개념을 종합해 보면 사회복지실천은 인간의 삶의 질 향상을 위해 개인, 가족, 집단, 지역사회를 대상으로 그들의 사회적 기능(social function)을 원활히 수행하기 위해 클라이언트의 강점을 살려 그들의 욕구나 문제를 스스로 해결해 나갈 수 있도록 도와주는 종합적 · 체계적 · 전문적인 활동의 총체이다.

사회복지실천의 정의를 요약하면 〈표 1-1〉과 같다.

| 표 1-1 사회복지실천의 정의

학 자	지역사회의 정의	비 고
Richmond (1922)	"개인 대 개인 및 인간과 사회환경 간에 적응하는 능력을 갖도록 성격을 발달시키는 과정"	개인의 성격 변화에 초점을 둠
Bower (1949)	"클라이언트와 환경 사이에 조화를 이루도록 지역사회 내의 자원과 클라이언트 개인의 능력을 최대한 동원하는 지식과 기술"	지역사회의 자원을 강조함
Boehem (1958)	"사회복지는 개인이 단독으로 또는 집단 내에서 그의 사회적 기능을 강화시켜 주기 위한 하나의 모색이다. 사회적 기능의 강화는 인간과 환경과의 상호작용으로 이루어지는 상호관계에 중점을 두는 활동으로서 개인의 능력을 회복시켜 주는 활동 개인과 사회 자원을 보충시켜 주는 일, 개인의 역 기능을 예방하는 기능이다"	전문적인 지식과 기술 강조, 사회적 관계 형성에 초점둠, 손상된 능력의 재활, 사회적 역기능의 예방을 포함
NASW (1958)	"미국의 사회복지사협회는 가치, 목적, 사회적 승인, 지식 · 방법론의 집합적 영역에서 사회복지실천의 작업적 정의를 내릴 수 있다."	사회복지 실천에 관한 공식적인 최초의 정의 ① 불균형문제 발견하며 해결을 돕는 일 ② 잠재적 문제를 사전에 예방 ③ 개인 · 집단 · 지역사회의 잠재력을 강화
Pincus와 Minahan	"사람과 자원체계 간의 연결과 상호관계"	사람과 자원체계의 연결
NASW (1973)	"개인, 집단, 지역사회가 사회적 기능을 향상시킬 수 있는 자신들의 능력을 회복하거나 증진시키고, 그들의 목표달성을 위한 사회적 조건을 창조할 수 있도록 도와주는 전문적인 활동."	최초로 사회복지실천이 전문직이라는 것을 강조함
NASW (1994)	"인간 복지의 향상, 빈곤과 억압의 경감, 최상의 삶의 질 향상을 위해 업무를 수행하는 전문직"	삶의 질 향상과 전문성 강조
양옥경 외 (2005)	"사람의 삶의 질 향상을 위해 개인, 소집단, 가족 또는 지역사회의 문제 및 욕구에 권한 부여적 문제해결 접근방법으로 개입하는 종합적인 전문활동."	사람의 삶의 질 향상을 위한 종합적인 전문활동

이종복·전남련 (2006)	"인간의 삶의 질 향상을 위해 개인, 집단, 가족, 지역사회를 대상으로 그들의 사회적 기능을 원활히 수행하기 위해 클라이언트의 강점을 살려 그들의 욕구나 문제를 스스로 해결해 나갈 수 있도록 도와주는 종합적이고 체계적이며 전문적인 활동"	클라이언트가 스스로 강점관점으로 문제를 해결할 수 있도록 돕는 종합적·체계적·전문적인 활동의 총체

2. 사회복지실천의 전문적 기반

사회복지실천의 전문적 기반을 과학적 기반과 예술적 기반으로 나누어 살펴보면 다음과 같다.

1) 과학적 기반

(1) 과학적 지식의 원천

① 사회복지사는 개인과 가족, 집단, 지역사회, 조직체를 대상으로 하므로 기초과학과 사회학, 인류학, 문화분석을 포함해서 더 큰 체계를 연구하는 원리를 알아야 한다.

② 인간의 감정과 행태는 생리적 현상이고 일부는 유전에 의해 결정되며 감정과 행동을 조절하기 위해서 약물치료를 하므로 사회복지사는 유전학, 생물학, 행태과학에 대하여 지식이 있어야 한다.

③ 인간은 자연세계의 일부이고 환경과 상호작용을 하므로 사회복지사는 클라이언트가 연계망을 이루고 있는 물리적·사회적 환경 등을 이해하기 위해서 생태과학에 대한 지식이 있어야 한다.

④ 심리학, 사회학, 경제학, 인류학, 정치학 등에 대한 지식뿐만 아니라 의학, 정신의학, 가족치료 등과 같은 전문지식과 관련된 지식도 갖추어야 한다.

(2) 사회복지사가 갖추어야 하는 과학적 지식

① 사회적 조건과 사회문제에 관한 지식 : ㉠ 사회기관의 주의를 끄는 문제와 인간의 문제가 어떤 관련이 있는지 이해해야 한다. ㉡ 사회복지서비스와

프로그램은 국가적 수준에서 이루어지는 경향이 많으므로 사회복지사는 정부, 정치, 경제체제의 신념, 가치, 조직을 이해해야 한다.

② **사회정책과 프로그램에 관한 지식** : 사회 프로그램은 사회정책을 반영하고 사회정책은 정책을 입안한 사람들의 가치, 신념, 판단을 반영한다. 사회복지사는 자신이 속한 기관에서 제공하는 프로그램과 서비스 수혜자에 대해 이해해야 하며 서비스를 제공하는 서비스 제공자에 대해서도 이해해야 한다. 서비스 제공자는 대부분 전문직에 근무하는 전문가이므로 사회복지사는 다양한 전문직의 능력과 특성을 이해할 뿐만 아니라 팀워크에 대한 지식도 갖추어야 한다.

③ **사회현상에 관한 지식** : 다양한 체계수준과 다양한 상황에서 어떻게 상호 관련이 되어 있는지 이해해야 하며 이러한 상황에 처해 있는 개인에 대한 이해, 즉 심리적·신체적 발달을 아는 것은 중요하다.

④ **사회복지전문직에 관한 지식** : 전문직이 사회 속에서 수행하는 기능과 책임, 혜택에 대해 이해해야 한다.

⑤ **사회복지실천을 위한 지식** : 사회복지실천은 구체적 변화를 초래하기 위해 지식을 활용하고 이론을 적용하는 과정이다. 이론이 없는 실천은 반복적이고 단조로운 반면 현실적 실천이 없는 이론은 단지 흥미 위주로 이루어지기 쉽다.

2) 예술적 기반

(1) 동정과 용기

• 동정(compassion) : 타인의 고통에 함께 동참해서 그 괴로움에 몰입하려는 의지를 의미하며 동정이 결여된 경우 클라이언트의 관심사에 거리를 둘 수 있다.

• 용기 : 인간의 고통과 혼란, 인간의 부정적이고 파괴적인 행동에 대해 직면할 수 있는 힘을 의미한다.

(2) 진실된 인간이해

• 온화함(warmth) : 다른 사람을 존중하면서 수용하고 의사소통하는 것이

며 "나는 관심이 있다" 고 말하는 것 그 이상이고 수용과 비심판적 태도
가 중요하다.
- 감정이입 : 클라이언트의 주관적 경험과 감정을 인식하고 그 의미를 파
  악하는 것이며 사회복지사 자신의 가치와 태도, 판단을 먼저 내려놓고
  객관성을 유지하는 것이다.
- 진실성 : 진심으로 클라이언트를 돌보고 타인의 안녕에 관심을 가져야
  한다.

(3) 창의성

각 클라이언트의 상황이 모두 독특하고 항상 변화하기 때문에 중요하다.
- 상상력 : 문제에 대한 다양한 접근방법을 확인하고 문제를 해결할 수
  있도록 한다.
- 융통성 : 문제와 관련하여 모든 사람의 관점에서 상황을 이해할 수 있
  는 능력이다.
- 인내심 : 어려움이나 좌절 속에서도 지속적으로 행동할 수 있는 능력이다.

(4) 희망과 에너지

- 희망 : 인간이 기본적으로 선하고 긍정적 방식으로 변화할 수 있는 능
  력이 있음에 대한 믿음을 의미한다.
- 에너지 : 어떤 일이 진행되도록 하고 결과를 얻는 것이며 실수와 실패
  를 통해 회복할 수 있는 능력을 의미한다.

(5) 판　단

클라이언트의 상황을 사정하고 대안적 해결책을 제시하고 원조과정을 계
획하고 활동을 수행하고 서비스를 종료하는 과정에서 전문적 판단을 내리는
일은 쉽지 않다. 사회복지사의 전문적 판단은 명확하고 날카로운 사고력에 달
려 있으며 이는 사회복지실천영역에서 지속적 분석과 반성을 통한 개방적 학
습을 통하여 얻어질 수 있다.

(6) 전문적 가치

- 기본적 권리에 대한 존중 : 모든 인간은 자신의 삶의 목표를 달성하고

문제를 예방하며 인간으로서의 잠재력을 실현하는 데 도움이 될 자원과 서비스에 관해 동등한 접근성을 가지는 것이다.

- 사회적 책임감 : 가족, 교육, 정보와 같은 사회제도는 인간의 욕구에 관해 반응을 보여야 한다.
- 개인적 자유에 관한 헌신성 : 개인과 개인 사이에는 다양한 차이가 있음을 인정하고 사회는 그 구성원에 대한 통제를 최소화해야 한다.
- 자기결정에 대한 지지 : 인간은 자신의 삶을 선택할 권리를 가져야 한다.

제 2 절 사회복지실천의 목적과 목표

1. 사회복지실천의 목적

사회복지실천의 목적을 정의하고자 하는 노력이 구체화되기 시작한 것은 1929년 미국에서 열린 밀포드(Milford) 회의였고, 가장 최근의 노력은 1979년에 NASW의 주관하에 시카고에서 열린 개념적 틀 정립을 위한 사회복지 전문인 전국회의였다. 이 회의에서 사회복지실천의 목적을 "모든 사람들의 삶의 질 향상을 위해 개인과 사회 간 서로 유익한 상호작용을 촉진 또는 회복시키는 것"으로 정의했다.

여기에 내포된 요소들을 살펴보면 첫째, 모든 사람의 삶의 질을 향상시키는 것에 사회복지실천의 목적을 두고 있으며, 둘째, 사회구성원과 사회체계 사이의 유익한 상호작용을 회복 또는 촉진시키기 위해 노력하는 것으로 볼 수 있다(엄명용 외, 2006 : 40-42).

사회복지실천의 목적은 "삶의 질(quality of life) 향상"이다(Alexander, 1977 : 412). 사회복지실천의 궁극적 목적은 사회변화와 상관없이 그 사회의 사람들 모두가 동의하는 내용을 포함하고 있어야 한다. 그러나 세부목적이나 목표는 그 사회와 그 시대의 가치나 요구, 기대 등을 반영하기 때문에 사회변화에 따라 달라질 수 있다. 미국의 사회복지사협회가 1958년 최초로 발표한 공식적인 사회복지실천의 목적은 인간과 환경 사이의 균형에 초점을 맞추어 개인, 집단, 지역사회를 대상으로 하고 있고 돕는 역할이 강조되어 있는데, 그 내용을 요약하면 다음과 같다.

첫째, 개인이나 집단과 환경 사이의 불균형에서 발생하는 문제를 발견하고, 해결 또는 축소하도록 돕는다.

둘째, 개인이나 집단과 환경 사이의 불균형을 예방하기 위해 잠재영역을 밝혀낸다.

셋째, 치료 및 예방의 목적을 위해 개인, 집단, 지역사회에서 최대한의 잠재성을 찾아내며 강화한다.

그러나 여기서 열거한 목적은 가입대상이 불분명하고 궁극적 목적 없이 세부목표만 나열된 것으로 보이기 때문에 보완책으로 이 협회는 1977년과 1981년 학술지 특집호를 내면서 "모든 개개인의 삶의 질을 향상시키기 위해 개인과 사회 간의 상호 유익한 관계를 증진시키거나 복귀" 시키는 것에 사회복지실천의 목적을 두었다(양옥경 외, 2005 : 31).

미국의 사회복지교육협의회는 1992년, 1994년 2회에 걸쳐 사회복지실천의 목적을 다음의 4개 항목으로 정리하였다(CSWE, 1994 : 97).

① 개인, 가족, 집단, 조직 그리고 지역사회가 목적을 달성하고 고통을 완화시키며 자원을 활용할 수 있도록 도움으로써 이들의 사회기능을 촉진(promotion), 회복(restoration), 유지(maintenance), 향상(enhancement)시키는 것이다.

② 인간의 기본욕구를 충족시키고 인간이 갖고 있는 잠재력 및 가능성 개발을 돕기 위해 필요한 사회정책, 서비스, 자원, 프로그램을 계획(planning), 공식화(formulate), 시행(implementation)하는 것이다.

③ 곤궁에 처한 집단에게 힘을 실어 주고(empower), 사회적·경제적 정의를 실현하기 위해 조직, 행정적 옹호와 사회정치적 운동을 통해 정책, 서비스, 자원, 프로그램을 추구하는 것이다.

④ 이러한 목적과 관련된 모든 전문적 지식과 기술을 개발하고 활용하는

것이다.

위의 정의는 매우 포괄적이지만 1958년 미국 사회복지사협회가 목적을 정리한 것에 비하면 더 구체적이면서 자원활용과 권한부여(empowerment) 등 다양한 분야를 포함하고자 한 노력이 보인다.

최근의 미국 『사회복지대사전(*encyclopedia*)』에서도 사회복지실천의 목적으로 위의 내용을 인용하고 있으며 미국 사회복지사협회를 비롯한 많은 학자들이 이 목적을 가장 많이 인용하고 있다(Dolgoff et al., 1997 : 318).

2. 사회복지실천의 목표

사회복지실천의 목적을 달성하기 위해서는 구체적 목표를 설정해야 한다. Hepworth와 Larsen은 사회복지실천의 목표를 다음과 같이 설명하였다(Hepworth & Larsen, 1986 : 13 ; 전재일 외, 2004 : 33).

첫째, 클라이언트가 자기 자신의 대처능력을 향상시킬 수 있도록 원조한다.

① 클라이언트의 문제를 새로운 관점에서 볼 수 있도록 원조한다.

② 여러 가지 각도에서의 개선방법을 생각한다.

③ 자기 자신이 처한 상황을 인식하고 자기 자신의 대처능력을 높일 수 있도록 원조한다.

④ 자기 지각의 촉진, 문제해결방법, 대인관계구성의 방법, 기술 등을 가르친다.

둘째, 자원에 대한 정보제공, 자원에의 연결 등을 통해 클라이언트가 사회자원을 얻을 수 있도록 원조한다.

셋째, 주변에 있는 사람과의 교류를 촉진한다.

NASW(1982)의 사회복지실천의 구체적 주요 목표는 다음과 같다(전재일 외, 2004 : 34).

1) 인간의 능력향상

환경 속의 인간(person in environment)의 개념을 사용하면 사회복지실천의 초점은 '인간' 에 있으며, 사회복지사가 초기에 가능케 하는 자(enabler)로 서비스

하는 것이다. 가능케 하는 자의 역할을 사회복지사가 상담, 교사, 도움을 주는 자, 행동변화가로서의 활동을 수행하는 것이다.

2) 인간과 체계와의 연결

환경 속의 인간의 개념을 사용하면 사회복지실천은 사람과 그들이 상호 작용하는 체계 사이의 관계에 초점을 두고, 사회복지사는 중개자로서 먼저 서 비스한다.

3) 자원과 서비스 체계의 운영과 효과성 증진

환경 속의 인간의 개념을 사용하면 사회복지실천의 초점은 체계와 인간 간의 상호작용에 있다. 여기서 사회복지사는 대변자, 프로그램 개발자, 지도감독자 (supervisor), 조정자(coordinator), 전문가(consultant)의 역할을 수행하게 된다.

4) 사회정책의 개발과 개선

이 목표의 초점은 법이나 사회정책의 개발 및 개선에 있다. 여기서 사회 복지사는 계획가, 정책개발자로 새로운 법령과 정책, 비효과적이거나 부적당 한 법령과 정책의 개혁안을 제시한다. 1979(NASW)년 미국의 시카고 회의에서 제시된 목표는 다음과 같다(엄명용 외, 2006 : 44-45).

첫째, 개인으로 하여금 자신의 역량을 확대하고 자신의 문제해결능력 및 대처능력을 증진할 수 있도록 도움을 제공한다.

둘째, 각종 자원을 확보할 수 있도록 도움을 제공한다.

셋째, 사람들의 욕구에 반응하는 조직이 될 수 있도록 감시한다.

넷째, 개인과 개인 주변환경에 속한 사람 사이의 상호작용을 촉진한다.

다섯째, 조직과 조직, 기관과 기관 사이의 상호작용에 영향력을 행사한다.

여섯째, 사회환경의 정책에 영향력을 행사한다.

제3절 사회복지실천의 대상

사회복지실천의 대상을 개인, 집단, 가족, 지역사회로 나누어 엄명용 등 (2006 : 28-33)이 정리한 내용을 중심으로 살펴보면 다음과 같다.

1. 개 인

사회복지실천대상으로 개인은 종전의 개별실천(case work)의 대상을 의미한다. 개별실천은 직접실천 중에서도 개인과의 일대일을 기반으로 하는 실천방법으로 가장 오래된 사회사업실천방법이며 일대일로 도움을 주는 것은 전통적으로 케이스워크로 불렸다.

개별실천은 개인적 또는 사회적 문제에 직면해 있는 개인을 일대일로 만나 문제해결을 원조하는 활동으로 클라이언트로 하여금 주변환경에 적응하도록 도움을 제공하거나 개인에 영향을 미치는 사회경제적 결핍상태를 완화시켜 주기 위한 활동이다.

우리나라에서는 시·군·구·읍·면·동사무소에 사회복지전담공무원, 각종 사회복지관의 사회복지사, 종합병원의 의료사회복지사, 정신병원·정신보건센터의 정신보건사회복지사, 학교의 사회복지사, 보육시설(보육원), 양로원 등 각종 사회복지단체 및 시설에서 근무하는 사회복지사들이 클라이언트에게 직접 서비스를 제공하는 형태이다.

개별실천의 활동은 국민기초생활보장업무, 저소득층 자활보호대상의 자활과 관련된 업무, 재가복지업무, 독거노인과 상담, 실직자를 위한 구직활동, 직업훈련을 원조하는 활동, 미혼모 상담, 입양상담, 아동을 위한 가정사업과 관련한 조사 및 상담, 학대피해아동을 보호하고 가정에 개입하는 활동, 환자의 의료비 문제 및 퇴원 후 생활에 대한 상담, 학교부적응 학생에 대한 상담, 정신보건센터에서 정신장애인과의 상담 등을 들 수 있다.

개별실천은 사회복지사가 직접 클라이언트를 만나 상대하는 개인을 의미하는 것이며 사회복지사가 개인만을 상대해서 개인의 문제를 해결하기 위해 원조하는 것을 의미하지는 않는다. 개별실천에서 클라이언트의 문제해결을 위해 필요하다고 판단될 경우 사회복지사는 클라이언트를 둘러싸고 있는 문제에 직·간접적으로 영향을 미치고 있는 주변세계에 개입하여 그들의 변화를 시도한다.

2. 집 단

집단실천(group work)은 유사한 목표를 갖고 있는 개별 구성원을 하나의 집단으로 묶어 그 집단을 대상으로 사회복지사가 집단이라는 환경과 집단 내의 역동성을 활용해 집단구성원의 개별목표와 집단공동의 목표를 성취하기 위해 노력하는 실천방법이다. 집단실천 모델은 집단의 목표, 성격에 따라 사회적 목표 모델과 치료 모델 두 가지로 나누어질 수 있다.

사회적 목표 모델은 집단활동을 통해 사회구성원으로서의 참여의식, 역할 인식, 책임인식 등을 고취함으로써 개인의 성숙과 민주시민의 역량개발에 초점을 두고 있다. 사회적 목표 모델은 토론, 합의, 집단과제의 개발 및 실행 등을 통해 집단의 목적을 달성하고자 한다. 이 모델의 대표적 활동에는 보이스카우트, 걸스카우트, 청소년캠프 등과 같은 대규모 집단활동이 포함될 수 있으며, 공예교실, 음악교실, 자조집단 등과 같은 소규모 집단활동도 사회적 목표 모델에 해당될 수 있다. 소규모 집단은 개인의 사회화 촉진, 문제대처방법의 교환, 비행예방, 잘못된 행동이나 가치 등의 인식을 고정하기 위해 실시된다.

치료 모델은 흔히 집단치료(group therapy)라고 불리는 것으로 집단구성원 간의 상호작용과정이나 집단 내의 역동성을 활용해 집단구성원이 갖고 있는 문제들이 해결 또는 경감될 수 있도록 하는 활동을 말한다.

집단치료(group therapy)의 참가자들은 대개 정서적 문제, 행동상의 문제, 대인관계상의 어려움을 호소하는 사람들이다. 이들은 대개 비슷한 문제들을 갖고 집단에 참여하며 집단 내에서 집단구성원 간 상호작용을 통해 상대방에게 도움을 제공하기도 하고 상대방으로부터 도움을 받기도 하면서 문제를 해결하게 된다. 집단치료에 참가한 자들은 문제를 갖고 참여한 자신이 비슷한 문제를 가진 다른 참여자들의 문제해결에 도움을 제공했다는 자긍심이 고조되면서 자신의 문제해결에 도움을 받게 된다. 이런 면에서 볼 때 집단치료는 개인의 부적응행동을 변화시키는 데 개별치료보다 더 효과적일 수 있다.

집단치료는 동일한 또는 비슷한 문제를 가지고 있는 여러 명의 클라이언트를 한꺼번에 치료할 수 있다는 점에서 경제적이며 효율적이다. 그리고 클라이언트를 병리자로 보지 않기 때문에 단기에 치료할 수 있는 장점이 있으며 비슷한 문제를 가진 사람들의 모임이기 때문에 동료애, 소속감, 동질감 등을 가질 수 있고, 집단 내에서 쉽게 마음을 열고 자기노출을 하기 때문에 집단구성원의 잠재력 개발이 용이한 장점을 갖고 있다.

집단치료는 주로 심한 우울증 환자, 정신질환자, 약물복용자, 약물중독자, 음주문제를 갖고 있는 사람, 알코올중독자, 성폭력피해자, 이혼 후 충격상태에 있는 사람들을 대상으로 실시될 수 있다.

사회복지사는 집단역동에 대한 전문적 지식을 활용해서 집단 내의 상호작용을 촉진하고 그 과정에 개입하여 집단구성원의 변화를 유도하게 된다.

3. 가 족

가족수준실천은 가족구성원 간의 관계나 가족구성원 중 한 사람의 행동·정서·심리상의 문제에 개입하여 문제를 해결 또는 경감시키기 위한 노력이다. 개인을 단위로 하는 것보다 가족을 단위로 개입하는 것이 효과적이라고 판단될 때, 클라이언트의 문제해결을 위해서 가족 모두의 협조와 노력이 요구된다고 판단될 때 가족수준실천을 택하게 된다.

가족실천 모델들은 일반체계이론의 영향을 받아 가족을 하나의 역동적 체계로 간주하여 가족구성원 개인이 나타내는 문제의 원인을 개인적 요인에서 찾는 것이 아니라 가족구성원 간의 상호작용패턴, 관계양상에서 찾고자 한다. 문제해결도 개인적 변화에 초점을 두기보다는 가족구성원 간의 상호작용하는 방식의 변화에 초점을 둔다. 가족구성원 중 한 사람의 행동이나 의사소통이 가족 전체에 영향을 미쳐 기능적 또는 역기능적 가족이 될 수 있고, 가족 중 환자로 지적된 사람은 병리적 문제를 짊어지고 있으므로 속죄양(scape goat)이 될 수 있다.

가족치료는 제2차 세계대전 이후 전쟁으로 인한 개인의 심리적·정서적 문제가 가족해체, 청소년비행 등의 가족문제로 제기되면서 가족의 구조변화를 통해 개인의 행동과 태도에 변화를 주려는 관심이 모아지면서 시작되었다. 초기의 관심은 주로 정신분열환자나 그 가족에 대한 것이었으나 일반가족으로 확대되었다.

가족수준의 실천은 주로 부부갈등, 부모－자녀 간의 문제, 아동문제, 다세대 간의 갈등 등을 중재 또는 해결하기 위해 개입하게 된다. 대표적인 가족실천 모델은 정신역동 모델, 대상관계 모델, 구조적 모델, 전략적 모델, 경험적 모델, 행동주의 모델, 해결중심적 단기치료 모델 등이 있다. 가족 실천의 모델은 제9장 사회복지 실천 접근방법 중 가족수준의 실천에서 구체적으로 살펴보고자 한다.

4. 지역사회

지역사회수준의 실천은 지역사회를 실천의 단위로 하여 지역사회수준에 개입하여 지역주민에게 필요한 서비스를 제공하고 지역사회의 조건을 개선하고자 하는 것이다. 실천단위인 지역사회는 학자들마다 다양하게 정의되고 있으나 크게 둘로 나누면 하나는 지리적 조건에 의해 형성된 지역사회를 의미하고, 다른 하나는 공통된 이해와 관심으로 형성된 교회, 조합, 시민단체 등의 이익집단을 의미한다.

지역사회수준의 실천은 지역에 속한 주민이 자신들의 사회적 기능향상을 위해 필요한 의식개혁, 환경개선, 지역사회조직화 등을 자발적, 주체적, 협력적으로 해 나갈 수 있도록 사회복지사가 안내자, 조력자, 조정자, 운동가, 전문가 등의 역할을 수행하는 것을 말한다. 이러한 활동을 수행하기 위해서 사회복지사는 지역주민의 성향을 파악하고 지역사회의 문제, 욕구를 파악하여 지역주민의 욕구충족에 필요한 자원들을 확인, 발굴하여야 한다. 지역사회수준의 실천에서 사회복지사에게 요구되는 중요한 역할은 지역주민 스스로가 상호협동 노력에 의해 지역사회의 문제를 해결할 수 있도록 돕는 것이다.

현재 우리나라에서는 지역사회수준의 실천을 위해서 각 지역사회에 위치해 있는 종합사회복지관이 지역사회보호활동과 지역사회조직활동을 혼합하여 실천하고 있다고 볼 수 있다. 지역사회보호활동은 지역사회 내에 존재하는 후원자를 발굴, 동원하여 지역사회 요보호대상자들을 보호하는 활동이다. 지역사회자원과 빈곤한 가정을 정기적으로 연결하여 줌으로써 요보호 지역주민의 경제적 어려움을 경감시켜 주고 심리적 안정을 도모하기 위한 것이다. 지역사회조직활동은 잠재된 지역사회의 자원을 찾아내고 서로 연결함으로써 지역복지발전을 위한 토대를 마련하고 지역주민 자신들의 조직화를 통하여 궁극적으로 지역사회의 복지향상을 도모하는 사회복지사의 활동이다.

지역사회조직을 위해 사회복지사는 지역사회와 공동사업을 추진하기도 하고 지역주민이 서로 모여 조직화될 수 있는 장소 및 기회를 제공하기도 한다. 지역사회 내에서 바자회를 열어 지역사회에 존재하는 다양한 자원은 동원, 배분하는 과정에서 지역주민의 유대감을 조성하고 공동체 의식을 강화시키는 활동이 여기에 해당한다.

제4절 사회복지와 사회사업, 사회복지서비스와의 관계

1. 사회복지

제13차 국제사회복지대회(The 13th international social work conference 1966)에서는 사회복지(social welfare)란 "인간의 행복을 증진시키기 위해서 정부나 민간이 제반 프로그램이나 서비스 또는 시설을 통해 사회적 장애를 예방하고 경감시키기 위한 체계적·조직적 노력"이라고 하여 사회복지를 제도나 정책의 목적적 개념을 중시하고 있다.

Friedlander는 "사회복지는 개인과 집단의 생활 및 보건상태가 만족할 만한 수준에 도달할 수 있도록 돕기 위해 계획된 제도나 사회서비스의 조직된 체계"(Friedlander, 1961 ; 조휘일·이윤로, 2003 : 18)라고 하여 제도나 정책의 개념을 중시하는 광범위한 의미를 강조하고 있다.

장인협은 사회복지란 "사회구성원이 기존의 사회제도를 통하여 자신의 기본적 욕구를 충족시키는 데 어려움을 겪고 있거나 어려움이 예상될 때, 그 욕구를 충족시킬 수 있도록 도움을 제공하는 조직화된 사회적 활동의 총체"라고 하였다(장인협·이혜경·오정수, 1999 : 3-4).

사회복지는 광의의 의미에서 사람들의 안녕(well being)에 대해 다루게 되며 방법적 측면으로는 사회구성원의 욕구에 대해 제도적으로 프로그램을 제공하고 사회문제를 예방하고 해결하는 데 관련되는 기본제도나 과정을 포함하고 있다.

Dolgoff 등(1997 : 5)은 사회복지를 한마디로 말하자면 개인의 "사회기능을 유지 또는 증진시킬 의도로 사회적 개입을 하는 것"이라고 했다.

광의의 사회복지는 하나의 이념(idea)이고 이념으로 사회복지는 인간적 삶을 영위할 기회와 일할 기회를 제공하는 공평한 사회, 결핍과 폭력으로부터 안전을 제공하는 사회, 개개인의 장점에 기초하여 평가하고 평등을 권장하는 사회, 경제적으로 생산적이고 안정된 사회의 구현을 의미한다(NASW, 1995 : 2206).

광의의 사회복지는 국민의 기본권을 모두 포함한다고 할 수 있으며 국민연금, 전 국민건강보험을 포함한 사회보장제도가 이에 속한다고 볼 수 있다(양옥경 외, 2005 : 35).

2. 사회사업

NASW(1973)에서는 사회사업(social work)은 "개인, 집단, 지역사회가 자신의 사회적 기능수행능력과 자신의 목적에 대한 사회조직을 유리하게 하는 작업을 향상시키거나 복원하는 것을 도와주는 전문적 직업활동"이라고 정의하고 있다.

The 13th international social work conference(1966)에서는 사회사업은 "개인, 가족, 집단, 지역사회에 대한 서비스 형태의 조력과 구호활동"이라고 하여 사회사업은 사회복지운영의 실질적·전문적 활동을 의미하며 실천적인 면이 강조된다고 볼 수 있다.

사회사업이란 인간관계에 관한 과학적 지식과 기술에 기반을 두는 전문적 서비스이며 이를 통해 개인, 집단, 지역사회가 개인적·사회적 만족과 독립을 이룰 수 있도록 돕는 것을 의미한다.

장인협 등(1983 : 12-13)은 사회사업이란 "개인적 만족과 독립을 얻을 수 있도록, 과학적 지식과 인간관계 기술에 근거하여 개인이나 집단에게 도움을 주는 전문적 방법과 기술"로 정의하고 사회사업을 전문화된 직업의 이름 또는 전문직의 실천방법이라고 하였다. 사회복지와 사회사업의 관계를 의료서비스와 의사, 법률서비스와 변호사, 학교와 교사의 관계로 비유할 수 있다고 하였다.

사회사업은 사회복지제도에 의해 안내되는 '계획된 변화활동(planned change activities)'을 통해 개인, 집단, 지역사회의 사회적 기능을 향상시키는 도구적 전문직이다. 이 활동은 전문적 지식과 기술을 강조하여 인간과 환경 사이의 상호작용을 하고 있는 사회적 관계형성에 초점을 두는데, 이 활동은 손상된 능력의 재활, 자원의 제공, 사회적 역기능 예방의 세 기능으로 나눌 수 있다(Boehem, 1958 ; 조휘일·이윤로, 2003 : 19).

사회복지가 개인이 가족이나 지역사회의 욕구와 조화를 이루면서 자신의 안녕을 증진시키고 능력을 충분히 개발할 수 있도록 개인적·사회적 관계를 확보하는 것을 목적으로 한다면 사회사업은 인간관계에 관한 과학적 지식과 기술에 기반을 두는 전문적 서비스이다.

사회복지와 사회사업의 특성을 비교하면 〈표 1-1〉 같다(장인협, 1996 : 35).

| 표 1-2 사회복지와 사회사업의 특성

구 분	사회복지	사회사업
1. 어의적	이상적 측면 강조	실천적 측면 강조
2. 목적적	바람직한 사회	바람직한 인간
3. 대상적	일반적·전체적	개별적·부분적·특정적
4. 방법적	제도·정책, 고정적	지식과 기술, 역동적
5. 기능적	예방적·사전적	치료적·사후적

3. 사회복지서비스

사회복지서비스(social service)는 사회복지라는 제도를 통해 수행되는 서비스라는 의미로 우리나라에서 사회적 서비스, 사회사업서비스, 사회서비스, 사회봉사 등 다양한 용어로 사용하고 있다.

Wilensky와 Lebeaux(1965)는 사회서비스란 "전 국민의 물질적·정신적·사회적 최저생활을 확보하기 위한 공·사의 사회적 제반 서비스의 총칭"으로 정의하였고, Kahn(1973)은 사회서비스의 영역으로 소득보장, 의료, 주택, 교육, 협의의 사회서비스 등을 들고 있다.

Kashidi(1943)에 의하면 사회복지서비스란 인적 자원의 보존·보호, 개발을 직접적 목적으로 하는 조직화된 활동을 말하며 사회부조, 사회보험, 아동복지, 교정복지, 정신위생, 공중보건, 교육, 오락, 노동보호, 주택 등이 포함된다고 하였다(장인협 외, 1983 : 12 재인용).

사회복지가 광의의 개념으로 이념(idea)을 내포하고 있다면 사회복지실천(social work practice)은 협의의 사회복지로 빈곤과 고난을 경감시킬 목적으로 사회가 공공 또는 민간의 형태로 비영리적 서비스 기능을 하는 것을 의미한다. 협의의 의미는 국민의 최저생계비 보장 및 최저의료보장 등을 포함하는 최저생활보장의 의미가 속한다고 할 수 있다.

사회복지서비스는 사회복지 관련 기관들이 제공하는 다양한 내용의 프로그램들을 의미한다고 볼 수 있다. 여기에는 대인서비스(personal service)와 제도적 서비스(institutional service) 모두가 포함된다. 제도적 서비스는 건강보험, 연금, 실업수당, 생계비 보조, 장애인 고용촉진 등을 들 수 있고, 대인서비스는 주로 협의의 사회복지를 실천하기 위한 방법으로 아동학대부모·우울한 노인을 위한 상담, 장애인의 사회복귀를 위한 상담, 정신장애인의 재활치료 등을 들 수 있다(양옥경 외, 2005 : 36).

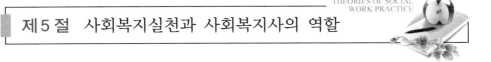

제5절 사회복지실천과 사회복지사의 역할

사회복지서비스를 전달하기 위해서는 전문화·직업화된 사회복지 전달자인 사회복지사의 기능과 역할이 매우 중요하다. 사회복지사는 클라이언트의 욕구와 문제의 유형, 클라이언트의 수와 크기, 서비스의 목적 그리고 기관과 지역사회의 환경에 따라 다양한 역할을 수행할 수 있다. Zastrow는 사회복지사의 역할을 다음과 같이 규정하였는데 이를 요약하면 다음과 같다(Zastrow, 1999: 14-16; 이경남 외, 2008: 22-24).

① **가능하게 하는 사람**(enabler): 사회복지사가 개인이나 집단, 지역사회에 개입할 때 그들이 직면하고 있는 문제를 좀 더 분명하게 알도록 해 주고 해결 방안을 찾아주며, 그들 자신이 자신의 문제를 좀 더 효과적으로 다룰 수 있도록 능력을 향상시켜 준다.

② **중개인**(broker): 개인이나 집단이 지역사회 내에 있는 서비스체계나 자원을 선택하여 활용할 수 있도록 돕거나 연결해 주는 역할을 말한다. 많은 경우 클라이언트는 자신에게 필요한 자원이 어디에 어떻게 있는지를 알지 못하므로 사례관리를 통해 자원을 연결한다.

③ **옹호하는 사람**(advocate): 마땅히 서비스를 받아야 할 사회적 약자가 권리를 박탈당할 때 클라이언트의 권익을 보호하기 위하여 더욱 적극적이고 직접적인 역할을 취한다.

④ **권한부여자**(empowerer): 사회복지실천의 핵심적인 목적 중 하나가 클라이언트로 하여금 자신의 권한과 능력을 향상시키도록 돕는 것이다. 그래서 클라이언트가 자신의 환경을 이해하고 기회를 만들며, 자신의 결정에 대하여 책임을 지게 한다.

⑤ **행동가**(activist): 사회정의와 불평등, 사회적 박탈에 관심을 가지고 개인의 욕구를 충족시켜 주기 위해서 불리한 사회환경의 변화에 관심을 가진다. 이를 위해서 사실을 탐구하고 지역사회 욕구를 분석하며, 조사

연구, 정보의 보급과 해석, 연합회 구성, 법적 행동, 입법 로비활동 등을 통한 사회 개혁을 위해 노력한다.

⑥ **중재인**(mediator): 상이한 의견이나 가치를 가진 개인 간 또는 집단이나 조직 간의 논쟁이나 갈등이 고조될 때 차이점을 협상하고 중재하는 기능이다. 이때 사회복지사는 중립적인 위치에 있어야 하며 논쟁에서 한편으로 치우쳐서는 안 된다.

⑦ **협상하는 사람**(negotiator): 하나 혹은 그 이상의 갈등적 문제를 가진 사람들이 서로 화해하고 수용하며 의견의 일치를 이루어 내도록 돕는 역할이다. 이때 사회복지사는 중립적 입장이 아니고 어느 한편의 의견을 가지고 적극적으로 개입하게 된다.

⑧ **교사**(educator): 클라이언트에게 정보처리를 촉진시키고 교육 프로그램을 제공하는 역할이다. 이 경우 사회복지사는 클라이언트에 대한 정보를 확보하고 기술개발을 도모하기 위한 학습전략을 이용한다. 또한 훌륭한 의사소통기술을 지녀야 한다.

⑨ **주창자**(initiator): 문제 또는 잠재적 문제는 주위를 기울이기 전에는 그것이 문제로 간주되지 않기 때문에 사회복지사는 사회문제를 다양한 사람에게 알리고, 문제에 주의를 기울여야 한다.

⑩ **조정자**(coordinator): 구성원들을 조직화된 방식으로 함께 묶는 것이다. 복합적인 문제를 가진 가족의 경우 여러 기관이 함께 일을 하게 되는데 서비스의 중복과 상호 간의 갈등을 피하기 위하여 조정을 시도하게 된다.

⑪ **조사연구자**(researcher): 관심 있는 분야의 문헌에 대한 조사, 실천의 결과 평가, 프로그램의 장단점 사정, 지역사회 욕구의 탐구활동 등을 포함하며, 전문적인 지식과 과학적인 조사연구가 사회복지실천의 기초가 된다.

⑫ **집단촉진자**(group faciltator): 치료집단, 교육집단, 자조집단, 감성집단, 가족치료집단 등에서 사회복지사는 클라이언트가 변화하려는 노력을 하도록 격려하고, 집단 경험의 리더로 받아들여진다. 집단 내 지지를 자극하고 집단 상호작용을 관찰하여 체계적인 피드백을 제공한다.

⑬ **강연자**(public speaker): 다양한 집단과 대화를 통해 사회적 부정에 대해 설명하고 이를 해결하기 위한 서비스와 정책을 제시한다.

Lister는 사회복지사가 수행하는 일과 기능에 따라 다섯 가지 역할로 구분하였는데, 직접서비스를 제공하는 역할, 체계와 연결하는 역할, 체계를 유지하고 관리하는 역할, 연구 및 연구를 활용하는 역할, 체계를 개발하는 역할이다. 이를 나타내면 〈그림 1-1〉과 같다(Lister, 1987; 허남순 외 공역, 2004: 39).

 **|그림 1-1|** 사회복지사의 역할

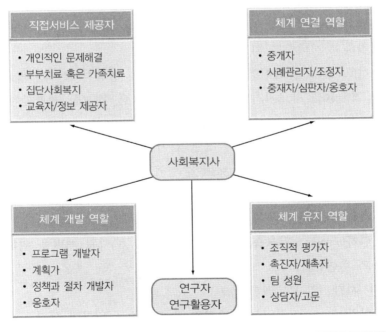

제6절 개입대상의 수준에 따른 사회복지사의 역할

THEORIES OF SOCIAL
WORK PRACTICE

Miley, Melia와 Dubois는 사회복지사가 개입하는 대상의 수준 또는 차원(level)에 따라 미시차원, 중범위차원, 거시차원, 전문가차원으로 나누어서 사회복지사의 역할을 다음과 같이 설명하였다.[3]

① **미시차원**(개인, 가족 대상)

· 조력자(enabler) : 개인, 가족, 소집단을 대상으로 하여 클라이언트의 역량강화(empowerment)에 주력한다.

· 중개자(broker), 옹호자(advocate) : 사례관리를 통해 자원과 클라이언트를 연결하고 서비스를 확장하도록 돕는다.

· 교사(teacher) : 클라이언트의 사회적 기능을 향상시키는 데 필요한 지식과 기술들을 가르치거나 교육적인 프로그램, 정보를 제공한다.

② **중범위 차원**(조직, 공식적 집단대상)

· 촉진자(facilitator) : 조직이나 집단의 기능이나 집단과의 상호작용, 정보교환 등을 촉진한다.

· 중재자(mediator) : 자원의 개발을 위해 집단이나 조직 간의 네트워크를 구축하고 조직내의 의사소통이나 장애, 갈등 등을 조정한다.

· 훈련자(trainer) : 워크숍, 세미나, 슈퍼비전 등 직원 개발을 위하여 교육하고 훈련한다.

③ **거시차원**(지역사회, 사회대상)

· 계획가(planner) : 지역사회 주민의 욕구 충족을 위하여 서비스 개선에 필요한 정책이나 서비스 또는 프로그램을 계획하고 개발한다.

· 행동가(activist) : 복지대상자들의 욕구충족을 방해하는 사회적 조건들을 바르게 인식하고 사회행동을 통하여 사회변화를 유도하고 유지한다.

---

3) K. O. Miley, M. Melia & B. DuBois(2001), Generlist social work practice: An empowering approach, needham Heights, MA: Allyn & Bacon, pp. 15-19

· 현장개입가(outreach worker) : 사회복지대상자들의 욕구를 확인하기 위하여 지역사회로 찾아나가서 사회적 이슈와 사회서비스에 대한 정보를 전달하거나 서비스 기관에 의뢰하거나 문제예방을 위해 개입한다.

④ 전문가집단 차원(사회복지 전문가 집단)

· 동료(colleague) : 사회복지 전문가로서 전문적인 윤리적 행동을 지키고, 사회복지사 상호 간의 관계를 형성한다.

· 촉매자(catalyst) : 사회복지서비스 전달체계를 개발하고 사회환경적 정책을 옹호하며 타 전문직과 연계하여 서로 협조한다.

· 연구자(research) · 학자(scholar) : 사회복지 서비스에 대한 실증적 조사연구를 수행하고 그 결과를 동료들과 함께 공유한다.

위의 내용을 종합하여 표로 제시하면 〈표 1-3〉과 같다.

| 표 1-3 사회복지사의 역할

내용 \ 수준	미시차원	중범위차원	거시차원	전문가차원
대상	개인, 가족	조직, 공식적 집단	지역사회, 사회	사회복지전문가집단
사회 복지사의 역할	상담가, 조력자, 중개자, 옹호자, 교사	촉진자, 중재자, 훈련가, 행정가, 협상가	계획가, 행동가, 훈련자, 제안가, 현장개입가	동료, 촉매자, 연구자, 분석자, 학자

THEORIES OF SOCIAL
WORK PRACTICE

제 7 절 사회복지실천의 이념

사회복지실천을 이념으로 보면 인도주의와 이타주의적 이념으로 시작한 것으로 볼 수 있으나 사회진화론의 영향도 많이 받았다. 여기에서는 사회복지실천의 이념적 배경을 인도주의, 사회진화론, 민주주의, 개인주의, 다양화로 나누어 양옥경 등(2005 : 37-41)이 정리한 내용을 중심으로 살펴보고자 한다.

1. 인도주의

사회복지실천의 최초 이념 또는 사상은 인도주의(humanitarianism)이며 박애사상 (philanthropy)으로 볼 수 있다. 이는 자선조직협회(Charity Organization Society)의 우애방문자(friendly visitor)의 철학으로 기독교사상을 실천하려는 중산층 이상의 사람들이 빈곤한 사람을 대상으로 인도주의적 구호를 제공한 것이며 이 사상 이 후에 사회복지실천의 기본사상이 되었다. 이들은 '타인을 위하여 봉사' 하는 정신으로 실천되었기 때문에 이타주의(altruism) 사상이 사회복지실천의 기본사 상으로 자리 잡게 된 것으로 볼 수 있다.

자선조직협회의 우애방문자는 클라이언트를 위한 무조건적 봉사(caring for)를 하였으나 시대가 변화됨에 따라 현대의 사회복지사는 클라이언트에 대 한 선택적 봉사를 하고 있다고 할 수 있다.

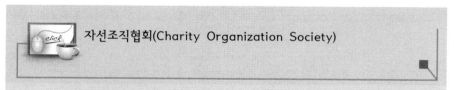

자선조직협회(Charity Organization Society)

COS 운동은 자유주의 사회개량운동으로 빈곤의 책임을 개인에게 돌리는 개인 주의 빈곤관을 갖고 있는 빈민개량운동이다. 영국 최초의 자선조직협회는 1869 년 런던에 설립된 런던 COS이고 미국 최초의 자선조직협회는 1877년 뉴욕주의 버팔로(Buffalo)에 세워졌다.

Gurteen 목사는 1877년 영국 런던에서 자선조직운동을 연구한 후 미국에 돌아 와서 COS 모델을 만들었다. COS는 전문가들, 협회 여성회원, 학식이 높은 지역 유지들이 사례를 토론하며 공식적 대안들을 제시하기 위해 초대되었고, '시여가 아닌 친구로서' (not alms, but a friend)라는 COS 정신을 유지하면서 위원회는 가 족에게 우애방문자(friendly visitor)를 임명해 주었다.

우애방문자들은 주로 중산층 부인들로 구성된 자원봉사자들로서 빈곤한 가족 을 방문하여 가정생활, 아동에 대한 교육, 가계경제 등에 대한 조언을 하였다.

가난한 자는 자립을 기본으로 근면, 절제, 절약을 배우고 부자들은 중산층의 도덕적 우월을 유지한 채 취약계층에게 우애를 제공하였다.

COS의 주요 내용은 빈곤자를 조사하여 노동력이 있는 사람은 직업알선을 노동력이 없는 사람들은 공공부조로 연결하여 개별원조기술을 최초로 발전시켜 case work를 탄생시켰고 사회복지의 과학성을 높였다. COS는 민간 사회복지기관의 활동을 조절하기 위한 목적으로 결성되었기 때문에 기관등록으로 기관끼리 협력 조정하여 중복구제를 막아 사회복지구제의 효율성을 높였다. COS 운동의 시사점은 전문사회사업발달을 가져오는 계기가 되어 case work와 지역사회조직사업(CO)을 탄생시켰으며 자원봉사활동을 높이고, 사례회의(케이스회의)를 발전시킨 점과 민간과 공공 간의 협력을 하는 기관조정의 역할을 들 수 있다.

2. 사회진화론

사회진화론(social darwinism)은 Charles Darwin의 1895년 저서 『종의 기원』에서 파급된 이념으로 Darwin의 자연과학적 개념이 사회과학적 요소에 가미되어 파생된 것이다. 즉, 자연법칙의 진화론을 사회법칙의 진화론에 적용시킨 것이다.

이를 사회복지적 측면으로 적용시켜 보면 부자는 우월해서 부유층으로 살아남게 되고 빈곤한 사람들은 게으르고 비도덕적 열등인간이기 때문에 가난하게 살 수밖에 없다는 것이다(Dolgoff et al., 1997 : 83). 이러한 계층화는 동식물 생태계의 적자생존의 자연법칙과 마찬가지로 '사회적합계층(best fit)'인 사회 주요 인물은 살아남고 그렇지 못한 사람은 '사회부적합계층(unfit)'으로 자연 소멸된다는 것이다.

사회에 적합한 계층을 위해 사회부적합한 계층이 사회에서 사라져야 한다는 논리를 수용하는 것은 사회복지실천의 사회통제적 측면에서 볼 수 있다. 사회통제를 주목적으로 한 사회복지실천은 자선조직협회의 우애방문자들의 봉사활동에서 두드러지게 볼 수 있다. 그들은 그 당시 사회의 열등계층인 극빈자와 장애인을 방문하여 자신이 신봉하는 중산층의 기독교적 도덕을 강조하고 그에 맞추어 생활하도록 하여 빈민의 가치관이나 도덕성을 완전히 무시하였으며, 지금까지의 생활신념이나 가치관을 버리고 새로운 도덕, 윤리를 따르도록 강요하였다. 그러지 않을 경우에는 현 상태를 겨우 유지할 수 있을 정도의 도움만을 제공하는 것에 그쳤다. 따라서 중간계급의 사상에 적합하지 않은 계층은 최소한의 도움으로 겨우 생존할 수 있는 수준만 유지하도록 하였고, 사회적합계층에 방해가 되지 않도록 하였다.

3. 민주주의

민주주의(democracy)는 평등(equality)을 표방하는 이념이다. 민주주의는 모든 인간의 평등함을 인정하면서 클라이언트도 평등한 대우를 받을 권리가 있음을 말한다.

민주주의는 인도주의와 사회진화론에 입각한 우월한 자인 봉사제공자가 열등자인 클라이언트에게 봉사 및 시혜를 무조건 받도록 강요하던 것에서 주는 자와 받는 자의 평등한 권리를 인정하여 받는 자인 클라이언트가 시혜 여부를 결정하는 데 적극 참여하도록 하는 사회적 움직임이었다. 민주주의 이념은 클라이언트의 자기결정권의 가치적 측면에도 많은 영향을 미치게 되어 클라이언트에게도 사회복지사와 같은 동등한 권리를 주면서 모든 결정에 대한 선택권을 주게 된다.

평등의 사회변화를 추구하는 사회복지실천은 인보관 운동의 활동에서 두드러지게 나타난다. 빈곤계층도 나름대로 가치관이 있으며 이를 동등하게 인정해 주는 것에서부터 시작하는 인보관 운동의 이념은 전체 사회가 이를 인정해 주도록 사회개혁으로 이어졌다. 이들은 빈곤이나 장애를 사회책임으로 돌리고 모든 인간이 평등하듯 사회복지의 클라이언트도 동등한 처우를 받을 권리, 빈곤에서 탈피할 동등한 기회를 제공받을 권리를 갖고 있다고 보았다. 그러므로 빈곤에 대한 책임은 이러한 권리를 보장해 주지 못하는 사회에 있으며, 사회변화를 통해 이를 가능하게 해야 한다는 것이다. 스웨덴, 덴마크, 영국 등이 민주주의 이념을 수용한 국가들이다(Whitaker & Federico, 1977 : 138).

인보관 운동(Settlement House Movement)

인보관 운동은 지역사회의 문제를 해결하기 위해 문제를 갖고 있는 지역사회에 직접 참여하여 빈민과 함께 생활하면서 지역사회의 환경을 개선하고자 했던 중류층의 학자와 젊은 대학생 중심의 사회개량운동이다.

세계 최초로 설립된 인보관은 1884년 크리스마스 이브에 런던 시 화이트 채플 슬럼지역에 Barnett 목사에 의해 개관된 토인비홀(Toynbee Hall)이다. Barnett 목사는 인도, 방글라데시 등 여러 나라에서 노예로 끌려온 자들이 영국의 열악한 산업현장의 환경 속에서 노동하는 것을 보고 그들의 생존문제, 환경개선을 위해 노력하였다. Barnett 목사는 로렌드 여사와 함께 빈민의 광범위한 궁핍과 비참한 생활을 접하게 되자 젊은 청년들과 슬럼문제의 해결에 고민하다 Settlement의 이념을 실천하기로 하였다. 그들은 빈민지역에 뛰어들어 그들과 함께 생활하면서 변화를 모색하였고 열악한 환경개선을 위해 적절한 시설을 건립하고 자립방안을 모색하였으며, 인보관 운동에 참여할 뜻있는 대학생, 자원봉사자들과 재정을 후원할 후원자를 활용하였다.

영국 인보관의 최초 명칭은 Toynbee Hall이다. Arnold Toynbee는 옥스퍼드 대학에서 경제학을 전공한 후 조교수로 있으면서 무산계급의 복지증진을 위해 혼신을 다한 청년이었다. 1879년에 결혼하여 1883년 30세 이전에 결핵으로 사망하였다. 짧은 기간 동안 인보관 활동을 하였으나 헌신적으로 자원봉사하였다. 그가 죽은 후 교수들이 기부금을 모아 대지를 구입하여 인보관을 설립하였다.

토인비홀의 설립목적은 ① 지역사회에 거주하고 있는 빈곤자에게 교육과 문화적 활동을 향상시킬 것, ② 인보관에서 활동하고 있는 대학생 자원봉사자에게 빈곤자의 상황과 사회개량의 필요성을 알릴 것, ③ 사회문제, 보건문제, 사회입법에 관해 일반 지역주민과 사회에 관심을 높일 것 등이다.

가장 유명한 인보관은 1889 Jane Addams에 의해 세워진 미국 시카고의 헐 하우스(Hull House)이다. 인보관 운동은 지식인 중심의 사회개량운동으로 빈민지역에 사회복지사들이 정주활동을 하면서 빈민의 생활을 개선하기 위해 노력한 3R운동[Residence(정주), Research(조사), Reform(사회환경개혁)]이다. 인보관 운동은 빈곤의 원인을 사회환경으로 돌렸고 집단실천 발달의 효시를 가져온 운동이다.

| 표 1-4 | 자선조직협회와 인보관 비교

분류\n내용	자선조직협회	인보관
주　　　체	중상류층(기독권층)	중류층(지식인 중심)
빈　곤　관	개인주의 빈곤관(개인개혁)	사회환경(사회개혁)
이데올로기	사회진화주의 사상	진보주의, 급진주의 성향 강함
서　비　스	경제부조에 초점 → 서비스 조정에 초점.\n사회복지사 중심	서비스 자체(Not money but itself).\n클라이언트 중심

4. 개인주의

개인주의(individualism)와 함께 자유방임주의가 등장하여 경제뿐만 아니라 사회복지도 자유시장에 맡기는 자유방임주의 정책을 펼치게 되었다. 이 개인 주의 사상은 두 가지 형태로 나타나는데, 하나는 개인권리의 존중이고 다른 하 나는 수혜자격의 축소이다. 개인의 권리와 의무가 강조되면서 빈곤의 문제도 다시 빈곤한 자의 책임으로 돌아갔다. 빈곤한 사회복지 수혜자는 빈곤하게 살 수밖에 없어야 한다는 '최소한의 수혜자격원칙'을 낳았으며(Whitaker & Federico, 1977 : 136), 저임금 노동자보다 더 낮은 보조를 받도록 하는 정책을 펼쳤다. 개 인주의의 사상은 미국의 경우 사회진화론과 맞물려 더욱 큰 힘을 발휘하였다. 사회복지실천에서 개인주의 이념은 클라이언트의 개인적 특성, 즉 개별화를 중시하는 것에 초점을 두었다.

5. 다양화

21세기의 세계화(globalization)의 영향으로 다양화(diversitism)의 경향이 두드 러지게 되었다. 따라서 사회복지실천에서도 다양한 계층에 대한 수용, 다양한 문제 및 접근방식에 대한 허용, 개개인의 독특성을 인정하는 개별화를 추구하 는 실천이 되어야 한다. 사회진화론에서 열등계층이라 불리던 소외계층

(disadvantaged population)에게 스스로 발전할 수 있는 여건을 만들어 줌으로써 자기변화를 위한 권한부여(empowerment)를 하는 것이다.

사회복지실천모델의 새로운 형태로 소개되고 있는 권한부여 모델은 클라이언트와의 협력(partnership)을 통해서만 이루어 낼 수 있다. 이 모델은 제공자-수혜자(beneficiary)의 관계개념에서 제공자-소비자(consumer)의 개념으로 변화되었다.

권한부여 모델에서는 사회복지사와 클라이언트에게 동등한 관계를 인정하는 것으로 모든 권한을 다 갖고 있는 사회복지사가 클라이언트의 인간적 권리를 존중해 주던 차원을 넘어서 클라이언트로 그만큼의 권한을 갖고 관계에 임한다고 인정하는 이념상의 변화이다. 실제적인 실천의 장에서는 클라이언트에 대한 무조건적 봉사가 아니라 제공자와 소비자의 관계로 클라이언트가 자발적 선택으로 사회복지사를 찾아 도움을 요청하게 되는 형태로 나타나게 된다.

사회복지실천의 이념을 정리하면 〈표 1-5〉와 같다.

| 표 1-5 　사회복지실천의 이념 비교

주의 내용	인도주의	사회진화론	민주주의	개인주의	다양화
이 념	인도주의 박애사상 자선조직협회의 우애방문자의 철학	사회진화론 → Darwin의 1895년 저서 『종의 기원』 에서 파급된 이 념. Darwin의 자 연과학적 개념이 사회과학적 요소 에 가미되어 파생	민주주의는 평 등을 표방하는 이념으로 인간 의 평등함을 인 정하면서 클라 이언트도 평등 한 대우를 받을 권리가 있음을 표방	개인주의와 함께 자유방임주의 등 장. 작은 정부를 표방하는 형태로 나타남. 경제뿐 아니라 사회복지 를 자유시장에 맡 기는 자유방임정 책을 펴 나감	21세기에 두드러짐. 세계화의 영향으로 다양성에 대한 수 용이 높아짐
기 본 사 상	기독교사상을 실천하려는 중 산층 이상의 사 람들이 빈곤한 사람을 대상으 로 인도주의적 구호를 제공, 이 사상이 사회복	Darwin의 자연법 칙의 진화론을 사 회법칙의 진화론 에 적용시켜 '부 자는 우월해서 부 유층으로 살아남 는 것이고 빈곤한 사람은 게으르고	클라이언트를 위한 무조건적 인 봉사정신에 서 클라이언트 에 대한 선택 적 봉사의 철 학이 강화된 것 주는 자와 받	개인주의 사상 ① 개인권리존중 ② 수혜자격의 축 소. 빈곤의 문 제 다시 빈 곤한 자의 책 임으로 돌아감	권한부여: 열등계 층의 소외계층에게 스스로 발전할 수 있는 여건을 만들 어 줌으로써 자기 변화를 위한 권한 을 부여

	지실천의 기본사상이 됨	비도덕적인 열등인간이기 때문에 가난하게 살 수밖에 없다'. 계층화는 동식물 생태계의 적자생존의 자연법칙과 동일하다. 사회적합계층은 살아남고 사회부적합계층은 자연소멸된다는 논리	는 자의 평등한 권리를 인정하여 클라이언트가 시혜여부를 결정하는 데 적극 참여하도록 하는 사회적 움직임 클라이언트의 자기결정권의 가치적 측면이 영향을 미침		
실 천	'타인을 위하여 봉사'하는 정신으로 실천케어의 봉사정신이 이타주의의 사회복지실천의 기본정신으로 자리 잡게 됨	사회진화론의 사회복지실천은 사회통제 측면에서 나타남. 사회통제를 주목적으로 한 실천은 자선조직협회의 우애방문자의 봉사활동. 열등계층인 극빈자, 장애인을 방문하여 중산층의 기독교적 도덕을 강요. 그들 나름대로의 가치관이나 도덕성을 완전 무시하고 새로운 도덕·윤리를 따르도록 강요. 그렇지 않으면 현상태를 겨우 유지할 정도의 도움만 제공	평등을 위한 사회복지실천은 인보관 운동의 활동이 대표적. 빈곤계층에도 나름대로의 가치관이 있으며 이를 동등하게 인정해 주는 것에서부터 시작한 인보관 운동의 이념은 전체사회가 이를 인정해 주도록 사회개혁으로 이어짐	빈곤한 사회복지수혜자는 빈곤하게 살 수밖에 없어야 한다는 '최소한의 수혜자격 원칙'을 낳았으며 저임금 노동자보다 더 낮은 보조를 받도록 정책을 펼쳐 나감. 클라이언트의 개인적 특성, 즉 개별화를 중시하는 것에 초점을 둠	클라이언트에 대한 선택적 봉사의 실천이며 개별화와 평등화의 복합적 실천 모델. 권한부여 모델은 클라이언트와 협력을 통해서만 이루어 낼 수 있음
변 화	클라이언트를 위한 무조건적 봉사에서 클라이언트에 대한 봉사활동으로 개념변화. 무조건적 봉사→선택적 봉사	중간계급의 사상에 적합하지 못한 계층은 최소한의 도움으로 겨우 생존할 수 있는 수준만 유지하도록 함 → 사회적합계층에 방해가 되지 않도록 함	빈곤이나 장애를 전적으로 클라이언트의 책임으로 돌렸던 것을 사회변화의 측면에서 사회책임으로 돌림. 모든 인간이 평등하듯이	미국의 경우 사회진화론과 맞물려 더욱 큰 힘을 발휘	제공자－수혜자의 개념에서 제공자－소비자의 관계개념으로 기본철학의 변화를 초래함. 사회복지사와 클라이언트에게 동등한 관계를 인정하는 것으로 클라이언트도

| | | | 클라이언트도 동등한 처우를 받을 권리, 빈곤에서 탈피할 동등한 기회를 제공받을 권리를 보장해 주지 못한 사회에 있으며 사회 변화를 통해 이를 가능하게 해야 함. 이것이 민주적 사회주의를 채택하는 결과를 낳음. 스웨덴, 덴마크, 영국 등이 수용국가 | | 그만큼의 권한을 갖고 관계에 임한다고 인정하는 이념상의 변화. 자유시장경쟁원리에 따라 소비자인 클라이언트가 제공자인 사회복지사를 선택하게 됨 |

연│구│문│제

Theories of Social Work Practice

01 사회복지실천을 나름대로 정의하시오.

02 사회복지실천의 목적과 목표를 정리하시오.

03 사회복지실천의 대상을 구체적으로 설명하시오.

04 사회복지와 사회사업을 비교하여 설명하시오.

05 사회복지서비스란 무엇인지 설명하시오.

06 사회복지실천이념을 비교하여 설명하시오.

07 자선조직협회(COS)와 인보관 운동을 비교하여 설명하시오.

기│출│문│제

Theories of Social Work Practice

01 사회복지실천에 영향을 미친 학문을 모두 고르시오.

> 가. 사회학
> 다. 정신의학
> 나. 인류학
> 라. 심리학

① 가, 나, 다 ② 가, 다 ③ 나, 라
④ 라 ⑤ 가, 나, 다, 라

02 거동이 불편한 독거노인에게 병원에 동행할 자원봉사자를 연계해 주는 사회복지사의 역할은 무엇인가?

① 대변자 ② 옹호자 ③ 중개자
④ 교사 ⑤ 상담자

03 실천적 학문으로서 사회복지실천의 특징은?

> 가. 과학적
> 다. 응용과학
> 나. 실천적
> 라. 다른 학문에 배타적

① 가, 나, 다 ② 가, 다 ③ 나, 라

04 사회복지실천현장에 속하는 것은?

> 가. 가정
> 다. 교회
> 나. 병원
> 라. 사회복지기관

① 가, 나, 다 ② 가, 다 ③ 나, 라
④ 라 ⑤ 가, 나, 다, 라

05 다음 중 사회복지사의 실천대상은?

> 가. AIDS 환자의 가족
> 다. 상습 도박하는 사람의 부인
> 나. 자녀보육이 필요한 취업여성
> 라. 갈등에 처한 중산층 중년 부부

① 가, 나, 다 　　　② 가, 다 　　　③ 나, 라
④ 라 　　　⑤ 가, 나, 다, 라

06 장애인 활동보조서비스 업무를 담당하는 사회복지사의 역할은 무엇인가?

> 가. 중개자 　　　　　　　　　　나. 자문가
> 다. 교육자 　　　　　　　　　　라. 중재자

① 가, 나, 다 　　　② 가, 다 　　　③ 나, 라
④ 라 　　　⑤ 가, 나, 다, 라

07 사회복지사가 동료 사회복지사에게 청소년 프로그램 계획 수립에 관한 지도를 하였을 때 그 역할은?

① 전문가 　　　② 조정자 　　　③ 자문가
④ 연구자 　　　⑤ 분석가

08 사회복지실천의 특성으로 옳지 않은 것은?

① 클라이언트의 문제를 대신 해결해 주는 활동이다.
② 사회정책을 개발하고 수정하는 데 기여한다.
③ 사람과 자원체계가 연결될 수 있도록 돕는다.
④ 인간의 삶의 질 향상을 목적으로 한다.
⑤ 사회복지실천기술을 활용한다.

09 이주노동자의 임금체불 문제를 제기하고 해결하려는 사회복지사의 역할은?

① 촉진자 　　　② 중재자 　　　③ 중개자
④ 옹호자 　　　⑤ 교육자

10 다음 중 우리나라의 사회복지제도 중 윌렌스키와 르보의 잔여적 개념과 연관된 것은?

① 건강보험 　　　② 고용보험 　　　③ 육아휴직제
④ 보육료 지원제 　　　⑤ 노인장기요양보험

11 사회복지실천의 목적에 관한 설명 중 옳은 것을 모두 고른 것은?

> ─보　기─
> 가. 사람들의 문제해결능력을 향상시키는 것
> 나. 클라이언트의 전문적 지식과 기술을 발전시키는 것
> 다. 자원·서비스·기회를 제공하는 체계와 연결시키는 것
> 라. 특정 정당과 연결하여 사회복지기관의 수를 늘리는 것

① 가, 나, 다   ② 가, 다   ③ 나, 라
④ 라   ⑤ 가, 나, 다, 라

12 다음 중 사회복지사의 역할을 바르게 연결한 것은?

① 상담자 - 자원봉사자를 연결해 준다.
② 조정자 - 전문상담기관에 의뢰한다.
③ 중개자 - 부부를 면접한다.
④ 평가자 - 부모에게 자녀양육기술을 가르친다.
⑤ 옹호자 - 다양한 스트레스에 대처하도록 돕는다.

13 사회복지실천현장 중에서 1차적 현장을 모두 고른 것은?

-보 기-
가. 정신장애인 복지시설   나. 교통시설
다. 지역사회 종합복지관   라. 동사무소

① 가, 나, 다   ② 가, 다   ③ 나, 라
④ 라   ⑤ 가, 나, 다, 라

※ 다음 제시된 지문을 읽고 물음에 답하시오

기초생활수급자인 할머니가 사회복지기관에 찾아 왔다. 할머니에게는 15세된 손자와 13세된 손녀가 있다. 할머니의 아들은 버스운전기사이며 며느리와 별거하고 혼자 살고 있다. 아이들은 버스운전기사이며 며느리와 별거하고 혼자 살고 있다. 아이들은 할머니가 돌보고 있는데 아이들이 기초생활수급자로 되어 있어 급여를 받고 있다고 하면서 사회복지사에게 이를 비밀로 해 달라고 한다.

14 위의 상황에서 사회복지사의 1차적 대처방법은?

① 즉시 종결한다.
② 비밀을 지키고 진행한다.
③ 클라이언트의 결정에 맡긴다.
④ 수급 받는 것을 정지하도록 조치한다.
⑤ 슈퍼바이저에게 알리고 대안을 선택한다.

15 다음 중 COS에 관한 설명으로 맞는 것은?

① 1800년대 미국에서 먼저 시작하였다.
② 개별사회사업의 기초가 되었다.
③ 자선조사를 실시하지 않았다.

④ 우애방문단이 사회복지전문가로서 활동하였다.
⑤ 유급의 중산층 부인이 주축이 된 우애방문자들 중심의 활동이었다.

16 다음 제시문에서 사회복지사가 처음으로 해야 하는 행동으로 옳은 것은?

> -보 기-
> 전담공무원이 사회복지관의 사회복지사에게 의뢰한 경우이다. 우울성향의 어머니가 6살과 8살
> 된 아이들을 방임하고 가끔씩 학교에 보내지 않았다. 또한 적절하지 않은 체벌을 가하였다.

① 아동시설에 입소시킨다.
② 학대·방임에 대해 책임을 추궁한다.
③ 학교에 찾아가 사회복지사에게 의뢰한다.
④ 아이들에게 정보를 수집한 후 어머니와 상담한다.
⑤ 가정을 방문해서 어머니와 상담 후 위기 정도를 파악한다.

17 다음의 사례에서 개입수준 정도는?

> -보   기-
> 클라이언트는 70세의 할머니이다. 현재 손녀와 함께 생활하며 관절염을 앓고 있다.
> 사회복지사는 정서적 지지를 제공하여 의료기관을 연계해 준다.

① 미시적   ② 중범위적
③ 거시적   ④ 가족적
⑤ 집단적

18 사회복지사의 직접적인 개입활동에 해당하는 것은?

① 자원관리   ② 사례관리
③ 가족치료   ④ 슈퍼비전
⑤ 후원자 개발

19 사회복지실천의 목적으로 옳은 것은?

> -보   기-
> 가. 자원연계   나. 사회관계의 조정
> 다. 사회정책의 개발에 기여   라. 대처능력 향상

① 가, 나, 다   ② 가, 다   ③ 가, 다
④ 라   ⑤ 가, 나, 다, 라

20 다음 중 사회복지실천의 목표는?

> -보 기-
> 가. 클라이언트에의 지원연계 나. 클라이언트의 욕구충족
> 다. 사회문제 해결 라. 사회복지사의 선의 실현

① 가, 나, 다 ② 가, 다 ③ 나, 라
④ 라 ⑤ 가, 나, 다, 라

21 다음에 해당하는 사회복지사의 역할은?

> -보 기-
> 영세민 임대아파트에 살고 있는 수급자들의 공공전기 요금을 지방정부차원에서 혜택을 주
> 도록 지방회의 조례제정을 위해 사회복지사 K씨가 지방의원들을 찾아다녔다.

① 안내자 ② 대변자 ③ 중개자
④ 조력자 ⑤ 행동가

22 다음과 같은 언어를 사티어(V. satir)는 무슨 의사소통유형으로 분류했는가?

> -보 기-
> "객관적 상황이나 지금까지의 행동을 볼 때 당신은 정말 못났군요!"

① 일치형 ② 회유형 ③ 초이성형
④ 비난형 ⑤ 무관심형

※ 다음을 보고 물음에 답하시오.

> -보 기-
> 암 말기이며 도박중독증에 걸려 도박중독증에 걸려 도박장 출입이 잦은 남편이 있다. 6번의
> 상담을 받으면 도박장에 한 번 가도록 했다. 부인이 찾아와서 암 말기 환자인데 도박장까지
> 다니면 건강이 더욱 안 좋아질 것을 우려해 도박장을 아예 출입하지 못하게 상담기간(횟수)을
> 늘려달라고 했다. 남편은 마지막으로 부탁하니 하고 싶은대로 하게 해 달라고 했다.

23 다음 중 사회복지사가 가장 먼저 해야 할 일은?
① 남편과 부인의 의견 차이에 대한 의견 조정을 한다.
② 빨리 상담을 끝내 남편이 도박장에 갈 수 있게 한다.

③ 남편이 도박장에 갈 수 없도록 상담을 지연시킨다.
④ 암 치료를 위해 의료기간과 연결한다.
⑤ 남편이 원하는 대로 해 준다.

24 시급하고 복잡한 문제를 가진 클라이언트가 있다. 가장 먼저 해야 할 것은?

① 해결해야 할 가장 시급한 문제부터 한다.
② 클라이언트가 해결하길 원하는 문제부터 한다.
③ 해결하기 쉬운 것부터 한다.
④ 사회복지사의 판단에 맡긴다.
⑤ 복잡한 문제를 동시에 해결하도록 한다.

25 조력자의 역할이 아닌 것은?

① 클라이언트의 욕구를 확인하고 문제를 효과적으로 다룰 수 있는 능력을 기른다.
② 다른 체계에 정보를 제공한다.
③ 어려움에 처해 있는 클라이언트가 잘 대처할 수 있도록 원조한다.
④ 지역사회조직의 역할에서 불만을 집약하는 역할을 수행한다.
⑤ 좋은 대인관계를 가지도록 조정한다.

26 다음 중 1차기관인 사회복지사의실천은?

① 어린이집에서 부모와 상담하는 사회복지사
② 화상치료집단에서 집단 교육 중인 의료사회복지사
③ 학습장애 치료를 돕기 위한 학교사회복지사
④ 재가복지봉사센터에서 자원봉사자 교육 중인 사회복지사
⑤ 지역자치센터에 근무하는 사회복지사의 방문

27 다음 중 사회복지사가 개인을 위해 옹호 및 행동하는 것은 어떤 차원에서의 접근이라 할 수 있는가?

① 전문가집단차원   ② 중범위차원   ③ 거시차원
④ 미시차원   ⑤ 비전문가차원

28 쉼터에 온 클라이언트가 아동학대를 하게 된 것을 알게 되어 신고를 갈등하는 사회복지사가 우선적으로 해야 할 행동으로 가장 바람직한 것은?

① 신고하지 아니하고 사례를 진행한다.
② 아동학대 전문기관에 신고를 하고 신고자에 대한 비밀보호를 요청한다.
③ 사회복지전담 공무원에게 의뢰한다.
④ 사례를 종결한다.
⑤ 학대받은 아동에 대한 개입으로 전환한다.

29 다음 예시에서의 사회복지사의 역할은?

> **-보 기-**
> J 구청에서 아동폭력 프로그램을 진행하고자 하는데 A 복지관의 사회복지사에게 의뢰를
> 하여 전문적인 자문을 구했다. 이에 A 복지관의 사회복지사는 조언을 제공하고 프로그램
> 개발에 도움을 주었다.

① 분석가 ② 중개자 ③ 조정자
④ 옹호자 ⑤ 전문가

30 사회복지실천에서 예술적 활동으로 맞는 것은?

① 클라이언트의 만족도 설문조사
② 클라이언트의 개인적 정보관리
③ 클라이언트와 전문적 관계 형성
④ 클라이언트의 욕구파악을 위한 사정도구 활용
⑤ 클라이언트에게 지역사회 자원에 관한 정보제공

31 다음 중 사회복지의 예술적 특성에 대한 설명으로 옳지 않은 것은?

① 사회복지실천의 전문성은 과학적 요소와 예술적 요소에 기반해야 한다.
② 사회복지실천의 과학적 요소는 사회적 현상에 관한 지식을 말한다.
③ 사회복지 전문직 속성은 지역사회의 이익을 중시한다.
④ 사회복지실천의 예술적 요소에는 열정과 용기 등이 있다.
⑤ 사회복지실천의 과학적 요소가 예술적 요소보다 중요하다.

32 다음 중 미시차원에서 클라이언트에게 직접적인 대면서비스를 제공하는 사회복지사의
역할에 해당하는 것을 모두 고르면?

> 가. 교 사 나. 계획가
> 다. 상담자 라. 촉진자

① 가, 나, 다 ② 가, 다 ③ 나, 라
④ 라 ⑤ 가, 나, S다, 라

|정답| 1. ⑤ 2. ③ 3. ① 4. ⑤ 5. ⑤ 6. ② 7. ③ 8. ① 9. ④ 10. ④ 11. ②
12. ② 13. ② 14. ⑤ 15. ② 16. ⑤ 17. ① 18. ③ 19. ⑤ 20. ① 21. ② 22. ④
23. ① 24. ① 25. ② 26. ④ 27. ④ 28. ② 29. ⑤ 30. ③ 31. ⑤ 32. ⑤

CHAPTER 02 사회복지실천의 가치와 윤리

Theories / of / Social / Work / Practice

모든 전문직은 가치와 윤리가 있다. 전문가가 지니는 가치관은 인간에 대해 갖고 있는 믿음이다. 사회복지사는 과학적이고 전문적인 지식을 갖추어야 할 뿐 아니라 사회복지실천의 가치와 윤리를 알아야 하고 자신의 개인적 가치관도 갖고 있어야 한다. 왜냐하면 사회복지실천과정에서 가치가 수반되는 문제를 만날 수 있기 때문이다. 그러므로 이 장에서는 가치와 윤리, 한국사회복지사 윤리강령에 대해 살펴보고 사회복지사가 사회복지실천에서 문제를 해결하기 위해 직면할 수 있는 윤리적 쟁점 등에 대해서도 알아본다.

THEORIES OF SOCIAL
WORK PRACTICE

제1절 사회복지실천의 가치

1. 가치의 개념

Loewenberg는 가치(value)란 "믿음과 같은 것으로 좋고 바람직한 것에 대한 지침이며 적합한 행동의 선택에 대한 지침이다"라고 하였고, Webster 사전은 가치를 "본래적으로 가치 있는 또는 바람직한 무엇"이라고 정의하였다.

William Gordon(1965)에 의하면 가치란 선호되는 것을 의미하는 반면, 지식은 알려진 것 또는 알릴 수 있는 것을 의미한다고 했다. 지식(knowledge)은 증명할 수 있는 세계와 인간을 관찰한 결과를 객관화시킨 사실을 말하나 가치는 객관적으로 증명할 수 없고 주관적으로 선호하는 것으로 인간의 적절한 행동을 선택하는 데 있어서 지침이나 기준이다(엄명용 외, 2006 : 92).

Kohs(1966 : 15-16)는 가치는 사회복지실천활동의 기초가 되는 철학적 기반으로서 중요하다고 했으며, NASW(1995)는 대부분의 전문직을 기술적 전문성을 확보하고 나면 윤리와 가치문제에 훨씬 더 많은 관심을 기울이게 된다고 했다.

Levy가 시사하는 바에 의하면 가치란 "사람에 관하여 그리고 사람을 다루는 적절한 방법에 대하여 전문직이 갖고 있는 신념으로 생각될 수 있다"고 했기 때문에 존재를 설명하는 지식과는 정반대로 가치는 해야 하는 의무로 설명한다(김융일 외, 2005 : 101).

전재일 등(2004 : 44)은 가치는 "어떤 행동이 좋고─나쁘며, 옳고─틀리며, 바람직하고─바람직하지 못하다는 도덕적 판단의 기준인 동시에 어떤 상태가 행복하고 불행한가를 판단하는 기준이다"라고 했다.

요약하면 가치는 인간의 본질에 관하여 전문직이 갖고 있는 신념, ── 믿음으로써의 신념,── 믿음이 사회복지실천에서 실무자의 일상적 활동에 반영되어 전문직이 실천해야 할 방향을 제시해 주는 것으로 볼 수 있다.

2. 가치의 특성

Robin Williams는 가치의 기본적 특성을 다음과 같이 설명하였다(Willams, 1952 : 374-375 ; 김융일 외, 2005 : 101-102).

① 가치는 개념적 요소를 갖고 있다. 그것은 순수한 감각, 감정, 반응 또는 욕구 이상의 것이다. 가치는 개인의 즉각적 경험의 흐름으로부터 도출된 추상개념이다.

② 가치는 효과적으로 부과된다. 가치는 행동적인 또는 잠재적인 감정적 흐름을 대표한다.

③ 가치는 행동의 구체적 목표가 아니라, 목표에 의해 선택된 '기준'이다.
④ 가치는 사소하거나 가벼운 관심 정도가 아니라 매우 중요한 것이다.

Alissi(1965 : 14-15)는 가치는 사회적·문화적 체계와 분리될 수 없는 것이라고 하였기 때문에 개인의 가치는 다양한 환경과의 상호작용에 의한 학습과정을 통해 형성되고, 내면화되어 인간행동의 동기적 역할을 하기도 하고, 갈등요인으로 작용하거나, 평가기준으로서 기능을 한다(전재일 외, 2004 : 44).

사회복지의 기본가치는 Friedlander의 ① 인간의 존엄성, ② 인간의 자율성, ③ 기회의 균등성, ④ 사회적 책임성이 전제되고 있다.

전재일(1981 : 115-116)은 가치를 다음과 같이 분류하였다.

① 궁극적 가치 : 개인의 자유, 정의, 평화, 발전, 자기결정 등과 같은 어떤 일반적, 추상적 또는 절대적 개념이다.

② 수단적 가치 : 타인의 수용, 교육의 기회균등, 클라이언트에 대한 정보의 안전관리 및 비밀보장과 같은 더욱 구체적이고 직접적으로 적용될 수 있는 가치이며, 또한 어떤 목적에 유용하기 때문에 좋거나 유익한 것으로서 사물의 성질에 관하여 구체적으로 설명하는 실용적 가치라고 할 수 있다.

③ 개인적 가치 : 개성, 자존심, 자기의존, 비밀, 자기실현과 같이 개인을 위한 권리 또는 유익하게 생각하는 것이나 개인이 자신을 위한 권리와 선을 생각하는 가치이다.

④ 사회적 가치 : 이타주의, 상호부조, 사회복지, 우애, 민주주의, 호의, 책임 및 사랑과 같이 사회적으로 지향된 방법으로 일반적 또는 집합적으로 인간을 위한 선과 권리를 생각하게 되는 가치이다.

⑤ 종교적 가치 : 비물질적 또는 종교적 신념에 의해서 착함 또는 선행을 통한 구원과 같은 생각을 하려는 것으로 정신적 가치라고도 할 수 있다.

⑥ 과학적 가치 : 과학자들이 과학적 행동, 즉 합리성, 객관성, 진보성과 비판적 연구를 결정해야 할 것이라고 믿는 가치이다.

⑦ 전문적 가치 : 능력, 공평무사, 클라이언트의 관심을 우선시하는 전문적 행동의 기준으로서 수용하는 것이며, 전문직업인들이 자기 자신을

맡기는 가치이다.

⑧ 도덕적 가치 : 정직, 공명정대한 행동, 공감처럼 특히 대인관계에서 정
   의와 의무의 기준에 의하여 반대되거나 유익한 어떤 일의 성질에 관
   한 가치이다.

⑨ 윤리적 가치 : 도덕적 가치관의 한 형태이며, 실용적이거나 직접적인
   용어가 아니라 이상적인 용어로서 성실, 타인에 대한 존경, 정직과 같
   은 인간의 행동을 지배하는 것으로서 임의로 받아들이게 되는 정의, 책
   임 있는 행동에 관한 개념이다.

⑩ 심미적 가치 : 현실적으로 활용되면서도 비도덕적 가치가 함께하는 어
   떤 것이라고 할 수 있다.

3. 전문적 가치의 범위

전문적 가치는 다양한 형태로 설명되고 있으나 가장 많이 거론되고 있는
가치는 다음과 같다(NASW, 1995 : 894).

① 개인의 가치와 존엄성
② 개인에 대한 존경
③ 개인의 변화가능성에 대한 가치
④ 클라이언트의 자기결정권
⑤ 비밀보장과 사생활보장
⑥ 적절한 자원과 서비스 제공
⑦ 클라이언트에게 권한부여
⑧ 동등한 기회보장
⑨ 비차별성
⑩ 다양성의 존중 등

Levy는 사회복지전문직 자체의 가치를 사람, 결과, 수단의 세 개 집단으로
구분하여 사회복지전문직이 업무를 수행해야 할 때 지켜야 할 믿음의 체계를
다음과 같이 설명했다(Levy, 1973 : 34-42 ; 양옥경 외, 2005 : 44-45).

첫째, 인간에 대한 개념적 가치 : '사람 우선 가치'이다. 이것은 전문직이 수행의 대상인 사람 자체에 대해 전문직이 갖추고 있어야 할 기본적 기치관이다. 개인의 가치와 존엄성, 개인의 건설적 변화에 대한 능력과 욕구, 상호 책임성, 소속의 욕구, 공통적 인간의 욕구, 개개인의 독특성에 대한 가치 등이 포함된다. 클라이언트를 개별화된 인간으로 보고, 능력을 인정해 주며, 개별성에 따라 권한을 인정해 주는 가치관으로 이것은 사회복지실천의 기본철학과 같은 것이다.

둘째, 인간을 위한 결과적 가치 : '결과 우선 가치'이다. 사람에 대한 서비스를 제공했을 때 초래하는 결과에 대한 가치관으로 사회가 개인의 발전을 위해 사회참여에 대한 기회를 동등하게 제공해야 한다는 사회책임에 대한 믿음이다. 또한 사회가 빈곤, 질병, 차별대우, 부적절한 주거환경 및 불공평한 교육기회 등에 대한 문제를 해결하거나 미연에 방지해야 할 사회적 책임에 대한 가치이며, 이와 같은 욕구를 충족시킬 수 있는 자원을 제공해야 하는 사회적 책임에 대한 믿음이다.

셋째, 인간을 다루는 수단적 가치 : '수단 우선 가치'이다. 서비스를 수행하는 방법 및 수단과 도구에 대한 가치관이다. 이는 사람은 존경과 존엄으로 다루어져야 하며 자기결정권을 가져야 하고, 사회변화에 참여하도록 도와줘야 하며, 하나의 독특한 개인으로 인정되어야 한다는 믿음과 같은 것이다.

사회복지사가 사회복지실천현장에서 갖추고 있어야 할 가치관에 관해 미국의 사회복지사협회(NASW)는 다음과 같이 설명하고 있다(Brieland, 1977 : 340).

① 개인은 이 사회의 관심의 근원이다.
② 이 사회의 개인들은 상호의존적이다.
③ 개인들은 서로 간에 사회적 책임을 갖는다.
④ 각 개인에게는 공통적 욕구도 있으나 독특한 욕구도 있다.
⑤ 민주적 사회의 본질적 특성은 각 개인의 완전한 잠재력을 발견하고 그 개인이 사회에서 능동적이고 활발한 참여를 통해 사회적 책임을 갖는다는 것을 사회가 인정하는 것이다.
⑥ 사회는 자기발견, 즉 개인과 환경 간의 불균형에 대한 방해요소를 극복

하거나 예방할 수 있는 방법을 제공할 의무가 있다.

제2절 사회복지실천의 윤리

THEORIES OF SOCIAL
WORK PRACTICE

1. 윤리의 개념

윤리란 어떤 행동의 옳고 그름에 대한 판단으로 사회복지 가치기준에 맞는 실천을 하였는가에 대한 판단기준을 제시한다(양옥경 외, 1995 : 29).

Barker(1995)는 윤리(ethics)란 "선악의 속성이나 도덕적 의무를 결정하는 일련의 지침, 행동기준 또는 원칙"이라고 하였으며, 우리말큰사전에는 "사람이 사회적 관계에 있어 사람으로서 마땅히 행하거나 지켜야 할 도리"라고 하였다.

윤리를 영어로는 에틱스(ethics)라고 하며 그리스어의 'ethos'에서 나온 관습의 의미를 갖고 있다. 윤리는 가치에서 비롯되나 무엇이 옳고 그른가를 판단하여 주는 도덕적 지침이 된다. 윤리와 가치의 차이점은 가치는 무엇이 좋고(good) 나쁜가(bad)와 관련된다면, 윤리는 무엇이 옳고 그른가를 다루는 데 있다. 사회복지실천윤리에서 가치의 문제를 중요하게 다루는 것은 사회복지사의 가치에서 윤리적 원칙들이 나오기 때문이다(엄명용 외, 2006 : 93).

사회복지실천에서 가치는 "추구해야 하는 이상적인 것"과 관련된 것이고, 윤리는 "가치를 실현하는 실천적인 것"과 관련된다. 사회복지실천에서의 윤리는 가치에서 비롯되고, 이 윤리는 실천적 원칙을 낳으며, 원칙은 옳고 바른 것을 추구하게 하는 윤리기준을 제공한다(전재일 외, 2004 : 52).

가치란 신념이며 과학적 근거도 없으며, 객관적으로 증명할 수 없고 주관적으로 선호하는 것이라면 윤리란 실질적 결정을 내릴 때 필수적인 것으로 옳고 그른 행동에 대한 사회적 태도를 가리키는 도덕철학이다. 가치란 하나의 가정적 개념에서 인간의 생각 속에서 그치지만 윤리는 행동으로 나타나는 것으로 윤리적 판단에 따른 행동수행에 있어 규범적 어떤 기준이 필요하게 된다.

그러므로 윤리란 인간의 행동을 통제하거나 규제하는 기준이나 원칙까지 포함하는 개념으로 일반적으로 타인에 대한 책임감에서 우러나오는 인간에 대한 기대를 말한다(문인숙 외 역, 1985 : 117).

2. 윤리의 출현

사회복지실천의 윤리가 본격적으로 논의되기 시작한 것은 1970년대에 들어서였다. 사회복지사들은 1920년대부터 윤리의 필요성을 절감하고 전문적 윤리강령을 만들고자 하였으나 1960년에 와서야 최초의 사회복지사 윤리강령이 사회복지사협회에 의해 채택되었다(Reamer, 1992 : 11-33). 그 전까지는 전문지식과 기술의 개발에 주로 초점을 두고 있었다. 왜냐하면 가치에 중점을 두면 사회복지전문직이 과학적이지 않게 보이기 때문이었다.

그러나 1970년대 후반에 들어와서 윤리가 각광을 받게 된 이유는 여러 가지 차원에서 찾아볼 수 있는데 가장 큰 변화는 바로 과학과 기술의 발전이라고 할 수 있다(Reaner, 1999 : 7). 의학과 공학의 발달로 생명연장이 가능해졌으며, 장기이식이나 유전공학의 실현 등이 우리가 쉽게 접할 수 있는 것으로 다가왔다. 이에 따라 클라이언트들도 인공수태를 한다거나, 장기이식을 원한다거나, 안락사를 원한다거나, 성감별을 통한 유산을 원하는 등 다양한 형태의 윤리적 결정을 해야 하는 상황에 놓이게 되며 이 상황에 사회복지사의 개입이 필요하게 된다. 또한 사회가 성숙함에 따라 환자의 권리, 피의자의 권리, 죄수의 권리 등을 인정하는 사회분위기에 힘입어 사회복지 대상자의 권리를 인정하자는 사회분위기의 영향도 있다(Reaner, 1999 : 7). 사회복지 대상자의 권리인정으로 인해 다양한 형태의 윤리적 갈등이 발생함에 따라 이를 해결하기 위한 토론이 진행되었으며 결국 윤리적 지침의 필요성이 대두되었다(양옥경 외, 1995 : 49-50).

3. 윤리의 철학적 배경

여기서는 윤리적 철학에 대해 고대의 기본인 상대주의와 절대주의의 철학적 배경을 양옥경 등(1995 : 56-59)이 정리한 내용을 중심으로 살펴본다.

1) 윤리적 상대주의

윤리적 상대주의(ethical relativism)는 어떤 종류의 정해진 도덕률도 부인한다. 선과 악이나 옳고 그름도 주관적이고 상대적인 것이라고 보며 절대적 가치란 없다고 말한다. 철학자로는 고대 그리스의 Protagoras와 근대에 와서는 Spencer, Conte 같은 실증주의자들에 의해 정리되었다.

Protagoras는 "인간은 만물의 척도"라고 하면서 가치판단에 대한 상대주의를 표방했다. Spencer도 이성은 단지 상대적인 것을 인식할 수 있을 뿐이라고 하면서 사물의 본질이나 절대적인 것은 인식되지 않는다고 하였다. Conte는 과학은 경험적 사실이나 현상에 의한 묘사이기 때문에 그것만이 확실한 것이라고 생각하여 사물이나 현상의 본질은 불문에 붙여져야 하며 산출된 결과와 상황만이 분석대상으로 고려된다고 하였다.

과학이 발전함에 따라 도덕철학도 과학철학의 영향을 받게 되었기 때문에 위의 논리를 도덕철학에 적용시키면 원인보다는 결과의 옳고 그름에 의해 행동여부가 판단된다고 할 수 있다. 윤리적 상대주의는 고정불변의 절대적 가치는 부인하면서 행동의 동기보다는 행동의 결과를 중시하게 된다.

모든 가치는 계속 변화하고 있다. 어제의 가치기준을 오늘에 적용할 수 없으므로 결과적으로 가치문제에 있어서는 상대주의가 불가피하게 된다. 절대적 기준을 가진 보편적이면서 불변하는 기본가치는 존재하지 않으며, 단지 어떤 행위의 결과가 얼마나 옳고 얼마나 선한가의 정도에 따라 판단과 결과의 기준이 정해진다.

오늘날과 같은 시대는 문화적 특수성과 다원화를 바람직한 가치체계로 받아들이고 있기 때문에 비록 동시대에 같은 문화권에 있다 하더라고 윤리적 보편화를 기대한다는 것은 시대에 뒤떨어지는 일이다. 따라서 윤리적 상대주의가 바람직한 것이라 볼 수 있다. 그러나 이 이론의 제한점은 그 윤리관을 적용하는 범위에 있다.

문화적 특수성과 다원화를 인정할 때 그 고유한 문화권의 경계를 규정하는 방법이 중요하다. 문화권의 경계를 한 인종, 종족, 국가로부터 한 지방, 가

족, 개인에 이르기까지 다양한 하위문화가 있고 문화에 따라 가치체계 및 윤리
관의 적용 폭도 다양하다. 만약 하위문화권의 단위를 극단까지 좁힌다면 윤
리적 상대주의는 어디에도 적용할 수 없는 단지 이론에 불과한 철학이 될 것
이다.

2) 윤리적 절대주의

윤리적 절대주의(ethical absolutism)는 이미 정해진 고정불변의 도덕률을 강
조하는 것으로 선과 악이나 옳고 그름도 어떤 행위의 결과와는 별개로 판단하
는 것을 말한다. 이 철학의 도덕률은 모든 상황에서 절대적으로 적용된다는
것을 전제로 하고 있다.

이 철학의 도덕적 규범의 절대성은 두 가지 특성을 갖는다. 하나는 윤리적 보편
주의로서의 윤리적 절대성이다. 도덕규범은 모든 인간의 행위에 올바르게 적용된다.
윤리적 절대주의가 윤리적 상대주의와 다른 점은 비록 행동의 옳고 그름이 환경이나
상황의 차이에 따라 달라져도 각기 다른 사회가 채택한 규범의 차이에 따라 변하지
않는다는 것이다. 즉, 어떤 사회, 문화이든지 간에 이 규범은 절대적으로 변하지 않
는 보편적이라는 것이다. 다른 하나는 도덕규범 이외의 어떠한 예외도 갖지 않으며
개별적 도덕규칙이 적용되지 않는다는 윤리적 절대성이다.

윤리적 절대주의의 제한점은 관념론적 관점으로만 흘러 형식주의적일 수
있다는 것이다. 선악의 기준이 사회변화에 따라 달라질 수 있을 뿐 아니라 상
황에 따라서 달라질 수 있으나 어떤 상황에서도 절대적으로 지켜야 하는 도덕
적 규범으로 보기 때문에 도덕의 사회성과 역사성을 부인하는 제한점이 있다.

윤리적 절대주의 학자는 Kant, Schelling, Hegel 등이 있으며, 이 학자들의 공
통적 주장은 '절대'의 개념이 신격화된 신학에서의 절대가 아닌 인간의 의식과 사
유에 그 절대권을 주고 있기 때문에 윤리적 절대주의를 윤리적 상대주의에 반대
되는 개념이라고 혼돈해서는 안 된다(양옥경 외, 1995 : 33).

3) 사회복지 전문직의 윤리

전문직 윤리는 사회복지사가 전문직 가치를 전문적 실천활동으로 전환시
키는 지침을 제공한다. 전문직 윤리는 일반 사회의 윤리와 동일하지는 않지만

밀접한 관련을 가지고 있다. 사회복지의 가치가 사회가 가지고 있는 가치에서 파생되어 나오지만 반드시 동일하지 않은 것처럼 전문직 윤리도 사회의 윤리와는 차이가 있다. 예를 들어 사회적 윤리와 전문직 윤리가 모두 평등의 원칙을 강조하지만, 전문직 윤리는 클라이언트의 이익에 우선순위를 부여한다는 점에서 전문직 윤리원칙이 사회복지사의 실천에 함의하는 바가 크다(Dolgoff et al., 2005; 이원숙, 2008: 95). 미국 사회복지사협회(NASW) 윤리강령에서 제시하는 여섯 가지 전문가 핵심 가치와 윤리적 원칙은 〈표 2-1〉과 같다.

| 표 2-1 | 사회복지실천의 핵심 가치와 이에 근거한 윤리적 원칙

	윤리적 원칙	윤리강령의 핵심 가치
가치 1	사회복지사의 일차적 목적은 어려움에 처한 사람들을 돕고 사회문제를 다루는 것이다.	서비스
가치 2	사회복지사는 사회적 불의에 도전한다.	사회정의
가치 3	사회복지사는 타고난 인간의 존엄성과 가치를 존중한다.	개인의 존엄성과 가치
가치 4	사회복지사는 인간관계가 가진 중요성을 인식하여야 한다.	인간관계의 중요성
가치 5	사회복지사는 신뢰받을 수 있게 행동한다.	성실성
가치 6	사회복지사는 자신의 능력범위 내에서 실천활동을 하여야 하며, 자신의 전문적 기술을 개발하고 향상시켜야 한다.	역 량

〈출처: NASW, 1999; 이원숙, 2008: 95 재구성.〉

제3절 한국사회복지사 윤리강령

1. 윤리강령의 기능

윤리강령은 전문가들이 지켜야 할 전문적 행동기준과 원칙을 기술해 놓은 것으로 전문가들이 공통으로 합의한 내용을 담고 있가 때문에 사회윤리적

제재의 힘을 갖는다. 윤리강령은 전문가들이 자신의 전문직 가치기준에 맞게 실천할 수 있도록 판단기준을 제시하며, 해당 전문직 실천대상자들에게 그 전문직이 지켜야 할 기본윤리행위를 알리고 전문직의 비윤리적 행위에 대해 판단할 수 있는 기준을 제시하는 기능이 있다(양옥경 외, 1995 : 50).

양옥경 등(2004 : 92-93)은 윤리강령의 기능을 다음과 같이 정리하고 있다.

첫째, 사회복지실천현장에서 윤리적 갈등이 생겼을 때 지침과 원칙을 제공한다.

둘째, 자기규제를 통해 클라이언트를 보호한다.

셋째, 스스로 자기규제를 가짐으로써 사회복지 전문직의 전문성을 확보하고 외부통제로부터 전문직을 보호한다.

넷째, 일반 대중에게 전문가로서의 사회복지 기본업무 및 자세를 알리는 일차적 수단으로 기능한다.

다섯째, 선언적 선서를 통해 사회복지 전문가들의 윤리적 민감화를 고양시키고 윤리적으로 무장시킨다.

2. 윤리강령의 내용

한국사회사업가 윤리강령(초안)

1982년 1월 15일 제정 ■

▐ 전문 ▐

모든 인간은 다함께 인간으로서의 고유한 가치와 불변의 존엄성을 지닌다.

사회사업은 개인이 갖는 이러한 가치와 존엄성의 실현, 그리고 그가 속해 있는 집단의 사회적 발전을 돕기 위해 그 개인 및 집단과 지역사회의 유효한 자원을 효과적으로 결합시키려는 전문적인 노력을 의미한다.

그러므로 사회사업의 기본적인 목적은 사회사업가의 도움을 필요로 하는 모든 개인 및 집단의 성공적인 자기실현이며, 이는 인도주의적 이상과 민주주의적 철학에 그 바탕을 둔다.

따라서 우리들 사회사업가는 개인 및 집단이 가져야 될 자아실현의 목표를 개발하고, 이용 가능한 사회적 자원 및 과학적인 지식을 통합함으로써 복지사회, 정의로운 사회의 건설을 위해 헌신하는 것을 우리의 기본적인 직업윤리로 한다.

┃ 강령 ┃

1. 우리는 우리 자신을 가장 중요한 사회사업자원으로 확신한다. 따라서 우리는 우리 자신의 자원적인 능력을 계속적으로 확대 개발해 나가야 한다.

2. 우리는 피조자(클라이언트)의 개별적인 목적과 능력을 존중한다. 따라서 우리는 피조자(클라이언트)의 개인적인 목적을 사회적으로 승화시키며, 그들의 자기능력을 계속적으로 강화시켜 나간다.

3. 우리는 우리의 사업목적 및 실천에 대하여 우리의 기관과 더불어 공동의 책임을 진다. 따라서 우리는 우리가 속해 있는 기관의 정책을 사회사업의 기본적인 목적에 부응시킨다.

4. 우리는 사회사업의 사회성을 확인한다. 따라서 우리는 우리의 사업목표를 지역사회의 필요에 부응시킴으로써 필요한 자원을 사회로부터 제공받으며, 사업의 성과 역시 지역사회의 공헌으로 환원한다.

5. 우리는 사회사업의 전문성을 지지한다. 따라서 우리는 기존하는 사회사업의 학문적 공적을 옹호하며, 새로운 이론과 그 방법론의 개발을 계속적으로 추구한다.

6. 우리는 사회사업 각 기관과 조직의 협력관계를 옹호한다. 따라서 우리는 우리의 강령에 합치하는 사회사업기관 및 조직의 활동에 대하여 필요한 협조를 제공한다.

7. 우리는 사회사업 동료 및 유사 인접 분야 전문가들의 업무적 의견과 기능을 존중한다. 따라서 우리는 그들의 기존하는 실적을 옹호하며, 새로운 연구나 실천의 향상을 위해 필요로 하는 협조를 제공한다.

8. 우리는 지역주민의 자원봉사정신을 존경한다. 따라서 우리는 지역사회의 안보정신을 발양하기 위하여 자원봉사자의 개발과 확대 및 조직화에 노력한다.

9. 우리는 사회사업의 공공성을 주장한다. 따라서 우리의 연구 및 사업실천에 대하여 정부 및 공공기관의 협력관계를 확대시켜 나감에 있어서 공동의 보조를 취한다.

10. 우리는 한국사회사업가협회 및 국제사회사업과 연맹의 일원이다. 따라서 우리는 본 협회와 동연맹이 정하는 제반규약과 강령 및 결정들을 적극적으로 지지한다.

　　1982년 한국사회복지사협회는 윤리강령의 필요성을 절감하고 1982년 1월 15일 한국사회사업가 윤리강령을 제정하였다. 내용은 전문과 강령 총 10조로 이루어졌으며, 클라이언트의 인간존엄성, 사회사업가의 전문성, 사회사업의 공공성 및 사회성을 강조하였다.

　　인도주의적 이상과 민주주의적 철학에 바탕을 두고 자아실현을 목표로 이용가능한 사회적 자원과 과학적 지식을 통합하여 복지사회, 정의로운 사회 건설을 위해 헌신하는 것을 기본적인 직업윤리로 삼았다.

사회복지사 윤리강령

2001. 12. 15. 개정

▌전문▐

　　사회복지사는 인본주의·평등주의 사상에 기초하여, 모든 인간의 존엄성과 가치를 존중하고 천부의 자유권과 생존권의 보장활동에 헌신한다. 특히 사회적·경제적 약자들의 편에 서서 사회정의와 평등·자유와 민주주의 가치를 실현하는 데 앞장선다. 또한 도움을 필요로 하는 사람들의 사회적 지위와 기능을 향상시키기 위해 저들과 함께 일하며, 사회제도 개선과 관련된 제반 활동에 주도적으로 참여한다. 사회복지사는 개인의 주체성과 자기결정권을 보장하는 데 최선을 다하고, 어떠한 여건에서도 개인이 부당하게 희생되는 일이 없도록 한다. 이러한 사명을 실천하기 위하여 전문적 지식과 기술을 개발하고, 사회적 가치를 실현하는 전문가로서의 능력과 품위를 유지하기 위해 노력한다.

　　이에 우리는 클라이언트·동료·기관 그리고 지역사회 및 전체 사회와 관련된 사회복지사의 행위와 활동을 판단·평가하며 인도하는 윤리기준을 다음과 같이 선언하고 이를 준수할 것을 다짐한다.

▌윤리기준▐

1. 사회복지사의 기본적 윤리기준
 1) 전문가로서의 자세
　　① 사회복지사는 전문가로서의 품위와 자질을 유지하고, 자신이 맡고 있는

업무에 대해 책임을 진다.

② 사회복지사는 클라이언트의 종교 · 인종 · 성 · 연령 · 국적 · 결혼상태 · 성 취향 · 경제적 지위 · 정치적 신념 · 정신, 신체적 장애 · 기타 개인적 선호, 특징, 조건, 지위를 이유로 차별대우를 하지 않는다.

③ 사회복지사는 전문가로서 성실하고 공정하게 업무를 수행하며, 이 과정에서 어떠한 부당한 압력에도 타협하지 않는다.

④ 사회복지사는 사회정의 실현과 클라이언트의 복지증진에 헌신하며, 이를 위한 환경조성을 국가와 사회에 요구해야 한다.

⑤ 사회복지사는 전문적 가치와 판단에 따라 업무를 수행함에 기관 내외로부터 부당한 간섭이나 압력을 받지 않는다.

⑥ 사회복지사는 자신의 이익을 위해 사회복지전문직의 가치와 권위를 훼손해서는 안 된다.

⑦ 사회복지사는 한국사회복지사협회 등 전문가 단체 활동에 적극 참여하여, 사회정의 실현과 사회복지사의 권익옹호를 위해 노력해야 한다.

2) 전문성 개발을 위한 노력

① 사회복지사는 클라이언트에게 최상의 서비스를 제공하기 위해, 지식과 기술을 개발하는 데 최선을 다하며 이를 활용하고 전파할 책임이 있다.

② 클라이언트를 대상으로 연구하는 사회복지사는 저들의 권리를 보장하기 위해, 자발적이고 고지된 동의를 얻어야 한다.

③ 연구과정에서 얻은 정보는 비밀보장의 원칙에서 다루어져야 하고, 이 과정에서 클라이언트는 신체적 · 정신적 불편이나 위험 · 위해 등으로부터 보호되어야 한다.

④ 사회복지사는 전문성을 개발하기 위해 노력하되, 이를 이유로 서비스의 제공을 소홀히 해서는 안 된다.

⑤ 사회복지사는 한국사회복지사협회 등이 실시하는 제반교육에 적극 참여하여야 한다.

3) 경제적 이득에 대한 태도

① 사회복지사는 클라이언트의 지불능력에 상관없이 서비스를 제공해야 하며, 이를 이유로 차별대우를 해서는 안 된다.

② 사회복지사는 필요한 경우에 제공된 서비스에 대해, 공정하고 합리적으로 이용료를 책정해야 한다.

③ 사회복지사는 업무와 관련하여 정당하지 않은 방법으로 경제적 이득을 취하여서는 안 된다.

2. 사회복지사의 클라이언트에 대한 윤리기준

1) 클라이언트와의 관계

① 사회복지사는 클라이언트의 권익옹호를 최우선의 가치로 삼고 행동한다.

② 사회복지사는 클라이언트에 대하여 인간으로서의 존엄성을 존중해야 하며, 전문적 기술과 능력을 최대한 발휘한다.

③ 사회복지사는 클라이언트가 자기결정권을 최대한 행사할 수 있도록 도와야 하며, 저들의 이익을 최대한 대변해야 한다.

④ 사회복지사는 클라이언트의 사생활을 존중하고 보호하며, 직무수행과정에서 얻은 정보에 대해 철저하게 비밀을 유지해야 한다.

⑤ 사회복지사는 클라이언트가 받는 서비스의 범위와 내용에 대해, 정확하고 충분한 정보를 제공함으로써 알 권리를 인정하고 존중해야 한다.

⑥ 사회복지사는 문서·사진·컴퓨터 파일 등의 형태로 된 클라이언트의 정보에 대해 비밀보장의 한계·정보를 얻어야 하는 목적 및 활용에 대해 구체적으로 알려야 하며, 정보공개 시 동의를 얻어야 한다.

⑦ 사회복지사는 개인적 이익을 위해 클라이언트와의 전문적 관계를 이용하여서는 안 된다.

⑧ 사회복지사는 어떠한 상황에서도 클라이언트와 부적절한 성적 관계를 가져서는 안 된다.

⑨ 사회복지사는 사회복지증진을 위한 환경조성에 클라이언트를 동반자로 인정하고 함께 일해야 한다.

2) 동료의 클라이언트와의 관계

① 사회복지사는 적법하고도 적절한 논의 없이 동료 혹은 다른 기관의 클라이언트와 전문적 관계를 맺어서는 안 된다.

② 사회복지사는 긴급한 사정으로 인해 동료의 클라이언트를 맡게 된 경우, 자신의 의뢰인처럼 관심을 갖고 서비스를 제공한다.

3. 사회복지사의 동료에 대한 윤리기준

1) 동 료

① 사회복지사는 존중과 신뢰로써 동료를 대하며, 전문가로서의 지위와 인

격을 훼손하는 언행을 하지 않는다.

② 사회복지사는 사회복지전문직의 이익과 권익을 증진시키기 위해 동료와 협력해야 한다.

③ 사회복지사는 동료의 윤리적이고 전문적인 행위를 촉진시켜야 하며, 이에 반하는 경우에는 제반 법률규정이나 윤리기준에 따라 대처해야 한다.

④ 사회복지사가 전문적인 판단과 실천이 미흡하여 문제를 야기했을 때에는, 적절한 조치를 취하여 클라이언트의 이익을 보호해야 한다.

⑤ 사회복지사는 전문직 내 다른 구성원이 행한 비윤리적 행위에 대해, 제반 법률규정이나 윤리기준에 따라 조치를 취해야 한다.

⑥ 사회복지사는 동료 및 타 전문직 동료의 직무가치와 내용을 인정·이해하며, 상호 간에 민주적인 직무관계를 이루도록 노력해야 한다.

2) 슈퍼바이저

① 슈퍼바이저는 개인적인 이익의 추구를 위해 자신의 지위를 이용해서는 안 된다.

② 슈퍼바이저는 전문적 기준에 의해 공정하게 책임을 수행하며, 사회복지사·수련생 및 실습생에 대한 평가는 저들과 공유해야 한다.

③ 사회복지사는 슈퍼바이저의 전문적 지도와 조언을 존중해야 하며, 슈퍼바이저는 사회복지사의 전문적 업무수행을 도와야 한다.

④ 슈퍼바이저는 사회복지사·수련생 및 실습생에 대해 인격적·성적으로 수치심을 주는 행위를 해서는 안 된다.

4. 사회복지사의 사회에 대한 윤리기준

1) 사회복지사는 인권과 인간평등을 위해 헌신해야 하며, 사회적 약자를 옹호하고 대변하는 일을 주도해야 한다.

2) 사회복지사는 필요한 사회서비스를 개발하기 위한 사회정책의 수립·발전·입법·집행에 적극적으로 참여하고 지원해야 한다.

3) 사회복지사는 사회환경을 개선하고 사회정의를 증진시키기 위한 사회정책의 수립·발전·입법·집행을 요구하고 옹호해야 한다.

4) 사회복지사는 자신이 일하는 지역사회의 문제를 이해하고, 그것을 해결하는 일에 적극적으로 참여해야 한다.

5. 사회복지사의 기관에 대한 윤리기준

1) 사회복지사는 기관의 정책과 사업목표의 달성·서비스의 효율성과 효과

성의 증진을 위해 노력함으로써, 클라이언트에게 이익이 되도록 해야
한다.

2) 사회복지사는 기관의 부당한 정책이나 요구에 대하여, 전문직의 가치
와 지식을 근거로 이에 대응하고 즉시 사회복지윤리위원회에 보고해야
한다.

3) 사회복지사는 소속기관 활동에 적극 참여함으로써, 기관의 성장발전을
위해 노력해야 한다.

6. 사회복지윤리위원회의 구성과 운영

1) 한국사회복지사협회는 사회복지윤리위원회를 구성하여, 사회복지윤리
실천의 질적인 향상을 도모하여야 한다.

2) 사회복지윤리위원회는 윤리강령을 위배하거나 침해하는 행위를 접수받
아, 공식적 절차를 통해 대처하여야 한다.

3) 사회복지사는 한국사회복사협회의 윤리적 권고와 결정을 존중하여야
한다.

2001년 3차 개정이 2001년 12월 15일 개정되었는데 이것이 현재 사용하고
있는 사회복지사 윤리강령이다. 1992년 2차 개정 시 7년 후에 다시 개정하자는
결의에 따라 1999년 3차 개정작업이 시작되었고 약 3년간의 개정작업을 거쳐
2001년 12월 15일 선포하게 되었다. 1992년 10개 조항이었던 것이 전문직 직무
의 내용에 따라 세분화하여 전문, 윤리기준 6장(46개 조항)으로 되어 있다.

사회복지실천이념은 인본주의 · 평등주의 사상에 기초하며 인간존엄성과
생존권 보장활동에 헌신, 평등, 자유, 민주주의 가치실현, 개인의 주체성과 자
기결정권 보장, 전문적 지식과 기술개발, 전문가로서 능력과 품위유지 등을 언
급하고 있다.

윤리기준을 사회복지사의 기본적 윤리기준으로 ① 전문가로서의 자세, ②
전문성 개발을 위한 노력, ③ 경제적 이득에 대한 태도, 사회복지사의 클라이언트
에 대한 윤리기준으로 ① 클라이언트와의 관계, ② 동료의 클라이언트와의 관
계, 사회복지사의 동료에 대한 윤리기준으로 ① 동료, ② 슈퍼바이저, 사회복
지사의 사회에 대한 윤리기준, 사회복지사의 기관에 대한 윤리, 사회복지윤리

위원회의 구성과 운영으로 나누어 자세히 설명하고 있다.

윤리기준을 자세히 소개하면 다음과 같다(전재일 외, 2004 : 54-56).

1) 사회복지사의 기본적 윤리

(1) 전문가로서의 자세

① 전문가로서 품위와 자질 유지, 업무에 대한 책임, ② 클라이언트에 대한 차별대우 금지, ③ 업무수행과정에서의 부당한 압력과의 타협 금지, ④ 클라이언트의 복지증진을 위한 국가와 사회에 요구, ⑤ 전문적 가치와 판단에 따른 자율적 업무수행, ⑥ 자신의 이익을 위해 전문직의 가치와 권위를 훼손하지 말 것, ⑦ 사회정의의 실현과 사회복지사의 권익옹호 등을 포함하고 있다.

(2) 전문성 개발을 위한 노력

① 최상의 서비스를 위해 지식과 기술의 개발, 활용, 전파, ② 클라이언트의 자발적이고 고지된 동의에 기초한 연구, ③ 정보의 비밀보장으로 클라이언트 보호, ④ 전문성 개발 명목하에 서비스 제공에 소홀함 금지, ⑤ 제반 교육에 적극 참여 등을 포함하고 있다.

(3) 경제적 이득에 대한 태도

① 클라이언트의 지불능력에 상관없이 서비스 제공, 차별대우 금지, ② 서비스에 대한 공정하고 합리적인 이용료 책정, ③ 부당한 방법에 의한 경제적 이익취득 금지 등을 포함하고 있다.

2) 사회복지사의 클라이언트에 대한 윤리

(1) 클라이언트와의 관계

① 클라이언트의 권익 최우선, ② 클라이언트의 인간존엄성 존중, 전문적 기술과 능력 발휘, ③ 자기결정권 보장과 이익의 대변, ④ 사생활보호와 비밀유지, ⑤ 클라이언트의 알 권리 존중, ⑥ 클라이언트 동의하에 정보활용, ⑦ 클라이언트와의 전문적 관계악용 금지, ⑧ 클라이언트와 성적 행위 금지, ⑨ 클라이언트를 사회복지증진을 위한 동반자로 인정하는 등을 포함하고 있다.

(2) 동료의 클라이언트와의 관계

① 적절한 절차 없이 동료 혹은 다른 기관의 클라이언트와 전문적 관계를 맺지 말 것, ② 긴급한 사정으로 인한 동료의 클라이언트에게 자신의 클라이언트와 동등한 서비스 제공 등을 포함하고 있다.

3) 사회복지사의 동료에 대한 윤리

(1) 동　료

① 동료에 대한 존중과 신뢰, ② 사회복지전문직의 이익과 권익의 증진을 위해 동료와 협력, ③ 동료의 윤리적·전문적 행위촉진 및 법률규정이나 윤리기준에 따라 대처, ④ 문제야기 시에 클라이언트 이익보호, ⑤ 전문직 내 다른 구성원의 비윤리적 행위에 대한 적절한 조치수행, ⑥ 동료 사회복지사 및 타 전문직 동료와 민주적 직무관계 수립 등을 포함하고 있다.

(2) 슈퍼바이저

① 지도감독자로서의 지위 악용 금지, ② 전문적 기준에 의한 공정한 책임수행, 평가공유, ③ 슈퍼바이저의 전문적 지도·조언을 존중하고 전문적 업무수행, ④ 슈퍼바이저는 수련생 및 실습생에게 인격적, 성적으로 수치심을 주는 행위 금지 등을 포함하고 있다.

4) 사회복지사의 사회에 대한 윤리

① 인권존중과 인간의 평등 및 사회적 약자를 옹호하고 대변하는 일을 주도, ② 서비스 개발을 위한 국가사회정책의 수립, 발전, 입법, 집행에 적극적 참여 및 지원, ③ 사회환경 개선과 사회정의 증진을 위한 사회정책의 수립, 발전, 입법, 집행을 요구·옹호, ④ 지역사회문제의 이해와 해결에 적극 참여 등을 포함하고 있다.

5) 사회복지사의 기관에 대한 윤리

① 기관정책목표 달성, 서비스 효율성과 효과성 증진
② 기관의 부당한 정책이나 요구에 대한 공식적 절차 활용

③ 소속기관 활동에 적극적 참여, 기관의 성장발전을 위한 노력 등을 포함하고 있다.

6) 사회복지 윤리위원회의 구성과 운영

① 사회복지윤리실천의 질적 향상 도모
② 윤리위원회의 공식적 절차에 의한 비윤리적 행위 대처
③ 한국사회복지사협회의 윤리적 권고와 결정존중 등의 내용을 포함하고 있다.

제4절 사회복지실천의 윤리적 쟁점

사회복지사가 사회복지를 실천하는 과정에서 다양한 윤리적 딜레마에 처할 경우가 있다. 이때 사회복지사는 다양한 윤리적 원칙 중 상황에 따라 우선순위를 결정해야 한다. 예를 들면, 생명과 직결되는 문제는 윤리적 원칙보다 우선순위를 갖고, 학대나 폭력이 다른 이슈들과 함께 발생했을 때는 학대가 클라이언트의 안전에 관련된 사항이므로 우선적으로 해결해야 하고 자살이나 생명에 위험이 닥칠 경우에는 비밀보장의 원칙을 어기는 것이 허용될 수 있는 것 등이다. 따라서 여기서는 학자들이 주장하는 윤리적 딜레마를 해결할 수 있는 준거에 대해 살펴본다.

1. 윤리적 딜레마 해결을 위한 준거틀

1) Loewenberg와 Dolgoff의 준거틀

Loewenberg와 Dolgoff(1996)는 다음과 같은 순서에 기초한 윤리적 의사결정 접근방법을 제시했다(Loewenberg & Dolgoff, 1996 ; 김융일 외, 2005 : 112).

- 윤리의 원칙 1 : 생명보호의 원칙

- 윤리의 원칙 2 : 평등과 불평등의 원칙
- 윤리의 원칙 3 : 가치와 자유의 원칙
- 윤리의 원칙 4 : 최소 해악의 원칙
- 윤리의 원칙 5 : 생활의 질의 원칙
- 윤리의 원칙 6 : 사생활과 비밀보장의 원칙
- 윤리의 원칙 7 : 진실과 사실을 완전히 알릴 원칙

2) Mattison의 준거틀

Mattison(1977)은 사회복지사가 윤리적 딜레마를 해결하는 데 더 쉽게 사용할 수 있는 단계별 과정을 다음과 같이 기술했다(Mattison, 1997).

- 1단계 : 사례 이면의 사실과 사례의 세부사항에 대한 수집평가
- 2단계 : 실천에 대한 고려와 윤리적 요소의 구분
- 3단계 : 가치갈등에 대한 확인. 대표적 가치갈등은 다음과 같다.
    - 자기결정권과 전문가 온정주의
    - 비밀보장과 '전문가의 의무상의 이유' 에 입각한 비밀누설
    - 법적 의무와 이성적으로 판단되는 '더 큰 선행'
    - 기관정책에 대한 책임과 자유재량에 의한 판단
    - 클라이언트의 자기결정권과 개인적 가치에 따라 이루어진 판단
    - 개인의 권리와 가족체계의 복지
- 4단계 : 사례에 영향을 미치는 윤리강령 원칙들의 확인
- 5단계 : 가능한 행동양식 결정
- 6단계 : 어떤 의무가 우선인지 평가하고 행동의 선택을 정당화
- 7단계 : 해결과 반성

2. 사회복지실천상의 윤리문제

여기서는 사회복지실천과정에 경험하게 되는 다양한 윤리적 쟁점에 대해 양옥경 등(2005 : 59-62)이 정리한 내용을 중심으로 살펴본다.

1) 클라이언트의 자기결정권

클라이언트에게 자기결정권을 부여하는 것은 기본적 인권존중의 원칙에 의한 것이다. 이것은 클라이언트의 의사를 존중해 주는 것이기 때문에 사회복지사는 자신의 전문적 지식·경험·기술에 근거하여 자신의 이념이나 생각을 클라이언트에게 강요할 수 없고, 클라이언트 본인만이 자신에게 가장 좋다고 생각되는 최선의 것을 선택할 수 있는 클라이언트의 권리이다.

그러나 클라이언트가 너무 어리거나 정신연령이 낮아서 스스로 결정할 능력이 없거나, 클라이언트의 결정이 다른 사람이나 기관 및 사회에 불이익을 가져올 위험성이 높다고 판단될 때, 사회복지사는 클라이언트의 자기결정권의 행사를 어느 범위까지 한정시켜야 할지 윤리적 딜레마에 빠지게 된다.

2) 비밀보장

클라이언트와 전문적 관계에서 비밀보장은 기본적 윤리원칙이다. 그러므로 클라이언트가 말한 내용을 원칙적으로 다른 사람에게 공개해서는 안 된다. 뿐만 아니라 다른 사람이 제공한 클라이언트에 관한 내용도 공개해서는 안 된다. 그러나 법 앞에서는 예외이다. 사회복지사는 클라이언트의 비밀보장을 지켜 줄 법적 의무를 갖고 있지 못하기 때문에 클라이언트가 범법행위를 하여 법의 심판을 받게 될 경우 법이 원하는 범위 내에서 클라이언트와의 대화내용을 공개해야 한다.

또한 교육의 목적이나 슈퍼비전을 위한 전문가 회의 등 전문적 이유에서도 클라이언트의 대화내용이 공개될 수 있다. 이런 경우에 사회복지사는 클라이언트의 사적 권리를 최대한 보장해 주도록 노력해야 한다.

3) 진실성 고수와 알 권리

어떤 사람이 클라이언트를 상대로 한 말이나 행동을 비밀로 간직하고 있을 때, 그 사실을 클라이언트에게 알려 주어야 하는지? 만약 알려 준다면 그 사람의 비밀보장에 관한 권리는 어떻게 되는지? 클라이언트의 알 권리와 사회복지사의 진실성 고수라는 면에서 볼 때 당연히 클라이언트에게 진실을 알려 주어야 한다. 그러나 모든 사실을 클라이언트에게 사실대로만 알려 준다고 해서 항상 바람직한 것만은 아니라는 것도 고려해야 한다.

4) 제한된 자원의 공정한 분배

클라이언트의 문제를 해결하기 위해서 사회복지사가 활용할 수 있는 공적 자원은 매우 제한적이다. 그런데 모든 클라이언트에게 똑같이 제공할 수 없으면서도 공평하게 분배되어야 한다는 원칙은 모순적이다. 따라서 클라이언트에게 자원을 제공하게 될 때 형평성의 원리에 입각해야 하는데 이 형평성의 기준을 찾는 것이 어려운 일이다.

5) 상충되는 의무와 기대

사회복지사에게는 여러 방면의 다양한 역할이 기대된다. 클라이언트, 동료, 상사, 기관, 사회 등이 서로 상충되는 기대를 갖게 될 때, 사회복지사는 누구를 대상으로 어떤 기대에 맞는 의무를 행사해야 하는지 갈등상황에 놓이게 된다.

6) 전문적 관계 유지

전문적 도움의 관계란 특별한 문제를 갖고 도움을 요청하는 클라이언트와 그 문제에 초점을 두고 관계를 형성·유지하는 것을 말한다. 전문적 관계는 권위적 관계와 다르기 때문에 사회복지사는 전문적 관계를 유지하기 위해 친근감 있고 자연스럽게 대하고 지지적이고 허용적이어야 한다. 그러나 클라이언트가 자칫 잘못 생각하여 그 같은 관계를 사적 관계로 오인하고 전문적인 도움 이상의 것을 요구할 때 윤리적 딜레마에 처하게 된다.

7) 클라이언트의 이익과 사회복지사의 이익

클라이언트에게 도움을 주는 과정에서 사회복지사는 자신의 이익을 위하여 행동해서는 안 된다. 그러나 클라이언트를 돕다가 자신의 생명이 위태롭다든지 자신의 직업이나 가족 등의 희생이 요구될 때 사회복지사는 클라이언트의 이익과 사회복지사 자신의 이익을 추구하는 것 사이에서 갈등에 처하게 된다.

8) 전문적 동료관계

사회복지사는 여러 사람들과 함께 일하기 때문에 같이 일하는 동료 사회
복지사 및 다른 전문가들을 존중하여야 한다. 그러나 동료 사회복지사가 전문
가로서의 권위를 남용하여 클라이언트나 전문직에 해를 끼치는 행동을 했을
때 사회복지사는 동료 존중과 클라이언트 및 전문직 보호 사이에서 갈등을 겪
게 된다.

9) 규칙과 정책 준수

사회복지사는 고용되어 있는 기관의 정책이나 규칙을 준수하는 행동을
해야 한다. 그러나 클라이언트의 문제해결을 위해 내린 결정사항이 기관의 정
책에 벗어날 때 사회복지사는 갈등상황에 놓이게 된다.

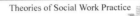

연│구│문│제

Theories of Social Work Practice

01 사회복지실천의 가치가 무엇인지 정의하시오.

02 전문직의 가치범위를 정리하시오.

03 사회복지실천에서 윤리가 무엇인지 나름대로 정의를 내리시오.

04 윤리의 철학배경을 윤리적 상대주의와 윤리적 절대주의로 나누어 비교하여 설명하시오.

05 한국사회복지사 윤리강령이 어떻게 구성되었는지 살펴보고 각각의 윤리기준을 정리하시오.

06 사회복지실천현장에서 경험하게 되는 다양한 윤리적 딜레마를 예를 들어 설명하시오.

07 만약 여러분이 사회복지실천과정에서 윤리적 딜레마를 경험하게 되었다면 어떻게 해결할 것인지 생각하시오.

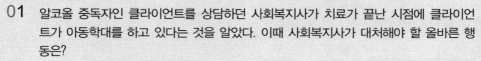

기|출|문|제

01 알코올 중독자인 클라이언트를 상담하던 사회복지사가 치료가 끝난 시점에 클라이언트가 아동학대를 하고 있다는 것을 알았다. 이때 사회복지사가 대처해야 할 올바른 행동은?

① 다른 사회복지사와 의논한다.
② 비밀보장을 지킨다.
③ 사회복지사는 아동학대센터에 신고한다.
④ 클라이언트로 하여금 스스로 아동학대센터에 신고하게끔 유도한다.
⑤ 경찰서에 신고한다.

02 사회복지기관의 가치 기반이 아닌 것은?
① 책임성　　　　　　② 비밀보장　　　　　　③ 인간의 존엄성
④ 사회조직 결성　　　⑤ 클라이언트의 자기결정

03 비밀보장 원칙을 지켜야 할 상황은?

> 가. 헤어진 여자 친구의 거주지를 알려달라고 하는 경우
> 나. 어머니가 두 아들을 데리고 동반자살할 계획을 알게 된 경우
> 다. 이전에 사회복지기관에서 보호받은 사실을 이웃에 알리기 싫어하는 경우
> 라. 5세 된 여아를 아버지가 성폭행한 시실을 알게 된 경우

① 가, 나, 다　　　　② 가, 다　　　　　③ 나, 라
④ 라　　　　　　　⑤ 가, 나, 다, 라

04 사회복지 기본 가치 중에서 '사회적 책임'에 가까운 것은?
① 개인의 존엄성 존중　　　② 법과 규범 준수
③ 개인의 개별성　　　　　④ 사회복지사의 전문성 향상
⑤ 자기결정권 존중

05 사회복지실천에서 윤리적 딜레마에 대처하기 위한 원칙은?

> 가. 생명보호의 원칙   나. 자기손실의 원칙
> 다. 비밀보장의 원칙   라. 행정편의의 원칙

① 가, 나, 다   ② 가, 다   ③ 나, 라
④ 라   ⑤ 가, 나, 다, 라

06 자살을 하려는 클라이언트에 대해 가장 우선적으로 적용해야 하는 윤리적 원칙은?

① 생명보호의 원칙   ② 비밀보장의 원칙
③ 자율과 자유의 원칙   ④ 삶의 질의 원칙
⑤ 평등 및 불평등의 원칙

07 윤리적 의사결정 시 가장 우선으로 고려할 것은?

① 최소 손실 원칙   ② 자율성과 자유의 원칙
③ 생명보호 원칙   ④ 사생활보장과 비밀보장 원칙
⑤ 평등 및 불평등의 원칙

08 ‘인간존엄’의 가치에 가장 부합하는 것은?

① 비심판적 태도   ② 열등처우의 원칙
③ 병리적 관점   ④ 클라이언트의 의견 존중
⑤ 차별적 기회 제공

09 가치갈등단계에서 사회복지사가 적용하기에 가장 적절한 행동은?

① 사회복지사의 가치를 클라이언트의 가치보다 우선으로 한다.
② 가치갈등 상황을 클라이언트에게 알린다.
③ 다른 사람에게 피해가 가지 않는 한 용인한다.
④ 생명보호를 가장 우선시한다.
⑤ 서비스 결과를 클라이언트의 가치보다 중시한다.

10 사회복지실천철학 및 가치에 위배되는 것은 무엇인가?

① 각 개인이 지닌 고유성을 존중한다.
② 클라이언트 스스로 문제해결을 하도록 돕는다.
③ 전체 사회질서 유지에 일차적 관심을 둔다.
④ 개인의 잠재능력을 실현시킬 기회를 제공한다.
⑤ 사회참여를 통한 개인의 사회적 책임을 공유하고 장려한다.

11 다음은 르웬버그와 돌고프가 제시한 윤리원칙이다. 상위원칙부터 순서대로 나열한 것은?

> 가. 생명보호의 원칙　　　　　나. 사생활보호의 원칙
> 다. 자율성의 원칙　　　　　　라. 평등과 불평등의 원칙

① 가-라-다-나　　　　② 나-가-다-라　　　　③ 가-나-다-라
④ 다-라-나-가　　　　⑤ 가-다-라-나[기출 8회]

12 다음 중 사회복지사 윤리강령에 해당하지 않는것은?
① 전문자격기준
② 사회복지사 권익 옹호
③ 클라이언트의 사생활 보호
④ 전문성 개발을 위한 노력
⑤ 기관의 부당한 정책이나 요구에 전문직의 가치와 지식으로 대항

13 다음 중 클라이언트의 정보를 공개해야 하는 경우로 묶인 것은?

> 가. 동료 사회복지사에게 조언을 구할 경우　　나. 실습생의 가르침을 위해
> 다. 다른 기관에의 의뢰를 위해　　　　　　　라. 가족이 정보요청을 의뢰한 경우

① 가, 나, 다　　　　② 가, 다　　　　③ 나, 라
④ 라　　　　　　　⑤ 가, 나, 다, 라

14 비어스텍의 관계의 7원칙에 해당하지 않는 것은?
① 의도적 감정표현　　　　② 개별화
③ 자기결정권　　　　　　④ 수 용
⑤ 심판적 태도

15 사회복지실천의 가치기반이 아닌 것은?
① 책임성　　　　　　② 비밀보장
③ 사회조직 결성　　④ 인간의 존엄성
⑤ 클라이언트의 자기결정

16 다음 중 사회복지사의 클라이언트에 대한 윤리기준에 해당하지 않는 것은?
① 사회복지사는 클라이언트의 권익옹호를 최우선의 가치로 삼는다.
② 사회복지사는 클라이언트의 이익을 위해 다른 기관의 클라이언트와 전문적인 관

계를 맺는다.

③ 사회복지사는 개인적 이익을 위해 클라이언트와의 전문적 관계를 이용하여서는 안 된다.

④ 사회복지사는 클라이언트를 동반자로 인정하고 함께 일해야 한다.

⑤ 사회복지사는 클라이언트와 부적절한 성적 관계를 가져서는 안 된다.

17 사회복지사의 윤리강령이 아닌 것은?

① 사회복지사는 업무상 경제적 이득을 취할 수 있다.

② 사회복지사는 클라이언트의 권익을 최우선한다.

③ 사회복지사는 존중과 신뢰로 동료를 대한다.

④ 사회복지사는 슈퍼바이저의 지도력과 조언을 존중한다.

⑤ 사회복지사는 업무상 어떠한 부당한 압력에도 굴복하지 않는다.

18 다음의 사회복지사의 태도 중 어떤 것이 잘못되었는가?

-보 기-

학교생활에 부적응하고 있는 학생이 사회복지사를 만나 자신의 학교생활과 일상생활에 대해 상담하였다. 학생의 생활에 대해 이야기를 들은 사회복지사는 "너의 생활에 여러 가지 어려운 점이 있기도 하지만 네가 담배를 피우고, 또 술을 마시다니 그것은 잘못된 행동이야. 학생으로서 옳지 못한 일을 한 그것이 문제구나." 라고 말했다.

① 비심판적 태도   ② 개별화

③ 의도적인 감정표현   ④ 통제된 정서적 관여

⑤ 비밀보장

19 사회복지사의 윤리강령 중 전문가로서의 자세로 옳지 않은 것은?

① 사회복지사는 전문가로서의 품위와 자질을 유지하고, 자신이 맡고 있는 업무에 대해 책임을 진다.

② 사회복지사는 사회정의의 실현과 클라이언트의 국가와 사회에 요구해야 한다.

③ 전문적 가치와 판단에 따라 업무를 수행함에 있어 기관 내외로부터 부당한 간섭이나 압력을 받지 않는다.

④ 사회복지사는 자신의 이익을 위해 사회복지 전문직의 가치와 권위를 훼손해서는 안 된다.

⑤ 사회복지사는 한국사회복지사협회 등 민간단체 활동을 해서는 안 된다.

20 다음 설명 중 옳은 것은?

① 사회복지사는 윤리강령을 항상 기준으로 삼는 것이 바람직하다.

② 가치는 옳고 그른 것이며, 윤리는 좋고 선호하는 것을 의미한다.

③ 사회복지사가 따뜻하고, 진실하며, 성실한 클라이언트 경험에 대해 공감을 표현하는 것은 과학자로서의 사회복지사이다.

④ 사회복지사와 클라이언트의 전문적 관계에서 권위는 바람직하지 않다.

⑤ 클라이언트 자기결정의 원리는 자신의 신분, 지위, 계층, 배경 등에 관계없이 모든 기회와 자원에 접근할 수 있는 기회를 동등하게 가질 수 있어야 한다는 의미이다.

21 다음 중 집단성원들에게 기술과 정보를 제공하는 집단은?

① 교육집단   ② 지지집단   ③ 성장집단
④ 과업집단   ⑤ 사회화집단

※ 다음을 보고 물음에 답하시오.

> -보 기-
> 암 말기이며 도박중독증에 걸려 도박중독증에 걸려 도박장 출입이 잦은 남편이 있다. 6번의 상담을 받으면 도박장에 한 번 가도록 했다. 부인이 찾아와서 암 말기 환자인데 도박장까지 다니면 건강이 더욱 안 좋아질 것을 우려해 도박장을 아예 출입하지 못하게 상담기간(횟수)을 늘려달라고 했다. 남편은 마지막으로 부탁하니 하고 싶은대로 하게 해 달라고 했다.

22 지문에서 사회복지사가 윤리적으로 겪을 수 있는 문제는?

① 수 용   ② 경 청
③ 클라이언트의 자기결정의 원리   ④ 비밀보장
⑤ 감정이입

23 다음 중 사회복지사의 윤리강령에 해당하는 것을 모두 고르면?

> -보 기-
> 가. 전문가로서의 자세   나. 클라이언트와의 관계
> 다. 동료와의 관계   라. 동료의 클라이언트와의 관계

① 가, 나, 다   ② 가, 다
③ 나, 라   ④ 라
⑤ 가, 나, 다, 라

24 "칭찬은 고래도 춤추게 한다"라는 책이 있다. 이 책의 내용에 매슬로우의 5단계 욕구 이론중 하나를 적용한다면 어떤 것인가?

① 자존의 욕구   ② 안전에 대한 욕구

③ 소속과 애정의 욕구   ④ 자아실현의 욕구
⑤ 생리적 욕구

25 다음 예시에서 사회복지사가 가장 우선시한 원칙은 어떤 것인가? 3

> **－보 기－**
> 어떤 복지관에서 뇌졸중으로 거동을 할 수 없는 노인에게 사회복지사를 보내 밑반찬서비
> 스를 하려 하였는데, 재산 공개를 요청하자 노인은 이를 거부하고, 재산을 공개하느니 차
> 라리 굶겠다고 했다. 사회복지사는 기관 회의에서 노인에게 밑반찬서비스를 해야 한다고
> 주장하였다.

① 삶의 질 원칙   ② 사회복지사우선권
③ 생명보호의 원칙   ④ 클라이언트의 자기결정권
⑤ 비밀보장의 원칙

|정답| 1. ③   2. ④   3. ②   4. ②   5. ②   6. ①   7. ③   8. ④   9. ④   10. ③   11. ①
      12. ①   13. ①   14. ⑤   15. ③   16. ②   17. ①   18. ①   19. ⑤   20. ①   21. ①   22. ③
      23. ⑤   24. ①   25. ③

제1절 구미 사회복지실천의 발달과정

영국 최초의 구빈법은 1601년 엘리자베스 여왕의 구빈법(Elizabethan poor law)이다. 구빈법은 국가적 대재해에 대처하기 위해 만들어졌다.

1348년과 1349년 흑사병으로 영국인구의 2/3가 사망하게 되면서 노동력이 심각하게 부족하게 되었다. 뿐만 아니라 14~15세기에 걸친 백년전쟁과 장미전쟁이 끝난 이후 전쟁에 참전했던 많은 사람들이 도시에 머물게 되면서 부랑인과 빈민이 급증하게 되었다. 노동력이 부족한 상황에서 국가는 노동력이 있는 빈민을 사회질서를 위협하는 반사회적 존재로 보았기 때문에 노동력이 있는 빈민을 범죄자로 다루었다.

1349년 '노동자 칙령'을 제정하여 근로 가능한 빈민에 대한 자선을 금지하였고, 1531년에는 노동능력이 없는 노인이나 빈민의 구호신청을 조사하여 구걸허가증을 발급하고 점차 노동력이 없는 빈민과 노동능력이 있는 빈민을 구별하여 노동능력이 없는 빈민은 구제하고, 노동능력이 있는 빈민은 취업하도록 하여 무차별 구제를 금지하였다. 1572년에는 구빈세를 부과할 수 있도록 하였고, 1601년 엘리자베스 여왕 48년에 엘리자베스 구빈법을 발표하게 되었다 (박종삼 외, 2006 : 32-33).

영국의 입법자들은 1601년 구빈법을 제정하게 된 것은 자비심이라기보다는 빈곤층의 폭등에 대한 불안 때문이었을 것이라고 보았다. 공적 복지법률인 이러한 제도는 영국에서 250년 동안 거의 변화 없이 유지되었고 이러한 방식은 미국 사회복지정책에도 큰 영향을 미쳤다.

식민지 시대 미국에서 빈곤아동은 숙련공의 도제로 보내졌으며 스스로 보호할 수 없었던 많은 사람들은 시장에서 가장 낮은 입찰자들에게 농장 일꾼으로 팔려 나갔다. 노동 가능한 빈민에게는 일을 시켰고, 늙고 건강이 좋지 않아 일을 하지 못하는 사람은 구제를 하거나(outdoor relief) 시설에 수용시켰다 (indoor relief). 한동안 시설구제는 빈곤에 대처하는 호의적 방법이었으며, 그리하여 수백 개의 구빈원이 설치되었다(김융일 외, 2005 : 37-38). 결국 영국의 사회복지정책과 실천방법이 미국의 사회복지정책과 실천에 큰 영향력을 미친 것으로 볼 수 있다.

1. 자선조직협회

1800년대 중·후반에 들어서면서 대도시를 중심으로 많은 민간구제기관들이 출현하기 시작했다. 이들의 활동목적은 실업자, 빈민, 환자, 신체·정신장애인, 고아 등을 돕는 것이었다. 민간구제기관들은 빈민의 행동습관이나 환경을 조사했고 가정을 방문하여 그들이 자립할 수 있는 자립계획을 제시하고 경제활동을 지도하였다. 이들의 활동은 서로 조정이 되지 않았기 때문에 중복되기도 했다. 따라서 이러한 중복구제를 막기 위하여 민간 사회복지기관의 활동을 조절하기 위한 목적으로 영국에서 자선조직협회(Charity Organization Society, COS)가 결성되었다(엄명용 외, 2006 : 54).

영국 최초의 자선조직협회는 1869년 영국 런던에 세워진 자선조직협회 (COS)이며, 기본 이념은 구빈법에 기초하였다. 미국 최초의 자선조직협회는

1877년 뉴욕 버펄로(New York Buffalo) 자선조직단체이었으며 주변의 800여 개 군소단체들을 연합한 것이었다. 1877년부터 1892년까지 15년간 미국 내에 92개의 자선조직단체가 설립되었다.

　　자선조직협회에서는 자선적 원조를 직접적으로 제공한 것이 아니라 자선단체들을 과학적으로 통합·조정해 주는 역할을 하였다. 자선조직단체는 걸인들로부터 도시를 보호하고자 하는 데 목적을 두고 원조를 제공하였다(양옥경 외, 2005 : 65).

　　자선조직협회의 직원들은 주로 자원봉사자들이었으며 우애방문자(friendly visitor)가 주로 원조를 담당하였다. 우애방문자는 주로 중산층의 부인들로 구성된 지원봉사자이었기 때문에 빈곤자의 문제를 빈곤자나 걸인 자신의 도덕성에 두었고 접근내용도 도덕성을 고치는 데 초점을 두었다. 이들은 가난하게 사는 사람들의 집을 찾아다니면서 가정생활, 아동교육에 대한 상담, 교육, 가계경제 등에 대한 조언과 교화를 전달하는 역할을 하였다.

　　우애방문자는 빈곤자는 게으름에 젖어 있는 가치관 때문에 가난하게 살수밖에 없음을 강조하면서 중산층 기독교인의 도덕 및 가치관에 입각한 근면성을 배워 빈곤에서 벗어나고 의존성에서 벗어날 수 있도록 교화시켰다. 이들의 우애는 문화, 지식, 교양, 가치 등이 동등한 수준에서의 우애라기보다는 중산층의 도덕적 우월을 유지한 채 취약계층에게 제공되는 친절이었고 빈곤을 가난한 자들의 탓으로 돌리고 빈곤한 자들을 차별대우하는 태도로 빈곤자에게 반감을 사기도 하였다.

　　우애방문자는 구빈법이 시설중심의 구호에서 지역사회중심의 구호로 원조형태가 바뀌면서 발생한 기능으로 인도주의적 기능과 사회통제적 기능을 동시에 담당하였다. 정부가 제공하는 원조에 대한 수혜자격을 평가하면서 조사와 등급제를 통해 빈민을 통제하고자 한 사회통제적 기능을 하였기 때문에 빈곤자에게는 전혀 우애적이지 않은 사람들로 비쳐지기도 했다.

　　우애방문자는 초기에는 자원봉사자가 주를 이루었으나 이들의 봉사기간이 짧아 오래 지속하지 못하자 1900년대에 들어서면서 유료 우애방문자를 고용하게 되었다. 이들은 개인이나 가족을 개입대상으로 하였고, 이는 후에 발전된 형태의 개별사회사업(social casework)을 탄생시켰고 이들 역시 현대 개별사회사업가(case worker)의 시조가 되었다(양옥경 외, 2005 : 64-66).

체계적 조사에 대한 인식과 개인적 니드에 대한 관심, 케이스 회의, 오늘날 우리가 생각하고 있는 것과 같은 개별사회사업의 초기형태로서 치료적 관계 및 지역사회조직사업이 시작된 것은 COS 운동이 주는 시사점이다.

2. 인보관 운동

인보관 운동(Settlement House Movement)은 COS와 동시에 등장한 빈곤에 대한 해결 운동이다. 인보관 운동은 가진 자가 가지지 못한 자에게 주는 시혜가 아니라 서로가 서로에게 영향을 주고받으면서 서로의 문제를 유용하게 해결하는 방향으로 조직화하여 지역사회운동의 시발점이 되었다.

세계 최초의 인보관은 1884년 런던 이스트 엔드 지역에 세워진 Toynbee Hall이다. 설립자는 Samuel Barnett 목사이다. Barnett 목사는 인도, 방글라데시 등 여러 나라에서 끌려온 자들이 열악한 산업현장환경 속에서 노동하는 것을 보고 그들의 생존문제, 환경개선을 위해 노력하였다. Barnett 목사의 헌신적 노력에 동감한 옥스퍼드 대학, 케임브리지 대학의 학생들이 Barnett 목사와 함께 슬럼문제의 해결을 위해 고민하다 Settlement의 이념을 실천하기로 하였다. 사회개량운동에 참여한 젊은 학생들은 빈곤한 사람들과 동등함을 주장하였고, 빈곤지역의 가장 중심부에 있는 사회복지관에서 빈곤자와 함께 공동생활을 하는 것을 선택했다. 그들의 클라이언트는 개인이 아니라 지역사회였다.

근린조합(neighborhood guild)은 미국의 최초의 인보관 운동으로서 Stanton Coit에 의해 1886년 뉴욕에 설립되었다. Stanton Coit는 젊은 미국 여성으로서 영국의 최초의 인보관이었던 Toynbee Hall에서 3개월 동안 살았다. Coit는 런던 빈민가의 가장 중심적인 지역에 인보관을 만들고 그곳에서 빈민과 더불어 일하고 생활하는 젊은 대학생을 목격하고 크게 감명을 받았다. 이러한 사상은 미국에 급속하게 퍼져 나가서 1897년 74개소의 인보관이 생겼고 1900년에는 100개 이상, 1920년까지는 400개 이상의 인보관이 미국에 설치되었다. 이런 내용은 미국 사회복지정책과 프로그램은 영국의 영향을 받았다는 증거가 된다(김융일 외, 2005 : 41).

가장 유명한 인보관 중 하나는 1889년 미국 시카고에 세워진 헐 하우스 (Hull House)이다. 1885년 세워진 White Chapel(화이트 채플)에 영국의 Toynbee Hall을 모델로 하여 Jane Addams가 세운 것이다. Hull House 프로그램의 대부분은 다른 인보관 운동의 모델이 되었다. Jane Addams는 사회개량뿐 아니라 평화를 위한 행동주의자였다. 그리하여 1931년 그녀는 노벨평화상을 받았다(김융일 외, 2005 : 41).

Hull House의 특징은 이곳에서 일하는 모든 사람들이 이 기관에서 함께 숙식을 하면서 함께 생활한다는 것이다. 그 때문에 이 기관의 이름은 세틀먼트하우스(Settlement House)가 되었다. 이곳에서 일하는 사람들은 모두 젊고 똑똑한 사람들이었으며 높은 이상을 가진 대학생들이 주를 이루었다. 대부분 자유주의자들로 주택문제, 공공위생문제, 고용주로부터의 고용착취 등에 관심을 갖고 사회개혁을 시도한 사람들이다. 이들은 빈곤의 원인을 무직이라 생각하였고 실직하게 된 것은 개인의 무지나 게으름 같은 도덕적 문제가 아니라 산업화의 착취의 결과라고 주장하였다. 이들 역시 현대 지역사회 사회복지사의 전신이다(양옥경 외, 2005 : 66).

인보관 운동(Settlement House Movement)이 자선조직협회(COS)와 다른 점은 인보관 운동은 문제지역을 자신의 이웃이라 생각하고 부유층 출신의 높은 교육을 받은 대학생들이 자신들의 성장배경과 다른 이웃을 돕기 위해 그들의 생활환경에 직접 뛰어 들어가서 생활하면서 환경개선에 힘썼다는 것이다. 또한 그들은 극빈자들도 그들 나름대로의 도덕성이 있기 때문에 중산층 기독교 여성들의 도덕성을 굳이 배우지 않아도 된다고 하였다. 결국 사회진화론이 그 영향력을 상실한 것으로 볼 수 있다. 인보관 운동은 Residence(거주), Research (연구조사), Reform(개혁)의 3R로 요약할 수 있다.

연구조사를 통해 사회제도를 개혁해야 한다는 기본개념을 갖고 있으며 함께 살면서 생활을 같이하지 않으면 빈민을 이해할 수 없다는 것이다(양옥경 외, 2005 : 67).

인보관 운동은 제1차 세계대전 후에 쇠퇴하였다. 빈곤은 여전히 존재했으나 전쟁 후에는 적게 눈에 띄었으며, 인보관 운동을 위해 자원하는 학생들도 거의 없게 되었다. 인보관 운동이 비교적 일시적 사업이긴 하였으나 이 운동은

| 표 3-1 | 자선조직협회와 인보관 운동 비교 내용

사회복지실천 내용	자선조직협회	인보관 운동
주 체	· 상류층(기득권층) · 우애방문자 : 빈곤자 조사 · 노동력이 있는 가치 있는 자→직업알 선, 네트워크 연결 민간에서 맡음 · 노동력이 없는 가치 없는 자→공공 부조	· 젊고 똑똑한 사람들, 높은 이상을 가진 대학 생 중심 · 중류층(지식인 중심) 학자 중심의 사회개량 운동 빈민지역에 사회복지사가 정주활동하 면서 빈민자의 생활개선
빈곤관	· 개인주의 빈곤관(개인개혁) : 빈곤은 개 인 책임 · 자유주의 사회개량운동 : 자조윤리 강조 '빈민개량운동'－빈곤자에게 물고기를 주지 말고 물고기를 잡는 방법을 알려 주자.	· 사회환경(사회개혁) · 빈곤의 원인 : 무직이라 생각함 · 실직하게 되는 것은 개인의 무지나 게으름 과 같은 도덕적 문제가 아니라 산업화의 착 취의 결과라 주장함
이 데 올 로 기	· 사회진화주의 사상 · 인도주의적 기능과 사회통제적 기능을 동시에 담당(우애방문자들은 1800년대 부터 가난한 사람들의 집을 찾아다니면 서 상담, 교육, 교화를 전달하는 역할을 담당) · 자선조직협회의 인도주의적 기능. 정부 가 제공하는 원조에 대한 수혜자격을 평가하면서 조사와 등급제를 통해 빈민 을 통제하고자 함－사회통제적 기능	· 자유주의자 · 진보주의, 급진주의 성향이 강함 · 빈곤의 원인이 사회환경에 기인 · 형제자매 간의 우애의 질서가 이념적 근간 · 중산층의 도덕관념과 다른 계층의 도덕관념 이 다를 수 있다는 계층별 도덕성 강조
서비스	· 경제부조에 초점→서비스 조정에 초점 · 사회복지사 중심 · 걸인들로부터 도시를 보호하고자 하는 데 목적을 두고 원조제공. 어떤 종류의 원조도 중복하여 받지 못하도록 조치	· 서비스 자체(Not money but itself) · 클라이언트 중심 · 주택문제, 공공위생문제, 고용주로부터 고용 착취 등에 관심을 갖고 사회개혁 시도
주요 내용	· case work 탄생시킴. 개별 원조기술 최 초로 발전시킴. 사회복지의 과학성을 높임 · 기관등록 → 기관끼리 협력해서 중복구 제 막음, 사회복지 구제의 효율성 높음 · 지역사회조직론(CO) 낳음	· 3R운동 : Residence(정주), Research(조사), Reform(사회환경개혁) · 연구조사를 통해 사회제도를 개혁해야 한다 는 기본개념 · 1884년 Toynbee Hall(최초의 인보관), Barnett 목사 · 1889년 시카고 Hull House, Addams
시사점	· 전문사회사업의 발달을 가져오게 된 계 기(case work, CO 탄생), 현대 개별사 회사업가의 시조가 됨 · 자원봉사활동 높임 · 사례회의 발전. 기관의 조정역할 · 민간과 공공 간의 협력, 민영화의 효시	· group work 발달의 효시(집단원조기술) : 빈 곤하거나 장애를 가진 소외계층에 대한 권 한부여를 주장. 소외계층에게도 자신의 문 제를 해결할 수 있는 능력이 있음을 인정하 고 그 능력을 발휘할 수 있도록 힘을 북돋 아 주는 역할을 함. 이는 권한부여 모델의 이념적 근원
비 판	· 낙인(stigma) · 지나치게 보수적 성격(클라이언트에 대 한 빈곤관의 외적 환경 무시)	

집단사회사업(group work)의 발전에 중요한 역할을 하였다(김용일 외, 2005 : 42).

인보관 운동의 청년들은 빈곤하거나 장애를 가진 소외계층(disadvantaged)에 대해 권한부여(empowerment)를 주장하였다. 즉, 소외계층도 자신의 문제를 해결할 수 있는 능력이 있음을 인정하고 그 능력을 발휘할 수 있도록 힘을 북돋아 주는 역할을 하였다. 이것은 요즈음 다시 대두되고 있는 사회복지실천방법으로 권한부여 모델의 이념적 근원이 된다(양옥경 외, 2005 : 67).

자선조직협회와 인보관 운동을 비교하면 〈표 3-1〉과 같다.

3. 전문직 교육의 등장

인보관 운동의 쇠퇴와 함께 사회개량운동에 대한 관심은 감소되었고 사회복지사들은 그들의 관심을 전문직화에 집중시켰다. 사회복지실천이 봉사의 형태에서 전문직으로 발돋움하게 되는 계기는 보수체계의 정립과 교육 및 훈련제도의 채택이다(Dolgoff et al., 1997).

보수체계의 정립은 우애방문자의 봉사활동에 대가를 지불하면서 이루어지게 된다. 자선조직협회의 우애방문자가 무보수로 봉사하면서 지속성과 책임성이 떨어지자 적은 액수지만 보수를 제공하였더니 책임성이 높아짐과 동시에 그 기능과 활동영역 역시 넓어졌다. 따라서 보수를 받으면서 전문가로 발돋움하는 기회를 갖게 되었다. 사회복지사의 교육 및 훈련제도 채택 역시 사회복지실천의 전문직 과정을 견고히 하는 계기를 만들었다(양옥경 외, 2005 : 70).

전문직으로의 발돋움은 1905년 의사인 Richard C. Cabot가 매사추세츠 병원에 의료사회복지사를 정식으로 채용함으로써 공고히 되었다(Dolgoff et al., 1997 : 302). 그러나 1915년 의료전문직 평론자이자 전문적 교육의 권위자인 Abraham Flexner는 전국 자선 및 교정회의에 강연자로 초미되어 "사회사업은 전문직인가"라고 발표를 하게 되었다. 그는 전문직은 '교육적으로 전달할 수 있는 기술'을 소유하지 않으면 안 된다고 하면서 사회복지사의 업무는 수없이 많고 다양하기 때문에 매우 의미 있고 조직화된 교육적 훈련을 구체화할 수 없다고 했다(김용일 외, 2005 : 42).

Flexner가 사회복지실천은 전문직이 아니며 사회복지사도 전문가가 아니라고 선언한 것을 계기로 사회복지전문직 성장에 위기가 닥쳐왔다. Flexner는 병원에서 다른 의료진과 함께 일하는 사회복지사를 보면서 이들이 어떤 특수한 전문가적 기능을 담당하기에 구체적 기술(specific skill)이 부족하기 때문에 아직까지 전문직이라고 부를 수 없다고 했다. 의료계의 이러한 비판은 사회복지계에 지대한 영향을 미쳤다.

Flexner의 비판에 대해 사회복지계는 두 가지 형태의 반응을 보였다. 하나는 전문직의 기본틀에 맞는 환경을 조성하는 것이고, 다른 하나는 전문직으로 인정받을 수 있는 기술을 갖추는 것이었다. 전문직의 기본환경조성을 위한 활동으로 우선 교육 및 훈련을 담당하는 학교를 세우고 공식적인 책을 발간하고 전문가협회를 구성하였다. 이미 존재하고 있던 뉴욕자선학교 이외에 2년 과정의 정규교육을 위해 1919년까지 17개의 전문 사회복지학교가 설립되었고 그중 12개가 대학 내에 설립되면서 그 위상을 높였다(양옥경 외, 2005 : 71).

| 표 3-2 | 사회사업은 전문직인가?

1. 플렉스너는 사회사업이 진정으로 전문직이 되려면 의학, 공학, 교육학 등과 같은 전문직에 준하는 기준에 부합되어야 한다는 논리를 전개하고 여섯 가지 전문적 기준을 제시했다.
   ① 전문직은 본질적으로 커다란 개인적 책임이 수반되는 지적 활동을 조합했다.
   ② 전문직은 과학과 학습에서 원재료를 이끌어낸다.
   ③ 전문직은 이 재료를 실천적이며 분명한 목적으로 발전시켜 나간다.
   ④ 전문적은 교육적으로 의사소통이 가능한 테크닉을 가진다.
   ⑤ 전문직은 자기를 조직하는 경향이 있다.
   ⑥ 전문직은 동기가 점차 이타적으로 되어 간다.

2. 사회사업은 여섯 가지 기준을 충족시키는가?(Flexner의 주장)
   - 사회사업의 활동이 지적인 것은 분명하지만 그 책임성에 있어서는 독자적이기보다는 매개인의 역할을 한다(첫 번째 기준에 매치).
   - 사회사업의 목적이 분명하고 구체적이어야 한다는 기준을 충족시키기 못하고 있다(세 번째 기준에 매치).
   - 사회복지사의 직업분야는 너무 많고 다양하여 의도적으로 조직된 교육적 훈육이 불가능하다(네 번째 기준에 매치).
   - 사회사업이 그 내용을 과학과 학습에서 이끌어 온다는 것이다(두 번째 기준 인정).
   - 전문적 자아의식이 급속하게 발전하고 있다(다섯 번째 기준 인정).
   - 그 동기가 이타적이라는 것(여섯 번째 기준 인정).
   플렉스너는 자신이 주장한 전문적 기준 여섯 가지 중 세 가지는 부합되지 않는다고 비판하면서도 세 가지는 전문적 요건으로 충족성을 인정하였지만 사회사업이 전문직으로서 자격을 갖추지 못하였다고 주장하였다. 또한 사회복지사들이 때로 지나치게 자만하여 아직 전문학술지조차 갖추지 못하였다고 비판하였다.

3. 플렉스너가 사회사업에 미친 영향
① 통일된 전문직에 대한 추구: 초기 1920년대부터 여러 전문조직체가 결성되었으며, 1955년 NASW를 결성하여 통일된 전문조직체를 형성하였고, 그 후에도 통일된 조직체의 유지는 NASW의 가장 중요한 이슈였다.
② 개념적 틀과 고유한 방법의 추구: 1929년 밀포드회의에서 케이스워크에 대한 포괄적인 '일반적' 정의를 형성하고자 하는 시도는 이런 노력을 반영하여 이는 그 후에도 지속되어 왔다.
③ 과학적 이론의 추구: 프로이트의 역동적 심리학적 이론은 실험적으로 검증할 수 없는 단점과 사회사업실천현장에서 적용의 유용성이 제한적임에도 불구하고, 사회사업의 과학적 이론 추구의 욕구충족을 위해 적극적으로 도입되었다.
④ 조사(research)에서의 과학적 기반의 추구: 플렉스너의 신화는 사회사업에서 조사에 대한 접근 박사과정 교육의 발전, 대학 내에서 사회사업 학문적 위치 확보에 기여.

〈출처: 1, 2, Flexner(1915, 2001 : 152-165) 재정리 ; 3, Austin(1983 : 357-377) 재정리 ; 최경화 외(2010 : 80-81) .〉

Baltimore의 COS 지도자로 유명한 Mary Richmond는 Flexner에 의해 문제가 되었던 그 방법을 실제로 구성함으로써 큰 공헌을 세웠다. Richmond는 그간 자신과 동료들의 사회복지실천활동내용 및 활동과정을 종합하여 1917년에 『사회진단(Social Diagnosis)』이라는 책을 출판하였다. Richmond의 저술은 교육적으로 전달 가능한 개별사회사업의 이론과 방법을 구성하기 위한 노력의 절정을 이루었다.

의료계 동료들에게 영감을 받은 Richmond의 개별사회사업은 과학적인 것이었다. 이 책을 통해 Richmond는 빈민이 처한 상황을 체계적으로 진단하는 기술을 제시하였다. 정보수집을 통해 사례를 연구하는 단계, 수집된 정보를 갖고 어디에 문제가 있는지 찾아내는 진단단계, 문제상황이 어떻게 진행되어 나갈 것인지를 예측해 보는 단계, 문제상황을 변화시키기 위해 어떻게 개입할 것인지를 생각해 보는 개입계획단계, 실행단계 등 Richmond가 이 책에 제시한 사회복지실천과정은 지금도 사회복지실천과정에 그대로 이용되고 있다(엄명용 외, 2006 : 57).

『사회진단(Social Diagnosis)』은 성격(personality)과 상황(situation)을 합하여 사례를 분석하게 하는 최초의 과학적 사고방법을 제시하였다. 이 책은 사례에 접근하는 방법론을 제시한 사례중심적 저서로 사례마다 개별화하여 면접하고 개입하는 방법을 제시하였고, 사회과학적·의학적·합리적 사고체계에 입각하여 사실을 수집하였으며 사회개량주의에 입각한 환경개선방법으로 사회진단을 소개하였다.

사회복지사들은 병원 내 실무현장에서 정신의료계 의사들이 활용하는 Freud의 정신분석이론과 기술을 답습하는 형태를 보였으며 자신들의 역할을 사회복지사에서 치료자(therapist)로 바꾸면서 위상을 높이고자 하였다(양옥경 외, 2005 : 72).

Richmond의 『사회진단』은 사회복지사가 전문직으로 지위를 갖는 것을 가능하게 하였고 그럼으로써 그녀는 이 분야를 이끌어 가는 지도자가 되었다. 20세기 초기 30년 동안 사회사업 전문직은 극적으로 성장하게 되었고 사회사업은 분명하게 정의된 4개의 전문화된 실천분야로 자격 있는 전문직이 되었다. 즉, 의료사회사업, 학교사회사업, 정신의료사회사업, 그리고 가족사회사업이다(김융일 외, 2005 : 43).

Green Wood는 전문직을 평가하는 데 다음의 5가지가 중요한 역할을 한다고 하였다 (Greenwood, 1957 : 44-55.).

1. 체계적 이론(Systematic body of theory)
2. 전문적 권위체계(Professional authority)
3. 사회적 승인(Community sanction)
4. 전문가 윤리강령(Code of ethics)
5. 전문직 문화(Professional culture)

4. 진단주의와 기능주의

1) 시대적 배경

1920년대 미국은 1929년 주식시장이 무너지면서 대공황에 처하게 되었다. 미국의 경제대공황은 10년 동안 계속되었다. 1932년 1,200만 명의 실업자가 발생하였고, 5,000개의 은행이 문을 닫았고, 32,000개의 사업이 실패하여 빈곤과 고통은 절정에 이르렀다. 경제대공황 기간 동안 Hoover 대통령은 공적 구제에 대해 호의적이지 않았다. 1933년 Roosevelt가 대통령이 되었을 때 그는 자신의 철학에 입각한 광범위한 공공영역(public sector)에서 공적 복지 프로그램이 제공되는 긴급구제법을 입법화하였다.

Roosevelt 대통령의 뉴딜(New Deal)정책은 사회복지사의 역할을 다시 변화시켰다(김융일 외, 2005 : 45). 대공황으로 인해 지극히 정상적이던 성실한 사람들이 직업을 상실하고 우울증에 걸리는 등의 문제를 보이게 되자 개인문제의 근원을 사회에 두는 것에 수용적 태도를 보였다. 따라서 많은 사회복지사들이 정부기관뿐 아니라 공공시설에 고용되어 공공의 역할을 담당하게 되었다. 이러한 커다란 사회적 변화로 인해 개별사회사업의 접근에서도 또 다른 움직임을 보이게 되는데 이것이 바로 진단주의 학파(diagnostic school)와 기능주의 학파(functional school) 간의 분리이다(양옥경 외, 2005 : 45).

2) 진단주의 학파와 기능주의 학파

진단주의 학파는 Freud의 이론에 근거하여 무의식, 전이, 저항, 정신적 결정론을 포함하는 개념들을 기초로 하고 있다. 1920년대 개별사회사업은 클라이언트의 초기 아동기에 발견되지 않은 문제와 클라이언트의 자라 온 과정을 탐구하는 것을 기반으로 하는 Gordon Hamilton, Florence Hollis, Lucille Austin, Fern Lowerg, Annette Garrett 등의 학자가 있다.

그러나 많은 사회복지사들은 부모의 양육으로 초기에 내면화된 성격결정론과 인간을 무의식적이며 기계론적으로 보는 Freud 학파의 접근에 불만을 갖게 되었다. 진단주의 학파가 Freud의 이론에 근거하여 과거 중심적 접근을 계속함에 따라 현재의 사회환경과 관련된 문제를 해결하는 것이 시급하다고 판단한 학자들은 기능주의를 주장하고 나섰다.

기능주의는 인간의 성장가능성을 중시하고, '지금-여기', 즉 현재에 초점을 두면서 인간과 인간, 인간과 사회환경과의 관계를 중심적으로 분석하고자 하였다. 이 학파 사람들은 대공황에 의한 다양한 문제를 Freud가 설명하는 과거의 성장과정상의 문제나 무의식의 문제로 규정짓기에는 너무 현실감이 떨어진다고 주장하면서 현시점에서 더 나은 기능을 회복하게 하는 것이 중요하다고 보았다.

기능주의 학파는 1930년대 펜실베이니아 대학의 사회사업과 교수들을 회원으로 하는 Virginia Robinson, Jessie Taft에 의해서 지도되었고, Kenneth Pray, Almena Dawley, Harry Apteker, Grace Marcus, Ruth Smalley가 포함되었다. 그들

은 Mead, Dewey, Lewin Otto Rank의 이론에 크게 영향을 받았다(김융일 외, 2005 : 46).

기능주의 학파는 사람들은 과거의 생산물이 아니고 그들 스스로 계속적으로 창조하고 재창조할 수 있다는 인간에 대한 낙관적 견해를 가졌다. 기능주의 학파의 초점은 사회복지사와 클라이언트 간의 관계에 있다. 치료를 위한 책임이 사회복지사에게 있는 것이 아니고 클라이언트에게 있음을 강조하고 '치료' 라는 말을 사용하는 대신 '원조과정(helping process)' 이라는 용어를 사용했다.

Rank의 이론에서는 개인의 '의지(will)' 을 강조하였는데, 개인은 그 자신 내부에서 건설적 방향을 향해 나가고자 하는 힘을 가지고 있고, 이 힘은 건전한 성장을 위한 의지를 형성한다고 하였다. 또한 개인은 더 이상 과거의 노예가 아니며, 현재의 경험과 그 주변여건에 대한 이해가 개인문제를 해결하는 데 중요한 역할을 한다고 하였다. 기능주의에서는 사회복지사와 클라이언트 사이의 원조관계가 강조되었다. 원조과정이 전개되는 기관의 기능과 원조관계는 긴밀하게 연결되었기 때문에 클라이언트는 도움을 받는 기관의 제한된 기능 내에서 스스로 선택하고, 자신의 내부의 힘을 활용하여 자신의 성장을 위한 과제를 수행하되, 시간적으로도 제한된 범위 내에서 자신의 긴박한 문제해결과정에만 참여하였다(엄명용 외, 2006 : 60).

비록 진단주의 학파가 사실상 인간에 대해 자아심리학에 기초하여 보다 낙관적인 견해를 수용하였다 하더라도 기능주의 학파와의 분열은 깊게 남게 되었고, 약 25년 동안 심한 논쟁이 계속되었다. 1950년대에 혼란이 어느 정도 제거되고 안정되었을 때 기능주의는 사라져 버리게 되었다. 그러나 성장과 변화를 위한 자극제로서 과정의 개념과 치료적 관계를 포함하는 기능주의의 많은 이론과 태도, 기술들은 사회사업실천을 발전시키는 데 남아 있게 되었다(김융일 외, 2005 : 46-48).

진단주의와 기능주의를 비교하면 〈표 3-3〉과 같다.

| 표 3-3 | 진단주의와 기능주의 비교

주의 내용	진단주의(1920년대)	기능주의(1930년대)
학파	Freud(시카고 대학에서)→Richmond, Hamilton, Hollis, Austin, Lowerg, Garrett	Otto Rank(펜실베이니아 대학 사회사업대학교 교수)→Robinson, Taft, Lecky, Smalley Pray, Dawley, Apteker, Marcus
전체 초점	• 원리에 의하여 클라이언트의 자아강화, 환경수정, 무의식, 전이, 저항, 정신적 결정론을 포함하는 Freud학파의 개념을 기초로 함 • Freud의 정신분석이론 • Erikson의 심리사회이론	• 클라이언트 자신의 현재의 경험을 통해 문제해결 • '성장과 선택은 촉진될 수 있고 해방되기 위한 클라이언트 내부의 힘' 기능주의 학파의 초점은 사회복지사와 클라이언트 간의 관계에 있음 • 치료를 위한 책임이 클라이언트에게 있음 • Otto Rank의 의지(will)이론 • Mead의 상호작용이론
방법	• 과정 : 조사-진단-치료 • 과거생활력→단서적·인과성 • 치료주체 : 사회복지사 • 의료모델(medical model) 용어 사용 • 치료자의 역할 : 사회복지사는 클라이언트를 분류하고 치료방법을 선택. 사회복지사가 중심 역할	• 현재의 경험 중시 • 시간적 요소(생각하고 경험할 수 있는 시간제공), 구조적 요소(정책, 공간적 활용 등) 중시 • 클라이언트의 참여/자기결정 존중 • 치료의 주체 : 클라이언트 자신 • 원조자, 조력자의 역할 : 사회복지사는 클라이언트의 능력을 발전케 함. 클라이언트의 권리 신장, 인정해 주고 클라이언트와 함께 노력. 클라이언트 스스로 변화 노력
인간관	• 병리적·소극적·수동적·질병적·기계적·결정적 인간관, 무의식의 힘에 좌우됨 • 질병의 심리학 • 주도적·지배적→사회복지사의 전문성 확립	• 성장 잠재력을 가진 인간관 • 낙관적 인간관 • 자기의 창조자·성장의 심리학 • 사회복지사의 권력분산 : 통합방법론의 뿌리
특 징	• 과거 중심적 접근을 계속함 • 과거의 기능과 경험 중시 • Richmond의 『사회진단(Social Diagnosis)』: 성격과 상황을 합하여 사례를 분석하게 하는 최초의 과학적 사고방법을 제시-사례마다 개별화하여 면접하고 개입하는 방법을 제시 • 사회복지사에서 치료자로 바꾸면서 위상을 높이고자 함. 심리정서적 문제의 치료	• 사회환경 관련 문제들이 시급하다고 판단 • 인간의 성장가능성을 중시하고 '지금-여기', 즉 현재의 초점을 두면서 인간과 환경의 관계를 중점적으로 분석하고자 함 • 경제대공황에 의한 다양한 문제상황이 Freud의 과거 성장과정상의 문제에서 비롯하였다고 규정짓기에는 현실감이 떨어진다고 주장 • 현시점에서 더 나은 기능을 회복하게 하는 것이 사회치료의 목적 • 개인은 타인과 구별하려는 대항의지가 있음 • 치료의 원천으로 현재의 경험을 강조 • 치료의 개념보다는 원조과정을 더욱 중시 • 개인의 미래를 성장가능성으로 보고 그 가능성을 현재의 경험에서 찾음
사회사업의 목적	클라이언트의 건전한 성장이나 사회적 조건에 영향을 미침	사회복지사의 실천에 초점, 방향, 내용을 제공하고자 함

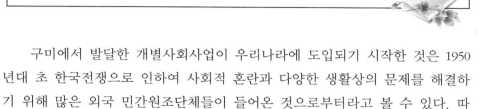

제2절 우리나라 사회복지실천사

구미에서 발달한 개별사회사업이 우리나라에 도입되기 시작한 것은 1950년대 초 한국전쟁으로 인하여 사회적 혼란과 다양한 생활상의 문제를 해결하기 위해 많은 외국 민간원조단체들이 들어온 것으로부터라고 볼 수 있다. 따라서 여기서는 외원단체들의 활동과 영향, 계승, 발전에 이르기까지 엄명용 등이 정리한 내용을 중심으로 살펴보고자 한다(엄명용 외, 2006 : 64-68).

1. 외원단체의 활동과 영향

한국전쟁 발발 후 발생된 전쟁난민 구호활동을 위해 국제연합(UN)의 요청에 의해 각국의 외원단체들이 구호물품이나 성금을 한국으로 보내 주거나 직접 한국을 방문하여 구호사업을 전개하고 지원하기 시작하였다.

많은 구호단체들이 한국으로 들어오다 보니 외원기관들이 서로 난립되고, 비조직적·비체계적으로 서비스가 제공되어 수혜자가 중복 또는 누락되는 등 사각지대가 발생하게 되었다. 이러한 혼선을 예방하고 서비스 제공자 간의 협력과 조정기능을 강화하여 정보교환과 사업계획을 통일하고, 협력체제를 통한 사업의 원활한 추진을 위해 1952년 3월, 7개의 외원단체가 피난지 임시 수도였던 부산에서 한국외원단체협의회(Korea Association of Voluntary Agencies, KAVA)를 결성하였다. 그 후 전세가 호전되어 서울이 수복되면서 1954년 4월에 총회를 열어 정관을 채택하였다. 이 당시 등록된 외원단체 수는 33개였다. KAVA 등록단체 수는 1960년대에 최고 123개까지 증가하였다가 1970년대 중반 이후 감소하였다.

KAVA는 1970년대 초반까지 약 15년간 활발한 활동을 하였다. 1970년대 초반까지 한국정부는 전후복구사업에 이어 경제개발계획 추진으로 사회복지에 신경을 쓸 겨를이 없었기 때문에 KAVA를 중심으로 한 외국기관들이 전쟁이재민의 구호활동과 그 밖의 각종 사회복지서비스를 제공하였다. KAVA는 우리

정부보다 더 많은 재원으로 사회복지서비스를 펼치고 다양한 활동을 전개하였기 때문에 '제2의 보건사회부'라는 별명도 들었다. KAVA의 개별 외원단체들은 한국전쟁 직후에는 주로 긴급구호에 치중하였다. 전쟁이재민에게 구호물자나 양곡을 배급하고 긴급의료서비스를 제공하였다.

1956년 이후로 이들 단체는 점차 일시적 지원이나 긴급구호에서 벗어나서 장기적 사업을 실시하였다. 병원, 학교, 고아원 등과 같은 시설을 설립하여 직접 운영하거나 시설에 필요한 각종 후원물품, 장비, 기술 등을 제공하여 기관의 활동을 간접 지원하였다. 그 외에도 전쟁이재민을 위한 주택건설 등의 각종 정착사업, 농어촌개발 및 소득증대사업, 농·상공업을 위한 자립·자활사업, 지역사회조직 및 개발사업, 지도자 양성 및 기술자 훈련지도사업 등을 직접 전개하거나 지원하였다(카바 40년사 편찬위원회, 1995).

KAVA 및 그 회원단체들의 활동은 사회복지실천의 전문화에 어느 정도 기여하였다. 이들 단체의 본래 목적은 종교적 선교활동 및 구호활동이었기 때문에 사회복지 전문성을 갖춘 활동이라고 볼 수 없으나 사회복지실천현장 측면에서는 외국에서 온 사회복지실천 전문가가 활동하는 과정에서 구미의 전문사회복지실천의 개념과 실천방법이 전파되었다고 볼 수 있다. 많은 단체 중 사회복지실천방법 및 기술의 실천과 관계되는 대표적 단체는 기독교세계봉사회(Christian World Service), 메노나이트 중앙위원회 한국구조단(Mennonite Central Committee, Korea Relif Unit), 캐나다 유니테리언 봉사회(Unitarian Service Committee of Canada) 등을 들 수 있다(전재일·김상규, 1992).

외원단체활동이 한국의 사회사업 발전에 끼친 영향에 대해 최원규(1996)는 다음과 같이 정리하였다.

첫째, 한국의 사회사업이 종교(특히 기독교)와 밀접한 관련하에 전개되도록 하였고, 둘째, 한국에서 전문사회사업이 시작되도록 촉발하였으며, 셋째, 시설 중심의 사회사업이 발전하게 된 계기를 만들었고, 넷째, 한국의 사회복지가 거시적 사회정책보다는 미시적 사회사업 위주로 발전하게끔 하였으며, 다섯째, 사회사업을 구호사업 또는 자선사업과 같은 것으로 한국인들이 인식하게 하는 데 기여하였고, 여섯째, 외원단체의 철수에 따라 외원에 크게 의존하던 한국의 민간 사회사업부문이 정부에 의존하게 됨으로써 민간 사회사업부문이

정부 통제하에 편입되게 하는 데 기여하였다.

1970년대에 들어서면서 외원단체들이 서서히 사업을 종결하면서 한국을 떠나기 시작하였는데 그 이유는 한국의 경제사정이 급성장하여 외원에 대한 의존도가 점점 감소했고, 전후 응급구호적 활동의 의미도 퇴색되었으며, 미국 경제사정의 악화로 외원단체에 대한 지원이 감소한 것도 이유 중의 하나이다. 한국에서 활동하던 많은 외원단체들은 인도, 방글라데시 등 동남아 국가들과 남미 국가 등 한국보다 더 곤궁한 상태에 놓여 있는 여러 나라들을 새로운 원조대상국으로 정하고 사업을 옮겨 갔다. 이러한 가운데 한국은 전문적 실천이 아직 정착되지 않은 상태에서 한국 자체의 사회복지실천이 모색되기 시작하면서 미국식의 전문 사회복지실천이 무비판적으로 수용되고 적용됨으로써 한국 사회에 알맞은 토착적 사회복지실천방법이 개발되지 못하였다(조휘일·이윤로, 1999).

2. 외원단체활동의 계승

외원기관에서 출발하여 한국사회에 뿌리를 내리고 현재까지 전개하고 있는 몇몇 대표적인 국내 사회복지관을 살펴보면 다음과 같다(엄명용 외, 2006 : 68-73).

1) 기독교아동복지회

기독교아동복지회(Christian Children's Fund, CCF)의 설립은 당시 중국 아동을 구호하고 있던 중앙아동복지회(China children's Fund)의 해외사업본부 책임자였던 V. J. Mills 목사가 1948년 10월에 한국을 방문하여 당시 3개의 아동복지시설을 지원하기로 결정하고 돕기 시작한 것이 계기가 되었다.

한국전쟁 후 요보호아동이 증가함에 따라 부산에 사무실을 설치하여 한국아동을 집중적으로 지원하게 되었다. 1972년 법인 명칭을 '한국어린이재단'으로 변경했다가 1994년 다시 한국복지재단으로 바꾸어 현재에 이르고 있다. CCF는 1997년대부터 철수계획을 세워 단계적으로 외국지원을 서서히 축소해 가면서 한국지부의 자생력을 키워 가다가 38년 만에 외원을 완전히 종결하고

1986년에 국내순수민간기관으로 거듭 태어나면서 국내 독자적 사업을 실시하게 되었다.

2) 선명회

한국 월드비전은 한국전쟁으로 가족을 잃은 고아들과 미망인들을 돕기 위해 미국의 Pierce 목사와 한경직 목사에 의해 1953년 설립되었다. 월드비전은 현재 세계 100여 개국에서 2억여 명을 대상으로 긴급구호사업, 개발사업, 옹호사업, 북한사업 등을 펼치고 있다. 월드비전은 국내에서 선명회(World Vision of Korea)라는 이름으로 활동해 왔으나 1998년 월드비전 세계총회를 통해 모든 국가에서 '월드비전'이라는 통일된 기관명을 사용하기로 결정하면서 한국에서도 월드비전으로 불리기 시작했다.

월드비전은 1991년에 수혜국 위치에서 지원국으로 전환되어 사랑의 빵 저금통 모금을 시작으로 본격적 모금운동을 전개했다. 또한 국내와 해외에서 아동 및 가정 결연사업을 실시해 국내에서만 8만 명 이상의 후원자를 보유하고 있으며 기아체험 24시간 등 모금캠페인을 통해 2004년에는 약 220억 원을 모금했다. 월드비전은 2005년 초 현재 전국 각지에 11개 종합사회복지관과 장애인복지관, 청소년 수련원, 아동학대예방센터, 음악원 등을 운영하고 있다.

3) 홀트아동복지회

한국전쟁이 끝난 후 1955년 6월 목재사업을 하던 미국인 Harry Holt가 한국의 전쟁고아와 혼혈아동을 도울 수 있는 방안을 찾기 위해 한국에 입국하였다. 그해 10월 12일 혼혈아동 12명을 입양시켰는데, 이것을 시작으로 홀트아동복지회의 역사가 시작되었다. Holt는 1956년 국내에 해외양자회를 설립하고 그해 10월 미국에는 Holt Adoption Program, Inc.를 설립하여 해외입양을 시작하였고 1957년부터 국내입양을 시작하였다. 1972년 7월에 법인 명칭을 홀트아동복지회(Holt Adoption Program, HAP)로 개명하여 지금까지 사용하고 있으며, 1975년에는 대한기독교개혁선교회(Christian Reformed Korea Mission, CRKM)를 합병하였다.

2005년 현재 홀트아동복지회는 아동상담소 11개, 미혼모시설 1개, 영아원

1개, 사회복지관 3개, 장애인복지관 1개, 어린이집 3개, 학교 1개, 일산복지타운, 요양원 등을 운영하면서 전체 직원 460여 명으로 한국 주요 사회복지기관으로 자리매김하고 있다.

4) 한국지역사회복리회

1953년 '세이브 더 칠드런'이 한국전쟁 이후 요보호아동과 미망인을 지원하기 위하여 한국에 들어와서 서울, 부산, 마산 등지에서 미망인과 고아를 돕기 시작했다. 빈곤아동을 위해 교육훈련과 영양공급을 실시했으며, 거리의 아동을 위해 그룹홈을 세우고 아동을 보호했다. 국내법인은 1980년 사단법인 '한국지역사회복리회(Save the Children, SCF)'로 변경등록했다가 1991년에 사회복지법인으로 전환하였으며, 2002년에는 다시 '한국 세이브 더 칠드런'으로 변경하였다. 2004년 6월 15일 사회복지법인 '한국어린이보호재단'과 합병하여 전세계 '세이브 더 칠드런' 연맹의 회원국들이 사용하는 'Save the Children'이라는 명칭과 로고뿐 아니라 사명(mission), 비전 및 목적을 공유하고 있다.

5) 캐나다 유니테리언 봉사회

캐나다 유니테리언 봉사회(Unitarian Service Committee of Canada, USCC ; 현, 한국봉사회)는 1945년 조직된 외원기관으로 국제연합(UN)의 초청으로 1952년 우리나라에 들어와서 전쟁고아, 미망인, 결식아동의 구호를 위해 활동했다. 1958년 우리나라에서 처음으로 전문교육을 받은 전문사회사업가를 채용하여 사회복지사업을 전문화하는 데 공헌했다.

1977년 명칭을 사회복지법인 한국봉사회로 바꾸고 6개 사회복지기관을 운영하면서 국내 결연사업을 본격적으로 전개하기 시작했다. 1979년 캐나다로부터 원조는 완전히 중단되고 한국봉사회는 독단적으로 여러 가지 사업을 전개하면서 오늘에 이르고 있다. 현재 종합사회복지관 3개소, 어린이집 2개소, 자활후견기관 2개 등을 운영하면서 다양한 사업을 전개하고 있는 한국봉사회는 외원단체를 통해 한국 토착화에 성공한 사회복지기관 중의 하나이다.[1]

---

1) 외원단체의 활동에 대한 더 자세한 내용은 엄명용·김성천·오혜경·윤혜경(2006 : 63-76)을 참고하기 바란다.

3. 한국에서의 정착

한국에서 사회복지실천의 정착은 광복 이후 미국을 통해 소개되는 것에서 비롯된다. 실천의 현장으로는 미국병원 및 세브란스병원 등에서 사회복지사를 고용하는 것을 시작으로 하여 1921년 태화여자관(현재, 태화기독교사회복지관)이 최초로 지역사회복지관으로 설립된 것을 들 수 있다. 태화여자관으로 시작한 사회복지관 사업은 미국의 인보관 운동과 같은 형태로 한국사회에 사회계몽 및 사회개혁 등과 같은 원인론적 궤도상의 실천을 주로 소개해 주었다. 지역주민과 호흡을 함께하며 무지, 빈곤, 비위생, 차별, 착취 등으로부터의 해방을 목표로 하였다(양옥경 외, 2005 : 76). 이러한 지역사회 중심의 사회복지실천정착운동으로 1985년부터 각 시·도 단위로 종합사회복지기관이 활발히 설립되어 2006년 현재 전국에 360개 복지관을 설립하게 되었다(보건복지부, 보건복지백서 2003).

특히 사회복지 전문인력을 양성하는 교육적인 면의 발전을 보면 1947년 최초로 사회사업학과가 이화여대에 설치되었고, 1953년에는 중앙신학교(현, 강남대학교), 1963년에는 중앙대학교, 1964년에는 성심여자대학(현, 가톨릭대학교)이 사회사업학과를 설립하였다. 그 후 서울여대, 숭실대, 부산대 등에 사회복지학과가 설치되어 2004년 현재 전국에서 사회복지 전공을 이수할 수 있는 대학 수는 총 278개교이다. 이 중 4년제 대학은 121개이며, 2년제 대학은 80개에 달하고, 대학원은 26개, 특수대학원은 51개이다. 이 대학에서 연간 12,000여 명의 졸업생을 배출하고 있다(양옥경 외, 2005 : 77).

1970년대부터 제도적 접근의 필요성과 사회사업이라는 용어에 대한 국민의 부정적 이미지의 극복수단으로 사회사업과가 사회복지학과로 바뀌는 경향이 나타났고 현장에서 근무하는 전문인력의 자격과 관련된 사항이 1970년에 제정된 사회복지사업법에 최초로 명시되었다. 이때는 '사회복지사업종사자' 자격제도를 두었다가 1983년 5월에 사회복지사업법이 전면 개정되면서 '사회복지사' 자격제도로 변경되었다. 1996년부터 사회복지사 전문성을 제고하고자 한국사회복지사협회 주관으로 '임상 사회복지사' 자격제도가 실시되었다. 1998년부터 그 명칭이 '전문사회복지사' 제도로 바뀌어 6개의 전문 분야로 구분하여 시행되다가 2000년을 마지막으로 중단되었다(엄명용 외, 2006 : 77).

1997년 개정된 사회복지사업법에 따라 1999년 입학생부터 새로운 사회복지사 자격제도가 시행되어 2003년부터 국가자격시험이 부과되기 시작하여 1급 사회복지사 자격은 국가자격시험에 합격해야 취득할 수 있게 되었다.

국가는 사회복지전담 공무원과 정신보건 사회복지사의 자격을 인정하는 자격제도를 시행하였다. 사회복지전담 공무원은 국가가 직접 관할하고 정신보건사회복지사는 한국정신보건사회사업학회로 하여금 시험 및 자격관리를 대행하도록 하고 있다. 사회복지전문요원의 자격제도는 1987년 시행되었으며, 1987~1994년 사이에 2,380개 읍·면 등에 별정직 공무원 3,000명을 배치했으며, 1999년 10월에는 당시 별정직 2,837명을 일반직(사회복지직)으로 전환하였다. 그 후 1999~2002년에 걸쳐 매년 1,200명, 600명, 700명, 1,700명씩 승원하여 2004년 현재까지 7,200명의 사회복지전담 공무원이 전국에 배치되어 있다. 정신보건 사회복지사 자격증은 1997년 1차 자격증이 배부되기 시작하였는데, 2005년 3월 현재 171명의 1급과 988명의 2급을 포함하여 총 1,159명의 정신보건 사회복지사가 배출되었다(양옥경 외, 2005 : 79 ; 한국정신보건사회사업학회 내부자료, 2005).

제3절 사회복지실천방법의 발달과정

사회복지실천의 발달과정을 1960~1980년대로 나누어 살펴보면 1960년대에는 개별사회사업에 대한 비판이 일어났다. 비판의 내용은 개별사회사업은 가난한 사람과 소외받은 계층이 억압받고 있는 상황이나 이들의 욕구에 제대로 반응하지 못한다는 점과 효과성이 결여되었고, 과학적으로 정밀하지 못하다는 점 등이었다. 그리하여 Hollis의 심리사회적 모델, Otto Rank의 기능주의적 모델, Perlman의 문제해결 모델, Thomas 등의 행동주의 모델이 주요 모델로 등장했다. 1970년대를 전후하여 환경을 중시하는 Rapoport의 위기개입 모델,

Reid와 Epstein의 과제중심 모델, Germain의 생활 모델에 대한 이론화가 진행되었다. 이로써 개별사회사업실천은 전통적인 의료 모델로부터 생활 모델로의 전환단계에 돌입하게 되었다.

1970년대에 접어들면서 임상사회사업이 발전하게 되는데 임상사회사업은 전문가로서의 자격보호와 관련된 구제, 임상사회사업가의 서비스 비용 청구, 개인, 기업 등을 통해 개별사회사업보다 더 독립적으로 이루어졌다. 또한 1970년대에 사회체계이론이 사회복지에 많이 활용되었고 사회복지실천방법을 개인, 집단, 지역사회 등 대상 중심으로 개념화해서 사회복지실천 장면에 별개로 적용한다는 것이 문제해결에 한계점이 있다는 견해가 대두되면서 사회복지의 통합적 방법(integrated method)이 등장하게 되었다.

1980년대 이후는 사례관리가 사회복지실천방법으로 많은 관심을 받아 전통적 사회복지실천방법들을 통합하였고 이 시기에는 절대진리나 절대적 설명체계를 밝히려는 연구의 한계가 드러남에 따라 다중관점의 다중적 개입전략의 필요성이 새롭게 대두된 시기이다.

여기서는 개인수준, 집단수준, 가족수준, 지역사회수준으로 나누어 전재일 등(2004 : 91-100)이 정리한 내용을 중심으로 사회복지실천방법의 발달과정을 살펴본다.

1. 개인수준실천의 발달

개별사회사업은 직접실천 중에서도 개인과의 일대일을 기반으로 하는 가장 오래된 사회사업실천방법이다. 일대일의 원조유형은 19세기 말 빈민층을 원조하는 기관에서 종사하던 자원봉사자들을 포함한 실천가들의 활동에서 출발하였다.

개별사회사업의 뿌리인 자선조직협회(COS)는 민간자선단체들에 의해 무차별적으로 이루어진 자선을 보다 조직화하기 위해 1869년 런던에서 처음으로 설립되었다. 그 후 자선조직협회 운동은 점차 조직화되고 전문화되어 갔다.

1920년대에는 정신분석학과 역동적 정신의학 발달의 영향으로 진단주의와 기능주의가 양립하게 되었다. Freud의 정신분석학에 영향을 받은 진단주의 학파는 1920년대와 1930년대 사회경제적 상황, 성격이론, 사회화이론 등의 성장에 영향을 받으면서 Hamilton, Reynold, Hollis 등에 의해 심리사회적 접근으로 발전하게 되었다. 기능주의 학파는 진단주의의 기계적·결정론적 관점의 인간관에 이의를 제기하면서 인간을 보다 창의적·의지적 존재로 보아야 한다고 강조했다.

기능주의는 Freud의 제자인 Otto Rank의 의지심리학이 등장하면서 Taft, Robinson 등에 의해 발전하게 되었다. 기능주의 접근은 '인간은 그의 잠재력을 최대한으로 실현함으로써 자기 자신을 성취할 수 있는 가능성을 지니고 있다'는 실존주의 사상의 영향을 받았다. 개별사회사업을 위한 개념적 기반을 이룬 개척자는 Mary Richmond(1861~1928)이다. Richmond의 유명한 저서 『사회진단 (*Social Diagnosis*)』(1917), 『*What is social case work*』(1922)는 수년 동안 사회사업 실천의 주 교재가 되어 왔다.

개별사회사업은 진단주의 학파와 기능주의 학파로 구분이 되어 서로 다른 시각에서 발전하였다. Perlman(1957)은 기본적 진단주의 입장을 취하면서 기능주의 입장을 받아들여 진단주의와 기능주의의 개별사회사업의 이론을 통합하여 문제해결접근으로 전개하였다. Perlman은 1957년 문제해결과정(problem solving process)이라는 새로운 이론을 내놓고 그동안의 진단학파와 기능주의 학파의 접근을 혼합하였다. Perlman은 문제를 병리적인 것이 아닌 삶의 일부로 보았다.

1957년 이전까지는 진단적 접근과 기능적 접근의 전통적인 두 가지 접근 방법만이 존재했으나 1960년대에 들어오면서 심리적 접근 강조, 효과성 결여, 빈곤의 욕구에 제대로 반응하지 못한다는 비판적 인식이 증가되었다. 1960년대와 1970년대를 걸쳐 과학적 지지를 얻는 행동수정이론, 환경에 대한 관심을 보이면서 체계이론 등이 도입되었다. 1960년대부터 1970년대에 개발된 중요한 접근 방식으로는 위기개입(crisis intervention)이나 과제중심방법(task-centered approach) 등이 있다.

위기개입은 1960년대 이후에 사회복지의 커다란 관심의 대상이 되었으며, 특히 단기치료, 정신건강에서의 예방의 원칙 등이 강조되면서 지역사회 정신건강운동에 영향을 끼쳤다. 또한 위기개입은 개인, 가족, 집단의 생물적·심리

적·사회적 기능에 영향을 미치는 광범위한 불균형상태에 초점을 두고 있는데
이러한 체계의 균형이론은 체계이론에 의해 영향을 받았다. 위기개입 접근은
계획적 단기치료에 영향을 미쳤으며, 문제해결접근법과 결합하여 과제중심 접
근의 발달에 영향을 끼쳤다.

과제중심 접근은 1970년대 Reid와 Epstein에 의해 개발된 이후 보다 집중
적이고 구조화된 개입형태를 바라는 많은 사람들에 의해 지금까지 활용되고
있다. 한편 행동주의 접근은 사회화 이론과 사회화 이론에 영향을 받은 사회
화 접근, 그리고 행동주의 이론에 영향을 받아 1960년대에 치료접근방법으로
서 자리 잡았다. 행동주의 접근은 사회화 접근과 영향을 주고받았으며 인지이
론에 의해 더욱 강화되고 그 적용과정이나 방법이 다양해졌다.

개별사회사업 접근방법에 영향을 끼친 주요 이론은 일반체계이론, 실존주
의 이론, 행동주의 이론, 인지이론, 생태학적 이론, 의사소통이론 등이 있다(전
재일 외, 2004 : 91-94).

2. 집단수준실천의 발달

집단사회사업은 19세기 동안 종교 및 자선조직의 실천 모델로서 개발되었
다. 가장 초기에는 YMCA와 YWCA에서 집단 프로그램 및 활동을 제공하였다.
19세기 후반의 인보관 운동, 20세기 초에는 보이스카우트, 걸스카우트, 4H 클
럽 등의 집단지도기관이 등장했다(이윤로, 2003 : 68). 집단수준실천은 인보관 운
동, 레크리에이션 운동, Dewey의 진보적 교육운동에 기원을 두고 있다. 인보
관 운동은 사회의 정의와 개량에 관심을 기울여 후에 지역사회조직의 모체가
되었다.

집단사회사업의 발달은 개별사회사업과는 다소 다른 역사적 배경을 갖고
있다고 할 수 있으나 점차 시대가 지나면서 개별사회사업에서 활용되고 있는
제반 이론이나 접근법의 영향으로 매우 유사한 과정을 거치면서 개발되었다.
특히 집단사회사업은 지역주민이 가지고 있는 문제해결에 목표를 둔 것이 아
니라 문제해결을 사회적 목표달성을 위한 하나의 수단으로 여겼으나, 1950년
대 Konopka(1949), Frank(1952), Coyle(1952), Corsini(1957) 등에 의하여 개인에 대

한 새로운 치료방법의 형태로서 개발되었다. 즉, 상호적 접근방법과 치료적 접근방법(치료적 접근방법은 재활적 접근, 예방적 접근, 조직적 접근은 개별사회사업에서 활용되고 있던 진단주의 학파와 심리사회적 접근방법들의 주요 개념이나 실천기법)을 원용하고 있었으며, 따라서 정신의료사회사업 장면에서 적용되기 시작하였고 Vinter(1959)와 그의 동료들에 의해 사회복지 장면에서 활성화되었다(Vinter, 1959 ; 전재일 외, 2004 : 95). 집단사회사업의 여러 기관 중에 인보관이 가장 영향력이 있었다. 이 당시 집단은 주로 사회화, 기술훈련, 교육, 레크리에이션을 위해 활용되었다.

1930년대 초에 케이스워크(social casework)와 구별하기 위한 목적으로 'social group work' 라는 용어가 사용되었다. 집단사회사업의 이론이 지속적으로 발전하면서 1950년대에는 집단사회사업이 사회사업 전 분야에서 실천되는 진전을 보였다. 1960년대까지 다양한 모델이 개발되었는데 사회적 목표 모델, 치료 모델, 성장 및 지지 모델이 바로 집단사회사업 모델이다(이윤로, 2003 : 68-69).

3. 가족수준실천의 발달

가족수준실천으로서 가족치료의 발달은 사회복지실천이 개인에게 초점을 두었던 1920년대까지는 거의 인식되지 않았으나 1940년대 기능주의 학파에서 그 중요성이 강조되기 시작하면서 1950년대 진단주의 학파의 학자들 사이에서 관심이 증가되기 시작하였다. 1960년대에 들어오면서 가족치료는 자아심리학의 적응개념, 위기이론과 생애발달과업, 체계이론, 의사소통이론 등에 영향을 받아 더욱 새로운 접근방법들이 형성되기 시작하였다(Scherz, 1967).

가족관계의 문제해결을 돕는 가족치료는 부부 사이의 갈등과 문제를 다루는 부부상담이 그 시초이다(Gurman & Kniskern, 1981 : 5). 미국에서 가족치료운동이 시작된 배경은 제2차 세계대전의 여파로 가족과 가족문제에 대한 관심이 많아진 데서 비롯된다. 1950년대를 전후로 전쟁으로 흩어졌던 가족들이 재결합하고, 가족 내의 역할과 관계 등이 변화하면서 부부간의 불화, 이혼, 청소년의 비행, 노인문제 등이 증가하게 되었고, 가족기능의 약화에 따른 문제가 사회문제로 대두되었다.

가족치료의 역사적 근원은 ① 개인 중심의 심리치료영역에서 가족의 영향력에 대한 인식, ② 전체와 부분을 통합적으로 접근하는 체계이론 패러다임 도입, ③ 정신분열증 유발 가족에 관한 아크만의 가족이론 연구, ④ 부부상담과 아동지도운동, ⑤ 소집단역동과 집단치료에서 찾을 수 있다.

가족수준실천은 자선조직협회 운동과 인보관 운동에 그 뿌리를 두고 있으며, 개인수준실천과 마찬가지로 처음에는 진단주의 학파와 기능주의 학파로 구분되어 전개되어 왔다고 할 수 있다. 그 이후 진단주의 학파는 가족치료에 영향을 끼쳤고 기능주의 학파는 통합적 가족치료 접근에 영향을 끼쳤다(전재일 외, 2004 : 97-99).

자선조직협회의 우애방문자는 가족문제를 자세히 이해하기 위해 양부모를 모두 동시에 면접하도록 교육받았고, Richmond는 『사회진단(*Social Diagnosis*)』에서 가족구성원을 따로 떼어 보기보다는 가족 전체를 보아야 한다고 했다. Richmond를 비롯하여 많은 사회사업가들이 여러 명의 가족구성원을 모두 관찰할 것을 강조하였으나 가족의 형태에 대한 이해가 부족했고 한번에 여러 명의 가족구성원을 동시에 다루는 기술이 개발되지 않았기 때문에 사회사업에서 전형적인 것은 아니었다(이윤로, 2003 : 69).

4. 지역사회수준실천의 발달

지역사회조직사업은 자선조직협회(COS)와 인보관 운동에 그 기원을 두고 있다. 1873년 경제대공황 후에 산업화, 이민, 농촌인구의 도시로의 이동은 새로운 사회문제를 일으켰다. COS 운동은 서비스 전달과 계획에 있어서 효율성과 전문성을 강조하였다면 인보관 운동은 변화를 성취하고 환경적 원인으로부터 나오는 문제를 제거하기 위한 입법화 운동을 벌이는 사회행동(social action)에 초점을 두었다(이윤로, 2003 : 70).

지역사회조직사업은 해당 시대의 사회문제에 대한 반응으로 지역사회수준에 개입하여 지역주민에게 필요한 서비스를 제공하고 지역사회의 조건을 개선하고자 하는 의도에서 생성되어 발전하여 왔다. 미국과 한국의 지역사회수준실천의 발달과정을 보면 다음과 같다.

미국에서의 지역사회수준실천의 발달과정은 ① 남북전쟁이 끝나고 제1차 세계대전이 시작되는 동안 산업화, 도시화, 이민문제, 흑인문제 등이 나타나는 사회적 상황에서 사회진화주의, 급진주의, 실용주의, 그리고 자유주의 사상의 영향을 받았던 자선조직화 운동 시기(1865~1914), ② 제1차 세계대전이 종식되고 대공황으로 인해 이전까지의 사회문제는 더욱 심화되고 산업화, 도시화가 가속화되면서 지역공동모금과 지역복지협의회 발전시기(1914~1929), ③ 대공황으로 인한 실업의 급증과 노동조합운동의 활성화, 뉴딜정책, 민간복지사업 중심으로부터 공공복지사업의 출현, 지역사회조직사업의 개념화가 이루어진 공공복지사업의 발전시기(1929~1959), ④ 시민권 운동, 학생운동, 연방정부, 사회개혁 프로그램, 월남전 등의 사회적 상황 속에서 사회복지에서의 지역사회조직에 대한 교육이 대학원에서 두드러지게 나타난 지역사회조직의 정착시기(1954~현재)로 구분될 수 있다(최일섭·류진석, 1999 : 77-107).

한국의 지역사회수준실천은 ① 민속적 부락협동관행, 정부에 의한 인보제도, 국가단위의 상설복지기구가 중심이 되어 지역주민의 복지증진을 위해 실천해 왔던 일제강점기 이전의 협동사업, ② 이전의 민간 협동체에 커다란 영향을 미친 협동조합운동, 조선사회사업협회를 중심으로 한 일제강점기의 지역사회복지활동, ③ 1945년 광복 이후 한국전쟁으로 외국 민간원조단체의 활동, 국제연합과 미국이 후진개발사업의 하나로 채택한 지역사회개발사업, 1970년대의 새마을 운동, 사회복지협의회, 사회복지공동모금회, 사회복지관 등을 중심으로 한 광복 이후의 지역사회 복지활동으로 변화, 발전하여 왔다(최일섭·류진석, 1999 : 113-107 ; 전재일 외, 2004 : 99-100).

연│구│문│제

Theories of Social Work Practice

01 구미 사회복지실천의 발달과정을 자선조직협회(COS)와 인보관 운동으로 나누어 설명하시오.

02 자선조직협회와 인보관 운동의 주체, 주요 내용, 이데올로기, 서비스, 시사점 등으로 나누어 비교 설명하시오.

03 전문직 교육의 등장배경을 설명하시오.

04 진단주의와 기능주의 학자, 초점, 방법, 인간관, 특징으로 나누어 비교 설명하시오.

05 우리나라 사회복지실천사를 설명하시오.

06 외원기관으로 출발하여 한국사회에 뿌리를 내리고 현재까지 전개하고 있는 대표적인 사회복지관의 예를 들어 보시오.

07 사회복지실천방법의 발달과정을 개인, 집단, 가족, 지역사회수준으로 나누어 설명해 보시오.

예│상│문│제

Theories of Social Work Practice

01 진단주의 모델은?

　　1) 상호작용 모델　　　　2) 심리사회 모델　　　　3) 생활 모델
　　4) 기능주의 모델　　　　5) 문제해결 모델

02 다음 중 인보관 운동이 사회복지실천에 미친 영향이 아닌 것은?

　　1) 가정방문·면담·기록, 사례연구 등의 개별사회사업실천기술의 기초가 되었다.

2) 학습과 성장을 강조했다.

3) 민주적 접근을 하였다.

4) 사회환경이 사람들에게 주는 영향을 강조했다.

5) 다른 배경을 가진 사람들과 직접적 상호작용을 했다.

03 전문적인 사회복지실천의 출현기인 19세기 말~20세기 초에 해당되지 않는 것은?

1) 청소년 단체운동

2) 우애방문원

3) 인보관 운동

4) 자선조직협회

5) 길드조직

04 우애방문자에 대해 설명한 것은?

1) 젊고 똑똑한 대학생들이 주축이 되었다.

2) 형제자매간의 우애의 질서가 이념적 근간이 되었다.

3) 계층별 도덕성 강조하였다.

4) 중산층 부인들이 주축이 되었다.

5) 지역사회조직사업을 낳았다.

05 인보관 운동의 3R은?

1) Residence(거주), Research(연구조사), Recharge(재충전)

2) Residence(거주), Recharge(재충전), Rebuilding(재건축)

3) Residence(거주), Research(연구조사), Reform(개혁)

4) Recharge(재충전), Research(연구조사), Reform(개혁)

5) Recharge(재충전), Rebuilding(재건축), Reform(개혁)

06 그린우드가 사회복지실천이 전문직임을 주장하는 데 사용한 전문직의 기본요소는?

가. 체계적 이론	나. 전문적 권위체계
다. 사회적 승인	라. 전문직 문화

1) 가, 나, 다　　　　　　2) 가, 다　　　　　　3) 나, 라

4) 라　　　　　　5) 가, 나, 다, 라

07 사회복지실천 태동기에 집단사회사업과 관련 있는 것은?

1) 자선조직협회　　　　2) 우애방문단　　　　3) 인보관 운동

4) 개별사회사업　　　　5) 중산층 부인

08 『사회진단(*Social Diagnosis*)』을 출간하여 개별사회사업의 이름과 방법을 구성하기 위해
　　노력한 사람은?

　　1) 플렉스너　　　　　　2) 리치몬드　　　　　　　3) 융
　　4) 바네트　　　　　　　5) 카보트

09 기능주의 모델의 특징은?

　　1) 사회진단의 흐름을 이어받았다.
　　2) 프로이트 정신분석학 개념과 방법을 적극 도입했다.
　　3) 홀리스에 의해 '심리사회 모델'로 체계화되었다.
　　4) 치료라는 말 대신 원조과정이라는 용어를 사용하였다.
　　5) 클라이언트의 문제를 개인 내적 정신과정의 산물로 보고 있다.

10 단기적 개입 모델은?

┌───┐
│　가. 행동주의 모델　　　　　　　　　나. 위기개입 모델　│
│　다. 과제중심 모델　　　　　　　　　라. 생활 모델　　　│
└───┘

　　1) 가, 나, 다　　　　　　2) 가, 다　　　　　　　3) 나, 라
　　4) 라　　　　　　　　　　5) 가, 나, 다, 라

11 인보관 운동 참여자들이 사회문제에 대한 해결을 강조하였던 것은?

┌───┐
│　가. 주택개량운동　　　　　　　　　나. 빈민생활 개선　│
│　다. 사용자에 의한 빈민착취 방지, 해결　　라. 환경개선운동│
└───┘

　　1) 가, 나, 다　　　　　　2) 가, 다　　　　　　　3) 나, 라
　　4) 라　　　　　　　　　　5) 가, 나, 다, 라

12 아담스에 의해서 1889년 미국 시카고의 인보관 중에서 가장 잘 알려진 것은?

　　1) 토인비홀　　　　　　　2) 우애방문단　　　　　3) 자선조직협회
　　4) 헐 하우스　　　　　　　5) 전미사회복지사협회

13 자유주의와 급진주의에 기반을 두어 활동하였으며, 집단사회사업의 효시가 된 것은?

　　1) 자선조직협회　　　　　2) 우애방문자　　　　　3) 인보관 운동
　　4) 사회복지사협회　　　　5) 구빈원

14 진단주의 설명으로 맞는 것은?

1) 1920년대 프로이트의 정신분석이론을 중심으로 사회복지사가 클라이언트를 치료하는 의료 모델을 사용하였다.
2) 인간관은 낙관적 인간관, 자기의 창조사·성장의 심리학을 강조하였다.
3) 현재의 사회환경을 강조하고 '지금－여기'에 초점을 두었다.
4) Otto Rank, Robinson, Taft 등이 주요 학자이다.
5) 치료를 위한 책임이 클라이언트에게 있다고 했다.

15 기능주의 설명으로 맞는 것은?

1) Richmond는 『사회진단』으로 최초의 과학적 사고방법을 제시했다.
2) Richmond, Hollis, Freud 등이 대표 학자이다.
3) 병리적·소극적·질병적·기계적·결정적 인간관을 강조했다.
4) 치료의 개념보다는 원조의 과정을 더욱 중시했다.
5) 클라이언트의 자기결정권을 존중하지 않았다.

16 1947년 우리나라 최초로 사회사업학과가 설치된 학교는?

1) 평택대학교　　　　　　　　　　2) 서울대학교
3) 이화여자대학교　　　　　　　　4) 강남대학교
5) 중앙대학교

17 리치몬드에 대한 설명으로 맞지 않는 것은?

1) 개별사회사업의 이론화를 명확히 하였다.
2) 인지심리학에 기초를 둔 기능주의를 강조하였다.
3) 사회사업실천의 전문화에 공헌한 바가 크다.
4) 『사회진단』이라는 책을 저술하여 사회복지 전문화를 이루었다.
5) 개별사회사업 실천모델을 과학적으로 체계화하였다.

18 사회복지실천이론 중 가장 먼저 등장한 이론은?

1) 기능주의 모델　　　2) 과제중심 모델　　　3) 사회심리 모델
4) 행동주의 모델　　　5) 진단주의 모델

|정답| 1.② 2.① 3.⑤ 4.④ 5.③ 6.⑤ 7.③ 8.② 9.④ 10.⑤ 11.⑤
12.④ 13.③ 14.① 15.④ 16.③ 17.② 18.⑤

기|출|문|제

Theories of Social Work Practice

01 다음 중 미국 사회복지실천의 발달순서로 옳은 것은?

> 가. 일반주의 실천모델의 보급 　　　　나. 개별사회사업방법의 발달
> 다. 사회복지실천의 공통기반 강조 　　라. 진단주위와 기능주의의 갈등

① 가-다-나-라　　　② 나-라-가-다　　　③ 나-라-다-가
④ 라-가-나-다　　　⑤ 라-가-다-나

02 다음 중 인보관 운동과 연관된 개념으로 가장 적절한 것은?

① 가정방문　　　　② 사회진화론　　　　③ 조사등록
④ 사회개혁　　　　⑤ 서비스 조정

03 다음 중 집단발달단계 중 준비단계에서 고려해야 할 사항에 해당하지 않는 것은?

① 계약하기　　　　② 집단 역동성　　　　③ 개별목표 설정
④ 집단목표 설정　　⑤ 비밀보장의 한계 설명

04 인보관운동의 특징이 아닌 것은?

① 빈민생활 개선이 목적이다.
② 사회환경의 중요성을 강조하였다.
③ 개별사회사업에 영향을 주었다.
④ 최초의 인보관은 영국의 토인비홀이다.
⑤ 클라이언트를 이웃으로 생각하고 그들이 생활하는 곳에서 함께 거주하였다.

05 다음 중 사회복지실천의 역사적 사실을 기대 순으로 바르게 나열한 것은?

> ─ 보　기 ─
> 가. 리치몬드가 「사회진단」을 저술하였다.
> 나. 미국 사회복지실천에 역량가화 관점이 도입되었다.
> 다. 미국에서 자선조직협회가 설립되었다.
> 라. 우리나라에서 사회복지사 국가시험을 실시하였다.
> 마. 미국에서 사회복지실천방법의 통합이 이루어졌다.

① 가 - 나 - 다 - 라 - 마　　　　② 가 - 다 - 마 - 나 - 라

③ 다 – 마 – 가 – 라 – 나　　　　　④ 다 – 가 – 마 – 나 – 라
⑤ 다 – 라 – 가 – 마 – 나

06 다음 중 개별사회사업의 시초가 된 것은?

① 인보관　　　　　② 자선조직협회　　　　　③ 근린 조합
④ 원외 구제　　　　⑤ 엘리자베스 구빈법

07 다음 중 우리나라 사회복지실천 발달과정에 대한 설명으로 옳은 것은?

① 1960~70년대에는 민간주도적인 운동이 펼쳐졌다.
② 사회복지사 윤리강령은 1992년에 제정·공포되었다.
③ 시범 건강가정지원센터는 1990년대 중반에 설치되었다.
④ 정신보건사회복지사 자격시험제도는 1990년대 후반부터 실시되었다.
⑤ 학교 사회복지사가 배치되기 시작한 것은 1990년대 후반이다.

08 다음 중 사회복지실천의 역사과정에 대한 설명으로 옳지 않은 것은?

① 계속적인 이론적 기반
② 끊임없는 실전초점의 변화
③ 사회조사로부터 시작한 사회복지실천
④ 종교단체의 선도적 개입
⑤ 개인주의 시각에서 사회환경적 시각으로의 이동

09 자선조직협회와 인보관에 관한 설명 중 옳은 것은?

① 자선조직협회는 집단사회복지실천에 기여하였다.
② 자선조직협회는 젊은 지식인으로 이루어진 우애방문원이 활동을 했다.
③ 인보관은 개별사회복지실천에 기여하였다.
④ 인보관은 개인의 변화보다는 사회환경의 변화에 무게를 더 두었다.
⑤ 자선조직협회는 빈곤 문제에 대해 사회경제적 제도의 결과라고 강조하였다.

10 다음 중 사회복지실천의 역사에 대한 설명으로 옳지 않은 것은?

① 1956년 최초의 대학 인보관인 이화여자대학교 이화사회관이 건립되었다.
② KAVA는 한국전쟁 이후 철수하였다.
③ 1987년 사회복지전문요원이 배치되었다.
④ 영구임대주택단지 내의 사회복지관 건립이 1991년 법제화되었다.
⑤ 사회복지사 1급 시험이 2003년부터 시행되었다.

|정답| 1.③　2.④　3.②　4.③　5.④　6.②　7.⑤　8.③　9.④　10.②

　　사회복지실천은 사회복지실천현장이나 전문사회사업기관에서 클라이언트에게 전문적으로 제공되는 사회사업활동·서비스·프로그램 등 제반 사회적 서비스이다. 사회복지실천관점은 클라이언트의 문제를 명료화하고 효과적으로 해결할 수 있는 접근방법을 조망하고 분석하고, 클라이언트의 사회문제를 설명하고 문제를 해결하는 행동, 변화를 위한 지침, 개입의 결과를 예측하기 등 다양한 상황분석에 사용될 수 있다.

　　사회복지사는 사회복지실천현장에서 클라이언트의 문제를 해결하기 위해 다양한 이론, 관점, 모델, 접근방법을 알고 있어야 한다. 또한 클라이언트가 다양하기 때문에 제 이론들을 파악하고 있어야 하며 왜 클라이언트가 그런 행동을 할 수밖에 없는지 이유를 설명하고, 환경이 행동에 미치는 영향에 대해 이해하고 중재자, 옹호자, 지지자 등의 역할을 수행하려면 다양한 지식체계를 적용시켜야 하는지 다양한 기법을 알고 있어야 한다.

　　사회복지실천기법(skill and techniques)은 사회복지사가 주어진 사회복지실천현장에서 인간애(human understanding)에 기초한 전문적 사회복지실천지식을 응용할 수 있는 능력이라고 볼 수 있다. 사회복지실천의 최고의 경향은 일원적 방법, 즉 통합화를 지향하고 있다는 것이다. 사회복지실천의 일원적 방법이란 모든 사회복지사가 개인, 집단, 지역사회에 제기되는 사회문제에 대처해 나가고자 할 때 사용할 수 있는 공통된 하나의 원리나 개념을 제공하고자 하는 것이다(Specht & Vickery, 1980 : 1-2 ; 김융일 외, 2005 : 57).

1970년대에는 사회체계이론이 사회사업의 지식에 급속도로 많이 활용되었으며 사회복지실천방법(개별, 집단, 지역사회조직)의 공통적 요소를 찾으려는 노력이 활발하게 전개되어 통합방법론(integrated methods) 또는 일반 실천방법이 소개되었다(이윤로, 2003 : 71).

따라서 이 장에서는 사회복지실천의 다양한 이론이나 관점 중에서 통합적 방법, 사회체계이론, 생태체계관점, 강점관점을 중심으로 살펴보고자 한다.

제1절 사회복지실천의 통합적 방법

THEORIES OF SOCIAL
WORK PRACTICE

1. 통합적 방법의 등장배경

역사적으로 볼 때 사회복지는 사회문제에 대하여 다양한 접근방법을 제시하였다. 1920~1930년대는 개별사회사업과 집단지도, 1930년대는 지역사회조직, 1950년대는 사회복지행정과 사회복지조사가 발달하였다. 이러한 방법론을 흔히 전통적 방법론(separate methods approach)이라 한다(전재일, 1981). 이후에 개인, 가족, 집단에 대한 사회치료를 한 범주로 묶어 임상사회사업, 혹은 직접적 실천방법이라 하고, 계획, 행정, 지역사회를 한 범주로 묶어 간접적 실천 혹은 거시적 실천이라는 용어가 등장하였다(조휘일·이윤로, 1999).

개별사회사업의 이론과 실천의 발달은 사회복지전문직을 정립하는 계기가 되었으나, 개인의 심리문제에 지나치게 집착함으로써 사회복지 내에 과분하게 분화된 전문화를 야기하는 결과를 양산했으며 하나의 기술이나 실천영역을 강조하는 사회복지전문직 내의 동향은 다양한 요인이 복합적으로 작용하는 실천에 대해서는 효과적으로 대처하지 못하는 한계를 낳았다(양옥경 외, 2005 : 107-108).

김융일 등은 사회복지실천의 통합적 방법의 등장은 개별사회사업, 집단사회사업, 지역사회조직사업 등 분화된 전통적 방법이 지닌 문제점을 해결하려는 노력의 결과라고 하면서 전통적 방법의 한계를 다음과 같이 정리하였다(김융일 외, 2005 : 59).

첫째, 전통적 방법을 극히 제한된 특정 문제에만 적용할 수 있었고 최근 사회의 변화에 따른 새로운 복잡한 문제상황하에서는 전통적 방법을 이용한 원조기술을 가지고는 도저히 처치할 수 없는 극히 복잡하고 곤란한 여러 가지 문제가 많이 발생하고 있기 때문에 전통적 방법이 외부적 제 조건에 의해서 한계점에 도달했다는 것이다.

둘째, 전통적 방법이 너무 분화, 전문화되어 왔기 때문에 서비스의 파편화 현상을 초래했으며, 다양한 문제와 욕구를 가지고 있는 클라이언트에게 다양한 기관이나 사회복지사들을 찾아다녀야 하는 부담을 주게 됨으로써 사회복지사가 클라이언트에게 최선의 서비스를 제공할 수 없다는 것이다.

셋째, 전문화 중심의 교육훈련이 사회복지사의 분야별 직장 이동에 도움이 되지 않는다는 것이다.

넷째, 공통기반을 전제로 하지 않는 분화와 전문화가 각각 별개의 사고와 언어 및 과정을 보여줌으로써 사회복지전문직의 정체성 확립에 장애가 되었다는 점이다.

사회복지실천방법은 미국을 중심으로 크게 발전해 왔으나 그 내용에서 통일된 체계로 발전하지 못하고 개별사회사업, 집단사회사업, 지역사회조직사업, 사회복지행정, 사회복지정책, 사회복지조사 등으로 나뉘어 각기 독자적인 이론적 배경과 그에 따른 기틀을 발전되어 왔다. 그러나 전통적 방법이 가진 여러 가지 문제들을 해결하기 위하여 분화 및 전문화되어 있는 사회복지실천방법을 통합하려는 시도가 나타났는데, 이것이 NASW가 1958년 제출한 「사회복지실천의 작업정의」라는 보고서이다(김융일 외, 2005 : 60).

그 후 Bartlett가 1970년 출간한 『사회복지실천의 공통기반(*The common Base of Social Work Practice*)』이라는 책에서 공통된 사회복지실천방법의 지식과 가치가 각종 다양한 방법을 규정하고 있음을 강조하면서 그 공통된 기초를 묶어 내었다(Bartlett, 1970).

이후 1973년 Pincus와 Minahan, 1973년 Goldstein, 1975년 Compton과 Galaway 등 많은 학자들이 단일방법론의 모델화를 시도하였다. 여러 학자들이 전통적 방법에 대응한 통합적 방법을 구축하는 기본가정은 사회복지실천에서 행해지는 여러 형태의 전문분화된 방법과 관계없이 사회복지실천의 기본적 개념, 기술, 과업 및 활동에 공통적 핵심이 있다는 것이다(Pincus & Minahan, 1973 : 15 ; Cohen, 1958 : 12).

이러한 사회복지전문직 내의 노력과 함께 사회복지 외부의 환경에서도 체계이론, 일반체계이론, 생태체계이론 등의 다양한 이론이 사회복지의 주요 이론으로 활용되면서 복잡한 문제에 대해 접근할 수 있는 기틀을 마련하였다 이러한 이론적 기반은 실천을 위한 개입틀로서 보다 포괄적이고 체계적인 방법론을 요구하는 사회복지전문직 내의 욕구와 맞물려 통합적 방법의 정립을 가속화시켰다(양옥경 외, 2005 : 109).

2. 통합적 방법의 개념

사회복지실천에서 통합적(integrated or unitary, generalist approach)이란 모든 사회복지사가 개인, 집단, 지역사회에 제기되는 사회문제에 대처해 나가고자 할 때 활용할 수 있는 공통된 하나의 원리나 개념을 제공할 수 있는 방법의 통합화를 말한다(김융일 외, 2005 : 60). 이러한 통합적 방법에는 다음과 같은 세 가지 측면에서 통합의 방향이 이루어지고 있다(전재일, 1981 : 55).

첫째, 클라이언트가 경험하고 있는 문제와 문제상황 여하에 따라서 전문화된 각종 방법을 단독으로 또는 여러 가지 방법을 임기응변식으로 사용하는 결합적 접근방법(combination approach)이라는 통합화의 방향이다.

둘째, 각 방법상의 원리와 기술을 비교할 때 나타나는 공통성, 유사성, 차이성, 다양성을 확인하면서 각 방법 간의 상호관련성을 명확하게 현실에 입각하여 각 방법을 조합하는 중복적 접근방법(multi-method approach)이라는 통합화의 방향이다.

셋째, 전문직으로서의 사회복지실천활동을 통일적으로 포착해 나가기 위한 기반을 재확립해 가면서 총체로서의 방법을 특징짓는 관점과 틀을 확정하여 이를 토대로 방법의 재편성을 도모해 나가는 단일화 접근방법(unitary approach) 또는 일반적 접근방법(generic approach)이다.

그러나 김융일 등(2005 : 61)은 첫 번째 통합화는 사회복지사에게 현재보다도 더 많은 교육훈련을 시키지 않는 한 실시가 가능하지 않다고 하며, 두 번째 통합화는 상이한 현실적 상황에서 어떠한 조합이 가장 가능하게 할 것인가 하는 것이 의문이며, 세 번째 통합적 방법이 실제로 사회복지실천에 활용될 수 있다고 한다.

3. 통합적 방법의 특징

통합적 방법의 특징은 다음과 같다(김융일 외, 2005 : 61-62).

첫째, 통합적 방법은 사회복지실천에 본질적 개념, 활동, 기술과업 등에 어떤 공통적 기반이 있음을 전제로 한다.

둘째, 통합적 방법이 갖고 있는 가치관은 클라이언트의 잠재성을 인정하고, 계속적 성장을 통하여 그의 잠재성을 계발할 수 있으며 성장과 잠재성은 미래지향적임을 강조한다.

셋째, 공통적 기초로서 사회복지실천의 지식은 과거의 심리내적인 정신역동적 측면에 초점을 둔 것으로부터 사회와 문화, 즉 상황 속의 인간(person in situation)을 이해하고 설명하는 데까지 확대된 개념을 사용한다.

넷째, 과거 사회복지의 개입은 주로 인간에게 초점을 두거나 환경에 초점을 두는 이분법적 형태로 이루어졌으나 통합적 방법은 양면적 상호작용에 초점을 둠으로써 인간과 환경의 공유영역, 즉 사회적 기능수행 영역에 사회복지사가 개입해야 함을 강조한다.

다섯째, 클라이언트의 존엄성을 인정하고 클라이언트의 강점, 참여, 자기결정 및 개별화를 극대화할 것을 강조하며 사회복지실천과정에서 계속적 평가를 주장한다.

4. 통합적 방법의 이론적 기반

통합적 방법의 대표적인 이론적 기반은 체계이론과 생태학 이론이다(Anderson & Carter, 1984). 이들은 일반체계이론, 사회체계론적 관점, 사회체계이론, 체계이론, 체계론적 시각, 생태체계이론, 생태학적 관점, 생태학 이론 등 다양한 용어로 사용되고 있다. 체계이론과 생태학 이론은 공통적으로 인간행동에 대한 환경의 영향을 강조한다. 또한 인간과 환경을 하나의 체계로 보고 인간, 환경이라는 각 체계뿐 아니라 이들의 상호작용에도 함께 관심을 갖는다.

체계이론이 인간을 둘러싸고 있는 다양한 사회체계를 규명하고 개인과의 상호관련성 및 의존성에 관심을 갖고 있다면 생태학 이론은 인간-환경을 하나의 단일체계로 보고, 개인과 환경체계에 대한 개입뿐 아니라 인간과 환경과의 상호교류(transaction)에 대해 각 체계와 유사한 수준에서 개입해야 한다고 한다.

체계이론이 통합적 방법으로 환경의 중요성을 이해하고 사회복지실천의 사정 및 개입의 중요한 영역으로 포함시키는 기능을 했다면 생태학 이론은 체계이론의 PIE(person in environment)의 관점을 공고히 하며 인간과 환경의 상호교류에 대한 이론적 틀을 제시하고 실천적 함의를 제공한다.

최근에는 두 이론이 환경 속의 인간을 강조하는 공통성으로 말미암아 두 이론을 혼용하거나 통합하여 생태체계관점으로 명명하기도 한다. 생태체계관점은 개인을 하나의 체계로, 사회환경을 또 다른 하나의 체계로서 생태학적으로 인간과 사회환경 간의 적응과 상호작용을 바라봄으로써 사회체계적 관점과 생태학적 관점을 통합한다(양옥경 외, 2005 : 112-113). 생태체계관점은 다양한 부분 사이에서 그리고 인간과 환경의 공유영역에서 일어나는 상호작용과 상호관계를 강조함으로써 환경 속의 인간을 강조한다(이인정·최해경, 1998).

5. 통합적 방법 모델

통합적 방법을 토대로 하는 대표적 사회복지실천모델로는 Pincus와

Minahan의 4체계(four system) 모델, Goldstein의 단일화(unitary) 모델, Perlman에 의해 개발되고 Compton과 Galaway에 의해서 정교화된 문제해결과정(problem-solving process) 모델, Germain과 Gittermann의 생활(life) 모델 등이 있다.

1) 4체계 모델

Pincus와 Minahan의 4체계 모델은 포괄적이고 전체적인 관점에서 클라이언트체계를 사정할 수 있는 기초를 제공하고 사회복지사로 하여금 인간과 그의 공식적·비공식적 자원체계 간의 연결에 초점을 두게 한다. 이 모델은 복잡한 여러 수준의 체계들과 연결되어 있는 상태로서의 사람들과 일한다는 점을 강조하고 있으며(김융일 외, 2005 : 72), 다음의 세 가지 체계가 사람들을 도울 수 있다고 본다(이윤로, 2003 : 83). 첫째, 가족이나 친구, 동료 같은 비공식적 자연체계, 둘째, 지역사회집단이나 협회 같은 공식적 체계, 셋째, 병원이나 학교 같은 사회체계.

사회복지사가 사회복지실천과정에서 상호작용하는 사람들은 변화매개체계(change agent system), 클라이언트체계(client system), 표적체계(target system), 행동체계(action system)라는 4가지 사회체계로 분류할 수 있다.

변화매개체계란 사회복지사와 이들이 소속되어 일하는 조직이나 기관을 말하며, 클라이언트체계란 서비스나 도움을 필요로 하는 사람, 변화매개인과 업무동의나 계약을 맺은 사람(변화매개체계와 협력하는 개인, 집단, 가족 및 지역사회)을 말하며, 표적체계란 변화매개자들이 그들의 목표를 달성하기 위해 영향을 주거나 변화를 시키는 것이 필요한 사람들로서 때로는 클라이언트체계와 중복되기도 한다(변화매개체계가 목적을 달성하기 위해 변화시키고자 하는 개인이나 집단 및 조직). 행동체계란 변화매개자들이 변화노력을 달성하기 위해 서로 상호작용하는 사람을 말하는 것으로(변화매개체계가 목적을 위해 함께 일하는 개인, 집단 및 조직) 이웃, 가족, 전문가들이 해당된다.

이 모델에 의하면 사회복지실천의 기능은 사람의 문제 혹은 자원체계에 있는 것이 아니라 사람과 자원체계, 그리고 자원체계 간의 상호작용에 있는 것이므로(김융일 외, 2005 : 72) 사회복지실천의 목적은 ① 사람들의 문제해결능력 및 대처능력을 신장하는 일, ② 사람들에게 자원, 서비스, 기회를 제공할 체계와 사람들을 연결하는 일, ③ 체계의 효율적·인도적 운영을 촉진하는 일, ④ 사회복지대책의 발전과 진보에 공헌하는 일 등이다(Pincus & Minahan, 1973 : 9-10).

2) 단일화 모델

Goldstein의 단일화(unitary) 모델은 세 가지 중요한 준거틀, 즉 ① 사회체계 모델, ② 사회학습 혹은 문제해결 모델, ③ 과정 모델을 결합한 것으로 이 중에서도 특히 과정 모델의 내용을 강조한다.

4체계 모델이 클라이언트체계와 자원체계, 사회복지사와의 상호기능을 중시한 데 비해 단일화 모델은 사회학습에 관한 사회복지사의 기능에 더 많은 관심을 집중한다. 사회학습을 매우 광범위한 일반적 의미로 제시하여 중요한 변화목표로서 개인이나 소집단체계에 국한시키지 않고 사회학습과정을 통해 좀 더 큰 체계(조직, 지역사회 등)로 변화될 수 있음을 강조한다(김용일 외, 2005 : 73). 사회복지사의 자원확보와 폭넓은 활용을 통해 사회변화가 가능함을 강조하였다(Goldstein, 1973 : 159).

3) 문제해결과정 모델

Perlman에 의해 개발되고 Compton과 Galaway에 의해 정교화된 문제해결과정 모델은 1920년대 진단주의 학파와 1930년대 기능주의 학파를 1950년대 통합 시도한 Perlman의 모델이 기반이 되었다.

이 모델은 심리역동적인 면을 강조하는 진단주의와 클라이언트의 창조적 자아능력을 강조하는 기능주의를 받아들인 절충주의 방식이다. 이 모델의 등장배경은 1930년대 대공황 발생, 1940년대 제2차 세계대전, 전후의 실업자, 빈곤이라는 사회적 문제로 인한 민간단체의 경제부조기능 약화, 공공기관의 책임강화 등이다. 통합적 방법 모델로서 가장 많이 논의되는 문제해결 모델은 1950년대에 Perlman에 의해 개발된 것으로 인간의 삶 자체가 끊임없는 문제해결과정이라는 가정하에 최초로 '문제'를 사회복지실천의 변화표적으로 제시한 모델이다.

Perlman은 1957년 『문제해결과정(*A problem-solving process*)』과 『케이스워크

(*social case work*)』를 발간하면서 문제해결 모델을 사회복지 분야에 소개하였으며, 개별사회사업의 목적은 '치료'가 아니라 현재의 '문제'에 대처하는 개인의 능력향상이라고 하였다(양옥경 외, 2005 : 117).

Perlman의 모델에 영향을 준 이론 및 학자는 진단주의 Freud 정신분석이론과 Personality 이론, Erikson과 Robert White의 자아심리학, 기능주의 Otto Rank의 인격론, 사회학의 역할이론, Dewey의 자아의 반성적 사고의 과정, 주체적 존재로서의 인간의 개념 등이다.

Perlman의 문제해결 모델은 문제는 그것을 갖고 있는 사람에 의해서 명확화되어야 하고, 문제의 원인과 결과에 대한 사실과 그 사람의 생활공간에 타인이 어떠한 영향력을 행사하고 있는지를 명확히 해야 하고, 어떠한 선택이나 결정을 내릴 경우 그 행동이나 물질적 수단이 개인의 문제나 그 문제와 사람과의 관계에 미치는 영향을 숙고해야 하고, 클라이언트는 자신이 문제해결자(problem solver)이어야 한다.

Perlman은 문제해결과정을 4P로 표현하였다. 즉, '문제(Problem)'를 가지고 있는 '사람(Person)'이 어떤 '장소(Place)'에 자신의 문제를 가지고 도움을 얻기 위해 찾아오게 되면 문제해결에 필요한 자원을 보완해 주는 '과정(Process)'을 활용하는 것이다("A person with a problem comes to a place where certain representaties help him by a given process"). 여기서 사람(Person)은 진단학파의 이론을 적용하여 클라이언트와 그 가족을 분석하였고, '상황 속의 인간'의 중요성을 강조한다. 즉, 개인에 관한 것뿐 아니라 사회상황과 인간의 상호교류 전체를 파악한다. 문제(Problem)는 어떤 욕구, 장애, 욕구불만 또는 부적응 등에서 때로는 이러한 모든 것들이 얽힌 것에서 일어난다. 장소(Place)는 사회시설, 또는 기타 여러 종류의 복지기관을 말한다. 과정(Process)은 원조를 전문적으로 하는 사람과 클라이언트 간에 진전되는 업무로 의미심장한 인간관계 중에서 진행되는 일련의 문제해결을 말한다.

Perlman 이론의 기본전제는 삶이란 갈등의 연속이며, 결정은 매일 계속해서 이루어지고 문제 또한 매일 계속 일어난다는 것이다. 그리고 인간은 문제에 대처할 능력이 있다는 것이다.

Perlman의 문제해결 모델 이후에 발전된 Compton과 Galaway의 신 문제해결 모델은 1975년에 개발된 실천 모델로서 1970년부터 발전한 미국의 체계이론에 많은 영향을 받았다. Compton과 Galaway의 신 문제해결 모델은 Perlman의 문제해결 모델, 자아심리학, Dewey의 문제해결원칙, Pincus와 Minahan의 4체계이론, 역할이론 등의 영향을 받은 것이다. 이 모델의 이론적 특성은 개입의 초점을 개인과 환경의 상호작용에서 발생하는 생활문제에 두고, 사회복지실천을 문제해결을 위해 사회복지사가 클라이언트와 함께 활동하는 공동참여의 과정으로 보고, 사회복지실천의 다양한 상황, 다양한 크기와 형태의 체계가 적절히 적용되는 방법을 제공하며 문제해결과정을 구체적이며 단계적으로 설명하는 다양한 사회복지사의 역할을 설명하고 있다는 것이다.

Compton과 Galaway는 사회복지실천을 구성하고 있는 사회적 체계를 여섯 가지로 분류했다(6체계 모델). 앞에서 살펴본 Pincus와 Minahan의 4체계 외에 두 가지 유형을 더 첨가한 것으로 전문가체계(professional system)과 문제인식체계 (problem-identification system)이다.

전문가체계는 전문가 단체, 전문가를 육성하는 교육단체, 전문적 실천의 가치 등으로 구성되며 전문가체계의 가치와 문화는 사회복지사의 행동에 영향을 미치게 된다. 전문가체계는 사회복지학회 등을 예로 들 수 있다. 문제인식체계는 잠재적 클라이언트를 사회복지사의 관심영역으로 끌어들이기 위해 행동하는 체계로 잠재된 클라이언트에 대한 사회복지사의 관심이다.

이 모델은 사회복지사가 질병을 치료하듯이 클라이언트의 문제를 해결해 주는 것이 아니라 클라이언트체계의 성장과정에 참여하여 클라이언트를 도우며 삶을 효과적으로 대처해 나갈 수 있도록 클라이언트의 능력을 강화시킬 것을 강조한다(Compton & Galaway, 1986 : 165-166 ; 김용일 외, 2005 : 74).

4) 생활 모델

생활 모델은 1970년대 초 Germain과 Gittermann이 생태체계관점을 이론적 준거틀로 도입하여 개발한 것으로 인간과 환경의 상호작용에 초점을 두고 개인, 집단, 지역사회 등 제반 체계에 개입할 수 있는 실천원칙과 기술을 통합한 것으로 생활과정 안에서 문제를 해결해 나가도록 하는 실천 모델이다(김용일 외, 1995 ; 2005 : 74). Germain과 Gittermann의 생활 모델은 생태체계(eco system)에 근거하여 문제의 초점이 인간의 삶(life)에서 시작되므로 인간의 갈등은 삶의 문제에서 등장한다고 본다. 이 모델은 문제를 반드시 퍼스낼리티의 장애로서만 파악하지 않고 생활의 맥락에서 문제를 파악하는 데 관심을 둔다.

생활 모델은 개인의 요구와 능력, 환경적 특성 사이의 불일치에 의하여 일어나는 심리사회적 사건으로서 긴장을 다룬다. 긴장은 세 가지 상호 관련된 생활영역에서 일어나는데 ① 생활의 변천문제, ② 환경의 압박문제, ③ 대인관계 과정의 문제가 그것이다(Germain & Gittermann, 1980 : 7).

살펴본 사회복지실천모델을 정리하면 〈표 4-1〉과 같다.

| 표 4-1 | 통합적 방법론의 모델

내용＼모델	4체계 모델	단일화 모델	생활 모델	문제해결 모델
대표학자	Pincus와 Minahan	Goldstein	Germain과 Gittermann	Perlman에 의해 개발 Compton과 Galaway에 의해 정교화
이론 및 방법	・인간과 자원체계 (사회환경)의 상호 작용을 강조 ・복잡한 여러 수준의 체계의 사람들과 관계를 맺으면서 클라이언트를 돕는 데 중점 a.변화매개체계: 사회복지사가 소속되어 있는 기관, 조직 b.클라이언트체계 : 서비스 및 도움을 구하는 개인, 가족, 집단, 지역사회 c.표적집단 : 변화매개체계가 목적을 달성하기 위해 변화시키고자 하는 사람들 d.행동체계 : 변화매개체계가 목적을 달성하기 위해 함께	・유기체로서의 개인, 역동적 사회관계 및 이 양자간의 상호작용을 강조 a.사회체계 모델 b.사회학습 혹은 문제해결 모델 c.과정 모델을 결합. 이 중 과정 모델이 중심. 과정 모델은 조사와 평가 의뢰와 중재, 평가적 전략 등에 의해 사회사업실천이 역할유도단계, 핵심단계 및 종결단계를 통하여 이루어진 것으로 봄. ・사회학습에 관한 사회복지사의 기능에 관심을 둠 ・사회학습과정을 통한 큰 체계개조	・개인과 환경 간의 상호교류 속에서의 적응균형을 강조 ・개인과 환경에의 동시적 초점을 제공할 수 있는 개념들과 조직적 지역사회 그리고 문화적 상황 안에서 개인, 가족, 집단과 같이 활동할 수 있는 실천원칙과 기술을 통합하는 실천방법 ・생활 자체의 성장과 발달의 제 과정과 그 과정 속에서 사람들이 문제를 해결하고 갈등을 해소해 나가는 방법 등을 찾는 데 중점	・개인과 상황(환경)과의 전체적 상호작용을 강조 ・인간이나 사회체계를 효과적으로 변화시키기 위한 목표를 합리적으로 달성하는 데 중점 ・이러한 목표의 합리적 달성에 필요한 인지적 활동은 클라이언트와 사회복지사의 능력에 의함 ・사회복지사는 질병을 치료하듯이 클라이언트의 문제를 해결해 주는 것이 아니라 클라이언트체계의 성장과 발달과정에 참여하여 그를 도우면서 삶에 보다 효과적으로 대처할 수 있도록 그의 능력을

	일하는 전문가, 사회복지사의 과업은 개입을 위한 표적체계 설정 변화와 관련이 있는 체계들을 찾아 내고 이 체계들을 변화과정에 끌어들이는 것	직지역사회) 변화될 수 있음 강조 · 사회복지사의 자원확보 및 폭넓은 활용을 통해 사회변화 가능성 강조		강화시켜야 함
목 표	· 사람의 문제해결과 대처능력 강화 · 사람과 자원체계와의 결합 · 체계의 효과적, 인도적 활용의 촉진 · 사회정책의 발전과 개선의 공헌	· 사회학습의 촉진 및 강화 · 사회변화(자원의 확보 및 활용)	· 인간생활상의 문제해결 · 인간의 적응능력 지지 및 강화 · 스트레스의 경감 · 대처를 위한 사회자원의 동원	· 문제해결 · 사회복지사와 클라이언트의 공동관계 형성 · 합리적 과정의 수행
실천과정	① 문제의 인식 ② 자료의 수집 ③ 진단 ④ 개입 ⑤ 평가와 종결	① 욕구의 공식화 ② 정보의 탐색 ③ 해결방법의 공식화 ④ 결과의 비교 ⑤ 해결방법의 검증	① 초기단계 : 준비, 참가 ② 진행단계 : 생활의 변화(개선) 환경의 문제 대인과정에 대한 개입 ③ 종료단계 : 평가의 종결	① 접촉단계 : 문제의 명확화, 목표의 명확화, 예비계약, 탐색과 조사 ② 계약단계 : 문제의 진단(평가)활동계획의 공식화 후 예측 ③ 활동단계 : 계획의 실시, 종결, 평가
사회복지사의 기능	① 문제의 평가 ② 자료수집 ③ 최초의 접촉 ④ 계약 ⑤ 행동체계의 구성 ⑥ 행동체계의 유지 및 조성 ⑦ 영향력의 행사 ⑧ 변화노력의 종결	① 지식과 정보의 인식 ② 전략(조사, 개입, 평가)	① 생활과업에 대한 원조 ② 사회적 조직망과 물리적 장의 관여 ③ 시간적 배열활용	① 자료의 수집과 평가 ② 개입전략의 제공

〈출처 : 김융일 외(1995 : 75).〉

표 4-2 통합적 방법 모델	
전문적 모델(전통적 모델)	**통합적 사회복지실천모델**
1. 심리사회적 모델 : 진단주의, 기능주의 모형이 핵심(진단주의가 주를 이룸) 2. 해결중심 모델 3. 행동수정 모델 4. 위기개입 모델 5. 과업중심치료 모델	1. 생활 모델 2. 체계 모델 : 4체계 모델, 6체계 모델 3. 문제해결과정 모형 : 단일화 모형 4. 사례관리 : empowerment
개인에 초점	사회환경에 초점

통합적 방법 모델을 정리하면 〈표 4-2〉와 같다.

THEORIES OF SOCIAL
WORK PRACTICE

제 2 절 사회체계이론

1. 사회체계의 개념

통합적 사회복지의 한 방법론으로서 사회체계론적 접근방법은 일반체계이론의 기반 위에 시도되고 있다. 일반체계이론은 1937년 Ludwig Von Bertalanffy에 의해 개발되었다. Bertalanffy는 물리학의 폐쇄체계(closed system) 개념에 대하여 연속선상의 여러 체계형태 중 한 극단적 형태에 불과하며, 보다 더 복합적이고 발달한 수준의 형태로서 개방체계(open system) 개념의 우월성을 주장하였다.

외부로부터 단절되어 있는 폐쇄체계 개념을 인간에 적용하면 유전자나 육체적 특질, 과거의 경험 등이 인간의 행동을 결정한다고 보게 되지만, 개방체계의 개념으로 볼 때는 외부세계와의 끊임없는 에너지와 자원의 교환에 의해 안정된 상태(steady state)를 유지하는 동시에 변화와 발전이 가능한 존재로서 인간을 보게 된다(Meyer, 1983 : 40-41).

따라서 일반체계이론은 체계의 변화기능을 강조한 이론이다. Bertalanffy는 체계개념을 사회과학과 자연과학의 모든 지식을 연결시킬 수 있다고 생각했다. 일반체계이론은 모든 과학 분야를 하나의 통합적 개념으로 통일시킬 수 있는 기초로 간주, 개발되었고, 이러한 가능성은 사회복지실천을 비롯한 많은 학문 분야의 관심을 불러일으켜 1950년대경에는 많은 분야에 이 이론이 도입되었다(김융일 외, 1995 : 83).

사회체계(social system)란 기능주의에 의하면 사회는 하나의 전체요, 그 전체는 여러 가지 부분 또는 요소(parts of elements)로 구성되어 있다고 본다. 사회체계이론은 Bertalanffy에 의해 1940년대에 처음 제시되었으나 1960년에 와서야 주목받기 시작했다. 이 이론에서 체계(system)는 상호의존적이고 상호작용하는 부분들로 구성된 전체, 즉 '부분 간에 관계를 맺고 있는 일련의 단위들'로 정의된다(양옥경 외, 2005 : 113).

사회복지에 있어서 사회체계론적 접근방법은 사회를 하나의 체계로 생각하는 체계이론을 차용하여 사회복지의 전통적 모형, 즉 개인, 가족, 소집단 및 지역사회 등을 크기가 서로 다른 체계로 보아 과거 전통적 방법의 기초가 되는 지식, 기술 및 가치관의 유사성을 알게 됨으로써 세 가지 방법에 모두 타당한 일반적 원리와 실천모형을 제시하려는 것이다(전재일, 1981 : 39).

사회체계에는 가족, 조직, 지역사회, 사회 및 문화가 포함될 수 있으며 사회체계는 그 체계의 하위단위들과 비교적 안정된 사회계층의 모형들 내에서 부분적으로 관련되어 있다. 즉, 사회체계는 가족, 소집단, 지역사회를 포함하며, 학교, 교회, 사회기관과 같은 다양한 사회단체들을 포함한다.

2. 사회체계의 특성

체계의 정의는 Buckley에 의하면 "상호작용하는 요소들의 총체" 혹은 "구성요소들의 역동적 상호연관성"이라고 하였고, Rapoport는 "부분 간의 상호의존성에 의해 전체로서 기능하는 전체"라고 했다. 이 정의에서는 '총체성(wholeness)'과 '상호연관성(interrelatedness)'의 개념을 도출할 수 있다. 즉, 전체로서의 체계는 단순한 부분들의 합이 아니라 부분 간의 상호작용(interaction)에 의하여 체계 자체의 독특한 성격을 갖게 된다. 또한 각 부분들은 체계 내의 다른 부분에 대하여 상호의존적 성질을 갖고 있으므로, 한 부분의 변화나 긴장은 전체 체계에 파급적 효과를 갖는다. 이러한 체계의 내적 원칙을 '상호성(reciprocity)'의 원칙이라고 한다(김융일 외, 1995 : 83).

상호성의 원칙은 일반체계이론 개념 중에서 사회복지실천에서 가장 많이 활용되는 원칙으로 '항상성(homeostasis)'의 개념과도 연관되어 있다. 체계는 외부환경과의 상호작용과정에서 체계 유지에 필요한 에너지 투입(input)을 받고, 이를 변환(through-put)시키고, 환류작용(feed back)에 의해 자체의 '동적 균형상태(dynamic equilibrium)'를 유지하려는 목적지향성을 갖는다. 이 동적 균형상태가 바로 항상성의 개념이고, 이런 상태를 유지하게 하는 체계의 원칙이 상호성이다. 이 외에도 체계와 외부환경 간의 공간적·역할적 구분을 지어 주는 경계(boundary), 체계 간의 수준의 차이를 나타내는 위계(hierarchy), 외부환경으로부터 폐쇄된 상태를 가리키는 엔트로피의 개념 등은 일반체계이론의 주요 개념이다.

특히 체계가 변화해 나가는 경로의 원칙으로서 동일결과성(equifinality)과 다원적 결과성(multifinality)의 개념이 있는데, 동일결과성은 시작상태가 다르고 상이한 경로를 거치더라도 결과적으로 동일한 상태에 이를 수 있다는 원칙이고, 다원적 결과성은 유사한 상황으로부터 시작하더라도 상이한 결과를 낳을 수 있다는 개념이다(김융일 외, 1995 : 84).

사회체계이론은 인간을 통합된 하나의 전체로 간주하는 전체적 인간관을 갖고 있으며, 인간행동은 환경과의 역동적 상호작용의 산물로 본다(양옥경 외, 2005 : 114).

제3절 생태체계관점

1. 생태체계관점의 개념

생태체계관점은 사회복지실천에서 1980년대에 주목을 받았다. 생태체계관점은 개인을 하나의 체계로, 사회환경을 또 다른 하나의 체계로 보고 생태학적으로 인간과 사회환경 간의 적응과 상호작용으로 바라봄으로써 사회체계적 관점과 생태학적 관점을 통합한 것이다. 이 관점은 인간과 환경의 공유영역에서 일어나는 상호작용과 상호관계를 강조함으로써 환경 속의 인간을 강조한다 (양옥경 외, 2005 : 113).

생태학 이론은 Bronfenbrenner(1979)가 제시한 것으로, 유기체와 환경은 분리할 수 없으며 상호작용하는 단일체계라고 본다. 상태학 이론의 주요 개념은 세 가지로 구분된다. 첫째, 인간의 속성과 관련된 것으로 유능성, 관계성, 역할의 개념이 있으며, 둘째, 환경의 특성과 관련된 것으로 인간의 성장과 발달을 촉진하는 물리적 및 사회적 환경, 셋째, 인간과 환경 간에 상호교류와 관련된 것으로 인간과 환경의 적합성과 적응, 스트레스와 대처의 개념이 있다.

이 이론에서는 체계를 미시(micro), 중간(meso), 외적(exo), 거시(macro)체계로 구분하고 있다. 미시체계는 가장 인접한 수준의 환경, 즉 가족과 같은 직접적 환경 내에서 이루어지는 활동, 역할이나 대면적 인간관계의 유형을 말한다. 중간체계는 상호작용하는 중의 여러 미시체계를 의미하며, 가정과 학교, 학교와 직장 간의 관계와 같이 두 가지 이상의 환경에서 일어나는 과정과 연결성을 말한다. 외적체계는 개인이 직접 참여하고 있지는 않지만, 그 개인의 발달에 영향을 주는 환경체계로 두 가지 이상의 환경 사이에서 일어나는 과정과 연결성으로서 이 중 최소한 한 가지 체계는 개인을 직접 둘러싸고 있지 않는 마치 자녀에게 있어 부모의 직장과 같은 것을 말한다. 거시체계는 일반적 문화, 사회, 법, 종교, 경제, 정책과 같은 광범위한 사회적 맥락을 의미한다. 거시체계는 개인에게 직접 영향을 미치지는 않지만 사회구조적 맥락 안에서 개인

Bronfenbrenner의 생태학적 환경

- **미시체계** : 개인의 독특한 물리적·물질적 특성을 가진 환경 내에서 경험하는 활동, 역할 및 대인관계의 유형이다. 가정, 가족, 놀이터 등과 같이 사람들이 쉽게 얼굴을 마주 대하면서 상호작용에 참여할 수 있는 장소.
- **중간체계** : 개인이 적극적으로 참여하는 둘 이상의 환경 간의 상호관계 (interaction)로 이루어진다(가정과 학교, 학교와 이웃, 가족, 직장, 사회생활 사이의 관계).
- **외적체계** : 개인이 적극적 참여자로 관여하지 않지만 개인이 속한 환경에서 일어나는 일에 영향을 주거나 받는 사건이 발생되는 하나 또는 그 이상의 환경을 의미한다(부모의 직장, 형제가 다니는 학교, 부모의 친구조직망, 교육청의 활동, 사회복지기관의 활동 등).
- **거시체계** : 기본적 신념체계가 이념과 함께 하위체계의 형태와 내용에 나타나는 하위문화수준이나 문화 전반의 수준에 존재할 수 있다. 민족이나 집단체계와 같이 특정 문화의 유형이나 보다 광범위한 사회적 맥락을 의미한다(일반적 문화, 법, 종교, 정책 등).

〈출처 : 이종복·전남련(2005 : 338)〉

에게 간접적 영향을 미친다(양옥경 외, 2005 : 114-115).

생태체계관점은 인간과 그들의 물리적·사회적 환경 사이의 상호교류를 강조하고 클라이언트의 하나의 상황이나 한 체계, 한 가지 특징에만 관심을 두지 않는다. 생태체계관점은 환경의 변화과정과 인간발달영역, 인간의 다양성, 그리고 사회체계이론을 포함한다. 인간의 반응과 환경 사이에 불균형이 발생할 때 욕구는 충족되지 않는다. 인간이 이용할 수 있는 자원이 불충분하거나 환경과 부적합한 상태가 되는 것은 사람과 환경 사이에 동의와 조화가 결여되기 때문이다. 생태체계관점은 사회복지실천에서 사정을 위한 모델로서 통합된 관점으로 환경이 인간에 영향을 미치는 방식과 인간이 환경에 영향을 미치는 방식들을 보는 준거틀을 제공한다(전재일 외, 2004 : 111).

2. 생태체계관점의 특성

인간행동을 기술하고 실천에 접근하는 하나의 방법으로서 생태체계관점은 첫째, 이 관점이 가지는 통합적 특성 때문에 복잡한 인간행동을 설명하기 위해 많은 다른 유용한 이론들의 강점을 활용한다. 둘째, 개인, 가족, 집단, 조직체, 지역사회 및 그들의 상호관계성의 행동을 고려하기 때문에 일반사회복지실천을 지원할 수 있는 이상적 관점을 제공한다. 셋째, 생태체계관점은 사람과 그들 환경이 어떻게 적응상태를 이루는지에 초점을 두고 있기 때문에, 사회복지사는 발생한 문제들에 대한 책임을 한쪽으로 전가시키지 않는다(Germain & Gittermann, 1996). 즉 사회복지사는 클라이언트가 본질적으로 결함이 있다고 가정하기보다 클라이언트와 함께 클라이언트와 상황 간의 적합성에 관심을 기울이게 된다(전재일 외, 2004 : 113).

생태체계관점의 특성은 다음과 같다(전재일 외, 2004 : 113-115).

첫째, 상황 속에서 인간의 다양한 변화가능성을 제시한다. 생태체계이론의 근본적 원칙은 체계의 일부 변화는 그 체계의 다른 부분을 변화시키고 다음에 전체 체계의 기능수행을 변화시킨다(Von Bertalanffy, 1968)는 것이다.

둘째, 클라이언트체계의 강점을 강조한다. 생태체계적 실천원칙은 사회복지사가 "사람과 환경이 부적응하는 교류패턴들을 개선하려고 시도하는 동안" 서로의 욕구에 적응해 온 균형과 과정을 존중하도록 하는 것이다(Siporin, 1980 : 517). 이것은 사회복지사로 하여금 클라이언트가 이용할 수 있는 강점과 능력을 구축하도록 한다.

셋째, 현재 행동을 '상황 속의 개인'의 편안한 적합성으로 설명한다. 생태체계관점은 현재 행동을 인간과 상황에 상호이익을 주는 안정된 균형을 찾고 유지하는 것으로 본다. 인간은 어떻든지 간에 자신과 자신의 상황에 가장 적합한 방법들로 행동하려고 한다. Germain(1979)은 '적합성'을 환경과의 적응적 균형에 도달하려는 사람들의 적극적 노력으로 설명하고 있다. 적합성은 한 개인 환경과의 상호의존적으로 존재하는 편안하고 특별한 장소인 '적합한 장소(niche)'를 만드는 환경과 인간의 순응성이라고 할 수 있다(Brower, 1988). 적합성은 일반적으로 긍정적 인간-환경의 계속적 교류를 반영하며 고정되어 있지 않고 상호교류의 변화에 따라 변화한다.

넷째, 역기능을 상황 속에서 적응적이거나 합리적인 것으로 개념화한다. 생태체계관점에서 개인의 역기능을 병리적이 아니라 또 다른 가능성으로 보는 것이다. 역기능은 인간과 생태체계 간에 작용하는 일련의 역동적이고 상호작용적인 힘에서 나오는 것으로서 사회적 기능수행상의 문제로 보고 상호작용의 부적응적 패턴으로 고려하게 된다. 이와 같이 생태체계관점은 클라이언트의 역기능적 부분을 교류적인 것-상황에서의 적합성-으로 설명하고 있다.

다섯째, 개인, 개인의 사회집단 및 사회적·물리적 환경 안에서 변화를 위한 여러 가지 대안을 탐색한다.

THEORIES OF SOCIAL
WORK PRACTICE

제 4 절 강점관점

1. 강점관점의 개념

권한부여(empowerment)란 능력을 가지는 것, 능력을 향상시키는 것으로 사회사업사전에는 권한부여이론을 "그들 자신의 삶에 대한 집단적 통제력을 획득하는 방법에 관한 이론으로 그리고 사회복지사들이 사람들의 결여된 힘을 증대시키기 위해 추구하는 방법"으로 규정하고 있다. 권한부여가 클라이언트에게 동기, 능력, 기회를 제공하여 사회적 기능수행을 가능하게 하는 데 힘을 도출하는 것에 초점을 둔다면 강점관점은 클라이언트가 지니고 있는 잠재능력, 재능, 자질을 강화시켜 줌으로써 사회적 적응을 보다 가능하게 하는 데 초점을 둔다(김융일 외, 1995 : 94-96).

강점관점은 기본적으로 클라이언트의 강점 중심으로 접근을 한다. 즉, 모든 인간은 성장하고 변화할 능력을 가지고 있고, 클라이언트는 문제를 가지고 있는 측면과 실제 해결을 할 수 있는 능력과 지식을 함께 갖고 있다는 데서 출발한다. 또한 사회복지실천의 원조과정에서 사람들의 문제와 병리보다는 그들의 자원, 강점 및 환경에 초점을 둔다.

강점관점은 사회복지사의 기본적 가치들과 일치하며 실제로 사회복지 전문적 가치기반은 본질적으로 클라이언트의 강점에 초점을 두고 있으며 절대적으로 클라이언트의 타고난 잠재력, 능력, 그리고 강점을 인정한다(Cowger, 1992 : 139 ; 전재일 외, 2004 : 118-119).

사회복지실천에서 강점(strength)관점은 Rapp, Weik 등에 의해 개발되었다. 이 이론은 총체적 건강개념으로부터 발달되어 왔다. 이 관점은 중증의 정신질환자에 대한 실천 모델로서 가장 잘 개발되어 왔는데, 병리보다는 강점, 자기결정을 강조하며, 정신질환자도 학습하고 성장하고 변화할 수 있다고 생각한다(Saleeby, 1992). 사회복지사가 클라이언트의 내재된 힘을 지지할 때, 그들의 긍정적 성장가능성을 고양시킬 수 있다. 강점관점은 사회복지실천의 기본적 가치와 일치한다(김융일 외, 1995 : 96).

2. 강점관점의 특성

강점관점의 가장 중요한 특성은 사회복지사가 클라이언트의 결점을 보기보다는 그들의 능력과 장점을 보는 것이다. 이 관점은 ① 모든 개인, 집단, 가족 그리고 지역사회는 강점을 가지고 있다(Saleeby, 1997 : 12). ② 모든 환경은 자원으로 가득 차 있다는 것을 기본전제로 하고 있다(Saleeby, 1997 : 15). 강점관점에서 사회복지사는 클라이언트가 자신의 강점과 능력을 확인하고 개발하도록 도와주며, 자신의 자원과 환경을 이용하여 욕구를 적절하게 충족하도록 원조하는 역할을 한다(전재일 외, 2004 : 119-120).

강점관점의 특성을 김융일 등(1995 : 47)은 다음과 같이 정리했다.

첫째, 문제가 아닌 도전을 강조한다. 문제는 사회복지실천개입에서 클라이언트로 하여금 수치감, 비난, 죄책감, 낙인을 수반하며, 부정적 전제를 불러냈다. 그러나 강점지향적 사회복지사는 사회복지실천의 손상 모델에서 도전 모델로 이동한다. 사회복지사가 클라이언트의 문제를 도전, 전환점, 성장의 기회로 바라볼 때, 그들은 자신의 관점을 의미 있게 변화시킨다.

둘째, 병리가 아닌 강점을 강조한다. 병리에 초점을 두는 것은 강점을 드러낼 클라이언트와 실천가의 능력을 덮어 버리고, 병리로 진단하는 것은 개인의 강점을 덮어 버리게 된다.

셋째, 과거가 아닌 미래를 중시한다. 의료 모델에 초점을 둔 개입과정은 언제, 어떻게, 왜 클라이언트체계가 잘못되기 시작했는지 과거를 탐색한다. 그러나 강점지향적 사회복지실천은 미래의 성장을 위해 이용될 수 있는 자원을 발견하기 위해 현재를 탐색한다.

연|구|문|제

Theories of Social Work Practice

01 사회복지실천의 통합적 방법의 등장배경을 설명하시오.

02 통합적 방법의 이론적 기반을 설명하시오.

03 통합적 방법의 모델을 각각 설명하시오.
   1) 4체계 모델
   2) 단일화 모델
   3) 문제해결과정 모델
   4) 생활 모델

04 사회체계이론을 설명하시오.

05 생태체계관점을 설명하시오.

06 브론펜브레너의 생태학적 환경을 예를 들어 설명하시오.

07 강점관점이 무엇인지 설명하시오.

기 | 출 | 문 | 제

Theories of Social Work Practice

01 다음 중 사회복지실천에서 통합적 관점이 시도된 배경에 해당되지 않는 것은?

① 특정 사례 중심의 전통적 방법으로는 복잡한 문제 상황에 개입하기에 한계가 있었다.
② 다양한 서비스를 받아야 하는 클라이언트의 경우 여러 종류의 사회복지시설을 찾아야 하는 불편을 겪는 것을 해소할 필요가 있었다.
③ 전통적인 전문화 중심의 교육훈련이 사회복지사의 분야별 이동에 좋은 효과를 보였다.
④ 각 분야의 전문화는 통일성 없이 각각 별개의 사고와 언어 및 과정을 보여줌으로써 사회복지 전문직의 정체성 확립에 장애가 되었다.
⑤ 개별사회복지실천, 집단사회복지실천, 지역사회복지실천 등으로 분화하면서 통합적 방법이 중요한 방법으로서 등장하게 되었다.

02 다음 중 생태체계이론에 대한 설명으로 옳은 것은?

① 생태체계이론을 도입함으로써 단선적이고 인과론적인 시각이 한층 강화되었다.
② 기본개념은 인간의 행동은 그들이 살고 있는 사회체계에 대한 설명 없이는 이해할 수 없다는 것이다.
③ 역기능을 상황 속에서 부적응적이거나 비합리적인 것으로 개념화한다.
④ 실천이론에 해당하므로 효과의 객관적인 평가가 가능하다.
⑤ 체계의 일부 변화는 그 자체의 다른 부분이나 전체 체계의 기능 수행에 대한 영향이 미미하다.

03 다음 중 사회체계이론에 대한 설명으로 옳지 않은 것은?

① 단일 실체를 함께 구성하고 있는 경계 지어진 일련의 상호관련 활동들을 말한다.
② 인간을 분류에 따라 나누어 개개인을 하나의 특성으로 분석하여 개별적인 존재자체로 인정하는 것을 주 활동으로 한다.
③ 우리가 살고 있는 사회적 환경 안에 존재하는 다양한 형태의 인간공동체에 적응할 수 있는 사회조직의 모형을 말한다.
④ 사회체계는 그것의 구성 부분들을 초월하여 하나의 특수한 단위를 이루고 있는 집합체로서 가족, 조직, 지역사회, 문화 등이 표현된다.
⑤ 체계이론은 환경 속의 인간행동을 이해하는 데 있어 체계가 성장과 변화를 거쳐 안정성을 유지해 가는 방법을 설명하는 이론이다.

04 다음 중 통합적 방법론이 사회복지실천에 미친 의의가 아닌 것은?

① 개별사회사업의 발전을 불러일으켜 사회복지사가 전문적으로 인정받을 수 있게

하였다.
② 다양한 요인이 복합적으로 작용하는 실천영역에 효과적으로 대처할 수 있게 되었다.
③ 사회복지실천 내의 공통성을 발견하는 데에 박차를 가했다.
④ 사회복지사의 전문성과 관련하여 통합이 가속화하게 되었다.
⑤ 개인적 사례분석에서 나아가 사회정책에까지 분석을 확대하게 되었다.

05 다음 중 핀커스와 미나한의 4체계 모델에 대한 설명으로 옳지 않은 것은?

> 알코올 중독자인 A가 사회복지관을 찾아왔다.
> A는 알코올 중독자인 자신 때문에 문제행동을 일으키는 초등학생 아들에 대해 상담한다.

① 표적체계 – 알코올 중독자 A. 초등학생 아들
② 변화매개체계 – 사회복지사, 사회복지관
③ 행동체계 – 사회복지전담 공무원, 교육사회복지사
④ 클라이언트체계 – 알코올 중독자 A
⑤ 전문가체계 – 알코올 전문기관 사회복지사

06 다음 보기는 사회복지실천에 대한 통합적 접근모델 중 어느 것에 대한 설명인가?

> · 펄만이 창안하였고 진단주의와 기능주의를 절충함
> · 개인의 문제대처능력을 향상하는 것이 목적임

① 생활 모델   ② 참여 모델   ③ 과정 모델
④ 생태체계 모델   ⑤ 문제해결 모델

07 인간이 환경의 모든 요소와 지속적으로 상호작용하고 적응한다는 관점을 가진 이론은?
① 체계이론   ② 사회진화이론   ③ 행동주의이론
④ 인지주의이론   ⑤ 생태체계이론

※ 다음 제시된 지문을 읽고 물음에 답하시오

> 기초생활수급자인 할머니가 사회복지기관에 찾아 왔다. 할머니에게는 15세된 손자와 13세된 손녀가 있다. 할머니의 아들은 버스운전기사이며 며느리와 별거하고 혼자 살고 있다. 아이들은 버스운전기사이며 며느리와 별거하고 혼자 살고 있다. 아이들은 할머니가 돌보고 있는데 아이들이 기초생활수급자로 되어 있어 급여를 받고 있다고 하면서 사회복지사에게 이를 비밀로 해 달라고 한다.

08 제시된 지문에서 변화매개체는 누구인가?

① 아 들　　　　　　② 손 자　　　　　　③ 손 녀
④ 할머니　　　　　　⑤ 사회복지사

09 다음 중 펄먼의 개별사회사업의 구성요소에 해당하는 것은?

① 사람, 기술, 욕구, 지식
② 사람, 문제, 장소, 과정
③ 지식, 사람, 장소, 욕구
④ 욕구, 과정, 지식, 기술
⑤ 사람, 장소, 지식, 기술

10 체계이론의 개념 중에서 체계유지를 위해 외부로부터 투입 없이 체계를 유지하려는 경향은 무엇인가?

① 균 형　　　　　　② 연 합　　　　　　③ 변 화
④ 엔트로피　　　　　⑤ 상호교류

11 사회복지실천현장으로서의 1차 현장이 아닌 곳은?

① 교정시설　　　　　　　　② 아동양육시설
③ 장애인재활시설　　　　　④ 모자자립시설
⑤ 노인복지여가시설

12 심리사회모델의 배경이 된 이론은?

> － 보　기 －
> 가. 역할이론　　　　　　　　나. 정신분석이론
> 다. 자아심리학　　　　　　　라. 체계이론

① 가, 나, 다　　　　② 가, 다　　　　③ 나, 라
④ 라　　　　　　　⑤ 가, 나, 다, 라

13 사회복지실천에서 목표달성을 위해 변화의 대상이 되는 사람 또는 환경은?

① 변화매개체계　　　② 클라이언트체계　　　③ 표적체계
④ 행동체계　　　　　⑤ 전문체계

14 '상황 속 인간'을 강조하는 관점에 대한 설명으로 옳은 것은?

① 생리학에 토대를 둠
② 문제의 증상에 집중

③ 인간이 환경에 적응해야 함
④ 체계 간 상호역동성 중시
⑤ 환경이 문제를 결정

15 다음 중 통합적 방법론의 등장배경으로 가장 알맞은 것은?

① 전문가들 간의 견해차이로 인해
② 해결할 수 없는 사회문제 발생으로 인해
③ 문제가 개인과 환경 간의 상호작용에서 비롯됨으로 인해
④ 전통적 접근의 계승을 위해
⑤ 보다 전문화된 서비스를 클라이언트에게 제공하기 위해

16 성원에게 바람직한 변화를 일으키도록 돕고 구조화되어 있으며 성원이나 환경에 직접적·간접적으로 영향을 미치는 모델은?

① 사회적 목표모델　　② 치료모델　　　　　③ 상호작용모델
④ 사회행동모델　　　　⑤ 전략적 모델

17 다음 생태체계적 관점에 대한 설명 중 옳은 것은?

① 일반체계이론보다 먼저 등장하였다.
② 전통적 접근법에서 강조되었던 관점이다.
③ 체계 간의 공유영역에 대한 설명이 확실하지 않다.
④ 개인이 환경에 대해 가지는 객관적 의미가 발달에 중요한 부분을 이룬다.
⑤ 개인의 행동은 환경에 영향을 받는다.

18 다음 연결이 바른 것은?

> ─보　기─
> 어느 지역에 장애인복지시설 건물을 건립하는 데 독지가의 도움과 이 지역에 찬성하는 주민들에 의해 건축을 하게 되었다. 그런데 반대하는 주민들로 인해 공사가 중단되어 복지관의 사회복지사가 개입하였고 A기자가 신문에 이 사실을 보도하였다.

① 클라이언트체계 – 사회복지관
② 행동체계 – 찬성하는 지역주민
③ 전문가체계 – 언론사기자
④ 변화매개체계 – 독지가
⑤ 표적체계 – 지역주민

19 개방체계에 대한 설명으로 옳은 것은?

① 개방체계는 모든 체계 중에서 가장 바람직한 체계이다.

② 외부와의 상호작용, 사람, 정보, 생각의 출입을 제한한다.
③ 경계선의 방어를 중요하게 생각하지 않는 체계로 외부와의 교류에 제한이 없다.
④ 사생활에서의 갈등이 공공장소에서도 자유롭게 표현될 수 있다.
⑤ 체계 내부로의 출입의 권리를 손님과 제3자에게도 확대시킨다.

20 가족이 안정되고 편안한 생활을 유지하려는 경향, 안정된 상태로 돌아가려는 경향 등을 무엇이라고 하는가?

① 균   형　　　　　② 경   계　　　　　③ 항상성
④ 피드백　　　　　　⑤ 평형상태

21 사회복지실천의 통합적 접근의 발달 배경이 아닌 것은?

① 서비스 파편화 현상
② 분야별 전문화된 서비스 제공
③ 다양한 서비스 제공
④ 복잡한 문제 상황에 대한 개입의 어려움
⑤ 사회복지사의 분야별 이직의 어려움

| 정답 |　1. ③　　2. ②　　3. ②　　4. ①　　5. ⑤　　6. ⑤　　7. ⑤　　8. ⑤　　9. ②　　10. ①　　11. ①
　　　　12. ⑤　13. ③　14. ④　15. ③　16. ②　17. ⑤　18. ②　19. ①　20. ③　21. ③

PART 02

사회복지실천의 과정

제1절 사회복지실천에서의 관계

사회복지실천에서 사회복지사와 클라이언트의 상호작용을 원활히 하기 위해서 좋은 관계가 형성되어야 한다. 일반적으로 관계란 공통된 이해관계를 지닌 두 사람 사이에 정기적 또는 일시적으로 감정의 상호작용이 일어나는 조건이다.

사회복지사가 클라이언트와 좋은 관계를 발전시키는 것은 실천노력에서 필수적 요소이다(Johnson, 1995 : 167). 사회복지사와 클라이언트 두 사람 사이에 정서적 움직임이 있을 때 한 사람의 정서가 다른 사람에게 전달된다. 두 사람이 정서가 동일한 종류의 감정을 표현하기도 하고, 서로 다른 감정을 표현하기도 하고, 전혀 다른 반대의 감정을 표현하기도 한다. 어떤 경우이든 간에 감정의 충만함과 감정의 흐름이 두 사람 간에 체험되어야 하는데, 상호작용이 두 사람 간에 연대감을 조성하든 적대감을 조성하든지 간에 두 사람은 당분간 서로 연결 또는 관계되어 있다고 한다(Perlman, 1979).

사회복지실천에서의 관계는 클라이언트와 사회복지사 간에 정서적 교감을 기초로 이루어지는 관계이기 때문에 전문성, 분명한 의도적 목적, 시간제한, 권위 등의 특성을 포함하는 관계로 일반적 인간관계와는 다를 수 있다. 전문적 관계도 모든 관계와 마찬가지로 클라이언트와의 상호작용에 의해 형성되고 유지될 수 있으나 클라이언트는 도움을 요청하고 사회복지사는 도움을 주는 관계이기 때문에 언제나 클라이언트의 입장에서 출발해야 하며 사회복지사는 관계의 전반적 과정에 대한 전문적 책임을 지게 된다. 사회복지사와 클라이언트는 인간으로서는 근본적으로 평등하지만 사회복지실천상황에 있어서는 사회복지사는 도움을 제공하는 사람이고 클라이언트는 도움을 제공받는 사람으로 생각할 수 있기 때문에 이들의 관계를 사회복지실천의 관계라고 한다 (Brammer, 1979).

1. 관계의 개념

사회복지실천에서 관계의 개념을 학자들은 다음과 같이 정의하고 있다.

Biestek(1957 : 32)은 "케이스워크에서의 관계란 사회복지사와 클라이언트 간의 감정과 태도의 역동적 상호작용으로서 클라이언트가 자신과 환경 간의 좀 더 나은 적응을 이룰 수 있도록 돕는 목적을 갖고 있다"고 정의했으며, Perlman(1979 : 2)은 "관계란 하나의 촉매제로서, 문제해결과 도움을 향한 인간의 에너지와 동기를 지지하고 양성하며 자유롭게 하는 원동력이다"라고 했다.

Pincus와 Minahan(1973 : 73)은 "관계란 사회복지사와 그가 관계하는 다른 체계 간의 정서적 유대로 볼 수 있으며, 이들 관계에는 협력, 협상 또는 갈등의 분위기가 포함될 수 있다"라고 했다. Northen(1969 : 53)은 "인간의 행동이 각기 다른 정서적 반응을 불러일으키는 것처럼, 관계란 일차적으로 한 사람으로부터 다른 사람에게로 흘러가는 감정적 반응으로 구성된다"고 하며 집단 내의 관계의 중요성을 피력하였다.

위의 정의를 미루어 볼 때 관계란 개별사회사업이나 집단사회사업 모두에게 중요하게 받아들여지고 있음을 알 수 있다.

위의 내용을 종합하여 보면 사회복지실천에서의 관계란 사회복지사와 클라이언트 간의 감정과 태도의 역동적 상호작용으로서 클라이언트의 문제해결과 그를 둘러싸고 있는 환경과의 사이에 보다 나은 적응을 위해 협력, 협상하는 것뿐만 아니라 개인, 가족, 집단, 지역사회의 자원을 적절히 동원하고 활용할 수 있도록 돕는 활동의 총체로 볼 수 있다.

2. 관계형성기술의 전제조건 : 자아인식

사회복지사의 자아인식(self awareness)은 사회복지실천의 관계형성을 위한 기본조건이다. 전문가로서 자아인식이란 자신과 자신의 목표에 관하여 깊이 숙고하고, 자기 자신을 믿고 존중하며, 그러면서도 한 발 물러서서 자신의 복잡한 원조활동의 중요한 한 부분으로 관찰할 수 있는 능력을 말한다(엄명용 외, 2006 : 197).

사회복지실천의 교육 및 훈련에 있어서 일차 목표는 학생 각자가 자신을 과학적으로 이해하는 자아인식에 있다고 할 수 있으며, 이러한 과업이 성공적으로 이루어져야만 전문인으로서 필수적인 전문적 자아의 형성이 이루어질 수 있다. 즉, 자기 자신의 인간됨이 자기가 하는 일에 영향을 미친다는 사실을 받아들이기 시작한 사회복지사는 자신의 태도와 감정을 이해하고 변화시킬 수 있도록 자아인식을 개발하려고 노력해야 한다(장인협·문인숙 역, 1983 : 18).

Hamilton(1954 : 371)은 "학생이 인간의 성격과 행동에 대한 과학적 지식을 습득할 수 있기 위해서는 우선 자신의 성격과 행동을 이해할 수 있게 도와주어야 하는데, 이것이 자아인식이다. 이렇게 함으로써 전문적 자아가 개발될 수 있으며, 전문적 자아는 사회복지사가 클라이언트와의 인간관계에서 필요한 지식 및 기술을 습득하는 것은 물론이고 이들 모두를 전문적 윤리, 태도, 가치관의 구조 안에서 통합하는 것을 의미한다"고 하였다. 따라서 자아인식을 얻기 위해서는 자아성장(self-growth)의 투철한 동기를 가지고 목적적 인간관계의 경험을 통해서 "① 자기 자신과 자신의 욕구에 대한 인식, ② 자기 자신 내의 여러 성격유형을 처리할 수 있는 능력, ③ 사실을 정확히 인식하고 솔직한 관계를 형성하기 위하여 자신의 능력의 한계성으로부터 탈피할 수 있는 능력" 등을 길러야 한다(장인협·문인숙 역, 1983 : 16).

3. 전문적 관계의 기본요소

전문적 관계는 클라이언트의 문제해결 및 적응이라는 분명한 목적을 가지고 제한된 시간 동안 이루어지는 특수한 관계이다. 전문적 관계도 모든 관계와 마찬가지로 클라이언트와의 상호작용에 의해 형성되고 유지될 수 있으나, 일반적 인간관계와는 달리 클라이언트는 도움을 요청하고 사회복지사는 전문가로서 도움을 주는 관계이다. 그러므로 전문적 관계는 언제나 클라이언트의 입장에서 출발해야 하며 사회복지사는 관계의 전반적 과정에 대한 전문적 책임을 지게 된다(엄명용 외, 2006 : 198 ; 양옥경 외, 2005 : 129).

전문적 관계의 기본요소에 대해서는 Compton과 Galaway, 엄명용 등이 정리한 내용을 중심으로 살펴본다(Compton & Galaway, 1994 : 272-288 ; 양옥경 외, 2005 : 130-133 ; 엄명용 외, 2006 : 198-205 ; 조휘일·이윤로, 2003 : 136-140).

1) 타인에 대한 관심과 도우려는 열망

타인에 대한 관심은 클라이언트에게 일어난 일에 대해 진심 어린 관심을 가지며 이들의 감정과 교류할 수 있어야 함을 의미한다. 관심이란 책임감, 배려, 존중, 타인에 대한 이해 및 클라이언트의 더 나은 삶에 대한 바람을 포함하고 있으며, 클라이언트의 삶과 욕구에 대한 조건 없는 긍정적 인정을 의미하는 것이기도 하다.

누구든지 다른 사람을 도우려고 할 때에는 그 사람과 깊이 있는 관계를 맺어야 한다. 그러나 다른 사람과 정서적으로 유대가 가까워질수록 해결해야 할 문제에 대해 과도하게 관여하게 될 위험이 있으므로 이때 사회복지사는 목적의식을 갖고 관계를 유지해 나가야 한다.

도우려는 열망이란 원조관계의 전문가에게 가장 필수적 자질이라 할 수 있다. 클라이언트로 하여금 자신의 삶을 스스로 선택하고 통제하는 능력을 향상시키도록 도우려는 깊은 열망으로 사회복지사의 헌신적 자세를 의미한다. 따라서 사회복지사는 항상 도움받는 사람을 주체로서 존중하고, 그들의 이익을 위해 봉사하며, 그들이 가능한 한 자유로울 수 있도록 도와야 한다.

2) 공감·감정이입 또는 이해

공감이란 상담 또는 모든 인간관계의 기본적 기술로서 다른 사람, 즉 상대방의 눈을 통해서 세상을 볼 수 있는 능력이다. 사회복지사가 도움의 상황(helping situation)에서 마치 클라이언트의 피부 속 깊이 파고 들어가서 그가 느끼는 상황을 느끼고, 그가 세상에서 경험하는 것과 똑같은 경험을 할 수 있는 능력(Carkhuff, 1971 : 170)이라 할 수 있다. 이러한 공감의 능력이 클라이언트와 관계하는 일의 상황에서 구체적으로 나타날 때에는 "클라이언트의 감정(feeling), 포부(aspiration), 가치, 신념, 지각(perceptions)을 정확하고 민감하게 감지하는 능력, 그리고 이러한 사회복지사의 이해를 클라이언트에게 충분히 의사소통을 통해 전달할 수 있는 능력의 표현"(Keefe, 1976 : 10-13)을 의미한다.

공감 또는 감정이입(empathy)은 다른 사람의 감정 속에 들어갈 수 있는 능력을 의미하지만 타인의 감정 속에 들어가되 나 자신을 잃지 않으면서 몰입하는 일이다. 감정이입은 사회복지사가 다른 모든 체계와 더불어 생산적인 일을 하는 데 요구되는 중심적 능력 가운데 하나이다(조휘일·이윤로, 2003 : 137).

3) 존경심 또는 보살핌

존경심 또는 보살핌(respect or caring for someone)이란 사회복지사가 클라이언트에 대한 관심과 보살핌의 생각을 가지고 있으나, 클라이언트 자신도 그 자신의 문제 내지 자신의 인생에 대하여 무엇인가 할 수 있는 능력을 갖고 있다는 것을 사회복지사가 확신하고, 이를 클라이언트에게 전달할 수 있는 능력의 표현이다(Carkuff, 1971 : 66).

도움의 초기 단계에서는 클라이언트를 자세히 모르기 때문에 존경을 표현할 수 없을 수도 있으나 과정이 지나면서 점차 표현을 시도해야 한다. 즉, 점차 클라이언트의 독자성과 존엄성을 수용하고 전달하며 결과적으로는 클라이언트의 자기결정의 권리를 지지하고 격려할 수 있어야 한다.

4) 구체성

구체성(concreteness)이란 "클라이언트로 하여금 그의 행동, 사고, 감정을 그 자신의 독자적인 방법으로 정확하게 묘사 내지 표현할 수 있게 도와줄 수 있는 능력"(조휘일·이윤로, 2003 : 137 재인용)이다. 즉, 사회복지사는 클라이언트가 자신의 경험과 감정을 구체적이고 독특하게 표현하여 자신만의 독자성을 나타낼 수 있도록 도와주어야 한다. 그럼으로써 초기에는 공감의 능력을 불러일으킬 수 있고, 나중에 가서는 문제해결의 구체적 계획을 세우는 데 연결될 수 있는 근거가 된다(Carkhuff, 1971 : 170).

5) 진실성 또는 순수성

진실성 또는 순수성(genuineness or being real)은 "클라이언트와의 관계에서 실제적이고 순수해질 수 있는 능력으로서 초기에는 허풍을 떨지 않는 것이며, 후기에 가서는 가능한 한 최대로 진실해지는 것으로 여기서 사회복지사가 기억해야 할 것은 오직 클라이언트에게 최대한의 도움을 주기 위해 필요하다는 사실이다(Carkhuff, 1971 : 170). 따라서 사회복지사는 자신의 감정, 사고, 그리고 지각한 내용을 허심탄회하게 주제넘지 않게 조심스럽게, 행동상으로 보아도 무리 없이 적절한 형태로 전달할 수 있는 능력을 갖추어야 한다.

6) 대응 또는 직면

대응 또는 직면(confrontation or telling like it is)이란 사회복지사가 클라이언트의 이야기를 경청해 온 결과, 어떤 모순점이나 다른 점이 발견되면 이를 클라이언트에게 이야기해 주는 것이다(Carkhuff, 1971 : 171). 예를 들면, 사회복지사가 보기에 클라이언트의 행동이 그가 이야기하는 것과 차이가 있으면 그 사실을 그대로 전달해 주며 또는 클라이언트가 묘사하는 상황이 실제의 상황과 다를 때에는 이를 대응 또는 직면할 수 있도록 도와주는 것이다.

요약하면 클라이언트의 상황에 대한 공감적 이해를 바탕으로 하여 그의 행동을 명확하게 검토·분석하여 적절히 도전함으로써 상대방으로 하여금 자신의 행동, 사고, 그리고 행동 내에 포함된 왜곡된 점 내지 이들 상호 간에 존재하는 모순점들을 극복할 수 있도록 도와줄 수 있는 능력이다. 그러나 이러한 기술은 클라이언트와 사회복지사가 파악한 현실이 같고, 다루고자 하는 것에 합의할 때에만 처리될 수 있다. 만약 이러한 대응을 잘못 사용하면 클라이언트의 이전의 노력은 완전히 파괴시키는 비극이 될 수 있다(장인협·문인숙 역, 1983 : 146-147).

7) 직접성

직접성(immediacy)은 사회복지사와 클라이언트가 현재 일어나고 있는 상호 작용 속에서 당면하고 경험하는 행동, 감정, 사고에 있어서 현실을 정확히 묘사하고 명확히 하며 또한 진지하게 토의하면서 바로 그 장면에서 그러한 현실을 직접 수정할 수 있는 능력이라 할 수 있다. 즉, 사회복지사와 클라이언트 사이에 현재 그 순간에 일어나고 있는 감정 및 경험의 차이를 이해하고 반응할 수 있는 능력으로서 사회복지사는 어떤 관계나 상호작용에 관하여 현재 사회복지사가 어떻게 느끼고 있는지를 클라이언트에게 표현할 수 있고 피드백을 주기도 한다.

8) 자아노출

자아노출(self-disclosure)이란 사회복지사가 도움의 상황에서 적절하다고 생각되는 자신의 경험을 클라이언트와 함께 나눌 수 있는 능력이다. 이는 사회복지실천에서 거의 금기로 정해 놓았던 사적인 대화 또는 역감정전이가 유발될 수 있는 여지가 있으나 사회복지사와 클라이언트의 관계가 일대일의 동등한 인격적 관계라고 할 때는 효과적 도움의 기술로 활용될 수 있다.

9) 따뜻함

따뜻함(warmth)이란 인간을 돕는 전문가가 반드시 지녀야 할 자질이라 할 수 있으며, 클라이언트의 안녕과 복지를 위하여 언어 내지 비언어적 방법으로 보살핌 내지 관심을 전달할 수 있는 능력이다.

10) 자아실현

자아실현(self-actualization)이란 Maslow의 욕구위계설 중 가장 높은 최상에 위치하는 욕구이다. 여기서 사회복지사는 클라이언트의 모든 문제를 그 자신의 성장을 위한 기회로 볼 수 있으며, 모든 인간의 문제와 난관에 당면해도 유머감각을 유지할 수 있는 능력을 말한다.

11) 권위 및 권한

권위(authority)는 클라이언트와 기관에 의해 사회복지사에게 위임된 권한 (power)으로 정의된다. 사회복지사는 일정한 지식과 경험을 보유하여 일정한 지위에 있음으로써 영향력을 미칠 수 있는 권한을 가진다. 전문적 관계에서 권위는 두 가지 측면을 갖는다. 하나는 사회복지기관 내에서 사회복지사의 위치와 기능으로부터 나오는 제도적 측면이고, 다른 하나는 전문가인 사회복지사에게 정보와 조언을 구함으로써 클라이언트가 사회복지사에게 부여하는 심리적 측면이다.

도움을 구하는 사람은 지식과 기술 면에서 권위를 가진 사람을 찾게 된다. 사회복지사가 클라이언트에게 그러한 권위를 가진 사람으로 받아들여짐으로써 성립된 관계는 클라이언트에게 안전과 보호의 느낌을 주게 된다(양옥경 외, 2005 : 132).

돕는 관계에 있어서 사회복지사는 우리 자신에 대한 정직한 태도, 즉 나는 누구이며 진실로 무엇인지에 대해 알아야 하고, 사회사업기관의 과정과 정책과 전문가의 역할에 대해 분명한 지식이 있어야 한다. 또한 다른 사람에 대한 관심과 수용의 태도와 클라이언트의 복지를 생각해야 하고 사회복지사의 위치와 역할 내에 존재하는 권위적인 면을 받아들여야 한다(조휘일·이윤로, 2003 : 140-141.).

12) 헌신과 의무

헌신과 의무(commitment and obligation)는 돕는 과정에서 책임감을 의미하는 것으로 일관성을 포함하는 개념이다. 전문적 관계에서 관계의 목적을 이루기 위해서는 사회복지사뿐만 아니라 클라이언트도 역시 헌신과 의무로 맺어져야 한다. 사회복지사와 클라이언트가 함께 관계의 목적과 조건을 위해, 상호 의존적 교류관계를 위해 헌신을 다할 때 클라이언트는 안전하다는 느낌을 갖게 된다. 전문적 관계에서 헌신적 자세는 일정한 의무도 함께 요구한다.

클라이언트에게 기대되는 일반적 의무는 그들이 지닌 문제의 상황, 문제에 대처하는 그들의 태도에 대해 정직하고도 개방적으로 제시할 것과 전문적 관계에서 최소한의 절차상 조건에 따르는 것을 말한다. 예를 들면, 인터뷰를 위해 특정 시간에 특정 장소에 정확하게 오는 것도 기본적 헌신의 자세로 볼 수 있다.

사회복지사의 의무는 관계를 맺을 때 필수적 절차상의 조건을 최대한 지키는 것이다. 사회복지사에게는 미리 예약된 시간과 장소를 지키는 것, 클라이언트의 문제에 대해 초점을 유지하는 것, 성장과 변화를 가져오는 관계를 제공할 것 등이 요구된다(양옥경 외, 2005 : 131-132 ; 엄명용 외, 2006 : 204).

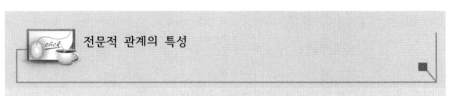

전문적 관계의 특성

1. 서로 합의된 의식적 목적이 있다. 목적이란 클라이언트의 보다 나은 적응 및 문제해결을 위한 원조를 말한다.
2. 클라이언트와 구체적인 한정된 기간을 갖고 관계를 맺는다.
3. 사회복지사는 자신의 이익보다는 클라이언트의 이익만을 위해 자기 자신을 헌신한다.
4. 특화된 지식 및 기술, 전문적 윤리강령에서 비롯되는 권위를 갖는다.
5. 전문적 관계는 현재 진행 중인 사례에 대해 객관성을 유지하고 자기 자신의 감정, 반응, 충동을 자각하고 그 책임을 진다는 의미에서 통제된 관계이다.

4. 기타 전문가의 자질

앞에서 살펴본 전문적 관계의 기본요소 외에 전문적 관계를 수행하기 위해 필요한 사회복지사의 자질을 보면 다음과 같다(Compton & Galaway, 1994 : 290-295 ; 양옥경 외, 2005 : 134-136 ; 엄명용 외, 2006 : 206-207).

1) 성숙함

가장 유능한 사회복지사는 성숙해 가는 과정 속에서 자신을 성장하며 발전하는 인간으로 키워 가는 사람이다. 성숙해 가는 사람은 변화와 성장을 흥미 있는 것으로 기꺼이 받아들이려는 자세를 취하는 사람이다.

2) 창조성

창의적 사회복지사는 클라이언트의 문제상황에 대한 해결책에 대해 개방적이다. 이미 알려진 해결책을 찾기보다는 당면한 상황에서 최선의 해결책을 찾도록 자신을 개방하고 기존의 이론적 입장이나 사고체계를 거부하지 않으면서 새로운 대안을 찾으려는 자세를 말한다.

3) 용 기

사회복지사는 실패하거나 어려운 상황에 휘말리는 일, 통제할 수 없는 상황에 감정적으로 억눌리거나 비난 또는 학대받는 일, 예측할 수 없는 상황에 계속적으로 연관되는 일, 신체적으로 위협받는 일 등을 기꺼이 받아들일 수 있어야 한다.

4) 민감성

사회복지사는 특정한 단서 없이도 클라이언트의 내면세계를 느끼고 감지할 수 있는 능력이 필요하다. 민감성이란 창의성의 구성요소 중 하나이다. 사회복지사가 새로운 것에 대한 개방성과 변화에 대한 준비 자세를 갖추는 것은 바로 창의성이라 볼 수 있다. 그러므로 창의적 사회복지사가 되기 위해서는 민감해야 한다. 선입견과 고정관념의 틀에서 벗어나서 클라이언트의 감정과 사고에 자신을 투입시키는 능력이 필요하다.

5) 자기를 관찰하는 능력

자기를 관찰하는 능력이란 자신의 목표에 깊이 숙고하고 자기 자신을 믿고 존중하며, 그러면서도 한 발 물러서서 자신을 복잡한 개입활동의 한 부분으로 관찰할 수 있는 능력이다. 자기보호가 필요한 사회복지사는 클라이언트에게 적절한 도움을 줄 수 없으므로 자신이 무엇을 하고 있으며, 왜 이것을 하고 있는지, 제대로 하고 있는지에 대한 성찰을 해 보아야 한다.

6) 인간적 자질

사회복지실천에서 사회복지사는 인간적 자질을 갖고 있어야 한다. 클라이언트를 존중하며 이해하는 마음을 갖고 수용하고, 공감하며, 비심판적 태도로 클라이언트를 있는 그대로 인정하는 것 등이 필요하다. 그 외 자신과 다른 인생경험이나 행동양식을 이해하고, 가치관에 대한 포용성, 장기목표를 갖고 일할 수 있는 끈기, 클라이언트가 자기결정권을 행사할 수 있도록 도울 수 있는 것 등이 사회복지사에게 필요한 인간적 자질이다.

THEORIES OF SOCIAL
WORK PRACTICE

제 2 절 사회복지실천관계의 기본원리

Biestek은『개별사회사업의 관계(*Casework Relationship*)』라는 책에서 사회복지사와 클라이언트 간의 원조관계의 기본원칙을 개별화, 의도적 감정표현, 통제된 정서적 관여, 수용, 비심판적 태도, 클라이언트의 자기결정, 비밀보장 등 7가지로 제시하였다.

1. 개별화

모든 클라이언트는 다른 사람과 다르며 각 클라이언트의 감정, 사고, 행동, 독특한 생활양식, 경험 등은 각각 존중되어야 하기 때문에 인간은 개별적이고 개인차를 가진 인간으로 취급되어야 한다는 인간의 권리에 기초를 두고 있다. 클라이언트를 개별화(individualization)하기 위해 사회복지사는 다음과 같은 역할을 해야 한다(김만두 역, 1992).

첫째, 사회복지사는 인간에 대한 편견이나 선입관으로부터 벗어나야 한다. 편견이나 선입관이란 전형화(stereotyping)된 고정관념 등의 영향을 받아 클라이언트를 정확하게 판단하지 못하는 것을 말한다. 클라이언트의 문제를 해결하거나 돕기 위해서는 정확한 원인을 확인하고 객관성을 유지해야 한다.

둘째, 인간행동과 발달에 관한 전문지식을 갖고 활용할 수 있어야 한다. 개인을 이해하고 돕기 위해서는 인간행동의 양식에 대한 지식이 필요하기 때문에 사회복지사는 인간행동에 관한 전문적 지식과 경험을 많이 습득하고 활용할 수 있어야 한다.

셋째, 클라이언트를 개별화하기 위하여 그들의 언어적·비언어적 표현을 잘 경청하고 관찰해야 한다. 사회복지사가 클라이언트와의 대화를 경청하고, 진지하게 관찰하여 클라이언트를 진심으로 이해하고자 할 때 클라이언트의 특성을 잘 이해할 수 있다.

넷째, 사회복지사는 사회복지실천의 개입에서, 클라이언트가 현재 처해 있는 곳에서부터 출발하여 클라이언트와 보조를 맞춘다. 이는 클라이언트의 이야기, 감정표현 및 행동의 변화를 나타내는 속도에 보조를 맞추어야 함을 뜻한다.

다섯째, 사회복지사는 클라이언트의 감정에 대해 민감하게 반응하고, 클라이언트의 감정과 경험을 사회복지사 자신의 경험으로 받아들여 이해하고 느껴야 한다.

여섯째, 사회복지사는 클라이언트가 속한 환경을 포함한 클라이언트의 전체상황을 이해하고 관여할 수 있어야 한다.

클라이언트의 진정한 개별화는 클라이언트의 사회적·신체적·지적 요소들을 이해할 뿐만 아니라 이들 요소 간의 상호작용의 영향력과 파급성 그리고 미래에 전개될 일들을 조망하는 것도 포함시켜야 한다.

2. 의도적 감정표현

의도적 감정표현(purposive expression of felling)은 클라이언트가 자신의 감정을 자유롭게 표현하도록 하는 것으로 특히 자신이 비판받게 될지도 모르는 감정을 자유롭게 표현하도록 하는 것이다. 사회복지사는 이러한 감정의 표현을 조정하거나 저지하지 않고 때로는 사회복지서비스의 일부로서 치료상 유용할 때는 클라이언트의 감정을 적극적으로 자극하거나 격려하면서 의도적으로 경청한다(Biestek, 1973 : 35). 사회복지사는 클라이언트가 자신의 감정을 표현할 때 의도적으로 귀를 기울이고 비난하거나 실망하지 않아야 한다. 클라이언트가 자신의 감정을 자유롭게 표현할 수 있도록 하기 위해 사회복지사는 다음과 같은 역할을 해야 한다(엄명용 외, 2006 : 214-216).

첫째, 클라이언트가 자신의 감정을 자유롭게 표현할 수 있도록 안정된 환경을 조성한다.

둘째, 클라이언트가 자유롭게 감정을 표현할 수 있도록 허용적 태도와 편안한 분위기를 마련해 주어야 한다. 사회복지사는 클라이언트의 감정을 중요하게 생각하여 클라이언트에게 비현실적 보장을 하거나 클라이언트가 표현한 내용에 대해 너무 성급한 해석을 하거나 너무 많은 해석을 해서 클라이언트의 감정이 혼란스럽지 않게 해야 한다. 그리고 사회복지사가 클라이언트의 부정적 생각과 감정들에 대해 비난하지 않는다는 것을 클라이언트가 느낄 수 있도록 해야 한다.

셋째, 자유로운 감정표현을 하기 위해서 클라이언트의 감정과 행동의 차이점을 인식할 수 있어야 하고, 감정을 표현하기에 가장 좋은 시간과 장소를 선택할 수 있도록 해야 한다.

넷째, 자유로운 감정표현을 위하여 클라이언트에게 정서적 지지(emotional support)를 제공하여야 한다. 사회복지사의 지지는 클라이언트가 가지고 있는 불만이나 의심을 제거하는 효과가 있다. 지지를 통해 초기저항을 감소시킬 수 있으며, 클라이언트와 사회복지사 사이를 편안하게 만들 수 있는 장점이 있다.

다섯째, 클라이언트 감정의 환기를 위한 노력이 필요하다. 사회복지사는 클라이언트가 감정을 환기시킬 수 있도록 도움을 주는 사람으로서 클라이언트의 감정상태를 파악해야 한다. 특히 분노와 같은 적의적 감정은 다른 사람들에게 표현하기 어렵지만 환기를 통해서 가능하기 때문이다.

3. 통제된 정서적 관여

통제된 정서적 관여(controlled emotional response)란 클라이언트의 감정에 대한 사회복지사의 민감성과 그 감정들이 의미하는 것에 대한 이해, 클라이언트의 감정에 대한 의도적이고 적절한 반응을 말한다. 면접은 주로 정서적인 면에 관계되고 있기 때문에 사회복지사는 클라이언트에게 자기감정을 말로써 표명하도록 권고해야 한다. 사회복지사는 관계를 통해 클라이언트의 감정에 반응을 보임으로써 정서적으로 관여(involvement)하게 된다. 클라이언트의 감정에 대한 사회복지사의 반응은 사회복지실천의 관계에서 가장 중요한 심리적 요소이며, 고도의 기술이 필요한 부분이다(양옥경 외, 2005 : 139).

김만두(1992)는 통제된 정서에 관여하기 위한 사회복지사의 역할로 클라이언트의 감정에 대한 민감성, 클라이언트의 감정에 대한 의도적이고 적절한 반응, 클라이언트가 의미하는 것에 대한 감정이입적 이해 등을 들고 있다.

첫째, 민감성(sensitivity)이란 인간의 존엄성에 기초하고 있는 것으로서, 사회복지사의 민감성은 클라이언트의 감정을 잘 관찰하는 것과 경청하는 것에 초점을 두고 있다. 클라이언트가 감정을 언어적 방법 외에 비언어적 방법으로 표현할 수 있다. 이때 표현의 강도, 주저함, 억양, 얼굴 표정, 자세, 복장, 손놀림과 같은 전체적 행동을 민감하게 관찰하고 경청해야 한다.

둘째, 사회복지실천의 정서적 관여에 있어서 반응(response)이란 사회복지사가 의도적으로 클라이언트의 감정과 동일화하는 것으로서 사회복지사가 클라이언트의 감정을 분담하는 것, 즉 감정이입적 이해를 의미한다.

셋째, 감정이입적 이해(empathetic understanding)란 전문적 원조자로서 사회복지사가 감정의 의미를 클라이언트와 클라이언트 문제와 관련시켜 감정의 의미를 이해해야 하는 계속적 과정이다. 특히 감정이입적 이해와 관련해서 사회복지사는 클라이언트와의 의사소통을 할 때 사회복지사는 그 순간 표면적 내용에 반응할 뿐 아니라 잠재적 내용에도 반응을 나타낼 수 있어야 한다.

사회복지사는 클라이언트가 경험한 내용의 성격을 파악하며, 클라이언트의 경험이 클라이언트 자신에게 어떠한 영향을 미치고 있는지의 의미를 민감하고 정확하게 이해하고, 그의 세계를 클라이언트의 입장에서 감정이입적으로 이해하여야 한다.

4. 수 용

수용(acceptance)이란 사회복지사가 클라이언트의 강점과 약점, 바람직한 성격과 바람직하지 못한 성격, 긍정적 감정과 부정적 감정, 건설적이거나 파괴적인 태도 및 행동 등을 있는 그대로 인정하고 존중해 주는 것을 말한다. 수용한다는 것이 클라이언트의 일탈적 태도나 행동을 허용하고 부도덕하고 반사회적인 행동을 받아들인다는 의미는 아니다. 수용이란 여러 가지 약점을 가진 개인을 존재하는 그대로 편견 없이 받아들이는 것을 뜻한다. 사회복지실천관계에 있어서 효과적 수용을 위한 사회복지사의 역할은 다음과 같다(엄명용 외, 2006 : 220-221).

첫째, 클라이언트를 수용하기 위해 사회복지사가 갖추어야 할 기본적 태도는 클라이언트에 대한 완전한 이해이다.

둘째, 수용을 위해서 사회복지사는 클라이언트와 가치관 차이를 극복해야 한다. 클라이언트를 수용하는 일에 사회복지사의 가치관이 작용해서는 안 된다.

셋째, 수용하는(acceptance) 것과 동의(agreement)하는 것과의 차이를 인식하고 있어야 한다. 인간과 그의 사고, 그의 감정을 수용하는 것과 클라이언트의 사회적 문제를 발생, 유지하도록 하는 행동에 반응하는 것 사이에는 분명한 구별이 있어야 한다.

넷째, 수용과 비심판적 태도는 기본적으로 같은 태도이지만 각기 다른 특징을 나타낸다. 사회복지사는 클라이언트가 바람직하고 수용할 수 있는 상황으로 발전할 수 있도록 돕고 클라이언트에 대한 관심과 따뜻한 마음, 정중한 태도, 경청하는 자세 등을 가지고 중립성을 유지해야 한다. 사회복지사의 수용은 클라이언트로 하여금 현재 존재하는 그대로의 자신을 표현하고 안정감을 느끼게 해 주며 자신의 문제와 자기 자신을 더욱 현실적인 방법으로 대처해 나갈 수 있도록 도와준다(양옥경 외, 2005 : 141).

5. 비심판적 태도

비심판적 태도(non-judgemental attitude)는 문제의 원인이 클라이언트의 잘못 때문인지 아닌지, 얼마만큼 클라이언트에게 책임이 있는 등을 심판하지 않으며 클라이언트의 특성 및 가치관을 비난하지 않는다는 원칙이다(양옥경 외, 2005 : 141).

비심판적 태도는 사회복지사가 사회복지실천관계에서 지켜야 할 주요한 행동원칙의 하나이다. 이것은 사회복지기능이 문제 또는 욕구의 원인에 대한 클라이언트의 책임정도나, 죄가 있는가 없는가를 따져서는 안 된다는 것을 의미하며, 클라이언트의 태도, 가치기준 또는 행동에 관한 평가적 판단을 한다는 확신에 기초를 두고 있다. 즉, 사고와 감정의 두 가지 요소를 포함하는 이러한 사회복지사의 태도는 클라이언트에게 전달된다(Biestek, 1973 : 90).

사회복지실천에서 '심판하다'는 것은 클라이언트 문제의 원인이 그의 환경에 의한 것이든 혹은 클라이언트의 인성에 의한 것이든 간에 클라이언트에게 책임이 있다는 것을 언어적 또는 비언어적으로 비판하려고 하는 태도를 말한다. 사회복지 초기에는 클라이언트가 도와줄 가치가 있는 사람인가 아닌가를 판단하여 클라이언트의 잘못이 발견되어 도움 받을 가치가 없는 경우 도움을 주지 않으려 했던 것이 사실이다. 그러나 점차 사회복지의 초점이 '가치'가 있는 사람이 아닌 '욕구'를 가진 사람에게로 향해지면서 비심판적 태도가 관계의 중요한 원칙으로 자리 잡게 되었다(양옥경 외, 2005 : 142).

사회복지실천관계의 비심판적 태도와 관련한 사회복지사의 역할은 다음과 같다(엄명용 외, 2006 : 224).

첫째, 클라이언트에 대한 비심판적 태도가 클라이언트에게 전달되어야 한다.

둘째, 클라이언트의 행위와 진술에 대한 편견과 선입견을 가지고 너무 빨리 결론을 내릴 경우, 다른 사람과 비교하거나 일정한 유형으로 분류하려는 것 등은 비심판적 태도를 전달하는 데 장애가 된다.

6. 클라이언트의 자기결정

이 원칙은 사회복지실천의 개입과정에서 클라이언트가 자신의 삶에 대해 스스로 결정할 수 있는 권리와 욕구가 있다는 원리에 바탕을 둔 것이다. 이러한 자기결정권을 최대화하기 위해서는 클라이언트의 실수나 한계보다 장점과 능력을 강조해야 한다. 클라이언트의 자기결정(client self-determination) 원리는 사회복지사가 클라이언트를 위해 무엇을 해 주는 것이 아니라 클라이언트와 함께 해결해 나가는 것을 의미하므로 전문적 관계의 파트너십을 강조하게 된다. 물론 자기결정에도 한계는 있다. 우선 지적·정신적·신체적 장애로 인해 클라이언트가 스스로 결정할 능력이 없는 경우 자기결정의 기회가 제한될 수 있다. 예를 들어, 중증의 정신지체 미혼여성이 임신하였을 때 아이에 대한 자기결정은 제한될 수밖에 없다. 뿐만 아니라 클라이언트의 결정이 법적·도덕적 규범에 어긋날 경우 자기결정의 원리는 한계를 가지게 된다. 이럴 경우 사회복지사는 환경을 조정하고 클라이언트의 수준에 맞는 대안을 제시함으로써 클라이언트의 자기결정권이 최소한으로 침해되면서도 덜 파괴적이고 더 기능적인 방향으로 결정을 내릴 수 있도록 도와야 한다(양옥경 외, 2005 : 143).

클라이언트가 자기결정을 할 수 있도록 돕는 사회복지사의 역할은 다음과 같다(엄명용 외, 2006 : 226).

첫째, 클라이언트로 하여금 자신의 문제와 욕구를 전체적 관점에서 관찰하고 이해할 수 있도록 돕는다.

둘째, 사회복지사는 클라이언트가 지역사회 내 인적 자원을 포함한 활용 가능한 자원이 존재하고 있음을 알려 주는 역할을 한다.

셋째, 클라이언트 자신의 잠재적 자원을 적극적으로 개발하고 활용할 수 있도록 자극을 준다. 클라이언트가 성장할 수 있고 자신의 문제를 해결할 수 있는 관계의 환경을 만들어 낸다.

넷째, 클라이언트가 사회복지실천 전 과정에 적극적으로 참여할 수 있도록 돕고, 더불어 경청하고 수용적 태도로 클라이언트가 자기 자신이나 자신의 문제에 대해서 보다 깊이 이해할 수 있도록 원조하여야 한다. 특히 클라이언트가 자기 자신의 문제와 관련하여 의사결정을 해야 할 경우, 의사결정과정에 참여하여 스스로 판단하고 결정할 수 있도록 돕는다.

7. 비밀보장

비밀보장(confidentiality)은 클라이언트가 전문적 관계에서 노출한 비밀스런 정보를 사회복지사가 전문적 치료목적 외에 타인에게 알려서는 안 된다는 원리에 바탕을 두고 있다. 이는 또한 사회복지실천의 가장 기본적인 원칙이기도 한다. 문제해결과정에서 자신에 관한 정보가 타인에게 알려질 수 있다고 생각했다면 클라이언트는 아마 사회복지사와의 관계에서 자신의 비밀, 개인적 관심, 비사회적 사고와 행동 등에 대해 절대로 이야기하지 않았을 것이다. 이런 측면에서 비밀보장은 상당히 중요한 전문적 관계의 원칙이라 할 수 있다(양옥경 외, 2005 : 144-145).

비밀보장은 클라이언트의 기본적 권리에 기초를 두고 있다. 이것은 사회복지사의 윤리적 의무며 효과적 사회복지서비스를 위하여 필요하다. 그러나 클라이언트의 권리가 절대적인 것은 아니다. 더욱이 클라이언트의 비밀은 그 기관 내에서나 다른 기관의 전문직원들이 함께 알게 될 때도 비밀보장의 의무가 적용된다(Biestek, 1973 : 121).

그러나 다음과 같은 경우에는 비밀보장의 한계가 있다(양옥경 외, 2005 : 145).

첫째, 클라이언트의 여러 가지 문제에 대한 적절한 서비스를 전달하기 위해 기관 내외의 다른 전문가와 필요한 정보를 공유해야 할 때, 둘째, 학생이나 초심자의 경우 지도감독을 위해 슈퍼바이저에게 상세히 보고해야 하는 경우, 셋째, 기관에 보관하는 기록이나 동료들과의 사례회의에서도 비밀보장의 원칙은 지켜지기 어렵다. 넷째, 타인이나 클라이언트 자신의 생명을 위협하는 경우 생명의 보호가 우선되므로 비밀보장의 원칙은 유보될 수밖에 없다.

그러나 실제로 비밀보장에 대한 클라이언트의 권리와 제한적 의무나 권리 간에는 갈등이 있다. 사회복지 실제에서 일어날 수 있는 갈등은 다음과 같다(전재일 외, 2004 : 201-202).

① 클라이언트 자신의 내부에 있는 갈등 : 클라이언트가 자신의 비밀을 보존하려는 권리와 다른 권리나 의무 간에는 명백한 갈등이 존재한다. 즉, 클라이언트가 그의 비밀을 보존함으로써 그의 다른 권리와 의무를 실현할 수 없는 경우에 갈등이 생긴다.

② 타인의 권리와의 갈등 : 클라이언트의 비밀을 지킴으로써 타인의 권리를 침해하게 될 때 갈등이 생긴다.

③ 사회복지사의 권리와의 갈등 : 사회복지사가 클라이언트의 비밀을 지키는 것이 사회복지사 자신의 개인적 권리의 상실을 의미하는 경우에 클라이언트의 비밀을 지킬 것인지 아니면 사회복지사 자신의 권리를 추구할 것인지 간에 갈등상태에 빠지게 된다.

④ 사회복지기관의 권리와의 갈등 : 클라이언트의 비밀을 지킴으로써 기관은 그 자체의 목적과 권리 및 의무에 반대되는 행동을 하도록 강요될 경우 비밀을 보장하는 것과 기관의 권리행사 간에 갈등이 생긴다.

⑤ 전체로서의 사회의 권리와의 갈등 : 이것은 개인의 이익과 공공의 이익 간의 갈등, 개인의 권리와 공공복지기관 간의 갈등이다. 클라이언트의 비밀을 지키는 것이 사회 전체에 좋지 못한 영향을 미치게 될 경우 개인의 비밀을 지키는 데 갈등이 따른다.

이상과 같이 클라이언트의 비밀을 보장하려고 할 때 초래하게 되는 갈등의 해결은 다른 권리의 비중이 얼마나 중요한지에 달려 있다. 클라이언트의 비밀을 보장할 권리는 비밀은 지킴으로써 앞에서 말한 다섯 가지의 다른 권리가 침해된다는 증거가 명백해질 때까지 우선되어야 한다.

제 3 절 변화를 방해하는 관계

사회복지사와 클라이언트의 관계를 단절시키거나 사회복지개입을 중단시

키는 일반적 변화를 방해하는 관계에는 다음과 같은 것들이 있다(양옥경 외,
2005 : 146-152).

1. 불 신

클라이언트의 불신은 대부분 사회복지사와의 관계 이전의 중요한 다른
관계로부터 유래된다. 즉, 살아온 과정에서 격려와 인정을 받아 보지 못한 사
람은 사회복지사를 신뢰하고 그에게 의지하는 것이 쉽기 때문에 비난, 거부,
상처를 미리 예상하여 방어적 태도를 보인다. 이런 상황에서는 클라이언트의
자기노출은 어려워지고 더 이상의 변화는 기대할 수 없다.

2. 비자발성

비자발적 클라이언트는 변화의 동기 없이 타인에 의해 전문적 도움을 받
도록 강요받은 사람으로 개입과정에 대한 불만과 적대적 감정을 표현하기 쉽
다. 또한 비자발적 클라이언트는 사회복지사가 가지고 있는 권한에 대한 두려
움으로 진정한 변화 없이 거짓말로 자신들의 변화노력을 가장할 수 있다. 비
자발적 클라이언트와 관계에서 사회복지사는 자신의 선입견으로 클라이언트
를 마치 죄인을 대하듯 다루지 않도록 조심해야 한다.

3. 저 항

저항(resistance)은 클라이언트가 개입목표와 반대되는 행동을 보이는 것을
의미한다. 이러한 저항은 인간의 양가감정에서 원인을 찾을 수 있다. 즉, 인간
은 변화를 원하여 도움을 청하면서도 동시에 익숙한 것을 버리고 새로운 행동
을 해야 하는 것에 대한 두려움으로 변화에 대한 저항을 하게 된다. 사회복지
실천과정에서 가장 많이 보이는 저항의 유형은 다음과 같다.

첫째, 침묵이다. 초심자의 입장에서 가장 다루기 어려운 저항의 한 형태
가 침묵이다. 갑자기 말을 하지 않거나, 할 말이 생각나지 않는다거나, 말하고
싶지 않다고 하는 경우로, 이는 명백한 저항이다.

둘째, 핵심에서 벗어난 주제를 말하는 것이다. 즉, 쓸데없는 이야기를 장황하게 하다가 막상 핵심적 주제는 그냥 뛰어넘는 것, 그리고 중요하나 고통스러운 이야기를 꺼내면 마치 못들은 것처럼 혹은 더 중요한 얘기가 생각났다는 듯이 행동하면서 또다시 주변 이야기를 늘어놓는 행동도 저항의 한 형태이다.

셋째, 무력함을 표현하는 것이다. "잘될 리가 없다", "난 해봤자 뻔하다", "그것도 해봤는데 소용없더라"라는 식으로 계속 잘 안될 거라는 무력함을 나타내는 것이다. 이런 반응은 변화를 원하지 않는 것으로 오히려 사회복지사를 무력하게 만들기도 한다.

넷째, 문제를 축소하거나 마술적 해법을 기대하는 것이다. "별로 심각한 이야기는 아니다", "원래 이런 일은 시간이 지나면 해결된다", "어떻게 되겠죠" 하는 식의 반응으로 문제에 직면하지 않음으로써 변화에 대한 노력을 기울이지 않으려고 하는 것이다.

다섯째, 저항의 심리를 행동으로 나타내는 것이다. 즉, 지각하거나 결석하는 것, 면담 중 안절부절못하며 몸을 움직이거나 지루해 하며 하품을 하는 등의 행동 역시 저항의 한 형태로 변화를 거부하는 것이다.

4. 전이와 역전이

전이(transference)는 클라이언트가 어린 시절 누군가에 대해 바람, 원망, 사랑, 두려움의 감정을 사회복지사에 보이는 것이고, 역전이(counter-transference)는 사회복지사가 클라이언트를 마치 자신의 과거 어떤 인물처럼 느끼고 무의식적으로 그렇게 반응하는 것이다.

5. 공 감

공감(empathy)은 클라이언트의 감정과 그 감정의 의미를 정확하게, 민감하게 인식하고 전달하는 사회복지사의 능력이다. 공감에는 두 가지 차원이 있는데, 첫 번째 차원은 공감적으로 인식하는 차원이고, 두 번째 차원은 사회복지사가 클라이언트의 속 깊은 감정을 잘 이해하고 있음을 전달하는 차원이다.

특히 전달하는 두 번째 차원이 중요한데, 이는 신뢰관계의 형성을 돕고 비자발적 클라이언트로 하여금 두려움과 방어를 감소시켜 참여를 돕는 중요한 매개체가 될 수 있다. 공감의 전달(empathic communication)은 개인적 해석이나 클라이언트의 사적 감정에 대한 판단 없이 이루어져야 한다.

6. 자기노출

사회복지사의 진실성을 보여주는 중요한 방법 중 하나가 자연스럽게 진지하며 개방적이고 순수하게 자신을 드러내는 것이다. 자기노출(self-disclosure)에는 두 가지 형태가 있다. 첫 번째는 감정을 표현하는 것이고, 두 번째는 자신의 경험을 얘기하는 것이다. 감정을 표현하는 것은 "당신의 변화가 무척 기쁩니다" 또는 "당신이 자꾸 자기비하하는 말들을 하여 속상합니다"라고 하는 것이고, 경험을 표현하는 것은 "저도 전에 그런 문제를 겪은 적이 있어요"라고 하는 것이다. 이러한 사회복지사의 자기노출은 양자효과(dyadic effect)에 의해 클라이언트의 자기노출을 유도할 수 있다. 그러나 순수한 감정을 노출한다고 하여 클라이언트에 대한 부정적 감정까지 노출하게 되면 갈등을 일으킬 수 있다.

연|구|문|제

Theories of Social Work Practice

01 사회복지실천에서 관계란 무엇인지 설명하시오.

02 관계형성기술의 전제조건은 무엇인지 설명하시오.

03 전문적 관계의 기본요소를 정리하시오.

04 전문적 관계를 수행하기 위해 필요한 사회복지사의 자질이란 어떤 것이 있는지 설명하
시오.

05 비에스틱의 관계의 7대 원칙을 설명하시오.

06 변화를 방해하는 관계의 종류를 설명하시오.

기 | 출 | 문 | 제

Theories of Social Work Practice

01 다음 보기 중 사회복지사와 클라이언트 관계형성의 저해요인은?

> 가. 역전 나. 저항
> 다. 양가감정 라. 수용

① 가, 나, 다 ② 가, 다 ③ 나, 라
④ 라 ⑤ 가, 나, 다, 라

02 다음 보기를 보고 사회복지사가 가장 우선시한 원칙은?

> 어떤 복지관에서 뇌졸중으로 거동을 할 수 없는 노인에게 사회복지사가 밑반찬 서비스를 갔는데 재산 공개를 요청했으나 거부하고 재산을 공개하느니 차라리 굶겠다고 했다. 사회복지사는 기관회의에서 노인에게 밑반찬 서비스를 해야 한다고 주장했다.

① 생명보호의 원칙 ② 클라이언트의 자기결정권
③ 사회복지사 우선권 ④ 삶의 질 원칙
⑤ 비밀보장의 원칙

03 사회복지사가 상담하는 과정에서 잠재되어 있던 4~5세경 부모 형제에게 느꼈던 감정을 클라이언트가 사회복지사에게 보이는 것을 무엇이라고 하는가?

① 저항 ② 역전이 ③ 도구적 가치
④ 전이 ⑤ 불신

04 외도한 사실을 고백하는 남성 클라이언트에게 부정적 느낌을 가진 여자 사회복지사가 할 수 있는 대처방법으로 바르지 않은 것은?

① 전문적 자기인식을 증진한다.
② 전이반응으로 인식해서 대응을 한다.
③ 자신의 과거력을 탐색한다.
④ 심각한 경우 동료에게 의뢰한다.
⑤ 슈퍼바이저나 동료에게 자문을 구한다.

05 다음 중 관계의 기본 원칙에 부합하는 것은 무엇인가?
① 아동과의 면접은 부모 스케줄에 따른다.

② 노인 이성 친구에 관한 것은 중요하지 않기 때문에 다루지 않는다.
③ 머리염색을 한 청소년에게 단정하지 못하다고 심하게 나무란다.
④ 아내에게 분노감을 느끼는 남편에게 그 감정을 표현하도록 한다.
⑤ 사회복지사에게 부정적인 감정을 가진 클라이언트에게는 관여하지 않는다.

06 클라이언트 저항에 대한 사회복지사의 적절한 대응은 무엇인가?

① 불신-클라이언트가 부정적인 감정을 표출하게 돕는다.
② 침묵-화제를 바꾸어 대화한다.
③ 분노-분노 표출이 문제해결에 득이 될 수 없음을 인식시킨다.
④ 타인에 대한 불평-클라이언트 자신의 문제임을 상기시킨다.
⑤ 무관심-무관심한 태도를 지적하면서도 관심을 갖도록 유도한다.

07 다음 보기의 사례에 대해서 사회복지사가 가져야 할 태도로 올바르지 않은 것은?

> 성적(性的)으로 문제를 지닌 남성 클라이언트가 여성 사회복지사를 과거의 특정한 대상으로 생각하면서 감정적인 반응을 갖기 시작하자, 사회복지사는 자신의 과거에 비추어 클라이언트에게 거리를 두고자 하였다.

① 자신의 과거력을 찾아 본다.
② 전문적 인식을 높인다.
③ 심판적인 태도를 갖지 않도록 한다.
④ 상대방의 방어기제를 이해하려고 노력한다.
⑤ 전이적 대응을 보인다.

08 성적 학대로 문제가 있는 클라이언트가 센터에 찾아왔다.

> 클라이언트는 개인적인 성적 취향이라고 말하며 상담을 거부하였다.
> 이 상황에서 사회복지사가 고려해야 할 원칙이 아닌 것은?

① 수용   ② 개별화   ③ 통제된 정서적 관여
④ 자기결정권의 존중   ⑤ 비심판적 태도

09 다음 보기 중 사회복지사와 클라이언트 관계형성의 저해요인은?

> 가. 역전이   나. 저항
> 다. 양가감정   라. 수용

① 가, 나, 다   ② 가, 다   ③ 나, 라
④ 라   ⑤ 가, 나, 다, 라

10 다음 사례를 참고할 때, 전문적 관계형성의 기본요소는 무엇인가?

> · 클라이언트 : 지난번에 직장을 그만 두었다고 전화로 말씀 드렸잖아요?
> · 사회복지사 : 네, 갑자기 직장을 잃어서 당황스럽고 걱정되시겠어요.

① 공감　　　　　　　　② 권유　　　　　　　　③ 헌신
④ 직면　　　　　　　　⑤ 자기노출

11 전문적 관계의 기본 요소로 보기 어려운것은?
① 전이　　　　　　　　　　　　② 인간성
③ 권위와 권한　　　　　　　　④ 진실성과 일치성
⑤ 타인에대한 관심

12 배우자 학대문제로 이혼을 준비 중인 클라이언트를 상담하는 과정에서 사회복지사가 클라이언트와의 정서적 유대를 갖기 위해 울었다면, 이는 관계론의 어떤 원칙에 위배되는가?
① 통제된 정서적 관여　　　　　② 비심판적 태도
③ 의도적인 감정표현　　　　　④ 개별화
⑤ 클라이언트 자기결정권

13 클라이언트가 자연스럽게 자신의 감정을 표현하고 자유롭게 얘기하는 것만으로도 치료효과가 있는 것은?
① 환　기　　　　　　　② 조　언　　　　　　　③ 감정이입
④ 지　시　　　　　　　⑤ 요　약

14 다음 중 통제된 정서적 관여의 구성요소에 해당하지 않는 것을 모두 고르면?

> -보　기-
> 가. 이　해　　　　　　　　나. 민감성
> 다. 반　응　　　　　　　　라. 수　용

① 가, 나, 다　　　　　② 가, 다　　　　　　③ 나, 라
④ 라　　　　　　　　　⑤ 가, 나, 다, 라

15 사회복지사가 본인의 경험이 클라이언트에게 도움이 될까 하여 자기경험을 말하는 것은 어떤 개입기술인가?
① 직　면　　　　　　　② 재구조화　　　　　③ 구체성

④ 따뜻함   ⑤ 자기노출

16 다음 중 사회복지사와 클라이언트 사이의 관계형성의 저해요인에 해당하는 것을 모두 고르면?

> **-보 기-**
>
> 가. 역전이   나. 저 항
>
> 다. 양가감정   라. 수 용

① 가, 나, 다   ② 가, 다
③ 나, 라   ④ 라
⑤ 가, 나, 다, 라

17 다음 중 클라이언트와 사회복지사의 관계를 나타낸 것은?

① 사회적 관계이다.   ② 친밀한 관계이다.
③ 통제적 관계이다.   ④ 인격적 관계이다.
⑤ 지적 관계이다.

┃정답┃ 1. ①   2. ①   3. ④   4. ②   5. ④   6. ①   7. ⑤   8. ④   9. ①   10. ①
11. ①   12. ①   13. ①   14. ④   15. ⑤   16. ①   17. ③

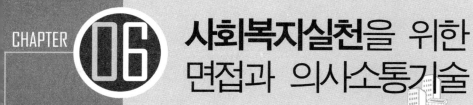

CHAPTER 06

사회복지실천을 위한 면접과 의사소통기술

Theories / of / Social / Work / Practice

THEORIES OF SOCIAL
WORK PRACTICE

제1절 면 접

1. 면접의 의의 및 목적

사회복지실천을 위한 기본적 기술 중의 하나가 바로 면접기술(interviewing skill)이다. 면접은 사회복지실천의 중요한 수단이며, 클라이언트와의 대화 그 이상의 것이며, 문제가 있는 클라이언트를 돕기 위해 사용되는 목표지향적 활동이다. 사회복지실천에서 면접은 전문적 관계에 바탕을 두고 정보수집, 과업수행, 클라이언트의 문제나 욕구해결 등과 같은 목적을 수행하는 시간제한적 대화이다(Johnson, 1989 : 187). 면접이란 면접에 참여하는 사람들이 서로 수용한 의도적 목적을 가진 대화이며 일반적으로 그 목적은 클라이언트의 욕구를 충족시키거나 문제를 해결하기 위해 정보를 수집하는 것이다.

Compton과 Galaway는 사회복지실천에서 면접의 특성을 다음과 같이 정리하였다(Compton & Galaway, 1994 : 274 ; 양옥경 외, 2005 : 153).

첫째, 면접은 맥락이나 세팅을 가지고 있다. 즉, 클라이언트에게 서비스를 제공하는 특정한 기관이 있고, 면접의 내용은 특정상황에 한정되어 있어 관련되지 않은 요인들은 제거된다. 둘째, 목적과 방향이 있다. 즉, 면접은 우연히 만나 정보를 교환하는 것이 아니라 구체적 목표를 달성하기 위해 수행되는 과정이다. 셋째, 계약에 의한다. 즉, 면접은 클라이언트와 사회복지사가 목적달성을 위한 일련의 과정을 상호 합의한 상태에서 진행함을 의미한다. 넷째, 면접에서는 관련자 간의 특정한 역할관계가 규정된다. 즉, 면접자와 피면접자에게 각각 정해진 역할이 있고 그 역할에 따라 상호작용을 한다.

그러나 면접은 여러 가지 면에서 볼 때 대화와 비슷하다. 면접과 대화는 사람 사이에 생각이나 태도, 감정이 교류되는 동안에 일어나는 언어적·비언어적 의사소통을 의미하며 대면적 상호작용이다. 그러므로 면접과 마찬가지로 대화에도 참여자들은 서로 영향을 주고받는다. 면접과 대화를 비교해 보면 다음과 같다(Kadushin, 1972 : 8-10 ; 전재일 외, 2004 : 204-205).

① 면접의 내용은 목적의 달성을 촉진시키는 것이다. 면접은 명백한 목적을 가지기 때문에 그 내용은 단일성, 진보성, 주제의 계속성을 가진다. 그러나 대화의 지향성은 연상적이며 중심주체가 없다.

② 면접에서는 누군가가 목표를 향한 상호작용을 지도할 책임을 맡아야 한다. 면접참여자들이 목적을 달성하기 위해서는 각기 다른 역할을 분담해야만 한다. 한 사람은 면접자로서 면접과정에 대한 책임을 맡고, 다른 한 사람은 피면접자로서 역할관계가 구조화된다. 그러나 대화에는 이러한 역할담당에 관한 선택적 역할행동이 없다.

③ 면접은 비상호적 관계이다. 면접은 면접하는 방법을 알고 주제에 관한 보다 전문적인 지식과 지도력을 가진 전문가가 주로 클라이언트에게 이익을 제공하도록 계획되어 있다. 그러나 대화에서 기대되는 상호작용은 면접에서처럼 클라이언트의 문제를 해결하는 데 도움이 되지 않는다.

④ 면접자의 행동은 계획적이고 심사숙고된 것이며 의식적으로 선택된 것이다. 그러나 대화에 참여하는 사람의 행동은 자발적이고 비계획적이다.

⑤ 면접은 전문가가 클라이언트의 욕구를 수용할 의무를 가지므로 면접은 면접자의 개인적 이유로 종결할 수 없다. 즉, 면접자는 면접의 목적이

달성되거나 달성될 수 없다는 것이 명백해질 때까지 계속해야 할 의무
가 있다. 그러나 대화는 중단하기가 쉽다.

⑥ 면접은 공식적으로 준비된 만남이다. 대화와는 달리 면접을 위해서는
시간, 장소, 지속기간이 설정된다.

⑦ 면접은 불쾌한 사실과 감정을 피하지 못한다. 즉, 대화에 있어서는 은
연중에 불쾌한 것을 피하는 데 동의하지만, 면접에서는 도움이 된다면
불쾌한 감정이나 사실을 나타내도록 자극할 의무가 있다.

Kadushin(1972 : 15-21)은 사회복지실천에 있어서 면접의 목적은 사회복지의
기능에 따라 다르긴 하나 대부분 면접의 일반적 목적은 사회조사를 하기 위한
정보적인 것과 평가에 도달하기 위한 조정적인 것, 그리고 사회변화를 위한 치
료적인 것이 있으나 실제로 한 면접에서도 여러 가지 목적을 동시에 갖게 되
는 것이 일반적이라고 한다.

면접과 대화를 비교하여 표로 제시하면 〈표 6-1〉과 같다.

요약하면 면접은 명백한 목적이 있으며, 상호작용할 책임자가 있고, 클라
이언트의 이익을 제공하도록 계획되어 있고, 계획적이고 의식적으로 선택된
것이며, 클라이언트의 요구를 수용해야 하고, 공식적 만남이며, 불쾌한 감정을

| 표 6-1   면접과 대화 비교분석

면 접	대 화
면접의 내용은 목적달성을 촉진시키며, 명백한 목적이 있다.	중심주제가 없다.
목적달성을 위해 상호작용을 리드할 책임자가 있어야 한다 (면접자와 피면접자의 역할관계가 구조화된다).	역할담당에 관한 선택적 역할행동이 없다.
면접은 비상호적 관계로 전문가가 주로 클라이언트의 이익을 제공하도록 계획되어 있다.	대화에서 상호작용은 클라이언트의 문제를 해결하는 데 도움이 되지 않는다.
면접자의 행동은 계획적이고 심사숙고된 것이며 의식적으로 선택된 것이다.	대화에 참여하는 사람의 행동은 자발적이고 비계획적이다.
전문가는 면접을 위해 클라이언트의 요구를 수용할 의무를 갖는다. 면접자의 개인적 이유로 종결할 수 없다.	대화는 중단하기가 쉽다.
공식적으로 준비된 만남이다(시간, 장소, 지속시간이 실천된다).	대화는 비공식적 만남이다.
면접은 불쾌한 사실과 감정을 피하지 못한다.	대화에서는 은연중에 불쾌한 감정을 피할 수 있다.

피하지 못하는 것이지만 대화는 중심주체가 없어도 되며, 역할담당자가 특별히 필요한 것도 아니고 클라이언트의 문제해결에 도움이 되지 않을 수도 있고, 비계획적이며, 중단하기가 쉽고, 비공식적 만남이며, 불쾌한 감정을 의도적으로 피할 수도 있다. 그러므로 사회복지실천에서 면접이란 사회복지사와 클라이언트가 서비스를 제공하는 과정에서 명백한 목적을 가지고 클라이언트의 이익을 제공하기 위해 클라이언트의 요구를 수용하면서 계약에 의해 행해지는 공식적 의사소통이라고 할 수 있다.

2. 면접의 종류

Zastrow는 사회복지면접의 종류를 정보수집면접, 사정면접, 치료면접 등으로 다음과 같이 세 가지로 나누어 설명하고 있다(Zastraw, 1995 : 106-107 ; 양옥경 외, 2005 : 155-156).

1) 정보수집면접

정보수집을 목적으로 하는 면접을 일반적으로 사회조사(Social study)를 위한 면접이라고 하기도 한다. 정보수집면접은 사회적 기능과 관련된 사회력의 자료를 선택적으로 수집하는 것으로 클라이언트의 개인적·사회적 문제와 관련된 인구사회학적 배경과 개인성장 발달사에 관한 정보를 수집한다. 이렇게 정보를 수집하는 이유는 클라이언트의 배경을 앎으로써 문제를 좀 더 잘 이해하기 위해서이다. 왜냐하면 정보는 사회문제상황과 관련해서 클라이언트를 이해할 수 있기 때문이다. 그러나 클라이언트의 문제를 제대로 이해하기 위해서는 클라이언트의 유형에 따라, 문제영역에 따라, 그리고 기관의 성격에 따라 초점을 두는 정보가 다를 수 있다. 초기의 면접은 사회력 조사가 주요한 목적이기 때문에 더 많은 정보를 얻으려고 한다.

2) 사정면접

사정을 위한 면접은 정보수집면접보다는 훨씬 더 목적지향적이다. 왜냐하면 사정면접은 구체적이고 서비스에 대한 의사결정을 하기 위한 것이기 때문이다. 사정(assessment)은 문제가 무엇인지, 어떤 원인 때문인지, 그 문제를 해결하거나 줄이기 위해 무엇이 변화되어야 하는지에 대해 답하는 사회복지실천과정의 핵심적 단계이다. 그러나 사회복지실천과정에서는 '무엇이 잘못 되었는가'에만 초점을 두는 것이 아니라 클라이언트의 자원, 동기, 장점, 능력 등을 모두 보기 때문에 '진단'이라는 용어보다는 '사정'이라는 용어를 더 많이 사용하고 있다(Zastrow, 1995 : 76 ; 양옥경 외, 2005 : 178).

3) 치료면접

치료를 위한 면접의 목적은 면접을 통해 클라이언트의 변화를 돕기 위한 것과 클라이언트의 더 나은 사회적응을 위해 환경을 변화시키는 것이다. 클라이언트의 변화를 돕기 위한 치료면접은 주로 클라이언트의 자신감과 자기효율성 강화, 필요한 기술훈련, 문제해결능력 증가 등을 목적으로 한다. 환경변화를 목적으로 하는 면접은 클라이언트와 관련된 중요한 사람들과 이루어지기도 하고 클라이언트의 권리와 이익을 옹호, 대변하기 위해 사회복지기관, 지역사회, 관련 공무원들과 이루어지기도 한다. 이러한 목적을 가진 면접은 사회적 상황을 변화시키려는 노력을 포함한다. 변화가 일어남에 따라 면접 그 자체는 치료도구가 되며, 피면접자는 감정, 태도 행동상의 변화를 시도한다.

면접이 치료적 목적을 가질 수 있지만 변화를 추구하는 클라이언트가 면접에 나타나지 않을 수도 있다. 이러한 경우에는 클라이언트의 생활에 있어서 중요한 사람들과 면접을 할 수 있다. 이때 사회복지사는 클라이언트를 대신하여 중재자나 대변자로서 활동한다. 중재나 대변에 관여하는 사회복지사는 클라이언트를 대신해서 그들에게 영향을 미치려는 전략적 위치의 중요한 사람들과 면접을 한다. 이 경우 면접의 목적은 클라이언트의 이익 면에서 사회환경 내의 힘의 균형을 변화시키는 것이다(전재일 외, 2004 : 207).

3. 면접의 조건

면접 시 물리적 환경이나 조건 등은 참여자들의 태도, 감정, 반응 등에 중요한 영향을 미칠 수 있으므로 생산적 면접이 되기 위해서는 다음과 같은 조건이 갖추어져야 한다(Hepworth & Larsen, 1986 : 35 ; 양옥경 외, 2005 : 154).

- 적절한 채광과 조명
- 안락한 온도
- 넓은 공간
- 어울리는 기구와 실내장식
- 비밀을 이야기할 수 있을 정도의 독립적 공간
- 방해를 받지 않는 분위기
- 참여자 사이의 개방적 공간

면접을 위한 구체적 준비를 Garrett는 물리적 환경, 면접시간, 기록, 면접의 비밀성, 면접자의 예비지식 등으로 나누어 다음과 같이 설명하고 있다(Garret, 1972 : 72-78 ; 전재일 외, 2004 : 208-213 재인용).

1) 물리적 환경

면접의 물리적 환경은 모든 잠재가능성을 결정하기 때문에 어느 정도의 비밀성과 안락하고 이완된 분위기를 가지는 것이 중요하다. 면접자가 다른 일로 바쁘게 보이거나 사람들이 분주하게 다니거나 소음이 심하다면 클라이언트는 그의 이름과 주소 이외의 많은 이야기를 할 마음의 여유를 갖지 못할 것이므로 면접을 하는 시간만큼은 면접에 방해를 받지 않도록 전화 소리 등을 최소한 줄여야 한다.

만약 클라이언트가 그에게 지루하게 느껴질 정도로 오랫동안 복잡한 대기실에서 기다렸다면 그는 자연히 마음속에 간직하고 있는 것을 의논할 기분을 갖지 못할 것이다. 그러므로 클라이언트를 기다리게 하거나 면접 도중에 중단하는 것이 불가피한 경우에는 이에 대해 클라이언트에게 알리고 양해를 구해야 한다. 사회복지기관에서는 면접이 주로 이루어지는 장소는 기관의 사무실이다. 그러나 사회복지실천의 면접은 가정, 병원, 입원실, 사회복지시설 등에서도 이루어진다(Kadushin, 1972 : 123-124).

사회복지기관은 사무실에서 이루어지는 면접을 위하여 바람직한 조건을 갖춘 물리적 환경을 구비할 수 있다는 이점이 있다. 이것은 면접을 같은 장소에서 계속할 수 있기 때문에 업무에 도움이 되는 기록양식이나 기록된 자료 등의 준비물을 비치할 수 있어서 유익하다. 사무실에서 면접을 하는 경우에는 일반적으로 면접 중 개인의 비밀이 존중될 수 있고, 외부로부터 방해를 받지 않고 안정된 상태에서 이야기할 수 있는 면접실을 이용하는 것이 더욱 효과적이다. 면접실은 방음장치, 방의 크기, 채광, 집기, 적절한 실내장치 등을 배려하여 편안한 기분으로 클라이언트가 면접에 임할 수 있도록 하여야 한다.

면접장소로서 클라이언트의 가정은 그와 그의 상황에 관한 진단적 이해를 하는 데 유익하다. 가정방문은 클라이언트의 생활을 실제로 파악할 수 있고 더 많은 정보를 얻을 수 있다. 그러나 가정방문을 통한 면접은 시간이 많이 낭비된다는 단점을 지니고 있다. 더욱이 클라이언트가 가정에 없을 경우에는 면접을 할 수 없다. 이러한 경우에는 사전에 전화나 서신 등으로 연락을 취함으로써 시간낭비를 좀 더 줄일 수 있어야 한다.

면접은 또한 병원이나 시설 그리고 기타 여러 장소에서 이루어진다. 이러한 면접은 일어난 생활사건에 관한 임상적 활용에 도움이 된다. 시설이나 병원, 입원실에서의 면접은 다른 사람이 사회복지사가 찾아오는 것을 보게 됨으로써 클라이언트의 비밀을 유지하는 것이 어렵다는 단점이 있다.

2) 면접시간

면접시간의 약속은 사회복지사가 자신의 일정표에 따라 클라이언트와 면접시간을 결정할 수도 있으나 이보다는 클라이언트가 이용하기에 편리한 시간을 선택할 수 있게 해 주는 것이 더 중요하다. 이러한 시간약속의 방법은 클라이언트의 자기결정원리에 입각한 것이며 면접이 클라이언트 자신의 필요에 의해 이루어짐을 인식하게 할 뿐 아니라 보다 적극적인 참여동기와 책임감을 부여하게 된다.

면접시간의 길이는 면접의 목적에 따라 다르기 때문에 클라이언트와 면접약속을 할 때 어느 정도 시간이 소요될 것이라는 것을 미리 알리고 그 시간을 이용할 책임이 클라이언트에게 달려 있다고 알리는 것도 중요하다. 일반적으로 1시간 이상 면접을 하는 것은 바람직하지 못하며, 몇 시간 동안 계속되는 면접은 클라이언트와 사회복지사의 에너지를 소모시킨다.

면접을 너무 오래 하기보다는 클라이언트가 말한 것과 들은 것을 소화하고 생각할 시간을 가지도록 하는 것이 현명하다. 클라이언트가 실천을 통하여 반영할 여유를 가지게 한 후에 다음 면접을 계속하는 것이 더욱 효과적이다. 이것은 클라이언트뿐만 아니라 사회복지사에게도 도움이 되며, 면접 사이나 면접 중에 시간적 여유를 가짐으로써 각 면접을 조용히 생각하고 면접의 주요한 면에 주의를 기울일 수 있게 한다. 효율성이 중요하지만, 그 효율성은 주어진 기간 안에 실시된 면접의 횟수로 측정할 수 없다. 면접관계에 있어서 효율성은 효과적 도움을 가능케 하는 이해, 즉 충분한 이해가 이루어졌는지에 비례한다. 최대의 효율성은 면접을 하는 동안 클라이언트에게 안락한 분위기, 집중적 주의력 및 자기 자신을 표현할 충분한 시간을 제공함으로써 성취될 수 있는 것이다.

일반적으로 면접은 1주 1회, 그리고 1회의 면접은 1시간 정도의 시간을 할애하는 것이 적당하나 클라이언트와 기관의 사정을 고려한 면접의 목적에 따라 다소 융통성 있게 면접시간을 배려해야 할 수 있다.

3) 기 록

면접자가 면접 직후에 몇 분 동안 면접에 관하여 적어 둘 수 있다면 면접 도중에 많은 것을 적을 필요가 없을 것이다. 보통 면접에서 클라이언트의 이름, 주소, 날짜 및 직업 등의 기본적 속성은 그가 말하는 즉시 기록하는 것이 일반적이다. 클라이언트는 이것을 면접에 방해되지 않는 자연스러운 것으로 받아들이게 될 것이다. 그러나 면접 중에 많은 시간을 기록하는 데 소모하게 된다면 클라이언트는 자신의 개인으로서보다는 하나의 사례로 취급받는다는 인상을 받게 되어 면접이 중단되거나 방해될 수 있다. 경험이 적은 사회복지사는 클라이언트에게 집중하면서 많은 것을 기록하려고 하는 경우가 많은데 클라이언트가 보는 앞에서 많은 것을 기록하기보다는 가급적이면 정신적 기록, 즉 기억을 해 두었다가 면담 직후에 자세하게 기록하는 것이 더 효과적인 면접을 위해 바람직하다.

4) 면접의 비밀성

효과적 면접을 위해서는 클라이언트의 비밀이 유지될 수 있어야 한다. 이것은 면접장소 등의 물리적 환경도 중요하지만 클라이언트에 대한 사회복지사의 태도도 중요하다. 클라이언트와 사회복지사 간의 전문적 관계 때문에 사회복지사는 이러한 전문적 관계의 유지에 대한 책임을 이행하여야 하며 클라이언트의 비밀을 경솔하게 취급하지 않아야 한다.

5) 면접자의 예비지식

사회복지사는 효과적 면접을 위하여 일정한 지식체계가 필요하다. 사회복지사는 일반성을 기초로 하는 이론과 구체적 실제를 기초로 하는 특수성에 관한 지식을 갖고 있어야 한다. 일반성을 기초로 하는 이론은 사회복지의 모든 분야에 공통적으로 적용될 수 있는 것으로 일반성을 지니고 있는 것이다. 사회복지사가 어떤 클라이언트를 도와주는 데 일반성을 지닌 이론만 가지고는 충분하다고 할 수 없다. 따라서 구체적 실제를 취급하는 데 따른 특수한 지식이 요구되는 것이다. 다시 말하면 사회복지사는 일반적 이론을 구체적 실천에 활용하기 위한 자신의 창의력을 필요로 하게 된다는 것이다.

사회복지사가 보다 효과적으로 클라이언트를 면접하거나 도와주기 위해서는 먼저 일정 수준의 전문적 지식이 필요하다. 그리고 보편성을 중심으로 하는 전문적 지식 이외에 사회복지사가 중시하고 있는 기관의 성질과 목적에 관계되는 특수한 지식을 가지고 있어야 한다. 예컨대 기관에 따라 활용하는 자원의 내용과 성질이 다르기 때문에 다른 기관이 이용하는 특정 자원에 관한 지식과 이용방법에 대하여 알고 있어야 한다.

4. 사회복지실천면접의 기술

사회복지실천에서 사용되는 면접의 기술을 Johnson(1989 : 189-193)은 분위기 조성 기술, 관찰기술, 경청기술, 초점·안내·해석기술로 나누었다.

1) 분위기 조성 기술

분위기 조성 기술은 면접을 위해 심리적으로 편안한 분위기를 만드는 기술이다. 우선 면접은 클라이언트와의 상호작용이 특징이므로 서로에 대한 이해와 개방성을 촉진시키는 방향으로 분위기가 형성되어야 한다. Johnson(1989 : 192)은 이런 분위기 형성을 위한 중요한 특성으로 공감(empathy), 진심 (genuineness) 그리고 온화함(warmth)을 들었다.

공감은 사회복지사가 클라이언트를 수용하고 그에게 관심이 있음을 전달하는 능력으로 클라이언트의 감정을 공개적으로 수용하고 인정하는 것이다. 진심은 클라이언트에게 사회복지사가 믿을 만한 사람임을 전달하는 것이다. 이는 사회복지사의 언어적 표현과 비언어적 표현이 일치함으로써 전달된다. 온화함은 친밀하고자 하는 욕구를 전달하는 것으로 이러한 친밀감 속에서 클라이언트는 긍정적·부정적 감정을 표현할 수 있고 가치 있는 존재로 느낄 수 있게 된다. 이러한 온화함은 클라이언트에게 긍정적 존경과 친절을 보여줌으로써 그리고 클라이언트의 성장과 발전을 진심으로 기뻐함으로써 표현된다.

모든 면담의 분위기 조성은 면담 시작부터 이루어지게 되는데, 면접이 이상적으로 시작되려면 클라이언트가 와서 편하고 자연스럽게 자신의 관심사를 이야기할 수 있어야 한다. 그러나 실제 클라이언트가 처음 보는 사회복지사에게 자신의 문제를 곧바로 이야기하는 것은 쉽지 않고, 사회복지사 역시 어떻게 시작해야 할지 몰라 당황하는 경우가 많기 때문에 사회복지사는 간단하게 자신을 소개하는 것이 좋다. 그런 다음 날씨나 교통 등에 대한 간단한 대화를 나누고 잠시 클라이언트가 숨을 돌릴 수 있는 시간적 여유를 갖게 한다. 이것은 클라이언트가 일상적 대화에서 점차 자신의 문제로 대화의 초점을 변화시키는 데 필요한 시간이기 때문이다.

이런 가벼운 대화가 끝나면 클라이언트의 관심과 문제에 초점을 두어야 한다. 이때 사회복지사가 그의 관심사로 초점을 맞추는 첫마디를 꺼내야 하는데 주로 "어떻게 오셨습니까?" 혹은 "어떤 얘기를 하시고 싶으세요?"라고 하는 것이 일반적이다. 흔히 "무엇을 도와드릴까요?"하기도 하는데 이는 문제해결의 책임이 자칫 사회복지사에게 있다는 느낌을 줄 수 있으므로 조심해야 한다.

면접을 끝내는 것 역시 시작하는 것만큼 쉽지 않다. 시간 내에 다루고자 하는 주제가 끝나면 다행이지만 그렇지 않은 경우, 사회복지사는 어떻게 정리해야 할지 난감해진다. 갑작스럽게 시간이 되었음을 알려 주는 것은 면접에 대한 클라이언트의 동기를 저하시킬 수 있다. 따라서 면접을 몇 분 동안 진행할 것인지를 미리 알려 주는 것이 일반적으로 권해지는 방법이다. 미리 시간을 정해 주는 것은 클라이언트로 하여금 시간을 효과적으로 사용할 수 있게 한다. 그리고 시간이 다 되기 전에 시간이 얼마 남지 않았음을 알려 주고 "오늘 한 이야기들을 정리하기 전에 더 하시고 싶은 말씀 없으세요?"라고 하여 클라이언트를 준비시킨다. 그리고 면접에서 다룬 내용을 요약하고 다음에 다룰 내용을 미리 언급하면서 면접을 끝낼 수 있다.

간혹 클라이언트가 면접을 끝낼 시간에 중요한 문제를 새롭게 꺼내거나 시간이 다 되었음을 알리는 사인을 전혀 받아들이려 하지 않을 때 사회복지사는 이것을 직접 지적해 주는 것이 좋다. 예를 들어 "저와의 이야기를 끝내고 싶지 않으신가 봐요?"라고 하는 것이다. 때에 따라서는 면접을 시작할 때처럼 끝날 때도 가벼운 대화를 함으로써 다시 면접의 주제에서 벗어나 일상으로 돌아갈 수 있도록 돕기도 한다. 예를 들어, "비가 와서 집에 가시는 데 불편하시겠어요." 혹은 "한참 교통이 막히는 시간인데 조심해서 가셔야 하겠어요."라고 할 수 있다(양옥경 외, 2005 : 157-159).

2) 관찰기술

관찰기술은 클라이언트가 말하고 행동하는 것에 주의를 기울여 그를 이해하는 것이다. 관찰은 초기면접 이전에 클라이언트가 대기실에서 기다리고 있는 상황에서부터 시작된다. 낯선 대기실에서 앞으로 일어날 일에 대한 초조함, 불안, 두려움 그리고 비자발적 클라이언트의 경우 분노, 원망 등의 비언어적 행동이 나타날 것이다. 어떤 사람은 계속 왔다 갔다 하고 또 다른 사람은 대기실 벽에 걸려 있는 사회복지사의 자격증이나 기타 안내문들을 유심히 살피기도 할 것이다. 또 어떤 사람은 대기실의 잡지들을 짜증스럽게 넘기면서 시계를 볼 수도 있다. 대기실에서의 이러한 태도는 클라이언트의 개입에 대한 태도와 평소 불안함과 두려움을 어떻게 다루어 왔는지를 알 수 있게 한다.

면접 중에는 역시 클라이언트의 언어적 표현뿐 아니라 비언어적 표현에도 민감해야 한다. 여기에는 표정, 손놀림, 눈 맞춤, 얼굴 붉힘 등이 포함된다. 이러한 비언어적 표현이 언어적 표현과 일치하는가 하는 것은 클라이언트의 감정과 표현의 차이를 밝히는 데 매우 중요하다(양옥경 외, 2005 : 159). 사회복지사는 클라이언트의 비언어적 몸짓으로부터 민감하게 주제에 대한 신호를 알아 낼 수 있으므로 사회복지사는 다음의 사항을 관찰해야 한다(조휘일·이윤로, 2003 : 146 ; 이윤로, 2003 : 117-118).

① 신체언어(body language) : 클라이언트가 앉아 있는 모습, 얼굴표정(얼굴이 붉어지거나 초조해 한다), 목소리의 색조의 변화, 손가락으로 탁자를 치는 행동 등이 무엇을 전달하는가?

② 처음 꺼내는 말과 종결하는 말의 내용 : 이 내용은 클라이언트가 자신의 자아나 환경에 대해 어떤 태도를 갖고 있는지 암시를 준다.

③ 화제의 이동 : 대화 도중 어떤 주제가 나올 때 화제를 바꾸는 경우는 특별한 주제가 고통스럽거나 토론하기 싫다는 것을 의미하기 때문에 그 이유를 나중에라도 알아 낼 필요가 있다.

④ 반복적 주제의 제시 : 클라이언트가 계속해서 한 주제를 제시하는 경우에는 클라이언트에게 매우 중요한 문제이거나 클라이언트가 도움을 받기 원하는 문제이다.

⑤ 불일치 : 클라이언트의 진술 간에 차이가 나는 것은 면접내용이 클라이언트 자신에게 매우 위협적인 것이거나 공개하고 싶지 않다는 것을 시사한다.

3) 경청기술

경청기술은 면접에서 가장 중요한 기술이다. 클라이언트가 무엇을 말하는지, 면접자의 질문에 어떻게 반응하는지를 듣는 것이다. 이때 경청은 클라이언트의 어려움에 공감하고 그에게 필요한 반응을 해 가면서 적극적으로 잘 듣는 것이다. 경험이 없는 사회복지사가 하기 쉬운 실수는 클라이언트에게 도움을 주고자 하는 급한 마음에 여러 가지 충고와 제안을 하거나 클라이언트의 말이 끝나기도 전에 다른 주제를 바꾸어 질문하는 것이다. 이러한 태도는 전문적 관계형성을 방해할 뿐 아니라 클라이언트로 하여금 사회복지사를 신뢰할 수 없게 한다.

경청기술은 그냥 클라이언트의 말을 듣는 것이 아니라 그가 지금 무엇을 표현하고 있는지, 그의 감정과 사고는 어떤 것인지 이해하고 파악해 가면서 듣는 것이다. 공감적 태도 속에서의 경청은 그것만으로도 클라이언트로 하여금 감정의 정화(catharsis)를 경험하고 마음의 안정을 찾게 하는 효과를 가져올 수 있다. 특히 감정이 격해 있거나 부정적 감정을 표현하여 해소하고자 하는 클라이언트에게 경청은 그 자체가 변화를 위한 적극적 개입일 수 있다(양옥경 외, 2005 : 160).

경험이 없는 사회복지사는 질문하고 무엇을 말해야 할 것인지에만 강조를 둔다. 그러나 듣는 기술이 부족하면 면접의 완전한 가치가 실현되지 못한다. 클라이언트가 무엇을 전달하려고 하는지 이해하려고 노력해야 하며, 클라이언트의 감정이 어떻게 표현되는지 주목해야 하고 열린 마음과 수용적 태도로 임해야 한다. 또한 대화를 중단하고 성급하게 조언(advice)을 해도 안 된다. 조언은 클라이언트의 의존심을 길러 줄 뿐 아니라 만일 조언의 결과가 나쁠 경우에는 사회복지사의 신뢰도도 떨어지게 된다. 또한 들었던 내용을 다시 반복해 주는 기술(paraphrasing)은 클라이언트가 이야기한 것을 분명하게 하는 데 도움을 주며, 클라이언트가 계속해서 자신의 의견을 표현하도록 고무하는 데 필요하다. 뿐만 아니라 요약하는 기술(summarizing)은 클라이언트가 진술한 여러 가지 내용을 좀 더 분명하게 정리하는 데 도움이 된다(조휘일·이윤로, 2003 : 147-148 ; 이윤로, 2003 : 118-119).

4) 해석기술

해석은 클라이언트의 표현과 행동상황 저변의 단서를 발견하고 그 결정적 요인들을 이해하며 그것을 클라이언트가 깨달을 수 있도록 도와주는 방법이다(양옥경 외, 2005 : 164). Gerrett는 『면접기술론』에서 사회복지사의 첫 번째 목적은 클라이언트의 문제를 가능한 한 완벽하게 이해하는 것이므로 사회복지사는 클라이언트의 행동과 대화를 통해 제시된 다양한 실마리를 가지고 해석해야 한다고 했다(이윤로, 2003 : 120-121 재인용).

Hepworth와 Larsen(1986)은 해석기술을 사용할 때 주의해야 할 점들을 다음과 같이 기술하고 있다(양옥경 외, 2005 : 165 재인용).

첫째, 클라이언트가 사회복지사의 동기를 오해하여 방어적 반응을 할 수 있으므로 어느 정도의 신뢰관계가 형성되어 사회복지사의 좋은 의도를 믿을 수 있을 때까지 기다려서 사용한다. 일반적으로 해석은 사회복지사와 클라이언트 간의 신뢰관계가 돈독해진 경우에 해야 한다.

둘째, 클라이언트가 자기탐색을 할 준비가 되어 있어야 하고 사회복지사도 정보를 충분히 확보한 다음에 해석기술을 사용한다. 충분한 정보가 없이 너무 빨리 해석을 하면 해석이 틀릴 수도 있기 때문에 이럴 경우에는 해석을 하지 않는 것보다 못한 효과를 가져올 수 있다.

셋째, 연속적 해석은 오히려 클라이언트를 혼란스럽게 할 수 있으므로 해석 후 충분히 생각할 시간을 주는 것이 필요하다.

넷째, 해석은 어디까지나 사회복지사의 추론에 의한 것이므로 틀릴 수 있음을 항상 염두에 두어야 한다.

다섯째, 클라이언트가 해석에 불쾌해 하거나 부정적으로 반응하면 실수가 있을 수 있음을 인정하고 클라이언트의 반응에 공감하며 주제를 보다 상세히 탐색하고자 하는 논의를 계속해야 한다.

5) 질문기술

질문기술은 클라이언트로부터 필요한 정보를 이끌어 내기 위해 가장 많이 사용하는 기술이다. 질문에는 개방형 질문과 폐쇄형 질문이 있다(Hepworth & Larsen, 1990 : 144-145).

개방형 질문은 클라이언트가 자신의 생각대로 질문에 대답하도록 하는 것이고, 폐쇄형 질문은 '예'나 '아니요' 등의 구체적 대답을 구하는 것이다. 개방형 질문은 클라이언트가 자신의 감정을 표현할 기회를 제공하기 위해 사용하지만 폐쇄형 질문은 사실적·구체적 정보를 얻기 위해 사용한다. 개방형 질문은 클라이언트가 자신의 문제에 대해 설명할 수 있을 정도로 지적, 정서적으로 준비가 되어 있을 때, 가능한 한 다양한 정보를 필요로 할 때 사용할 수 있는 기술이며, 폐쇄형 질문은 클라이언트가 혼란되어 자신의 문제에 대해 조리 있게 설명할 수 없어서 대화의 초점이 필요할 때 사용할 수 있는 기술이다(김융일 외, 1995 : 196).

개방형 질문에는 구조화된 질문과 비구조화된 질문이 있다. 구조화된 질문은 주제를 제한하되 클라이언트가 원하는 대로 대답하게 하는 것으로 예를 들면, "자녀의 학업성적이 좋지 않아서 많이 화가 나셨던 것 같은데 자녀의 학업성적에 대해 좀 더 자세하게 말씀해 주시겠어요?" 하는 식의 질문이며, 비구조화된 질문은 주제의 선택도 클라이언트에게 맡기는 것으로 "그 외에 무엇이 당신을 힘들게 하십니까?"와 같은 질문이다.

사회복지사는 질문을 하여 대답을 유도함으로써 상호작용을 돕고 클라이언트에 대한 이해와 문제해결에 필요한 정보를 효과적으로 얻어 낼 수 있으나 잘못 질문하면 클라이언트를 추궁하거나 이야기의 흐름을 차단시키는 역효과를 가져올 수 있으므로 조심해야 한다. 또한 관계형성에 방해가 되는 질문은 사회복지사가 자신의 궁금증부터 먼저 질문하는 경우와 클라이언트의 말이 지루하거나 꼭 필요한 정보가 아니라고 판단될 때 핵심적 주제로 갑자기 바꾸어서 질문하는 것이다.

사회복지사는 클라이언트로부터 종종 질문을 받기도 하는데, 특히 개인적 질문을 받게 되면 그 의미를 잘 이해하여 적절한 답변을 해야 한다. 클라이언트가 사회복지사에게 개인적 질문을 하는 의미는 첫째, 자신을 앞으로 도와주게 될 사람에 대한 단순한 호기심이나 예의상 하는 질문일 수 있다. 이런 경우 사회복지사는 간단하고 예의 있게 대답한 후 초점을 다시 클라이언트에게 옮기는 것이 좋다. 둘째, 클라이언트는 자신의 문제를 끄집어내기 위해 먼저 사회복지사에게 개인적 질문을 할 수 있다(양옥경 외, 2005 : 161-162). 예를 들면, 사회복지사에게 "자녀가 있으세요?"라고 물으면서 "자녀를 키워 보지 않으셨다면 어떻게 말을 해야 할지……" 하면서 말을 흐리는 경우이다. 이것은 자녀를 키워 보지 않으면 자신의 어려운 문제를 이해하기 어렵다는 의미가 내포되어 있을 수 있다.

이 외에 사회복지실천에서 사용되는 면접기술을 양옥경 등(2005 : 162-167)은 표현촉진기술, 초점제공기술, 직면기술을 추가하여 다음과 같이 정리하고 있다.

6) 표현촉진기술

정보를 끌어내기 위해 클라이언트의 표현을 촉진하는 기술은 다음과 같은 경우이다.

첫째, 사회복지사가 클라이언트의 정보노출을 촉진시키기 위해 계속 말을 하도록 반응을 보이는 것이다. 예를 들면, 고개를 끄떡이거나 "그래요", "그렇군요" 등의 반응을 보이면서 클라이언트를 이해하고 있음을 느끼게 해 주는 것이다.

둘째, 클라이언트가 말한 것을 간단하게 반복해 주거나 또는 새로운 단어로 바꾸어 재진술하는 것이다. 예를 들면, 클라이언트가 "제가 얼마나 마음이 아프겠어요?"라고 하소연하면 클라이언트의 말을 반복하여 "정말 마음이 아프시겠어요."라고 하는 것이다. 새로운 단어로 바꾸어 말하는 것은 "어떻게 살아야 될지 정말 막막해요."라고 클라이언트가 말을 하면 사회복지사는 "정말 절망적인 것 같군요."라고 표현할 수 있다. 이러한 사회복지사의 반응은 클라이언트로 하여금 공감을 전달하여 보다 많은 자신의 이야기를 하도록 촉진시킨다.

셋째, 클라이언트의 표현을 촉진할 때는 오해나 실수를 최소화하기 위해 가급적이면 구체적으로 표현하도록 요구해야 한다. 클라이언트의 표현이 애매모호하거나 복잡할 때 다양한 의미를 가진 애매모호한 단어를 명확히 하는 것이 좋다. 예를 들면, "그 사람이 너무 냉정하다는 것은 구체적으로 어떻게 대한다는 것을 뜻하는 것입니까? 예를 들어서 설명해 주시죠." 또는 "그러니까 남편이 바람을 피울까 봐 두렵다고 말씀하시는 거죠? 맞습니까?"라고 하는 것이다.

7) 초점제공기술

초점을 제공하고 유지하는 기술은 제한된 시간에 최대의 효과를 가져와야 하는 전문적 관계에서 불필요한 방황과 시간낭비를 막아 주는 효과적 기법이다. 예를 들면, 아이의 학습부진 문제로 면접을 하는 과정에서 아이의 어머니가 동네의 유해환경에 대해 장황하게 설명할 경우, 사회복지사는 "유해환경도 중요하지만 먼저 아이의 학교생활에 대해 좀 더 이야기를 나눈 뒤 그 이야기를 하는 것이 좋을 것 같습니다."라고 하여 아이의 학습부진으로 다시 초점을 맞추는 것이다.

이 기술을 통해 사회복지사로 돕는 전 과정 동안 초점을 유지할 수 있기 때문에 클라이언트의 산만한 사고와 감정을 정리하여 중심이 되는 문제를 좀 더 깊이 탐색하고 원하는 변화를 이끌어 낼 수 있도록 도와준다.

8) 직면기술

해석과 마찬가지로 직면도 클라이언트의 자기인식을 증진시키고 변화를 촉진시키기 위한 기술이다. 직면은 문제를 지속시키는 클라이언트의 감정, 행동, 사고를 직접 지적하여 주는 것으로 해석과 마찬가지로 조심스럽게 사용되어야 한다. 직면은 클라이언트의 감정, 행동, 사고의 모순적인 면을 지적하는 것이므로 이것을 받아들이기 어려운 클라이언트는 방어적 반응을 일으킬 수 있기 때문에 직면에 앞서 깊은 이해를 바탕으로 하는 공감적 대화가 전제되어야 한다.

Hepworth와 Larsen(1986 : 553)은 직면을 얼마나 직접적으로 전달하느냐에 따라 다음과 같이 나누었다.

첫째, 가장 덜 직접적인 방법으로 자기직면(self-confrontation)이 있다. 이것은 클라이언트로 하여금 행동과 가치, 사고의 관계를 한번 스스로 생각해 보도록 질문을 하는 것이다. 이는 사회복지사가 직접 하는 것보다 훨씬 덜 위험하고 상대적으로 저항이 적다.

둘째, 사회복지사가 조금 더 직접적으로 행동, 감정, 가치, 사고의 모순가능성을 질문하는 것이다. 예를 들면, "아동학대자라는 낙인을 받지는 않았지만 자녀를 학대한 적이 있습니까?", "자녀에게 손찌검을 하는 것을 통제하기 어렵다고 생각한 적이 있습니까?"라고 질문하여 문제행동에 직면하도록 하는 것이다.

그러나 문제의 위험성이 절박하다면 모순된 사고, 감정, 행동을 단정적으로 전달하는 보다 적극적인 직면기술이 필요하다. 이러한 지적은 클라이언트가 비판이나 거부로 받아들일 수 있으므로 적절한 시간을 선택하여 사회복지사의 의도를 충분히 전달하는 형태로 직면을 사용해야 한다. 직면을 사용할 때 다음의 4가지 요소를 포함해야 한다(Hepworth & Larsen, 1986 : 554).

- 관심의 표현
- 클라이언트가 의도하는 목표, 신념

- 목표나 신념에 맞지 않는 모순된 행동
- 모순된 행동으로 인한 부정적 결과

　예를 들어, 훌륭한 어머니가 되기 위해 노력을 하지만 이것을 알아주지 못하는 자녀에 대한 원망으로 아동학대를 하는 클라이언트에게 "당신이 원하는 것이 무엇인지 충분히 알 것 같습니다(관심의 표현). 당신은 훌륭한 어머니가 되고 싶은 거죠?(목표), 그러면서도 손찌검으로 인해 자녀들과의 약속을 몇 번씩이나 어겼네요(모순). 그 때문에 자녀들이 실망하고 당신을 이해하지 못하는 것 같습니다(부정적 결과)."라고 하는 것이다.

제2절　의사소통

THEORIES OF SOCIAL
WORK PRACTICE

　의사소통은 두 사람 이상이 서로 의미를 주고받으면서 점검하는 상호작용적 과정이다. 메시지의 송신자(sender)와 수신자(receiver)가 있고, 송신자가 메시지를 부호화(encoding)해서 송신(transmitting)하면 수신자는 메시지를 수신

|그림 6-1| 의사소통의 상호작용과정

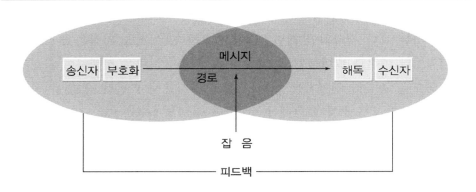

(receiving)하여 해독(decoding)하고 자기의 피드백 메시지를 기호화하여 이를 다시 최초의 송신자에게 송신하게 되는 과정이 반복되는 것이다. 메시지를 송·수신하는 과정에 잡음(noise)이 있을 수 있고, 송신자나 수신자 편에서 메시지를 해독하는 과정에도 잡음이 있을 수 있다. 이 때문에 수신자는 송신자를 통해 메시지를 점검해야 하는데 이런 과정이 누락되면 의사소통에 문제가 발생한다(Satir, 1972).

면접의 기본단위는 대화이며, 대화는 의사소통의 한 방법이다. 사회복지실천에서 면접이 사회복지사와 클라이언트 양자 간의 관계에서 이루어진다고 볼 때 사회복지개입이 성공적이기 위해서는 두 사람 간의 명확하고 안정적인 의사소통의 통로가 확보되어야 한다(엄명용 외, 2006 : 238-239). 따라서 이 절에서는 언어적 의사소통기술, 의사소통을 방해하는 언어적 행동, 비언어적 의사소통기술, 클라이언트의 방어적 태도를 완화하는 의사소통기술에 대해 자세히 살펴보고자 한다.

1. 언어적 의사소통기술

사회복지사와 클라이언트 사이에 의사소통을 증진하기 위한 언어적 기법은 다음과 같다(Kirst-Ashman & Hull, 1993 : 58-66 ; 김용일 외, 1995 : 200-204 ; 엄명용 외, 2006 : 240-242).

① 클라이언트에 대한 지지적 언어반응 : 클라이언트가 말을 하는 사이에 긍정적 언어반응으로 "아, 그랬군요, 알겠어요, 음음, 예" 등의 간단한 반응을 해 줌으로써 클라이언트로 하여금 사회복지사가 자신에게 관심을 갖고 경청하고 있음을 알려 주는 것이다.

② 클라이언트 언어의 재구성 : 클라이언트가 말한 것을 다른 단어를 사용하여 재구성하는 기법으로 클라이언트의 의도를 제대로 파악했는지 알아보거나 클라이언트에게 자신의 말을 다시 한번 생각해 볼 여유를 주기 위해, 클라이언트의 말을 경청하고 있다는 것을 보여주기 위한 목적으로 사용된다.

③ 클라이언트의 감정에 대한 성찰적 반응 : 클라이언트가 자신의 감정을

충분히 이해하지 못하거나 표현력 부족 등으로 자신의 감정을 표현하려다가 중단하는 경우 사회복지사가 클라이언트의 감정을 읽어서 언어로 표현해 줌으로써 클라이언트와의 감정의 대화를 가능하게 할 수 있다. 이 기법은 감정이입적 의사소통에 매우 효과적인 기법이다. "이혼으로 인해 매우 상심해 있군요.", "실직하여 가족을 볼 낯이 없다고 생각했군요." 등으로 감정을 표현하는 것이다.

④ **클라이언트 인식의 명료화** : 명료화란 클라이언트가 말하는 것을 확실하게 이해하기 위해 사용되는 기법으로 클라이언트에게 자신이 말한 것을 좀더 분명하게 인식시킴과 동시에 사회복지사 자신의 이해를 분명하게 하기 위한 목적으로 사용된다. 예를 들면, 클라이언트가 사회복지사에게 "나는 이혼을 했어요. 모든 것이 암담해요. 어떻게 하면 좋죠?"라고 말을 했다면 사회복지사는 "당신은 이혼으로 인해 자녀양육 문제, 위자료 문제 등을 어떻게 해결해야 될지 모르겠다는 말씀인가요?"라고 반응을 명료화하는 것이다.

⑤ **클라이언트 말의 해석** : 해석은 명료화보다 한 단계 더 진전하여 클라이언트가 말한 것에서 결론을 이끌어 내고 말 자체보다 그 의미를 도출해 내는 기법을 말한다. 클라이언트가 말한 것을 해석함으로써 클라이언트가 자신과 자신의 문제를 심층적으로 이해할 수 있도록 돕고, 상황에 대한 인식력을 높여 준다.

⑥ **클라이언트의 간접적 표현의 직접적 언어화** : 원조와 변화에 대한 양가감정과 방어, 클라이언트의 문제가 사회적 금기인 경우, 사회복지사의 권위에 대한 두려움 등의 이유로 클라이언트는 의사표현을 은유와 비유를 사용하여 간접적으로 표현하는 경우가 있다. 이럴 때 사회복지사는 자신의 판단과 추측으로 간접적으로 반응하여 클라이언트가 의미하는 바를 명확하게 언어화하는 기술이 필요하다. 이런 기술을 통해 클라이언트와 사회복지사는 원조관계를 호전시킬 수 있는 대화의 영역을 열 수 있다.

⑦ **클라이언트에게 정보제공** : 클라이언트가 때로는 구체적 사항에 대해 직접적으로 물어 올 때가 있다. 왜 사회복지사에게 자신의 이야기를

털어놓아야 하는지, 필요한 자원을 어디서 얻을 수 있는지 등에 대해 물어 보면 이에 대해 정확한 설명이나 정보를 제공하는 것을 말한다.

⑧ 클라이언트의 장점 강조 : 대부분의 클라이언트는 많은 문제를 지니고 있기 때문에 삶에 대하여 비관적이며 희망을 잃는 경우가 많다. 따라서 클라이언트의 장점을 찾아 강조해 주면 클라이언트 자신에 대한 자존심과 가치를 회복시킬 수 있고, 자신의 문제에 대해 희망적이게 하며, 동시에 장점을 활용한 문제해결의 가능성을 모색할 수 있게 된다.

⑨ 사회복지사의 자기노출 : 사회복지사가 어느 정도 자기노출(self-disclosure)을 하는 것은 클라이언트와의 관계형성을 증진시킨다고 한다. 그러나 지나치게 자신에 대해 얘기하면 클라이언트는 신뢰감을 갖지 못하기 때문에 다음과 같은 판단지침에 의해 사회복지사가 자기노출을 해야 한다. 첫째, 사회복지사를 위한 것이 아니라 클라이언트에게 도움이 되어야 하며, 둘째, 클라이언트 상황에 적합해야 하고, 셋째, 짧고 간결해야 한다.

⑩ 요약 : 면접의 내용을 요점만 간추려서 간결하고 분명하게 재구성하는 것으로 클라이언트에게 면접의 중요 시안을 이해시키며 동시에 면접의 방향을 정위치로 잡는 데 도움이 되는 기법이다. 요약하기 위해서 사회복지사는 가장 중요한 사실, 쟁점, 주제를 지적할 줄 아는 능력을 갖추어야 한다.

2. 의사소통을 방해하는 언어적 행동

의사소통에 장애가 되는 사회복지사의 언어적 반응을 Hepworth와 Larsen은 다음과 같이 정리하고 있다(Hepworth & Larsen, 1990 : 179-187 ; 김융일 외, 1995 : 205-209).

① 도덕적 반응 : "그것은 도덕적으로 바람직하지 못한 행동이지요." 혹은 "당신은 아기를 낳기에는 너무 어리지 않습니까?" 등과 같은 도덕적이며 규범적인 반응은 클라이언트의 자기방어를 강화시킨다.

② 성급한 조언과 해결책 제시 : "지금의 남편과 헤어지고 새로운 남자를 만

나 결혼하시는 것이 좋겠어요."처럼 성급한 조언과 지시를 하면 클라이언트와 원조관계를 실패하게 된다.

③ **논리적 설득과 논쟁 및 지적 분석** : "이 문제해결에는 당신도 책임이 있다는 것을 잊지 마세요.", "당신의 알코올중독에 대해 생각해 봅시다." 등과 같은 이성적 분석과 판단을 요구하는 접근은 클라이언트로부터 자기방어의 강화와 논쟁을 유발시킨다.

④ **비판과 비난적 반응** : "그 점에 있어서는 당신이 틀렸군요.", "음주운전을 한 것은 잘못된 행동이지요?"와 같은 부정적 태도는 사회복지실천의 기본가치인 수용과 자기결정권에 위배되는 것이며 원조과정에서도 매우 치명적인 것이다. 이러한 태도는 클라이언트의 저항과 공격을 유발시킨다.

⑤ **극적 해석과 명명** : 해석은 중요한 기술이지만 이것은 클라이언트의 인식수준을 넘거나 시점에 적절치 않으면 클라이언트의 저항을 유발시켜 실패하게 된다. 고착, 전이 등과 같은 전문적 용어를 사용한 명명(labeling)도 클라이언트를 당황시키거나 혹은 자신을 '병적'이라고 받아들이게 만든다. 사회복지사 입장에서는 전문적 용어를 사용한 성급한 진단은 문제상황을 포괄적으로 이해하기보다는 지나치게 단순화시켜 클라이언트를 개별적이기보다 정형화하는 오류를 낳게 된다. "당신은 수동적 공격성 성격장애(passive-aggressive personality disorder)군요.", "나에게 투사(project)하지 마세요."와 같은 반응이 이에 해당된다.

⑥ **겉치레적 확신, 동정, 위로** : "모든 것이 잘될 겁니다.", "정말 안됐군요." 와 같은 반응은 시기적절하다면 원조과정에 긍정적이지만 근거 없는 허례적 확신, 동정, 위로 등은 오히려 클라이언트의 절망, 자포자기, 무기력 등과 같은 감정을 외면하는 결과를 낳게 된다. 이보다는 클라이언트의 고통스런 감정을 밝혀내어 현실적 인식을 하도록 돕는 것이 바람직하다.

⑦ **지나친 풍자와 유머** : "우리가 같은 문제로 또 만났군요."와 같은 다소 빈정거리는 듯한 태도는 클라이언트에게 적개심을 갖게 한다. 농담적 반응을 클라이언트의 긴장을 완화하는 데 효과적이지만 지나치면 피

상적으로 접근하게 만든다.

⑧ **위협·경고·역공격적 반응** : "그렇게 하는 것이 좋을 겁니다. 그렇지 않으면…….", "그렇게 안 하면 후회할 겁니다." 등의 태도는 클라이언트의 즉각적 저항, 공격, 적개심을 유발시켜 원조관계를 위협한다.

⑨ **부적절한 질문 유형** : 폐쇄형 질문의 남용, 중첩형 질문, 유도형 질문 등은 효과적 의사소통을 위해 삼가야 한다.

⑩ **시기적으로 부적절하거나 과도한 끼어들기** : 명백하며 초점 있는 대화를 위해 클라이언트가 말하는 중간에 사회복지사가 적절하게 개입하는 것은 필요하나 너무 자주, 적절치 못한 시점에서 행해지면 클라이언트가 자신의 문제를 자유스럽게 표출하는 것을 방해하게 된다.

⑪ **사교적 대화** : 날씨, 뉴스, 취미 등 주제가 가볍고 분산된 사교적 대화는 초점이 분명한 전문적 의사소통을 필요로 하는 원조관계에는 유해하기 때문에 삼가야 한다. 그러나 클라이언트의 저항을 낮추고 자신을 개방하도록 유도하거나, 원조관계의 초기단계에서 관계를 자연스럽게 유도하기 위한 수단으로 적용할 때는 예외이다.

⑫ **소극적 반응** : 사회복지사는 제한된 시간을 최대한 활용하여 적극적 반응을 통한 원조의 목적을 달성해야 하는 책임을 지기 때문에 소극적 태도와 비활동성은 사회복지사와 클라이언트의 신뢰감을 떨어뜨리게 된다.

⑬ **되뇌임과 진부한 문구의 남용** : 사회복지사는 클라이언트가 말한 내용을 새로운 용어로 재구성하여 클라이언트의 이해나 상황인식력을 높이는 기술이 있어야 하므로 반드시 필요하지 않은 문구는 되도록 사용하지 말고 정확, 간결한 문장을 사용하는 것이 바람직하다.

⑭ **과거나 미래의 집착** : 사회복지사는 클라이언트와 의사소통에서 과거나 미래보다는 현재에 초점을 맞추어 대화를 진행하는 것이 바람직하다. 왜냐하면 변화시킬 수 있는 것은 클라이언트의 현재의 문제, 상황, 행동, 기분이기 때문이다.

⑮ **사회복지사의 부적절한 자기노출** : 사회복지사가 지나치게 자신에 관한 얘기를 하면 클라이언트를 위한 대화가 아닐 뿐만 아니라 클라이언트의 신뢰감을 얻지 못하므로 원조관계에 도움이 되지 못한다.

3. 비언어적 의사소통기술

언어적 의사소통이 대화자의 의식 차원에서 이루어진다면, 비언어적 의사소통은 의식적 통제가 덜한 상태에서 이루어지기 때문에 대화자 간의 좀 더 솔직한 의사소통은 비언어적 의사소통에서 이루어진다. 또한 비언어적 행동은 언어로 전하는 것보다 훨씬 더 많은 메시지를 전하게 된다. 비언어적 의사소통기술의 구체적 기법은 다음과 같다(Kirst-Ashman & Hull, 1993 : 44-48 ; 김융일 외, 1995 : 209-212).

① **눈맞춤** : 눈맞춤은 중요한 의사소통수단이다. 클라이언트를 정면으로 직시하면 사회복지사가 클라이언트에게 관심을 갖고 경청하고 있으며 대화에 적극적으로 임한다는 메시지를 전달함으로써 클라이언트의 관계수립에 도움이 된다.

② **표정** : 눈썹을 올린다든지 미소를 짓는 등의 표정은 말로서 전달하고자 하는 의미를 더욱 분명하게 하는 효과적 의사소통수단이다. 그러나 말과 표정의 두 가지 의사소통수단이 서로 다른 메시지를 전달하는 일이 없도록 해야 한다.

③ **자세** : 클라이언트와 사회복지사는 90도 각도로 대하는 것이 서로 간의 개방성과 안정감을 주는 자세이다. 클라이언트를 정면으로 마주 보는 것은 공격적으로 보이기 쉽고 책상을 가운데 두고 떨어져 있는 것은 친밀성에 방해가 되고 사회복지사의 우월성을 의미하기도 하기 때문에 관계형성에 부정적 영향을 미친다. 클라이언트에게 약간 기울인 듯한 자세는 관심과 수용을 표현한다.

④ **손과 팔 등의 몸동작** : 손과 팔의 움직임도 중요한 의사소통 수단이다. 다리를 꼬거나 팔짱을 끼는 것은 방어적 태도를 보이고, 양옆으로 내려 트리거나 앞으로 뻗친 팔은 다른 사람에게 개방적 태도를 보인다. 주먹 쥔 손은 분노나 불안을 의미하기도 하고, 손가락과 발을 많이 움직이는 것은 초조하거나 인내할 수 없는 상황에서 많이 보이는 동작이다.

⑤ **어조** : 어조는 감정을 즉각적으로 드러낸다. 크고 강한 어조는 적극성,

통제력, 강함을 드러내며 온순하고 겨우 들릴 듯한 목소리는 위축감, 두려움, 약함을 표현한다. 단조로운 어조는 무관심과 흥미 없음을 의미하기도 한다. 이와 같은 어조 하나가 전달하는 의미는 매우 다양하므로 사회복지사는 자신의 어조를 잘 활용할 줄 알아야 한다.

⑥ **옷차림과 외양**: 사회복지사가 입는 옷과 머리 모양 등도 중요한 비언어적 의사소통수단 중의 하나이다. 왜냐하면 이것은 사회복지사의 인상을 결정짓고 이 인상이 사회복지서비스 결과에도 영향을 미치기 때문이다. 그러나 이에 대한 일정한 기준이 있는 것은 아니지만 단정하고 조금은 점잖은 스타일이 어느 기관이나 클라이언트에게도 무난한 복장이라고 제안할 수 있다(Kirst-Ashman & Hull, 1993 : 54).

Hepworth와 Larsen(1990 : 178)이 정리한 사회복지사의 비언어적 의사소통 목록과 통합하여 바람직한 태도, 바람직하지 않은 태도로 나누어 표로 제시하면 〈표 6-2〉와 같다(김융일 외, 1995 : 213).

| 표 6-2 | 비언어적 의사소통기법 목록

구 분	바람직한 태도	바람직하지 않은 태도
얼굴표정	· 따뜻하고 배려하는 표정 · 적절하게 다양하며 생기 있는 표정 · 자연스럽고 여유 있는 입 모양 · 간간히 적절하게 짓는 미소	· 눈썹 치켜뜨기 · 하품 · 입술을 깨물거나 꼭 다문 입 · 부적절한 희미한 미소 · 지나친 머리 끄덕임
자세	· 팔과 손을 자연스럽게 놓기 · 상황에 따라 적절한 자세 · 클라이언트를 향해 약간 기울인 자세 · 관심을 보이는 그러나 편안한 자세	· 팔짱 끼기 · 클라이언트로부터 비껴 앉은 자세 · 계속해서 손을 움직이는 태도 · 의자에서 몸을 흔드는 태도 · 몸을 앞으로 수그리는 태도 · 입에 손이나 손가락을 대는 것 · 지적하는 행위
눈맞춤	· 직접적 눈 맞춤 문화를 고려한 클라이언트와 같은 눈높이 · 적절한 시선 움직임	· 눈 맞춤을 피하는 것 · 클라이언트보다 높거나 혹은 낮은 눈높이 · 시선을 한곳에 고정하는 것
어조	· 크지 않은 목소리 · 발음이 분명한 소리 · 온화한 목소리	· 우물대거나 너무 작은 목소리 · 단조로운 어조 · 주저하는 어조

	·클라이언트의 느낌과 정서에 반응하는 어조	·너무 잦은 문법적 실수 ·너무 긴 침묵 ·들뜬 듯한 목소리 ·너무 높은 목소리 ·너무 빠르거나 느린 목소리 ·신경질적인 웃음 ·잦은 헛기침 ·큰소리로 말하기
신체적 거리	·의자 사이는 1~2.5m	·지나치게 가깝거나 먼 거리 ·책상이나 다른 물체를 사이에 두고 말하기
옷차림과 외양	·기관의 특성에 맞추어 ·클라이언트의 특성에 맞추어 ·보통 단정하고 점잖게	

 | 표 6-3 | 의사소통과정에서의 클라이언트의 방어적 태도의 예

종 류	예
부정(denial)	우리에게는 문제가 없어요.
비난(blaming)	그것은 제 남편 탓이에요.
명명(labeling)	그 사람은 할 수 없어요. 원래 그런 사람이에요.
엄살(being fragile)	더 이상 스트레스가 오면 나는 미치고 말 거예요.
회피(avoidance)	남편은 오늘 올 수 없어요.
주의분산(distraction)	남편은 오늘 비서와 싸웠어요. 그것에 대해 얘길하도록 하죠.
비관(helplessness)	아무런 소용이 없을 거예요.
지나친 동조(being overly agreeable)	그럼요, 맞습니다. 지당한 말씀입니다.
침묵(silence)	

4. 클라이언트의 방어적 태도를 완화하는 의사소통기술

사회복지사와 원조관계에 대해 저항감과 양가감정을 가지고 있는 클라이언트는 사회복지사와의 의사소통과정에 매우 방어적 태도를 취하게 된다. 의사소통을 방해하는 사회복지사의 언어적·비언어적 행동 모두가 클라이언트의 저항과 자기방어를 유발하거나 더욱 강화시키는 태도이기 때문에 사회복지사는 클라이언트의 방어적 태도를 완화시키는 데 익숙해야 한다.

Schlosberg와 Kagan(1988)은 클라이언트가 자주 보이는 방어적 태도를 성격별로 다음과 같이 개념화시켰다(Shulman, 1979 : 41 ; 김융일 외, 1995 : 215 재인용 ;

Sheafor, Horejsi, & Horejsi, 1991 : 104-107).

클라이언트의 방어를 감소시키는 데 효과적 기법과 지침은 다음과 같다 (Sheafor, Horejsi, & Horejsi, 1997 : 105-107 ; 김융일, 1995 : 214-217).

① 클라이언트의 방어적 태도는 예상되는 위험으로부터 자신을 보호하려는 본능에 기인한다. 사회복지사와 관계에서 클라이언트를 위협하는 요소는 도움을 청한 것에 대한 수치감과 모욕감, 자신에 대한 통제력 상실, 개인생활의 침해, 기대하는 서비스에 대한 회의 등이다. 따라서 사회복지사는 저항적 태도 자체에 관심을 가질 것이 아니라 클라이언트의 저항적 태도를 유발시키는 위협요소를 찾아내어 그에 대해 반응해야 한다. 집중적 관심을 갖고 경청하며 저항을 불러오는 감정들을 표출할 수 있도록 도와주는 것이 필요하다.

② 클라이언트의 방어적 태도가 사회복지사의 상호작용에만 국한된 일시적인 것이 아니라 심한 고통으로부터 자신을 보호하기 위해 오랜 기간 발전시킨 행동양식일 수 있다. 이런 경우 사회복지사는 방어적 태도가 클라이언트를 보호하는 방식에 대해 주목해야 한다. 이를 위해서 가장 효과적인 방법은 클라이언트의 태도를 유발시키는 사회복지사 자신의 감정과 태도가 무엇인지 살펴보는 것이다.

③ 클라이언트의 방어적 태도 자체에 대한 직접적 반응으로 클라이언트와는 정반대 혹은 똑같은 태도를 취하는 거울기법(mirroring)을 사용한다. 예를 들면, 클라이언트의 방어적 자세와 목소리에 대해서는 개방적 자세와 편안한 어조로 대응하고 빠른 목소리에는 느리면서 부드러운 어조로 대하거나, 반대로 클라이언트의 비언어적 행동에 그대로 맞추어 움직이는 것은 클라이언트의 방어적 태도를 완화시키는 효과가 있다.

④ 자신의 삶에 대한 클라이언트 자신의 결정권과 통제력을 인정하고 존중하는 태도를 보여주는 것 또한 방어적 태도를 완화시키는 데 바람직한 방법이다.

⑤ 저항에 동참하는 기법을 사용한다. 예를 들면 "그렇게 오랫동안 기다렸다니 화가 날 만도 하군요. 그 상황이 되면 나도 화가 날 겁니다."와

같이 클라이언트의 감정에 대한 동조는 클라이언트의 감정을 표절시키기 때문에 효과적이다.

⑥ 클라이언트를 어떤 집단으로 명명(label)하거나 분류시키는 것은 클라이언트로부터 즉각적 방어태도를 유발시키므로 삼가야 한다. 예를 들면, "생활보호대상자는 한 달에 한 번 전문요원을 만나야 합니다."와 같은 경우이다.

⑦ 사회복지사의 개입을 차단하려는 클라이언트의 태도는 매우 다양하기 때문에 침묵으로 일관하거나 아동학대와 같은 사회적 규범과 관련된 문제에 대해서는 단호하고 좀 더 직접적인 태도로 개입해야 한다.

⑧ 사회복지사의 말에 무조건 수긍하며 적극적으로 동조함으로써 자신에 대한 사회복지사의 접근과 논의를 방어하는 경우도 있다. 이럴 경우에는 클라이언트가 동의하는 것에 대한 확약을 통해 방어적 태도에 접근할 수 있다. 예를 들면, "당신이 지금 동의하는 것을 모두 지키기 바랍니다. 어떤 방법으로 당신이 약속을 지키는지 알 수 있을까요?"라고 물어서 무조건적 동의를 하지 못하게 할 수 있다.

⑨ 문제를 회피하는 클라이언트의 경우 "당신은 신고된 아동학대문제에 대해 이야기하는 것을 원치 않는군요. 그러나 내가 여기서 당신을 만나는 목적은 그 점에 관해 논의하기 위한 것입니다."라며 직접적 의사소통을 한다.

⑩ 말로 사회복지사를 계속하여 공격하는 클라이언트에게는 안개기법(fogginess)이 효과적이다. 즉, 안개가 낀 둑에 돌을 던지면 아무런 반응이 오지 않는 것처럼 클라이언트의 공격에 분노나 방어 등 어떠한 감정적 반응을 보이지 않으면서 클라이언트의 말이 일리가 있다는 듯이 인정해 주는 방법으로 클라이언트는 자신의 공격이 아무런 효과가 없음을 깨닫고 철회하게 하는 것이다.

연|구|문|제

01 면접의 특성이 무엇인가?

02 면접과 대화의 차이점을 비교하시오.

03 면접의 종류를 설명하시오.

04 면접의 조건을 정리하시오.

05 사회복지실천에서 면접기술은 어떠한 것들이 있는지 예를 들어 설명하시오.

06 언어적 의사소통기술을 증진시킬 수 있는 기법을 예를 들어 설명하시오.

07 의사소통을 방해하는 언어적 행동은 어떤 것들이 있는지 설명하시오.

08 비언어적 의사소통기술의 구체적 기법을 정리하시오.

09 클라이언트의 방어적 태도를 완화시킬 수 있는 의사소통기술을 설명하시오.

예|상|문|제

01 효과적 면접을 이끌어 가기 위한 구성요소는?

> 가. 바람직한 의사소통 　나. 바람직한 장소
> 다. 분명한 목표 　라. 합당한 과정

1) 가, 나, 다 　2) 가, 다 　3) 나, 라
4) 라 　5) 가, 나, 다, 라

02 다음 중 사회복지면접의 기술의 종류에 해당되지 않는 것은?

1) 설득기술　　　　　　　　2) 경청기술, 질문기술
3) 분위기 조성 기술　　　　4) 초점·안내·해석기술
5) 관찰기술

03 다음 중 면접에서 가장 중요하게 사용되는 기술은 무엇인가?

1) 통제된 정서적 관여　　　2) 수용　　　　　　　　3) 경청
4) 사정　　　　　　　　　　5) 기록

04 효과적 면접을 위해 구체적 준비조건에 해당되는 것을 고르시오.

가. 면접의 물리적 환경	나. 면접시간
다. 기록	라. 면접의 비밀성

1) 가, 나, 다　　　　　　　2) 가, 다　　　　　　　　3) 나, 라
4) 라　　　　　　　　　　　5) 가, 나, 다, 라

05 면접기술에 있어 클라이언트가 여러 가지 주제, 내용, 상황, 사건을 한꺼번에 말하려 할 때 또는 너무 오래 말하거나 무슨 말을 하고 있는지 혼돈에 빠져 있을 때 사용하는 기법은?

1) 경청　　　　　　　　　　2) 요약　　　　　　　　　3) 해석
4) 감정이입　　　　　　　　5) 기록하기

06 "음, 알겠습니다", "계속하시죠", "이해하겠습니다" 혹은 음성을 내지 않고 고개를 끄덕이는 면접의 기술은?

1) 명료화와 해석　　　　　　2) 개방적 질문　　　　　　3) 관심의 표현
4) 허용과 일반화　　　　　　5) 재초점화

07 면접의 기술에 속하지 않는 것은?

1) 경청　　　　　　　　　　2) 클라이언트와 사회복지사의 경계선 유지
3) 관찰　　　　　　　　　　4) 초점유지와 요약, 해석
5) 진실되고 온화한 분위기

08 비언어적 의사소통으로 연결된 것은?

가. 시선접촉	나. 얼굴표정
다. 목소리의 높낮이	라. 사용되는 언어

1) 가, 나, 다   2) 가, 다   3) 나, 라
4) 라   5) 가, 나, 다, 라

09 면접의 목적은 사회복지의 기능에 따라 다르지만 대부분 사회복지실천에서 면접의 일반적 목적은 무엇인가?

> 가. 사회조사를 하기 위한 정보적인 것
> 나. 변화를 가져오기 위한 치료적인 것
> 다. 평가에 도달하기 위한 조정적인 것
> 라. 복잡한 문제상황에 대한 다차원적 개입을 위한 것

1) 가, 나, 다   2) 가, 다   3) 나, 라
4) 라   5) 가, 나, 다, 라

10 면접의 목적에 대한 설명으로 옳지 않은 것은?

1) 정보를 획득하는 것이 주목적이다.
2) 사회복지사의 역할을 클라이언트에게 인식시키기 위한 방법이다.
3) 클라이언트를 이해하기 위한 것이다.
4) 클라이언트에게 적합한 서비스를 찾고, 치료하기 위한 것이다.
5) 클라이언트의 문제나 욕구를 해결하기 위한 것이다.

11 면접기술 중 가장 중요하며 그의 감정과 사고를 이해하고 파악할 수 있는 기술은?

1) 관찰기술   2) 경청기술
3) 질문기술   4) 초점·안내·해석기술
5) 분위기 조성기술

12 면접에서 사용되는 기술이 아닌 것은?

1) 분위기 조성 기술   2) 경청기술
3) 의도적 감정표현   4) 해석기술
5) 관찰기술

13 사회복지실천의 중요한 활동이며 기본적 수단으로 클라이언트의 문제를 파악하고, 원조개입을 하기 위한 수단은 무엇인가?

1) 관계형성   2) 면접   3) 기록
4) 계약   5) 사정

14 사회복지실천을 위한 관찰기술 중 사회복지사가 관찰해야 할 내용이 아닌 것은?

1) 신체언어   2) 처음 꺼내는 말과 종결하는 말의 내용
3) 화제의 이동   4) 반복적 주제의 제시
5) 클라이언트의 내용 일치

15 면접 중 클라이언트가 보이는 반응 중에서 주목해야 할 내용에 해당하는 것은?

> 가. 반복되는 말   나. 감추어진 의미
> 다. 시작하는 말과 종결하는 말   라. 일관적 진술

1) 가, 나, 다   2) 가, 다   3) 나, 라
4) 다, 라   5) 가, 나, 다, 라

16 생각과 느낌이 교환되며 언어적·비언어적 의사소통을 포함한 목적지향적인 것은?

1) 상호작용   2) 사정   3) 면접
4) 사례관리   5) 관찰

17 의사소통에 대한 설명으로 바른 것은?

1) 언어적 의사소통은 불편하고 솔직하지 못하다.
2) 의사소통의 유형은 언어적 의사소통이 있다.
3) 의사소통은 1/3이 언어의 수준에서 전달되고 2/3는 비언어적 수준에서 전달된다.
4) 언어적 의사소통은 행동, 표정, 신체적 반응이다.
5) 언어적 의사소통은 언어의 차이, 어휘의 제한 등으로 인한 어려움은 없다.

18 면접구조에 대한 설명으로 바른 것은?

> 가. 면접실은 조용하고 아늑하며 편안해야 한다.
> 나. 면접의 시간은 1시간을 전후해서 하는 것이 바람직하다.
> 다. 가정방문을 통한 면접은 클라이언트가 생활하는 지역사회나 환경을 이해할 수 있다.
> 라. 면접할 시간과 날짜는 사회복지사의 일정표에 맞추어서 클라이언트와 약속한다.

1) 가, 나, 다   2) 가, 다   3) 나, 라
4) 라   5) 가, 나, 다, 라

19 "그러니까 남편이 바람을 피울까 봐 두렵다고 말씀하시는 거죠? 맞습니까?"라는 질문
을 하는 상황에 대한 설명은?

1) 면접을 종결시킬 때 사용한다.
2) 클라이언트가 가진 장점을 파악할 때 사용한다.

3) 클라이언트가 말한 것을 반복해 줄 때 사용한다.
4) 논의에 대한 초점을 유지할 때 사용한다.
5) 클라이언트의 표현이 모호하거나 복잡할 때 사용한다.

20 비언어적 의사소통에 들지 않는 것은?

1) 표정　　　　　　2) 어조　　　　　　3) 옷차림과 외양
4) 눈 맞춤　　　　　5) 말의 해석

기 | 출 | 문 | 제

Theories of Social Work Practice

01 다음 중 클라이언트의 정보를 공개해야 하는 경우로 묶인 것은?

> 가. 동료 사회복지사에게 조언을 구할 경우   나. 실습생의 가르침을 위해
> 다. 다른 기관에의 의뢰를 위해   라. 가족이 정보요청을 의뢰한 경우

① 가, 나, 다   ② 가, 다   ③ 나, 라
④ 라   ⑤ 가, 나, 다, 라

02 다음 중 정보수집의 방법으로 옳지 않은 것은?

① 클라이언트의 자기진술   ② 사회복지사의 직관
③ 클라이언트의 자기모니터링   ④ 심리검사
⑤ 클라이언트의 비언어적 표현

※ 다음 문장을 읽고 물음에 알맞은 답을 하시오(03~04).

> 암 말기이며 도박중독증에 걸려 도박장 출입이 잦은 남편이 있다. 여섯 번의 상담을 받으면 도박장에 한 번 가도록 하였다. 부인이 찾아와서 암 말기 환자인데 도박장까지 다니면 건강이 더욱 안 좋아질 것을 우려하여 도박장을 아예 출입하지 못하게 상담기간(횟수)을 늘려 달라고 했다. 남편은 마지막 부탁이니 하고 싶은 대로 하게 해 달라고 했다.

03 사회복지사가 윤리적으로 겪을 수 있는 문제는?

① 수용   ② 경청
③ 클라이언트의 자기결정권   ④ 비밀보장
⑤ 감정이입

04 사회복지사가 가장 먼저 해야 할 일은?

① 남편과 부인의 의견 차이에 대한 의견 조정을 한다.
② 빨리 상담을 끝내 남편이 도박장에 갈 수 있게 한다.
③ 남편이 도박장에 갈 수 없도록 상담을 연장한다.
④ 암 치료를 위해 의료기관과 연결한다.
⑤ 남편이 원하는 대로 해 준다.

05 다음의 경우 사티어(V.Satir)는 무슨 의사소통 유형으로 분류했는가?

> "객관적 상황이나 지금까지의 행동을 볼 때 당신은 정말 못났군요!"

① 일치형   ② 회유형   ③ 초이성형
④ 비난형   ⑤ 무관심형

06 다음 중 정보수집의 방법으로 옳지 않은 것은?

① 클라이언트의 자기진술   ② 사회복지사의 직관
③ 클라이언트의 자기모니터링   ④ 심리검사
⑤ 클라이언트의 비언어적 표현

07 다음 중 장애아동의 재활서비스 이용자격을 판단하고자 할 때 적절한 면접형태는?

① 치료적 면접   ② 행동평가 면접   ③ 욕구사정 면접
④ 사회조사 면접   ⑤ 진단적 의사결정 면접

08 알코올 중독자인 클라이언트를 상담하던 사회복지사가 치료가 끝난 시점에서 클라이언트가 아동학대를 하고 있다는 것을 알았다면 이 경우 사회복지사가 대처해야 할 올바른 행동은?

① 클라이언트를 병원에 입원시킨다.
② 비밀보장을 지킨다.
③ 다른 사회복지사와 의논한다.
④ 아동학대센터에 신고한다.
⑤ 클라이언트로 하여금 스스로 아동학대센터에 신고하도록 유도한다.

09 다음 중 사회복지사가 클라이언트의 감정을 부각시키기 위해 사용하는 기술이 아닌 것은?

> － 보 기 －
> 가. 클라이언트를 동기화시킨다.
> 나. 클라이언트를 지지・격려한다.
> 다. 클라이언트의 자질을 부각시킨다.
> 라. 문제발생빈도를 파악한다.

① 가, 나, 다   ② 가, 다   ③ 나, 라
④ 라   ⑤ 가, 나, 다, 라

10 사회복지사와 클라이언트가 의사소통을 효과적으로 하여 신뢰감을 형성할 수 있는 긍정적 관계를 무엇이라 하는가?

① 격 려   ② 지 지   ③ 조 정
④ 라 포   ⑤ 상호협력

11 면접시 올바른 질문의 형태로 옳은 것은?

① 왜 아내에게 거짓말을 하셨나요?
② 아들에게 왜 손찌검을 하셨나요?
③ 왜 이혼을 하셨습니까?
④ 가족에 대해 말씀해 주시겠습니까?
⑤ 아이의 잘못이 부모 때문이라고 생각하지 않으십니까?

12 면접시 클라이언트에게 관심을 유지하고 있음을 알리는 사회복지사의 기술이 아닌 것은?

① 면접내용을 기록한다.
② 클라이언트의 눈을 직시한다.
③ 클라이언트를 향해 앉는다.
④ 개방적이고 공손한 자세를 취한다.
⑤ 클라이언트를 향해 약간 몸을 기울인다.

13 다음 중 면접시 필요한 기술로 모두 묶인 것은?

-보 기-
가. 질 문   나. 경 청
다. 해 석   라. 옹 호

① 가, 나, 다   ② 가, 다   ③ 나, 라
④ 라   ⑤ 가, 나, 다, 라

14 면접 종결시 클라이언트가 갑자기 다른 문제가 생겼다며 종결을 거부했을 때 올바른 사회복지사의 대응태도는?

① 계약기간을 연장한다.
② 다른 사회복지사를 소개해 준다.
③ 일단 종결하고 빠른 시일 내에 면접시기를 다시 정한다.
④ 클라이언트가 스스로 해결할 수 있도록한다.
⑤ 단호하게 거절한다.

15 다음 중 개방형 질문에 해당하는 것은?

① 오늘 방청소는 하셨나요?
② 따님과 얘기해 보셨나요?
③ 어떤 이야기를 나누셨나요?
④ 오늘 많이 피곤해 보이네요.
⑥ 자녀의 학교 선생님은 채벌을 많이 합니까?

16 면접기술에서 필요한 것을 다음 중에서 모두 고른 것은?

> ─ 보 기 ─
> 가. 관 찰   나. 질 문
> 다. 해 석   라. 요 약

① 가, 나, 다   ② 가, 다   ③ 나, 라
④ 라   ⑤ 가, 나, 다, 라

17 감정적 · 정서적으로 억압된 클라이언트의 감정표현을 돕기 위해 클라이언트의 말을 잘 들어 주는 것은?

① 경 청   ② 환 기   ③ 이 해
④ 격 려   ⑤ 수 용

18 다음 보기에서 사회복지사가 수행하고 있는 개입기법에 해당하는 것은?

> ─ 보 기 ─
> (사회복지사는 3일 전 아버지와의 말다툼으로 가출을 한 중학생 클라이언트와 상담을 하고 있다.)
> 클라이언트 : 막상 집을 나와 이곳저곳 돌아다니고 있지만, 친구들도 바쁘다고 하고 생활비도 바닥이 났어요. 집에는 돌아가기 싫은데, 어떻게 해야 할지 모르겠어요.
> 사회복지사 : 일단 집으로 돌아가야 해요. 부모님도 기다리고 계실 테니까요.

① 지지   ② 재보증   ③ 수용
④ 직접적 영향주기   ⑤ 탐색-기술-환기

19 가족사정의 도구인 생활력도표에 대한 설명으로 옳지 않은 것은?

① 자료를 조직화하고 표현하는 방법이다.
② 아동이나 청소년에게 이용하기에 유용하다.
③ 발달단계상 가족의 특정한 시기에 따른 특성을 알 수 있다.

④ 종이와 연필을 도구로 하여 원이나 선으로 도식화한다.
⑤ 가족구성원의 삶에서 다양한 시기를 시계열적으로 나타낸 것이다.

20 다음 사례에 필요한 면접기술은?

> **-보 기-**
> 클라이언트 : 저기 우리 사회복지사님은 결혼하셨나요?
> 사회복지사 : 결혼을 했는지가 궁금했었군요.
> 클라이언트 : 네.
> 사회복지사 : 그런데 그 사실을 알면 모를 때와 뭐가 달리지죠?

① 직   면   ② 질   문   ③ 해   석
④ 통솔과 지   ⑤ 사적 질문 다루기

21 다음 중 개방형 질문의 장점은?

① 면접시간이 절약된다.
② 많은정보 수집이 가능하다.
③ 산만한 환경이 감소한다.
④ 사회복지사의 주도적 개입이 가능하다.
⑤ 위급한 클라이언트에게 효과적이다.

22 다음 보기의 경우 사회복지사가 우선적으로 해야 할 선택으로 가장 옳은 것은?

> **-보 기-**
> 지역자활센터에 접수된 17세의 클라이언트는 초기면접에서 오랫동안 약물중독의 병력이
> 있었으며 현재에도 잦은 마약 복용 경험이 있음을 토로하였다.

① 약물남용의 이유를 밝히려는 태도
② 가정방문
③ 클라이언트의 약물을 끊으려는 의지확인
④ 부모상담
⑤ 약물남용 전문기관에의 클라이언트 의뢰

23 다음 보기에 해당하는 기법은 무엇인가?

> **-보 기-**
> · 클라이언트 : 저는 ○○ 때문에 너무 우울하고 힘들어요.
> · 사회복지사 : 그것은 …… 하다는 말이죠?

① 수 용   ② 명확화   ③ 재초점화
④ 의도적 감정표현   ⑤ 통제된 정서적 관여

CHAPTER 07 사회복지실천을 위한 기록방법

제1절 기록의 목적과 내용

THEORIES OF SOCIAL
WORK PRACTICE

　　사회복지실천에서 기록은 언제나 매우 중요하다. 그러나 대부분의 실무자들은 업무에 대한 과중한 부담으로 기록을 위한 시간을 내기가 어렵고, 기록하는 방법에 대해 비슷하거나, 구체적 지침부족 등으로 기록을 꺼려 한다.

　　그러나 사회복지실천에서 기록의 본질적 기능은 사회복지사가 클라이언트에 서비스를 제공하는 과정에서 취해진 전문적 의사결정, 그 근거, 내용, 결과를 기록하는 데 있으므로(김혜란·홍선미·공계순, 2001) 사회복지실천기록은 클라이언트의 상황을 확인하기 위한 탐색단계, 서비스 형성단계, 서비스 실행단계, 서비스 종결단계 등 각 단계마다 이루어져야 한다. 뿐만 아니라 기록은 시간이 경과됨에 따라 지속적으로 문서화되어야 한다.

　　좋은 기록은 좋은 사회복지실천의 일부가 되며, 책무성과 효율성으로 보다 나은 서비스를 제공하게 하며 사회복지사나 클라이언트에게도 성장할 수 있는 기회를 제공하기 때문에 아무리 강조하여도 지나침이 없다. 이런 의미에서 이 장에서는 기록의 목적과 활용, 기록의 내용, 기록의 종류와 특성 등에 대해 자세히 살펴보고자 한다.

1. 기록의 목적과 활용

기록은 효과적 사회복지실천활동의 일부가 되기 때문에 기록이 사회복지 실천에서 어떠한 목적으로 활용되는지 구체적으로 살펴볼 필요가 있다. 여기 서는 Kagles가 10가지로, Wilson이 13가지로 나누어 설명하고 있는 것을 통합하 여 8가지로 나누어 살펴본다(Kagle, 1991 : 2-5 ; Wilson, 1976 : 3-5 ; 윤현숙 외, 200 1 : 310-314).

1) 사회복지실천활동의 문서화

사회복지실천에서 사회복지사는 사례의 개시부터 종결까지 클라이언트 에 관해서, 클라이언트에게 제공되는 서비스의 내용과 과정, 목표달성에 있어 서의 성과 등을 기록으로 남겨서 문서화한다. 또한 클라이언트와의 만남, 지 역사회기관과의 회의, 사회복지기관 내의 사례회의 등에 대해서도 문서화한 다. 만약 이 모든 것들이 기록되어 문서화되지 않는다면 사회복지사나 기관 이 클라이언트를 위해 어떤 서비스를 제공했는지, 무슨 일을 했는지 알 수 없 을 것이다.

문서화된 정보는 사회복지기관이 약속한 프로그램 및 정책적 지침을 실 제로 행하고 있다는 것을 보여주며, 사회복지 프로그램에 대한 재정자원을 정 당화해 주고, 사회복지사 자신도 전문적 활동을 입증할 수 있는 자료가 되고, 법정에서 사회복지사의 증언을 증명하는 데 활용될 수 있다.

2) 효과적 서비스를 위한 모니터

사회복지사가 사실에 대한 정보와 관찰을 체계적으로 기록하는 과정에서 보다 더 심층적 사정과 계획이 나오기 때문에 체계적으로 기록한 내용은 클라 이언트에게 제공한 서비스를 검토하고 평가, 수정하는 데 활용된다. 기록에는 클라이언트와 그 상황, 문제에 대한 심리사회적 사정, 목표, 계획, 목표성취를 위한 과정, 서비스의 효과 등이 포함된다.

그러므로 기록은 서비스가 클라이언트 및 주변환경에 미친 영향을 분석할 수 있고, 서비스 목표와 계획에서 변화를 필요로 하는 부분, 서비스 과정에서 긍정적 또는 부정적 요인, 서비스 전달체계에서 강점과 약점이 무엇인지 규명할 수 있다. 각 사례에 관한 것뿐만 아니라 기록한 전체 사례를 검토하면서 서비스 전달상의 경향을 알아내고 모니터할 수 있기 때문에 기관 전체 차원에서 보다 효과적인 서비스를 제공할 수 있게 된다.

3) 사례의 지속성 유지

담당 사회복지사가 휴가나 부서 재배치, 사직 등 부득이한 사정으로 인해 다른 전문가에게 업무를 인계할 때 그 사례를 인수받는 다른 사회복지사가 사례에 대해 현재의 진행사항을 파악할 수 있게 해 주어서 지속적 서비스를 제공할 수 있게 한다. 또한 한 기관에서 같은 사례가 종결되었다가 다시 개시되는 일이 여러 번 반복될 수도 있기 때문에 이전의 기록은 서비스의 중복을 막고 시간을 절약해 주며 지속성을 유지시켜 준다.

4) 전문가 간 의사소통의 활성화

여러 전문직이 함께 일하는 기관에서 기록은 전문적 공조체계를 원활히 해 주는 도구로 활용된다. 일반적으로 병원이나 정신보건센터 등에서는 사회복지사, 의사, 정신과 의사, 심리사, 간호사 등 여러 전문직의 구성원이 하나의 사례에 대해 팀이 되어 함께 일하며 하나의 기록부를 사용한다. 이러한 세팅에서 사회복지실천활동을 기록한다는 것은 단순히 문서화한다는 의미뿐만 아니라 동일한 클라이언트를 치료하는 다른 전문직에게 각 전문직의 관점을 공유하여 실천활용하는 팀 활동에 기여한다.

5) 슈퍼비전의 활성화

기록은 학생이나 실습생, 처음 입사한 사회복지사에게 사회복지실천과정을 가르치는 유용한 교육의 도구로 활용된다. 즉, 기록은 실습생이나 초보 사회복지사들이 담당교수나 실습지도자, 기관의 슈퍼바이저들이 읽고 교육, 지도할 수 있는 자료로 활용된다. 일선 사회복지사도 기관의 관리자나 슈퍼바이저에게 자신의 활동에 대해 피드백을 받으면서 훈련할 수 있다. 기록은 실무자의 업무능력을 훈련, 발전을 시키는 데 중요한 도구가 되며 좋은 슈퍼비전을 통해 사회복지사의 자질을 높이는 것은 결국 클라이언트에게 대한 서비스의 질을 높이는 것이 되며 기록이 그 기반이 된다.

6) 클라이언트와 정보공유

가족은 클라이언트와 정보를 공유하고 의사소통할 수 있는 도구가 되며, 실제로 클라이언트가 치료에 반응하도록 돕기 위한 치료의 도구로 활용될 수 있다. 오늘날 점점 더 많은 사회복지기관이 사회복지서비스의 소비자(클라이언트)에게 기록을 개방하고 있는데 이는 소비자의 권리를 존중해 주는 사회의 경향과도 관계가 있다. 사회복지사는 클라이언트에게 우리가 하는 일이 무엇이며, 어떻게 하고 있고, 어떤 치료과정이 포함되는지를 개방할 필요가 있다. 사회복지사는 자신이 기록한 내용들이 클라이언트나 그들의 가족에게 공개될 수 있다는 것을 염두에 두고 기록해야 한다.

7) 행정적 자료

클라이언트에게 제공된 서비스에 대한 기록은 클라이언트의 욕구, 서비스 유형, 직무관리, 직원의 직무수행, 자원의 분배에 관한 행정적 문제를 결정하는 데 중요한 자료가 된다. 오늘날은 더 많은 사회복지조직에서 자동화 기록 보존체계를 갖추고 있기 때문에 행정가가 기관과 자원을 관리하는 데 있어서 쉽게 정보를 선택하고 처리할 수 있게 해 준다.

8) 조사연구를 위한 자료제공

사회복지실천의 다양한 주제에 대한 조사연구는 서비스 전달체계를 연구하고자 하는 기관이나 사회복지계 전체에 귀중한 정보를 제공할 수 있다. 기록은 클라이언트의 유형이나 사회복지활동, 정서적 문제 등의 자료를 수집하고 연구하고자 하는 전문연구자에게 풍부한 정보를 제공한다. 다만 이때 기록에서 클라이언트의 신변상황에 대한 비밀보장에 주의를 기울여야 한다.

2. 기록의 내용

사회복지실천현장에서 실천방법이 다양한 것처럼 기록의 유형이나 내용도 다양하다. 왜냐하면 사회복지기관마다 서비스의 강조점이 다르고 서비스 전달방식, 기록하는 방법 등이 다양하기 때문이다. 그러나 서비스의 진행단계에 따라서 무슨 내용이 기록에 포함되어야 하는가에 대한 공통적 지침은 필요하다. 기록은 클라이언트의 모든 정보를 저장해 두는 기록이 아니라 서비스에 관한 기록이어야 한다. 즉, 전문적 의사결정, 그 근거, 내용, 결과 등 서비스 중심의 기록이어야 한다.

오늘날 기록은 세 가지 목표, 즉 효율성(efficiency), 사적 권리(privacy), 책무성(accountability)을 달성해야 한다. 기록이 효율적이 되려면 초점이 분명하고 간단명료해야 하고, 사적 권리를 보호하려면 외부로부터 접근이 제한되어야 하고, 책무성을 달성하기 위해서는 서비스 중심적이어야 한다. 즉, 책무성을 통해서 사회복지기관의 활동 및 그 효과를 입증하고 재원으로부터 자금을 지원받기 위해서는 서비스 중심으로 기록하는 것이 필요하다(Kagle, 1991 : 18 ; 윤현숙 외, 2001 : 315). 서비스 중심적이라는 본질적 기능을 수행하기 위해 기록은 시간의 경과에 따라 지속적으로 문서화되어야 한다.

서비스의 단계별 기록은 다음과 같은 것들이 포함되어야 한다.

첫째, 서비스 탐색단계의 기록내용은 내담자의 특성, 서비스를 개시하는 이유, 현재와 과거의 내담자 상황에 대한 서술(사회력), 자원과 제약, 사정이 포함된다.

둘째, 서비스 형성단계에서는 서비스에 영향을 미치는 결정, 서비스 목적, 서비스 계획, 서비스 특성이 포함된다.

셋째, 서비스 실행단계에는 중간노트, 서비스 재검토가 포함된다.

넷째, 서비스 종결단계에는 서비스 종결의 방법과 사유, 서비스 활동과 결과에 대한 요약, 추후지도(follow-up)가 포함된다.

사회복지실천과정에서는 서비스의 단계가 직선적이지 않고 지난 단계로 되돌아올 수도 있으나 여기에서는 명확한 설명을 위하여 기록내용에 포함되어야 할 요소를 사례의 진행과정의 시간적 흐름에 따라 설명한다(Kagle, 1991 : 17-53 ; 윤현숙 외, 2001 : 316-324).

1) 서비스 탐색단계

① **클라이언트의 특성** : 클라이언트에 대한 인구학적 정보로 이름, 주소, 전화번호, 생년월일, 성별, 교육수준, 가족구성, 현재 직업, 수입, 종교, 결혼상태 등을 기록한다. 이러한 인구학적 정보는 전문적 판단을 요하지 않는 정보이며, 사회복지사와 클라이언트가 처음 대면하기 전에 사무원이나 클라이언트 자신이 기록하기도 한다.

② **서비스를 개시하는 이유** : 클라이언트가 직접 서비스를 요청하는 경우에는 클라이언트가 기관의 서비스를 어떻게 인식하고 있는가를 알려 주고, 클라이언트가 다른 기관에서 의뢰된 경우에는 서비스를 의뢰하는 측이 갖고 있는 내담자가 필요로 하는 서비스에 대한 인식을 알려준다.

③ **현재와 과거의 내담자 및 상황에 대한 서술**(사회력) : 클라이언트의 문제나 욕구를 역사적·생태학적 맥락에서 이해하기 위해 클라이언트 및 상황의 현재와 과거에 대해 얻은 정보를 사회력(social history)이라고 한다.

④ **자원과 제약** : 클라이언트가 필요로 하고 이용 가능한 공식적·비공식적 자원과 서비스를 알아보고 자원이 적합하지 않거나 존재하지 않을 때 또는 접근하는 데 장애가 있을 때, 이 모든 것이 기록되어야 한다.

⑤ **사정** : 사정은 있는 그대로의 정보에 대한 서술과 분리하여, '사회복지사의 사정', '견해', '조작적 가설'과 같은 분명한 제목하에 기술하는 것이 좋다.

2) 서비스 형성단계

① **서비스에 영향을 미치는 결정** : 클라이언트에게 전달되는 서비스의 종류나 양에 영향을 미치는 중요한 결정 등의 성격과 정당성을 기록하는 것은 중요하다. 사회복지사와 클라이언트 간의 상호결정은 계약을 통해 이루어지는데, 계약에는 서비스의 목적과 방법에 관한 전반적 합의

를 기본으로 하여 면담시간, 과제, 비용 등과 같은 구체적인 것들에 대한 합의도 포함된다.

② **서비스 목적** : 서비스는 목적이 명확해야 효과적으로 제공되고 기록될 수 있다. 서비스 목적을 기록한다는 것은 무엇을 달성할 것인지를 기술하는 것이다. 목적은 모호한 용어를 피하고 구체적으로 기록해야 한다.

③ **서비스 계획** : 서비스 계획은 어떻게 목표를 달성할 것인지, 목적성취를 위해 취해질 행위를 서술하는 것이다. 계획에 나타낼 수 있는 것은 첫째, 다른 기관에서 의뢰, 혹은 같은 기관 내의 다른 프로그램에서의 의뢰계획을 기록한다. 둘째, 탐색과 개입을 위한 쟁점을 제시한다. 셋째, 사회복지사와 클라이언트, 다른 사람들이 취할 일련의 조치를 개략적으로 기록한다.

④ **서비스 특성** : 서비스 특성은 '클라이언트의 특성'과 마찬가지로 행정적 처리나 조사연구를 위해 구조화된 기록을 말한다. 기관용으로 만들어진 구체적 양식을 사용하여 컴퓨터로 관리하는 기관이 많다.

3) 서비스 실행단계

① **중간노트**(interim notes) : 일단 계획된 서비스가 시작되면, 중간노트가 내담자의 상황과 서비스 교류를 정기적으로 기록하고 사정한다. 중간노트는 과정노트라고도 불리는데, 이는 중간노트에 어떤 정보를 포함시키느냐 하는 선택의 기준이 클라이언트의 변화와 향상의 과정을 보여 줄 수 있어야 한다는 것을 의미한다. 중간노트의 내용으로는 첫째, 지난번 기록 이후의 내담자 및 상황의 상태와 변화에 대한 서술 및 사정을 기록한다. 둘째, 지난 번 기록 이후의 서비스 활동과 서비스 과정에 대해 기록한다. 셋째, 중요한 사건을 기록한다. 넷째, 서비스의 목적이나 계획에 대한 사정 및 변화를 기록한다.

② **서비스 재검토**(중간요약) : 중간노트가 주어진 사례에 대한 사회복지사의 지속적 관찰과 사정에 대한 비구조적 기록이라면, 서비스 재검토는 서비스 결정과 서비스 활동에 대한 공식적 재평가에 대한 기록이다. 서비스 재검토는 많은 경우가 사례회의를 통해 이루어지며, 책무성을 위해

기록된다. 재검토기록은 구조적 양식을 따르는 경우가 많으며, 사례진
행과정에 대한 그동안의 중간노트 기록을 구조적 틀에 맞추어 요약정
리하는 경우가 많다. 사례에 대한 의견에 대해서는 사회복지사, 다른
서비스 제공자(치료팀 구성원), 슈퍼바이저, 클라이언트 등의 의견을 모
두 포함한다. 서비스 재검토기록에는 날짜, 참여자, 제안점, 결정내용
을 포함한다.

4) 서비스 종결단계

① **서비스 종결의 방법과 사유**: 서비스는 사전에 수집된 계획에 따라 종결
될 수도 있고, 내담자의 독립적 결정이나 예기치 못한 상황 때문에 조
기에 종결될 수도 있다. 서비스 종결의 이유와 방법은 서비스 개시의
이유와 방법에 관한 부분에서 설명한 방법에 따라 간략하게 기록한다.

② **서비스 활동과 결과에 대한 요약**(종결요약): 사례를 종결할 때는 그동안의
서비스 활동을 개괄적으로 요약하고 종결 당시의 서비스 결과를 기술
하는 것이 필요하다. 종결요약은 첫째, 서비스가 시간제한적이거나 단
기적일 때 효과적이다(서비스 과정과 효과를 서술하고 평가하는 역할을 한
다). 둘째, 서비스가 장기적이고 기록이 장황할 때 효과적이다(기록은
전체로부터 중요한 정보를 요약한 것이므로 클라이언트가 부가적 서비스를 받
기 위해 재방문할 때 이전의 정보를 쉽게 파악할 수 있게 해 준다). 종결요약
에는 다음의 사항이 포함된다. 첫째, 서비스 개시 이유, 서비스가 진행
되는 동안의 내담자와 그 상황, 서비스의 목적과 계획과 과정, 서비스
와 내담자 상황에서의 중요한 사건들에 대해 요약한다. 둘째, 종결 시
의 내담자 및 상황의 위치, 서비스에 대한 평가, 향후 서비스와 사후 검
토를 위한 제안을 기록한다.

③ **추후지도**(follow-up): 추후지도는 종결된 사례에 대한 점검으로 이 과정
은 서비스의 효과를 평가하는 데 유용하다. 추후지도에 관한 기록은 클
라이언트와 그 상황에 대한 현재의 상태와 향후의 서비스에 관한 제안
등을 기록한다.

양옥경 등(2005 : 286-290)은 사회복지실천과정별 기록의 내용과 요소를 서비스 과정 단계마다 수행되는 업무에 관한 기록양식과 함께 다음과 같이 정리하고 있다.

---

1. 접수단계

클라이언트가 사회복지기관을 찾아왔을 때 사회복지사가 그의 문제와 욕구를 확인하여 기관의 정책과 서비스 한계 내에서 서비스를 제공할 수 있는지 판단하는 과정이다. 이 단계에서는 클라이언트의 특성, 인구사회학적 정보, 클라이언트의 문제와 욕구, 클라이언트가 서비스를 원하는 이유, 클라이언트의 공식적 · 비공식적 자원과 제약 등을 파악하여 서비스 여부를 결정한다.

① 상담신청서 : 클라이언트의 인구사회학적 정보
② 초기 면접지 : 클라이언트의 문제와 욕구, 성장배경 및 가계도를 통한 클라이언트체계의 특성, 생태도를 통한 공식적 · 비공식적 자원파악

2. 자료수집 및 사정단계

자료수집은 클라이언트의 문제를 이해하고 분석 · 해결하는 데 필요한 자료를 모으는 것이다. 사정을 위한 자료수집에는 클라이언트 개인정보 외에 좀 더 깊이 있는 정보, 생활주기에 따른 인간관계와 생활사건, 이에 대한 클라이언트의 반응과 감정 등이 포함된 개인력, 원가족의 가족상황과 가족관계, 현재 가족구성 · 가족관계 등이 포함된 가족력, 클라이언트의 현재 및 과거의 문제나 욕구를 알기 위한 사회력, 클라이언트의 기능, 자원, 한계, 장점, 동기에 대한 정보 등이 포함되어야 한다.

③ 동의서 : 서비스 개시에 따른 비밀보장에 관한 동의서
④ 접촉일지 : 서비스 개시에 따른 클라이언트 접촉 시마다 간략히 상담내용을 요약하여 기록
⑤ 사회력 조사지 : 개인력, 병력, 취업, 가족력 등을 포함한 체크리스트
⑥ 사정질문지 : 사정을 위한 질문에서 누락되는 자료가 없도록 참고할 수 있는 사회복지사용 질문지
⑦ 자원조사지 : 개인, 가족, 지역사회의 자원을 조사하고 평가하도록 도움을 주는 기록양식
⑧ 사정 및 개입계획서 : 수집된 자료를 토대로 문제를 정의하고 사정하며 개입목표와 계획을 수립하는 기록양식
⑨ 가계도 : 일반적으로 3세대의 정보를 알 수 있도록 기본형을 제시하고 관계

와 상징을 나타내는 선과 도형을 옆으로 제시한 양식

⑩ 생태도 : 원 안에 클라이언트체계를 그려 넣고 원 밖의 클라이언트체계와 상호 교류하는 상위체계로 일반적으로 예상할 수 있는 공식적 자원과 비공식적 자원을 표기

⑪ 사례관리 지역사회자원망 : 지역사회자원관리와 관리를 핵심으로 하여 사례관리 시 활용할 수 있는 자원관리양식

3. 목표설정 및 계약단계

사정과정에서 정의된 문제와 욕구를 근거로 개입을 통해 일어나기를 바라는 변화를 클라이언트와의 구체적 합의하에 구체적으로 진술하는 것이 목표설정이고, 목표를 설정하기 위한 전략, 역할, 개입, 평가방법 등을 구체적 활동용어로 기술한 개입계획에 대해 사회복지사와 클라이언트가 합의하여 서로 동의한 것이 계약이다. 여기에는 목표와 세부목표, 클라이언트의 과업과 사회복지사의 역할과 과업이 포함되어야 한다.

⑫ 목표설정 및 계약기록지 : 목표, 세부목표, 클라이언트의 과업, 사회복지사의 역할과 과업을 기록하는 양식

4. 개입단계

개입과정은 계약 시에 합의한 바를 실천하는 것으로 실제 변화가 일어나는 단계이다. 다음에 제시된 기록양식지에 접촉일지와 메모를 활용하여 효과적으로 개입을 평가할 수 있도록 그때그때 기록을 하는 습관을 기르고, 특히 중간노트를 활용하여 클라이언트의 상황과 서비스 교류를 정기적으로 기록하고 사정한다.

중간노트를 활용하기 위한 지침으로는 첫째, 지난번 기록 이후의 클라이언트 및 상황의 상태와 변화에 대한 서술과 사정을 기록한다. 둘째, 지난번 기록 이후의 서비스 활동과 과정에 대해 기록한다. 셋째, 중요한 사건을 기록한다. 넷째, 서비스의 목적이나 계획에 대한 사정 및 변화를 기록한다.

⑬ 면담과정기록지

⑭ 요약기록지

⑮ 문제중심기록지

5. 종결단계

종결단계는 클라이언트가 성취한 것을 확인하고 격려하여 지속적으로 성취된 변화를 유지하고, 남아 있는 문제에 대한 사후관리를 계획하는 단계이다.

종결단계에서는 그동안의 진행과정을 요약하고 변화를 확인하기 위해서 해결된 것이 무엇인지 확인하고 그간의 클라이언트의 변화노력과 증가된 자원체계를 확인하기 위한 종결보고서가 필요하다.

⑯ 종결보고서 : 개입이 종결된 후 개입과정과 결과를 요약하여 보고하는 기록양식

앞에서 Kagle이 제시한 서비스 탐색단계는 접수단계로 볼 수 있고, 서비스 형성단계는 자료수집 및 사정단계, 목표설정 및 계약단계로, 서비스 실행단계는 개입단계, 서비스 종결단계는 종결단계로 볼 수 있다. 내용은 서로 대동소이하므로 앞의 내용과 서로 비교하여 참고하기 바란다. 기록양식지는 부록에 제시하고자 한다.

제2절 기록의 종류와 특성

THEORIES OF SOCIAL
WORK PRACTICE

사회복지실천현장에서 사회복지사는 자신이 소속된 기관에서 요구하는 기록을 정확하고 효율적으로 유지하고 발전시키기 위해서는 상황과 문제에 따라 어떠한 기록이 적합한지, 그리고 구체적 기록방법과 장단점 등에 대해서도 잘 알고 있어야 한다. 여기서는 사회복지실천에서 가장 많이 사용되고 있는 과정기록, 이야기체 요약기록, 문제중심기록에 대해서 Kagle, Johnson, Wilson, Sheafor 등이 정리한 내용을 중심으로 살펴보고자 한다(Kagle, 1991 : 54-104 ; Wilson, 1980 : 18-140 ; Sheafor, Horejsi & Horejsi, 1997 : 194-200 ; Johnson, 1995 : 382-384 ; 윤현숙 외, 2001 : 330-342 ; 양옥경 외, 2005 : 291-299).

1. 과정기록

과정기록(process recording)은 사회복지실천에서 가장 오랜 역사를 가진 기

록방법으로 사회복지실천의 초창기에 사회조사(social investigation)가 중요한 목적이었을 때 과정의 기록을 통하여 클라이언트 및 그들의 사회적 상황에 대하여, 말하고, 행동하고, 관찰하고, 추측한 것을 사회복지사가 기억할 수 있는 한 모두 기록하였다. 그러나 사회복지실천이 전문적으로 변화하면서 기록방식도 변화하여 오늘날에는 기록의 초점이 클라이언트 및 그 상황으로부터 서비스 교류로 확대되었고 효율성을 위하여 정보도 간결화하는 경향이 있어 일상의 사회복지실천에서는 거의 사용되지 않고 있다. 그러나 사회복지교육에서 학생들이나 초보 사회복지사의 기본적 기술학습 및 진단적 사고를 돕기 위한 교육용 도구로서 과정기록이 광범위하게 사용되고 있다.

1) 과정기록방법

과정기록에서는 클라이언트와의 면담에서 일어난 것, 사회복지사가 관찰한 것들이 마치 연극대본과 같이 인용부호를 써서 " "직접인용으로 기록하든지 혹은 간접적으로 말을 풀어서 쓸 수도 있다. 그러나 일반적으로는 직접인용이 더 바람직하다고 인식되고 있다. 사회복지사와 클라이언트가 상호작용한 내용을 상세하게 기록하는 것은 원조과정이나, 그들의 상호작용과정을 상세하게 연구하기 위해서이다.

기록방법은 상호작용과정을 세밀하게 표현하기 위해 네 칸으로 나누어 제일 왼쪽 칸은 슈퍼바이저의 코멘트를 위해 여백으로 남겨 놓고 왼쪽에서 두 번째 칸에는 사회복지사와 클라이언트의 대화내용을 기록하고 세 번째 칸에는 사회복지사와 클라이언트의 대화에 대한 사회복지사의 느낌, 네 번째 칸에는 이에 대한 사회복지사의 분석을 기록한다. 그러나 보다 간편하게 사회복지사의 느낌과 분석을 합하여 한 칸에 쓰는 것이 일반적이다.

2) 과정기록의 장단점 및 유의사항

(1) 장 점

첫째, 과정기록은 사회복지실습이나 교육방법으로 유용하게 쓰인다. 슈퍼바이저가 학생의 전반적인 기능수행력을 파악하고, 학생이 효과적 기법을 사용하고 있는 영역과 지도가 필요한 영역을 알 수 있게 해 준다. 그러므로 학생

표 7-1	과정기록방법
슈퍼 바이저의 코멘트	면접내용과 사회복지사의 느낌, 분석에 대하여 슈퍼바이저가 추후에 코멘트한다.
면담내용	클라이언트의 언어적·비언어적 의사소통을 포함하여 면접중에 일어난 일을 있는 그대로 기록한다.
사회복지사의 느낌	대화가 진행되는 동안 사회복지사의 느낌을 솔직하고 개방적으로 적는다.
분석	사회복지사의 느낌의 근원, 면접기법에 대한 분석, 다른 대안적 접근 등을 기록한다.

의 면접기법, 개입방법 등에 관한 교육훈련을 위한 중요한 자료가 된다. 둘째, 과정기록은 학생의 자아인식 및 서비스 과정에서의 자아의 활용을 향상시켜 준다. 과정기록에서는 클라이언트의 말과 행동뿐만 아니라 자신의 말과 행동, 감정도 기록한다. 이때 문서화하는 과정에서 자신의 개인적 느낌을 알아내고 이것이 서비스에 어떠한 영향력을 미치는지 분석하게 된다. 셋째, 기관 측에서도 과정기록을 통하여 사례진행에 대해 점검하고 면담 중에 일어난 일을 파악할 수 있기 때문에 잘못된 사례진행을 사전에 예방할 수 있다.

(2) 단 점

첫째, 기록하는 데 시간이 너무 많이 걸린다. 교육에서는 그렇게 중요한 제한이 되지 않겠지만 기관실무에서 사용하기에는 비효율적이다. 둘째, 과정기록은 면접에서 실제로 일어난 일을 완벽하게 제현하기는 어렵다. 면접 중에 일어난 언어적·비언어적 의사소통의 모든 것을 다 기억할 수 없고 다 기록할 수 없기 때문이다.

(3) 유의사항

첫째, 정직하게 기록해야 한다. 자신의 기록을 솔직하지 않게 좋은 쪽으로 기록하게 되면 자신이 부족한 중요한 기술을 배울 수 없기 때문에 정직하게 기록해야 한다. 둘째, 기록하는 데만 너무 집중해서 면접 자체에 주의를 기울이지 못하는 경우가 있다. 언제나 기록보다는 면접이 더 중요하기 때문에 면접 중에는 정신을 집중하는 것이 필요하다. 셋째, 과정기록이 의미 있기 위해서는 면접이 끝난 후 가능한 한 빨리 써야 한다. 시간이 오래 지나면 주요한 세부사항이나 느낌을 잊어버릴 수 있기 때문이다. 넷째, 과정기록은 교육적 목적을 위해 쓰이는 것이기 때문에 기관의 공식적 기록의 일부가 되어서는 안된다. 왜냐하면 아직 전문인이 되지 못한 학생의 기록에는 사실에 대한 왜곡이나 편견이 포함되어 있을 수 있기 때문이다.

과정기록의 내용을 공식적으로 활용할 경우에는 클라이언트의 이름, 개별적 사항은 비밀로 하고 슈퍼바이저가 검토하고 승인한 별도의 기관보관용 기록을 준비해야 한다. 학생이 슈퍼비전을 받아서 수정한 과정기록은 폐기되어야 하며, 학생기록으로 보관하려면 클라이언트의 비밀보장을 위하여 클라이언트의 이름이 삭제되어야 한다.

3) 과정기록의 예

| 표 7-2 | 과정기록의 예

슈퍼바이저의 코멘트	면접내용	사회복지사의 느낌 및 분석
	상담실에 클라이언트가 힘이 없이 들어왔다. W : "안녕하세요? 무슨 일로 오셨어요?" C : "어제 아이랑 싸우고 나서 속이 상해서……."(고개를 푹 숙이고 작은 목소리로 말함) W : "아이들이랑 자주 싸우세요?" C : "다른 때는 괜찮은데 컴퓨터 앞에만 앉으면 게임을 하길래 뭐라고 했더니 나한테 마구 대들어서 때렸어요." W : "아이가 게임중독인가요?" C : "게임중독이라면 어느 정도로 해야……." (말끝을 흐린다) W : "어제도 그렇게 정신없이 했나요?" C : "예. 밤을 꼬박 새워서 해요. 학교 가서는 도대체 무슨 정신으로 앉아 있는지……."	"무슨 일로 오셨어요?"라는 첫 질문이 적당한지 모르겠다. "아이랑 자주 싸우세요?"라는 질문보다는 고개를 푹 숙이고 속상해 하는 데 대해서 공감하는 감정이입적 말을 하는 편이 더 좋았을 것 같다. '게임중독'이라는 말을 잘 이해하지 못하는 것 같다. 게임을 어느 정도 하는지 물어 보고 그 말을 했으면 좋았을 것 같다. 클라이언트가 아들이 밤새워 게임하는 것에 매우 속상해 했고 어떻게 하면 고칠 수 있는지 치료 프로그램을 의뢰한 것으로 보아 아이를 회복시키려는 강한 의지가 보였다.

2. 이야기체 요약기록

이야기체 요약기록(narrative summary recording)은 기록내용이 이야기체 요약의 형식을 취하고 있어서 일반적으로는 이야기체 기록(narrative recording)이라고 한다. 이야기체 요약기록은 사회복지사가 클라이언트 및 그 상황이나 서비스에 대하여 이야기를 풀어 가듯이 서술체로 기록하는 방법으로 과정기록과는 달리 많은 사회복지기관에서 사용하는 기록으로 면담의 내용이 요약되어 서술된다. 간결하며 초점이 분명한 이야기체 보고서는 특히 사회력이나 사정과 같은 특정 내용요소들을 문서화하는 데 효과적이다.

사회복지기관에서는 이야기체 요약기록방식이 널리 활용되고 있으며, 기록의 내용과 구조는 사회복지사의 재량에 맡겨지기 때문에 사회복지실무자들은 조직적이고 내용이 적합하고, 문장력 있는 이야기체 요약기록을 할 수 있는 능력을 갖추고 있어야 한다.

이야기체 기록은 인간행동이나 사회복지의 이론과 실천, 서비스 제공, 기록에 대한 사회복지사의 지식을 반영하기 때문에 임상실천을 문서화하는 데 적합하다. 또 서비스 대상이 개인, 부부, 가족, 집단 등 누구에게 전달되는지에 관계없이 개별화된 서비스를 문서화하는 양식이기 때문에 간결하고 초점이 분명한 이야기체 보고서는 효율적이다.

1) 이야기체 요약기록방법

이 기록방법은 사회복지사의 말이나 느낌보다는 클라이언트 및 그 상황, 그리고 서비스 교류에 초점이 맞추어진다. 클라이언트 및 서비스에 대한 많은 정보를 서술체로 기록하기 위해서는 조직화가 필수적이며 관련되어 있지 않는 세부적 사항은 제외되고 관련되는 사항이라도 다 기록하지 않고 중요한 정보만 기록한다.

그러므로 기록의 질은 얼마나 정보를 적절히 선택하고 명확하게 조직하는가에 달려 있다. 사회복지사는 자기가 기록해야 할 중요한 내용을 선택하고 시간의 순서에 따라 또는 주제별·제목별로 조직하여 기록한다. 과정기록에 비해 시간은 적게 들지만 더 많은 생각과 조직을 요한다. 이야기체 요약기록은 사례가 진행되는 동안 그간의 진행을 요약하는 보고서이기 때문에 특히 장기간에 걸쳐 진행되는 사례에서는 유용하다.

사회복지사는 일상의 업무에서 자필로 쓴 사례노트를 만들면 편리하다.

사례노트는 시간순으로 기록되기 때문에 이러한 사례노트를 기초로 하여 자신의 서비스 활동을 요약하는 이야기체 요약보고서를 만든다. 이야기체 요약보고서는 정기적으로 만들 수도 있고, 사례의 진행단계에 따라서 만들 수도 있다. 사례의 진행단계에 따라서 만드는 경우에는 일반적으로 첫 번째 요약은 문제가 규정되고 목표 및 개입계획이 설정되었을 때, 그 다음에는 개입과정에 한 번 또는 여러 번 요약하고, 종결 시에 마무리 요약을 하면 된다.

2) 이야기체 요약기록의 장단점 및 유의사항

(1) 장   점

첫째, 임상실무를 문서화하는 데 적합하다. 이야기체 요약기록은 클라이언트 및 그 상황과 서비스 교류의 특수한 본질을 개별적으로 반영할 수 있기 때문에 문서화하는 데 적합하다. 둘째, 기록에 융통성이 있어서 중요하다고 생각되는 것을 포괄적으로 기록할 수 있다.

(2) 단   점

첫째, 사회복지사의 재량에 아주 많이 의존한다. 따라서 기록내용이 지나치게 단순할 수도 있고, 지나치게 길고 초점이 분명하지 않을 수도 있다. 둘째, 개별적 구성과 부담스러운 양 때문에 원하는 정보를 쉽게 찾기 어렵다. 특히 장기간에 걸친 사례에서 특별한 정보를 찾는 경우에는 원하는 내용을 찾으려면 많은 페이지를 읽어야만 한다. 셋째, 기록하는 데 시간이 많이 걸리기 때문에 종종 기록하기를 미루게 되는 일이 발생할 수 있다. 이것은 기록을 부정확하게 하고 시기적절하지 않게 할 우려가 있다.

(3) 유의사항

첫째, 단기적 서비스나 일상적이고 전형적 서비스의 구조화된 양식이나 체크리스트를 사용하고 복합적이고 개별화된 서비스에 대해서만 이야기체 기록을 사용하도록 한다. 둘째, 이야기체 기록에 포함되는 것들에 대한 지침을 세운다. 핵심이 되는 내용에 대한 틀을 사용한다. 셋째, 이야기체 기록에서 배제되어야 할 것에 대한 지침을 세운다. 다른 곳에서 기록되는 내용, 쉽게 접근할 필요가 있는 내용 등은 이야기체 기록을 사용하지 않는다. 넷째, 장기개입의 경우에는 요약기록방법이 유용하므로 면담내용을 기록할 수 있는 사례노트를 활용하여 사례의 진행단계에 따라 기록하는 것도 좋은 방법이다.

3) 이야기체 요약기록의 예

한주제별 제목하에 조직화하여 기록한 요약기록 [1]

2000년 12월 1일 오전 10시

클라이언트(○○○, 30세, 여)와의 개별면담

제시된 문제 : 클라이언트는 어젯밤 남편이 술이 취한 상태에서 언쟁하다가 남편이 발로 차서 넘어지면서 탁자에 허리를 부딪혀서 다쳤다. 이로 인해 현재 허리통증과 함께 걸음걸이가 불편하다. 남편이 술만 취하면 아내를 구타하며 점점 더 이런 일이 심해지기 때문에 본 기관에 도움을 요청하기로 결심하였다.

가족기능 : 클라이언트는 결혼한 지 7년 되며, 고졸 후 다니던 직장에서 남편을 만나 1년 교제 후 결혼하였다. 아이(5세, 남)가 하나 있다. 남편(대졸, 35세)은 IMF 사태 이후의 대규모 감원으로 인해 직장을 잃고 8개월 동안 실직상태에 있다가, 현재는 남편의 친척이 운영하는 작은 사업체에서 일하고 있다. 결혼 후 6개월 때 언쟁 후 따귀를 맞은 적이 결혼 후 처음 폭력을 당한 경험이다. 그 이후에는 폭력이 없다가, 실직사태 이후부터 남편의 음주 및 음주 후 폭력이 증가하였다. 남편의 폭력에 대한 아내의 반응은 함께 소리 지르고 울며 대드는 것이다. 남편은 전에는 때린 다음날에는 클라이언트에게 사과하기도 했지만, 최근에는 사과도 않는다. 남편이 아이를 때리지는 않지만, 아이가 이런 일을 여러 번 보았기 때문에 아빠를 무서워한다. 클라이언트는 나가서 일을 하고 싶어도 특별한 기술도 없고 아이도 어려서 아직은 엄두를 못 낸다. 그러나 아이가 초등학교에 들어가면 취업을 원한다.

현재 상태에 대한 클라이언트의 인식 : 결혼지속 의사에 대해서 클라이언트는 그동안 특별히 이혼절차를 알아 본 적은 없으나, 가끔 이혼을 생각해 보았으며 오늘은 더욱 강하게 든다고 한다. 그러나 남편이 음주 및 구타 습관만 고치면 좋겠다는 희망을 피력하였다. 허리의 통증에 대해서는 내일까지 계속되면 병원에 가

---

1) 윤현숙 외(2001 : 338) ; 양옥경 외(2005 : 296-297).

볼 예정이다. 구타 후 경찰에 연락해 본 적은 없으며, 여성의 쉼터에 대하여 들어 본 적도 없다. 클라이언트는 당분간 집에 들어가고 싶지 않으며, 쉼터에는 가고 싶지 않고, 짐을 싸서 친정 언니네 가 있을 계획이다.

사정 : 클라이언트는 면담 시 여러 번 울음을 터뜨렸으며, 어젯밤의 구타사건으로 정서적으로 혼란한 상태로 보인다. 그러므로 본 접수면접에서는 많은 정보를 얻기보다는 위기개입으로 당장 필요한 조치 및 정서적 지지제공에 주력하였다. 클라이언트가 남편과 분리하여 언니네 집에서 당분간 머물겠다는 결정은 향후 계획을 보다 이성적으로 세우는 데 도움이 될 것으로 보인다. 남편의 사회경제적 스트레스가 부부문제에 영향을 끼치는 것으로 보이고, 남편 역시 도움이 필요하므로 남편에 대한 개입도 필요하다고 사료된다. 결혼 지속 여부에 대해서 클라이언트는 아직 확고한 의사를 밝히지 않고 있다. 그러므로 부부상담을 할지 여부는 아내와 남편에 대한 개별상담을 몇 회 한 이후에 결정할 것이다. 클라이언트는 '매 맞는 아내'가 보이는 정서적 증상을 가지고 있을 가능성이 있으므로 당분간 집중적인 지지적 개입이 필요할 것으로 보인다. 또한 클라이언트는 가정폭력방지법을 비롯하여 주변의 자원체계에 대한 지식이 전혀 없으므로 이에 대한 지식이 필요하다.

계획 : ① 내일 다시 클라이언트와 면담하여 직접개입을 계획할 것이다.
  ② 남편과 연락하여 면담을 약속할 것이다(클라이언트도 동의하였음).
  ③ 클라이언트를 본 기관과 연계되어 있는 법률상담소와 연결시킬 것이다.
  ④ 시간의 흐름별로 조직화하여 기록한 요약기록(양옥경 외, 2005 : 298)

11/12/99
　　××대학병원의 의료사회복지사인 심순영 씨가 어제 아이를 출산한 미혼모 김영희 씨를 아동복지기관인 본 기관에 의뢰했다. 김영희 씨는 18세로 벌써 두 번째 아이를 출산했고 첫 번째 아이는 출산 직후 사망했다. 퇴원 후에도 갈 곳이 없어 다시 노숙할 확률이 높은 상태이므로 일단 김영희 씨의 동의를 얻어 본 시설에 모자를 같이 입소시키고 아이의 입양문제는 향후 논의하고자 한다.

3. 문제중심기록

문제중심기록(problem-oriented recording)은 병원 또는 정신보건 세팅(setting)

에서 여러 전문직이 함께 일할 때 광범위하게 사용되는 비교적 최신 형태의 기록이다. 이 방식은 원래 병원에서 의료기록을 표준화하고 수행정도를 검토하기 위하여 개발된 것으로 단순히 기록 차원을 넘어서 문제해결에 도움이 되도록 만들어졌다.

문제중심기록은 현재 제시되고 있는 문제를 중심으로 구성되며, 문제영역을 규명하고, 사정하고, 각 문제에 대하여 무엇을 할 것인지에 대한 계획을 기록하는 것이다. 이 방식은 특히 다른 여러 전문직이 하나의 사례에 대해 함께 일하는 세팅에서 효과적이다. 왜냐하면 이러한 세팅에서 기록의 주요 목표는 문서화뿐만 아니라 정보교환이 목표이기 때문이다. 문제중심기록은 사회복지사나 모든 실무자들이 하나의 기록부에 같은 형태로 기록하므로 각각의 팀 구성원이 규명된 문제에 대하여 무슨 일을 하는지 한눈에 볼 수 있다.

1) 문제중심기록방법

문제중심기록은 데이터베이스, 문제목록, 초기계획, 진행노트 4부분으로 이루어진다.

첫 부분은 자료수집을 통한 데이트베이스 구축이다. 데이터베이스는 클라이언트가 제시하는 문제, 클라이언트의 일상에 대한 서술, 사회심리적 정보, 현재 질병 및 과거력, 주변환경에 대한 검토, 신체검사 및 각종 검사결과보고 등의 내용을 포함한다. 데이터베이스는 클라이언트의 문제목록을 작성하기 위한 기본자료가 된다.

두 번째 부분은 문제목록이다. 문제목록은 각 문제마다 번호가 붙여지고, 나중에 새로운 문제가 규명되면 문제목록에 추가된다. 문제목록은 사례계획과 개입의 초점을 제공하고, 책무성을 위한 문서가 되며, 서비스 종결 시 서비스의 효과를 검토하기 위한 근거가 된다.

세 번째 부분은 초기계획이다. 서비스 제공자들은 독립적으로 혹은 개별적으로 문제목록의 각 문제에 대해서 계획을 세운다.

네 번째 부분은 진행노트이다. 사례가 진행되면 서비스 진행과 변화내용에 대해 문제목록에 기재된 번호에 따라 SOAP 방식으로 기록한다. 사례가 진행되면서 데이터베이스에 있는 정보나 초기계획이 수정될 수도 있다.

- S(Subjective information) : 주관적 정보. 클라이언트가 지각하는 문제, 자신의 상황과 문제에 대해 어떻게 생각하고 느끼고 있는지에 대한 주관적 정보를 기술한다.
- O(Objective information) : 객관적 정보. 클라이언트의 행동이나 외모에 대한 사회복지사의 관찰과 사실적 자료와 같은 객관적 정보를 기술한다 (클라이언트의 주거상태, 경제적 상태, 건강상태 등이 포함될 수 있다).
- A(Assessment) : 사정. 주관적 정보, 객관적 정보에 기초하여 사정, 견해, 해석, 분석을 기술한다. 사회복지사의 관찰 및 사실적 정보의 의미를 사정하고 분석한 견해를 기술하는 것이다.
- P(Plan) : 계획. 위의 주관적 정보, 객관적 정보 사정을 기반으로 하여서 확인된 문제에 대하여 무엇을 할 것인지에 대한 계획을 기술한다.

2) 문제중심기록의 장단점 및 개선점

(1) 장 점

첫째, 여러 상이한 전문직 간의 의사소통을 촉진하며, 여러 분야 간의 공조를 원활하게 해 준다. 둘째, 책무성을 향상시킨다. 팀의 실무자들은 목록화된 각 문제에 초점을 맞추어 다루어야 하고 모든 치료계획에 대해 문서화된 추후점검을 할 책임이 있으므로 책무성을 향상시킨다. 셋째, 질 높은 기록검토를 할 수 있다. 기록이 간결하고 형식이 통일되므로, 기록감독자, 조사연구자, 외부의 자문가 등이 보다 쉽고 질 높은 기록검토를 할 수 있다.

(2) 단 점

첫째, 클라이언트의 욕구, 자원, 강점보다는 문제를 강조함으로써 사회복지실천의 관심의 폭을 지나치게 한정시킬 수 있다. 둘째, 개인과 환경의 상호작용보다는 개인을 강조함으로써 관련 현상의 복잡성을 단순화시킬 우려가 있다. 셋째, 부분화를 강조함으로써 통합적이며 체계적인 쟁점들을 왜곡시킬 우려가 있다.

(3) 개선점

문제중심기록은 의료세팅 위주이기 때문에 사회복지실천활동을 지나치게 단순화시킬 수 있으므로 기록의 형식을 심리사회적 정보 및 사회복지서비스의 전 범위를 포괄할 수 있도록 수정한다면 보다 많은 사회복지기관에서 폭넓게 사용할 수 있을 것이므로 다음과 같은 포괄적 방식이 필요하다. 첫째, 데이터베이스는 개인이나 문제에 초점을 두는 것을 넘어서서, 관련된 상호 대인적·사회적·제도적·물리적 환경의 쟁점들, 클라이언트의 강점, 자원, 능력, 이용가능한 자원 등을 포괄하도록 수정되어야 한다. 둘째, 문제목록은 쟁점, 욕구, 혹은 목표들이라고 재명명되어야 한다. 셋째, 계획은 사회적 서비스 활동의 전 범위를 포괄하도록 확대되어야 한다.

3) 문제중심기록의 예 [2]

데이터베이스

(2000년 12월 1일 접수면접에서 얻은 정보에 의해 작성됨)
이름 : ○○○, 나이 : 30세

클라이언트는 결혼한 지 7년 된 기혼여성으로 35세의 남편과 5세 된 아들 하나를 두고 있다. 그는 어제 밤 술 취한 남편으로부터 구타당하여 현재 허리 통증과 함께 걸음걸이가 불편하다. 남편의 반복되는 음주 후 구타행동 때문에 본 기관에 도움을 요청하였다. 경찰에는 연락한 적 없다.

클라이언트의 남편은 IMF 사태 이후의 대규모 감원으로 인해 8개월 동안 실직상태에 있다가, 현재는 친척이 운영하는 작은 사업체에서 일하고 있다. 클라이언트는 결혼 후 6개월 때 맞은 따귀가 결혼 후 처음 당한 폭력 경험이다. 그 이후에는 폭력이 없다가, 실직사태 이후부터 남편의 음주 및 음주 후 폭력이 증가하였다. 남편의 폭력에 대한 클라이언트의 반응은 함께 소리 지르고 울며 대드는 것이다. 남편은 전에는 때린 다음날에는 클라이언트에게 사과하기도 했지만, 최근에는 사과도 않는다. 남편이 아이를 때리지는 않지만, 아이가 부모의 폭력사태를 여러 번 보았기 때문에 아빠를 무서워한다. 클라이언트는 나가서 일을 하고 싶어도 특별한 기술도 없고 아이도 어려서 아직은 엄두를 못 낸다. 그러나 아이가 초등학교에 들어가면 취업하기를 원한다.

---

2) 윤현숙 외(2001 : 343-345).

(1) 문제목록

번호	문 제	확인된 날짜	중단/해결된 날짜
1	남편의 음주 및 구타	12/1	
2	클라이언트의 피신처 마련	12/1	12/1
3	클라이언트의 허리통증	12/1	12/4
4	클라이언트의 정서적 어려움	12/1	
5	클라이언트의 결혼지속의사 여부 불분명	12/1	12/8
6	클라이언트의 법 및 자원체계에 대한 지식부족	12/1	12/4

(2) 초기 계획

문제 #1 남편의 음주 및 구타

남편과 연락하여 면담을 약속하고 남편에 대한 심리사회적 사정과 개입을 한다. 음주 및 폭력에 대해서는 전문 치료기관에 의뢰한다(남편이 동의한다면). 이러한 개입계획에 남편이 동의하도록 사회복지사와의 관계형성에 주력한다.

문제 #2 클라이언트의 피신처 마련

클라이언트의 희망대로 언니네 집에 머물도록 하고, 이에 관해 추후 점검한다.

문제 #3 클라이언트의 허리통증

클라이언트가 병원치료를 받고 있는지 추후 점검한다.

문제 #4 클라이언트의 정서적 어려움

정서적 어려움의 근원, 강점 및 약점에 대한 사정 및 지지적 개입을 한다.

문제 #5 클라이언트의 결혼지속의사 여부 불분명

이에 대한 클라이언트의 결정을 돕는다.

문제 #6 클라이언트의 법 및 지원체계에 대한 지식부족

클라이언트를 본 기관과 연계되어 있는 법률상담소와 연결시킨다.

(3) 진행노트

날짜 : 12월 6일 클라이언트 남편과의 첫 번째 개별면담

문제 #1 남편의 음주 및 구타

S : 남편은 자기의 음주 및 구타사실은 인정했지만, 아내가 자기에게 바가지를 긁었기 때문에 이런 일이 발생했다고 주장하고 있다. IMF 사태로 인한 실직 이후의 좌절감과 스트레스, 그리고 현재 직장에 대한 불만을 이야기하는 데 많은 시간을 할애하였다. 아내와의 결혼생활을 계속하기를 원하며, 현재 언니 집에 있는 아내가 하루 빨리 집으로 돌아오기를 원하고 있다. 음주문제에 대한 치료 프로그램 및 폭력남편대상 프로그램에 대해서 그 필요성을 부인하

고 있다. 다만 아내가 집으로 돌아오면 부부상담에는 참가할 용의가 있다고 말하고 있다.

O : 남편은 체격은 보통이며 목소리가 크고 막힘없이 이야기를 잘하는 편이다. 실직으로 인해 직업을 바꾼 후 경제적으로 쪼들리는 편이다.

A : 남편은 문제를 부인하고 있다. 자기의 행동에 책임을 지기보다는 아내에게 책임을 미루고 있는 것으로 보인다. 가부장적 가치관이 현저하다. 그러나 결혼생활을 계속할 의사가 확실한 것, 아내 및 아이에 대한 애정을 나타내는 것, 개별 및 부부상담에 개방적인 것은 이 부부관계에서 강점으로 생각된다.

P : 남편이 구타에 대한 책임을 인정하기 위하여 계속적 개입이 필요하다. 이것이 아내와 아이에게 어떠한 고통을 야기하는지를 인식할 필요가 있다. 개별면담을 계속할 예정이다.

날짜 : 12월 8일 클라이언트와의 세 번째 개별면담

문제 #4 클라이언트의 정서적 어려움

S : 클라이언트는 어떤 일도 제대로 해내지 못할 것 같다고 하며 삶에 자신감이 없다고 한다. 결혼 전에는 활발한 성격이었는데 결혼 이후, 특히 남편의 음주와 구타가 시작된 이후에 더욱 소극적인 성격이 되었다고 한다. 자신의 강점이 무엇인지 말하지 못한다.

P : 능력강화직업이 필요하다. 정기적으로는 취업교육이나 자원봉사활동도 도움이 될 것이며, 이를 위해 자기의 능력을 재발견하는 직업이 선행되어야 한다.

문제 #5 클라이언트의 결혼지속 의사 여부 불분명

S : 어제는 남편이 언니네 집에 전화하여 다시는 안 때리겠다고 약속했으며, 클라이언트는 이제 집에 돌아가고 싶다고 한다. 남편과 헤어진 이후의 생활은 경제적으로나 정서적으로 자신이 없으며, 아이를 위해서라도 결혼생활을 계속하고 싶다고 한다. 부부상담에 대해서는 참여할 의사를 나타냈다.

A : 현재 남편이 구타에 대한 책임을 부인하므로, 남편이 변화할 것이란 확신은 없다고 생각된다. 따라서 지속적 개입이 필요하다.

P : 남편 및 아내에 대한 개별상담을 계속하며, 적절한 때에 부부상담을 시작한다.

위의 사례진행노트를 보면 12월 6일은 모두 기록했으나 12월 8일의 면접에서는 SOAP를 다 기록하지 않고 특기할 만한 사항만 기록한 것처럼 관련된 내용만 기록할 수 있다.

연|구|문|제

Theories of Social Work Practice

01 기록의 목적에 대해 설명하시오.

02 기록의 내용을 단계별로 서비스 탐색단계, 서비스 형성단계, 서비스 실행단계, 서비스 종결단계로 나누어 설명하시오.

03 단계별 기록내용과 과정별 기록내용을 비교하여 설명하시오.

04 과정기록의 특성에 대해 설명하고 한 가지 면담의 사례를 선택하여 기록하시오.

05 이야기체 요약기록방법에 대해 설명하고 한 가지 면담의 사례를 선택하여 주제별 제목으로 기록하시오.

06 문제중심기록에서 SOAP가 무엇을 말하는지 설명하고 한 가지 면담의 사례를 선택하여 진행노트를 작성하시오.

07 친구나 주위에 친근한 한 사람을 대상으로 하여 문제에 대하여 1시간 정도 면담을 나눈 후 과정기록, 이야기체 요약기록, 문제중심기록으로 나누어 기록하시오.

08 각각의 기록에서 어려웠던 점, 주의해야 할 점 등을 토의하시오.

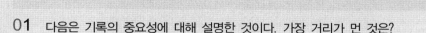

기 | 출 | 문 | 제

Theories of Social Work Practice

01 다음은 기록의 중요성에 대해 설명한 것이다. 가장 거리가 먼 것은?

① 다른 사회복지사에게 사례가 넘어가는 경우 사례의 지속성을 유지할 수 있게 한다.
② 클라이언트의 비밀보장을 철저하게 해준다.
③ 사회복지사의 개입활동에 대한 평가를 할 수 있게 한다.
④ 클라이언트의 욕구를 파악할 수 있다.
⑤ 기록의 질은 기록자에게 달려 있으므로 문자기술 능력을 향상시켜야 한다.

02 다음 보기는 SOAP 기록방법에 대한 설명이다. 가장 거리가 먼 것은?

① SOAP은 Subjective, Objective, Assessment, Plan의 약자이다.
② 기록내용에는 관찰내용과 전문가의 견해가 중심이며 해결방법은 포함하지 않는다.
③ 클라이언트가 보고하는 주관적 정보는 외적 타당도가 높지 않다.
④ 전문가가 판단한 문제에 대한 견해와 해석을 포함한다.
⑤ 가족들의 주관적인 입장에서 기술한 문제와 정보를 포함한다.

03 목표 달성 정도를 점검하고 사후지도를 하기 위한 기록 유형은?

① 요약기록   ② 과정기록   ③ 서비스기록
④ 문제중심기록   ⑤ 진단기록

04 이야기체기록 방법의 특징으로 거리가 먼 것은?

① 기록하는 데에 융통성이 있다.
② 사회복지사의 재량에 많이 의존한다.
③ 기록하는 데 시간이 많이 걸려 비효율적이다.
④ 면담내용을 지나치게 단순화해서 초점이 불명확할 수도 있다.
⑤ 시간 순서에 따라 반복적으로 관찰하고 측정하여 기록한다.

05 다음 중 문제중심기록의 목적은?

① 기록의 간단성
② SOAP의 구성
③ 감정 초점
④ 전문가 간 의사소통의 원활화와 사후점검
⑤ 실천과정에 대한 교육 활용

06 기록의 종류에 해당되는 것은?

① 과정기록, 요약기록, 문제중심기록　② 분류기록, 상세기록, 이야기체 기록
③ 단계기록, 진단기록, 요약기록　　④ 1차, 2차 기록, 과정기록
⑤ 질문응답, 이야기체 요약기록

07 사회복지사나 기관에서 주로 쓰는 기록 형태로서 일정한 간격이나 특정 행동 및 사실 등에 관해 중요한 정보를 조직화해서 기록하는 것으로 장시간의 사례에 유용한 기록방법은 무엇인가?

① 과정기록　　　　② 요약기록　　　　③ 이야기체 기록
④ 문제중심기록　　⑤ 이야기체 요약기록

08 다음은 어떤 기록방법의 단점을 설명한 것인가?

> 가. 문제의 사정이 부분적이거나 지나치게 단순하다.
> 나. 클라이언트의 장점과 자원을 중요시하지 않는다.
> 다. 서비스 전달의 복잡성을 간과하는 경향이 있다.

① 과정기록　　　　　　② 문제중심기록　　　③ 이야기체 기록
④ 컴퓨터를 이용한 기록　⑤ 진단기록

09 서비스 탐색단계에 포함되지 않는 것은?

① 내담자의 특성
② 서비스의 개시하는 이유
③ 중간노트
④ 현재와 과거의 내담자 상황에 대한 서술(사회력)
⑤ 사정

10 자료수집 및 사정단계에서 필요한 양식은?

① 상담신청서　　　② 초기면접지　　　③ 면담과정기록지
④ 사회력조사지　　⑤ 요약기록지

11 사회복지기록 시 유의하여야 할 사항으로 묶인 것은?

> 가. 기록을 하는 목적이 클라이언트에게 어떤 도움이 되는지 전달한다.
> 나. 중간에 클라이언트가 불편해하면 기록을 중단한다.
> 다. 기록 시 메모하는 것은 최소한으로 줄인다.
> 라. 클라이언트에게 부담을 주지 않기 위해 비밀스럽게 녹음한다.

① 가, 나, 다   ② 가, 나   ③ 나, 라
④ 라   ⑤ 가, 나, 다, 라

11 다음 중 기록에 관한 설명으로 옳은 것은?

① SOAP기록은 슈퍼비전에 효과적이다.
② 문제중심기록은 장기적 사례에 적용된다.
③ 과정기록은 기록자의 주관이 개입될 수 있다.
④ 이야기체기록은 문제해결방식을 반영한다.
⑤ 요약기록은 기록자의 능력에 의존하는 정도가 높다.

13 다음 중 SOAP를 순서대로 나열한 것은?

가. 클라이언트는 기분도 우울하고 먹는 것도 싫어진다고 하였다.
나. 우울증이 판단되어 심리검사를 실시하였다.
다. 심리검사 결과를 토대로 클라이언트의 우울증에 대한 해결방안을 계획하였다.
라. 클라이언트의 얼굴이 수척해지고 살이 빠져보였다.

① 라-나-다-가   ② 라-다-나-가   ③ 라-가-나-다
④ 가-라-나-다   ⑤ 가-나-라-다

14 비밀보장원칙을 반드시 지켜야 하는 사항으로 모두 묶인 것은?

-보 기-
가. 헤어진 여자친구의 거주지를 알려달라고 한 경우
나. 어머니가 두 아이를 데리고 동반자살을 할 계획을 알게 된 경우
다. 예전에 사회복지기관에서 보호받은 사실을 이웃에게 알리기 싫어하는 경우
라. 5세된 여자 아이들 친부(親父)가 성폭행한 사실을 알게 된 경우

① 가, 나, 다   ② 가, 다   ③ 나, 라
④ 라   ⑤ 가, 나, 다, 라

| 정답 |　1. ②　2. ②　3. ④　4. ⑤　5. ④　6. ①　7. ②　8. ②　9. ③　10. ④
11. ①　12. ③　13. ④　14. ②

CHAPTER 08

사회복지실천과정

Theories / of / Social / Work / Practice

사회복지실천과정은 사회복지사가 클라이언트와 그들을 둘러싸고 있는 다양한 환경을 변화시키기 위하여 전문직의 가치와 지식에 기초하여 통합적 방법으로 개입하는 과정이라 볼 수 있다. 이러한 실천과정을 많은 학자들이 다양하게 분류하고 명칭도 다르게 사용하고 있지만, 이 장에서는 초기과정, 사정과정, 계획과정, 변화과정, 종결과정으로 나누어 초기과정에서는 접수, 사정과정에서는 자료수집 및 사정, 계획과정에서는 목표설정 및 계약, 변화과정에서는 개입, 종결과정에서는 종결 및 평가로 일반적 실천과정순서를 따라 자세히 살펴보고자 한다.

제1절 초기과정

1. 접 수

접수(intake)란 문제를 가진 사람이 사회복지기관을 찾아왔을 때 사회복지

사가 그의 문제와 욕구를 확인하여 그것이 기관의 정책과 서비스에 부합되는
지 여부를 판단하는 과정이다. 접수를 통해 그 기관에서 적합한 서비스를 줄
수 있다고 판단될 때, 사회복지사를 찾아온 사람은 클라이언트가 되어 그 다음
실천과정인 자료수집, 사정의 단계를 거쳐 적절한 서비스를 받게 된다(양옥경
외, 2005 : 169 ; 김융일 외, 1995 : 179).

접수는 원조과정의 최초 단계이며 기관의 서비스 수급여부를 결정하는
중요한 과정이므로 기관에 따라서는 경험과 지식이 풍부한 접수담당 사회복지
사(intake worker)를 따로 두기도 한다. 이 단계의 주된 목표는 잠재적 클라이언
트의 욕구가 기관의 목적과 서비스 내용에 적합한지 아닌지를 판단하여 접수
여부를 결정하고 접수된 사례의 개입과정에 클라이언트가 최대한 참여하도록
유도하는 것이다. 그런데 이 두 가지 활동은 상호 긴밀히 연관되어 있다(엄명
용 외, 2006 : 259).

접수과정은 다음과 같은 구체적 활동과 결정을 수반한다(김융일 외, 1995 :
179).

첫째, 가장 중요한 것은 클라이언트의 문제와 욕구를 분명하게 확인하는
것이다.

둘째, 클라이언트와 사회복지사는 원조의 목적을 분명히 하고 원조과정에
서 기대하는 바가 무엇인지를 명확히 한다.

셋째, 클라이언트의 욕구가 기관의 자원과 정책에 부합되는지의 여부를
판단하는 것이다.

이 세 가지 활동에 기초하여 클라이언트에 대한 서비스를 접수해서 종결
시키든지, 아니면 다른 기관으로 의뢰하든지를 결정하게 된다.

2. 접수 시의 과제

접수 시 사회복지사의 과제를 Hepworth와 Larsen(1986 : 26)은 라포르 형성,
문제확인으로 보았고, 김융일 등(1995 : 181-190)은 문제확인, 의뢰, 관계형성, 개
입활동계약의 성립, 클라이언트의 동기화, 클라이언트의 저항감과 양가감정해
소 등을 들었다. 여기서는 접수 시의 과제를 여러 학자들이 공통적으로 강조

하는 문제확인, 의뢰, 관계형성으로 나누어 살펴본다.

1) 문제확인

가장 기초적인 개입기술은 클라이언트의 문제가 무엇인지 문제를 확인하는 것이다. 문제확인은 우선 클라이언트가 지적하는 문제와 이와 관련해 그가 드러내는 감정에서부터 시작한다. 문제확인은 현재 클라이언트가 문제로 호소하는 것에서 출발하게 되는데 사회복지사는 그 문제의 성격이 어떤 것인지, 그리고 그 문제가 클라이언트에게 얼마나 중요한 것인지, 무엇 때문에 이런 문제가 발생했는지 그 원인에 대한 탐색을 하게 된다. 클라이언트가 호소하는 문제 때문에 기관을 찾아온 이유가 될 수 있지만 때로는 실제 문제가 처음 찾아온 이유와 다를 수도 있다. 또한 같은 문제에 주어진 의미가 클라이언트마다 다를 수도 있다. 그러므로 사회복지사는 클라이언트의 실제 문제가 무엇인지 정확하게 판단해야 한다.

2) 의 뢰

의뢰(referral)는 클라이언트의 문제와 욕구를 기관에서 해결할 수 없을 경우 혹은 문제해결에 더 적합한 기관이 있을 경우 다른 기관으로 클라이언트를 보내는 것이다. 이때 사회복지사는 클라이언트에게 의뢰하는 기관의 서비스에 대한 정보를 제공하고 그 기관과 접촉할 수 있도록 도와주어야 한다. 그러므로 적절한 의뢰를 하기 위해서는 사회복지사가 자신의 기관뿐만 아니라 다른 기관의 강점과 약점, 정책과 자원, 접촉 가능한 담당자, 그리고 지역사회 내의 여러 자원에 대해서도 자세히 파악하고 있어야 한다.

또한 의뢰 시에는 반드시 클라이언트의 동의가 필요하므로 다른 기관에서 제공되는 서비스와 기관에 대해 클라이언트와 충분히 토론해야 되고 클라이언트가 거부감을 느끼지 않도록 정서적으로 지지해 주어야 하며 적절한 정보를 제공하여야 한다. 그리고 사후 의뢰된 기관에서 클라이언트가 서비스를 적절히 받고 있는지 반드시 확인해야 한다(양옥경 외, 2005 : 173).

3) 관계형성

관계형성은 기관을 찾는 클라이언트들이 일반적으로 보이는 두려움과 양가감정을 해소하기 위해 사회복지사와 상호긍정적 친화관계, 즉 라포르를 형성하는 것이다. 라포르를 통해 클라이언트는 사회복지사가 자신을 이해하고 자신의 복지에 진심으로 관심을 가지고 있다고 느끼는 것이다(Hepworth & Larsen, 1997 : 26). 이런 라포르가 형성됨으로써 클라이언트와 사회복지사는 원조관계에 필요한 효과적 의사소통을 할 수 있다. 따라서 사회복지사는 클라이언트를 따뜻하게 이해하고 진정으로 도우려는 의지가 있어야 하며 진실해야 한다. 이러한 관계를 통해 클라이언트는 좀 더 자신의 문제를 드러내고 앞으로의 개입과정에 참여하고자 하는 동기를 가지게 된다(양옥경 외, 2005 : 172).

관계는 기본적으로 다음과 같은 특성을 지닌다(Sheafor & Horejsi, & Horejsi, 1991 : 84-85 ; Kirst-Ashman & Hull, 1993 : 49-53 ; 김융일 외, 1995 : 184-185).

① **감정이입**(empathy) : 감정이입이란 다른 사람의 경험과 기분을 이해하는 능력이다. 클라이언트 내면의 느낌을 정확하게 감지하고 클라이언트의 경험이 클라이언트 자신에게 주는 의미와 중요성을 이해할 수 있을 때, 그리고 이러한 이해를 의사소통을 통해 표현할 수 있을 때 감정이입능력이 있는 사회복지사라고 할 수 있다.

② **인정**(positive regard) : 인정이란 외향이나 행동, 그들이 처한 환경과 무관하게 모든 클라이언트들을 가치 있는 존엄한 존재로 믿는 것을 의미하는 것으로, 클라이언트를 한 인간으로서의 내재된 가치를 인정하는 것이다.

③ **온정**(warmth) : 클라이언트가 안정감을 느끼고 자신이 수용되며 이해되고 있음을 알 수 있도록 만드는 사회복지사의 태도를 의미한다. 온정은 사회복지사의 미소, 목소리, 자세, 눈맞춤, 몸동작 등을 통해 전달된다.

④ **진실성**(genuineness) : 진실성이란 자기 자신의 있는 모습 그대로의 거짓 없고, 방어적이지 않으며, 일관되고 솔직하게 드러내는 태도이다. 사회복지사는 자신의 '전부'를 드러낼 필요는 없으나 드러낼 때는 자신의

'진짜' 모습을 드러내야 한다.

초기과정은 원조신청자가 클라이언트가 될 수 있는 기간으로 원조서비스에 대한 사정, 신청자의 욕구평가, 욕구가 충족될 수 있는 방법의 결정, 서비스를 위한 적격성(eligibility)의 결정 또는 타 기관에 의뢰하기 위한 예비적 활동과 목적에 관한 중요한 장면으로 이루어지며 기본적 목적은 원조신청자가 클라이언트의 역할을 맡을 때까지 돕는 데 있다(Perlman, 1960). 따라서 이 과정은 역할안내, 원조관계의 설정 또는 서비스의 계약체결이 이루어지는 시기로 볼 수 있다(Schrez, 1952 : 235-236 ; Perlman, 1957).

Siporin은 초기과정의 목적을 다음과 같이 구체화하여 제시하고 있다(Siporin, 1975 ; 전재일 외, 2004 : 310).

① 욕구상태에 있는 사람에 대한 서비스를 사정하고 기관에 잠재적 클라이언트를 받아들이기 위해서이다.

② 욕구를 결정하는 데 따르는 신청자의 문제, 성격 및 상황을 이해하고 평가하기 위해서이다.

③ 이 욕구를 충족시키는 방법과 장소를 결정하기 위해서이다.

④ 기관이나 사회복지사를 통하여 이용할 수 있는 서비스에 대한 본질과 조건을 해석하고 정의하기 위해서이다.

⑤ 서비스를 위한 적격성을 확인하여, 만약 신청자의 부적격성이 발견된다면 그를 다른 곳에 의뢰하기 위해서이다.

⑥ 협력적·적극적 원조관계를 수립하기 위해서이다.

⑦ 신청자, 사회복지사 및 기관 내의 서비스의 계획과 계약을 협의하고 설정하기 위해서다.

⑧ 지정된 곳에서 신청자를 클라이언트의 역할로 안내하기 위해서이다.

⑨ 초기과정의 상황에 적절한 원조적 중재를 함으로써 클라이언트의 욕구를 충족시키기 위해서이다.

제 2 절 사정과정

1. 자료수집

자료수집은 클라이언트의 문제를 이해하고, 분석하며, 문제를 해결하기 위하여 필요한 자료를 모으는 것을 말한다. 자료수집 및 사정이란 클라이언트의 문제에 개입하기 위하여 그 상황에 대한 사실을 수집하고 관찰하여 그 기초에 의해 클라이언트를 이해하는 과정이기 때문에 문제해결을 위해서는 필수불가결한 과정이다.

자료수집과 사정은 원조과정 전체를 통해 계속되는 활동이지만 특히 이 과정에서 가장 집중적으로 이루어진다. 이렇게 수집된 자료를 바탕으로 사정(assessment)이 이루어지기 때문에 자료수집이 사정보다 먼저 이루어져야 할 것으로 보이지만 실제로 자료수집과 사정은 거의 동시에 이루어지므로 자료수집과 사정을 동시발생적 활동으로 본다. 자료수집이란 말 그대로 정보(사실적 자료)를 모으는 것이기 때문에 사회복지는 자료를 수집하면서 문제를 분석하고 분석하는 과정에서 정보가 더 필요하면 필요한 정보를 더 수집해야 한다.

자료수집의 정보원은 다양하지만 가장 많이 의존하는 출처는 다음과 같다(Zastrow, 1995 : 78 ; Hepworth & Larsen, 1990 : 196-198 ; 이인정 외, 1998 : 175-177 ; 김융일 외, 1995 : 221).

① 문제, 기분, 의견, 생각, 사건 등에 관한 클라이언트의 이야기 : 여기에는 클라이언트의 문제, 그가 느끼는 기분이나 감정, 클라이언트의 생각, 문제를 해결하기 위한 노력, 문제의 역사, 문제의 원인, 문제에 대한 클라이언트의 의견 등이 모두 포함된다. 그러나 클라이언트의 진술은 주관적 경향이 있기 때문에 본인의 편견이나 감정에 의한 왜곡이 있는지 주의해야 한다.

② 클라이언트가 작성한 가정환경서와 같은 서류 : 보통 첫 면접 이전에 기관

의 간단한 초기 면접 시에 클라이언트가 직접 이름, 성별, 나이, 직업, 주소나 전화번호, 문제, 가족구성원 등을 작성하기도 하는데 이것도 클라이언트를 이해하는 중요한 정보원이 될 수 있다.

초기 면접지

- 클라이언트의 기본정보 : 이름, 성별, 나이, 결혼관계, 주소, 전화번호, 직업 등
- 가족관계 : 동거 중인 가족을 중심으로 가족원의 이름; 나이, 직업, 교육 정도, 종교 등
- 주요 문제 : 클라이언트가 사회복지사에게 도움을 청하게 된 문제가 무엇이며 언제부터 어떤 과정으로 지속되었는지에 대한 내용
- 기관에 오게 된 동기
- 의뢰이유 : 타 기관 또는 가족으로부터 의뢰된 경우, 의뢰한 이유
- 이전의 사회복지서비스 경험 : 과거에 어떤 사회복지관에 어떤 서비스를 받았는지에 대한 내용

③ 부부, 가족구성원 간의 상호작용에 의한 사회복지사의 관찰 : 클라이언트와 그의 삶에 중요한 사람들, 즉 부부나 가족구성원 간의 상호작용을 사회복지사가 관찰함으로써 많은 정보를 얻을 수 있다. 가족뿐만 아니라 필요한 경우에는 친구나 동료 간의 상호작용도 중요한 정보원이 될 수 있다.

④ 심리검사결과 : 심리검사의 결과는 심리학자에 의해 실시되는 다양한 성격검사, 지능검사 등으로부터 얻은 결과의 정보이다. 심리검사가 필요하다고 생각될 경우에는 심리학자에게 의뢰하여 얻을 수 있는데 성격과 지능 등에 관한 정보로서 MMPI, MBTI, 사회성숙도, 자아존중감, 결혼만족도, 가족관계친밀도 등이 있다.

⑤ 클라이언트의 비언어적 행동에 관한 사회복지사의 관찰 : 클라이언트의 언어적 표현뿐만 아니라 비언어적 행동, 즉 몸짓, 얼굴표정, 어조, 눈빛, 손과 팔 등의 몸동작, 옷차림과 외모 등은 경우에 따라 클라이언

트의 감정과 사고를 더 정확하게 판단할 수 있기 때문에 사회복지사는 세밀하게 관찰하고 클라이언트의 비언어적 행동까지도 읽을 수 있는 능력을 갖추어야 한다.

⑥ 친척, 친구, 선생님 등 관련된 사람들에게서 수집되는 정보 : 클라이언트의 친척이나 가족, 이웃, 친구, 직장동료나 상사, 학교 선생님 등으로부터 얻게 되는 정보가 귀중한 정보원이 될 수 있다. 이러한 정보를 얻을 때에는 클라이언트의 동의를 얻어야 한다. 때로는 정보를 얻는 과정에서 상반되는 정보를 얻을 수 있으므로 사회복지사는 얻어진 정보들이 일관성이 있는지에 대해 주목할 필요가 있다.

⑦ 클라이언트에 대한 사회복지사의 개인적 경험 : 클라이언트와 사회복지사가 상호작용하는 패턴을 보면 클라이언트가 다른 사람들과 어떻게 상호작용하는지 상호작용의 유형을 짐작할 수 있게 해 줄 뿐만 아니라 문제행동을 이해하는 데 실마리를 제공한다. 사회복지사는 클라이언트와 상호작용하는 과정에서 자신이 느끼는 감정이 다른 사람에게도 비슷할 것이라는 생각을 하게 되고 사회복지사의 이러한 감정이 결국은 문제행동에 대한 중요한 정보를 제공할 수 있다는 것이다.

사회복지사가 필요로 하는 정보영역은 사례에 따라 서로 다르기 때문에 가장 적절한 자료를 수집하는 것이 바로 사회복지사의 능력이라고 볼 수 있다. 일반적으로는 생활력, 인간관계, 경제문제, 건강, 정서, 문화, 클라이언트의 기능, 가족력, 클라이언트의 자원 등에 관한 자료들이 수집된다. 자료수집과 사정에서 사회복지사가 명심해야 할 원칙은 다음과 같다(Kirst-Ashman & Hull, 1993 : 150-153 ; 김융일 외, 1995 : 222).

첫째, 이 과정에서 가장 중요한 것은 클라이언트의 참여가 절대적으로 필요하다는 것이다. 원조를 성공적으로 이끌기 위해서는 클라이언트의 문제를 정의하는 것에서부터 우선순위를 결정하기까지 클라이언트의 참여가 중요하다.

둘째, 클라이언트의 강점을 평가한다. 자칫하면 클라이언트의 문제에만 관심을 가지기 쉬우므로 사회복지사는 클라이언트의 강점을 확인하여 문제해결방안을 모색해 보는 것도 중요한 과제가 된다.

셋째, 한 가지 문제만 갖고 있는 클라이언트는 거의 없다. 그러므로 사회복지사는 클라이언트의 문제를 다양하게 규정할 줄 알아야 한다. 그리고 문제의 심각도에 따라 우선순위를 정해야 한다.

이러한 우선순위는 사회복지사의 임의대로 정하는 것이 아니라 다음 세가지 기준에 의해 정한다(Kirst-Ashman & Hull, 1993 : 158-159 ; 김융일 외, 1995 : 229).

첫째, 문제의 존재가 클라이언트가 인정하는 문제여야 한다.

둘째, 사회복지사와 클라이언트 모두가 이해할 수 있는 분명한 용어로 정의된 문제여야 한다.

셋째, 사회복지사와 클라이언트 모두가 현실적으로 해결 가능한 문제여야한다.

넷째, 문제정의가 다양해야 하는 것처럼 개입방법도 다양하게 설정해야하며 실현가능성, 효과의 기준에서 우선순위를 결정해야 한다.

자료수집과 사정은 동시에 행해지는 활동이므로 가장 기본적인 기술은제6장에서 살펴본 면접기술과 의사소통기술이 여기에 적용된다.

2. 사 정

자료수집이 끝나면 수집된 자료에 기초하여 사정(assessment)을 하게 된다.사정은 문제가 무엇인지, 어떤 원인 때문인지 그리고 그 문제를 해결하거나 줄이기 위해 무엇이 변화되어야 하는지에 대해 답하는 사회복지실천과정의 핵심적 단계이다. 과거 전통적 사회사업에서는 '진단(diagnosis)'이라고도 했으나 진단이라는 용어는 의료 모델에서 나온 것으로 개인이나 가족, 집단에게 질병이나 역기능적 문제가 있는 것으로 보고 주로 '무엇이 잘못 되었는가'에 초점을 두는 것이다. 그러나 사회복지실천과정에서는 '무엇이 잘못 되었는가'에만 초점을 두는 것이 아니라 그들의 자원, 동기, 장점, 능력들을 모두 보기 때문에'진단'보다는 '사정'이라는 용어를 더 많이 사용하고 이에 많은 학자와 실무자들이 동의하고 있다(양옥경 외, 2005 : 178-179).

사회복지사가 사정과정에서 찾으려는 것은 다음과 같은 질문에 대한 해

답이다(엄명용 외, 2006 : 269-270).

- 클라이언트는 어떤 사람인가?
- 클라이언트는 자기문제를 무엇이라고 생각하는가?
- 문제는 얼마나 오래 지속되어 왔는가?
- 클라이언트는 그간 문제해결을 위해 어떤 노력들을 해 왔으며 효과가 있었는가?
- 어떤 사람들이 관련되어 있으며 어떤 집단이나 사람들이 영향을 받는가?
- 클라이언트에게 영향을 줄 수 있는 주요한 타자들은 누구인가?
- 클라이언트는 문제를 해결하고자 동기화되어 있는가?
- 클라이언트의 강점(strength)과 약점은 무엇인가?

1) 사정의 특성

Johnson은 사정의 특성을 다음과 같이 10가지로 정리했다(Jonson, 1989 : 272-274 ; 양옥경 외, 2005 : 179-181).

① 사정은 계속적 과정이다. 사정은 돕는 과정 내내 계속되는 과정이다. 물론 초기사정이 제일 중요하지만 돕는 과정이 진행되는 동안 새로운 정보가 발견되기도 하고 새로운 이해가 생기기도 하므로 사정은 항상 계속되는 작업이다.

② 사정은 이중초점을 가진다. 사정은 초기과정에서 수집된 정보를 바탕으로 상황 속의 클라이언트를 이해하고 계획의 근거를 마련해야 하는 이중초점을 갖는다.

③ 사정은 클라이언트와 사회복지사의 상호과정이다. 사정의 기본이 되는 자료수집이 사회복지사와 클라이언트의 상호과정 속에서 이루어지므로 사정 역시 상호작용 속에서 클라이언트의 반응을 이해하며 진행된다.

④ 사정에는 사고의 전개과정이 있다. 사정은 지속적으로 필요한 정보를 수집하고 수집된 정보들을 이용하여 클라이언트의 상황을 이해하며, 부분적 이해를 모아 전체적 맥락 속에서 통합하여 사고하는 전개과정이 포함된다.

⑤ 수평적·수직적 탐색 모두가 중요하다. 초기 과정에서는 우선 수평적 정보, 즉 현재의 관계, 능력, 기능 등을 중심으로 클라이언트의 욕구를 발견하고 점차 시간이 지나면서 수직적 탐색, 즉 과거력, 개인력, 문제의 역사 등에 대한 정보를 수집한다. 사회복지사는 상황과 필요에 따라 수평적·수직적 탐색을 적절히 사용하는 기술이 필요하다.

⑥ 클라이언트를 이해하는 데는 지식적 근거가 필요하다. 클라이언트의 상황을 이해하는 수단으로 전문적 지식을 이용하여야 한다. 이때 이용되는 지식은 인간행동에 대한 이해와 인간의 다양성, 가족관계, 집단 및 지역사회, 정책, 행정 등이고 사례에 따라 그에 맞는 지식이 필요할 수 있다.

⑦ 사정은 생활상황 속에서 욕구를 발견하고 문제를 정의하면서 그 의미와 유형을 설명한다. 사정은 욕구를 발견하고 욕구만족을 방해하는 것이 무엇인지를 생활상황과 관련지어 명확하게 하기 위한 과정이다.

⑧ 사정은 개별적이다. 사정은 각 클라이언트의 독특한 상황과 관련되어 있으므로 모두 다를 수밖에 없으며 인간의 상황은 복잡하여 어느 것도 같은 것은 없다.

⑨ 판단이 중요하다. 사정에는 여러 가지 결정이 있어야 한다. 어떤 내용을 어떤 지식에 응용할 것인지, 어떤 부분을 고려하여 클라이언트와 어떻게 연결시킬 것인지, 어떻게 문제를 정의할 것인지를 결정해야 한다.

⑩ 클라이언트를 완전히 이해하는 데는 항상 한계가 있다. 어떠한 사정도 완벽할 수 없으며, 상황에 대한 완벽한 이해는 불가능하다.

2) 사정의 과업

사정이란 수집된 자료를 해석하고 의미를 부여함으로써 최종적으로 문제를 규정하여 실천의 방향을 결정하는 일이다. 자료수집이 클라이언트와 그의 문제를 이해하는 데 도움이 될 만한 많은 자료를 모으는 것이라면 사정은 수집정리된 자료를 분석하고 심사숙고하여 문제를 규정해 내는 작업이다. 문제가 규정되면 문제의 중요성과 변화의 시급성을 기준으로 표적문제(target problems)를 찾아내어 개입의 목표를 정한다(엄명용 외, 2006 : 269).

사정과정의 과업은 첫째, 문제를 발견하고, 둘째, 정보를 수집하고, 셋째, 문제를 형성해서 개입계획수립의 '무엇을 어떻게'에서 '무엇을'에 해당하는 질문에 대답하고자 하는 것이다. 즉, 충족되지 않은 욕구를 인지하고 욕구충족의 장애물을 규명하여 욕구충족의 장애를 제거하는 방식을 설정하는 과정이다 (Johnson, 1989 : 281-292).

(1) 문제의 발견

사정의 첫 번째 작업은 문제를 발견하는(defining of problem) 것이다. 이것은 접수 및 참여유도단계에서의 문제확인보다는 좀더 심층적으로 문제의 성격과 원인을 이해하는 것으로 접수 및 참여유도단계에서 문제의 확인이 주로 클라이언트 스스로가 말하는 문제에 기초한다면 문제의 발견단계에서는 문제에 대한 사회복지사의 평가에 더 큰 비중을 둔다.

Johnson은 문제를 발견하는 세 단계를 다음과 같이 제시하였다(Kirst-Ashman & Hull, 1993 : 153 ; 김융일 외, 1995 : 224).

첫째, 사회복지사는 해결되지 않은 클라이언트의 욕구가 무엇인지 확인해야 한다.

둘째, 욕구를 충족시키는 데 장애가 되는 요인을 파악해야 한다. 즉, 클라이언트의 욕구충족을 방해하는 장애물을 클라이언트 내부 혹은 그를 둘러싸고 있는 환경에서 찾아보는 것이다.

셋째, 문제해결계획이나 개입방향이 드러나도록 문제를 규명하는 것이다. 예를 들어, 여기에 경제적으로 곤경에 처한 클라이언트가 있을 때, 위의 단계를 밟아서 문제를 규명하면 첫째로 이 클라이언트의 해결되지 않은 욕구는 돈이고, 둘째, 이것을 충족하지 못하도록 방해하는 것은 일자리가 없기 때문이고, 셋째, 그러므로 그의 문제를 실업으로 규명하게 되며, 이러한 문제의 규명은 바로 취업, 직업훈련 등의 문제해결방향을 가리킨다.

사회복지사는 클라이언트의 가장 빈번한 문제의 유형을 알고 있어야 한다. Kirst-Ashman과 Hull(1993 : 153-156)은 클라이언트의 가장 빈번한 문제를 다음과 같이 분류하였다(김융일 외, 1995 : 224-226).

① 인간관계에서의 갈등 : 주변의 다른 사람들과의 관계에서 명백한 어려움

이 있는 문제를 의미한다.

② **사회적 관계에서의 불만족** : 명백하게 드러나지는 않지만 흔히 사람들이 느끼는 사회적 관계에서의 불만족으로, 예를 들면 지나치게 소극적인 성격으로 인해 사람들과의 관계에서 언제나 피해를 본다고 느끼는 사람의 문제이다.

③ **공식적 조직과의 문제** : 클라이언트가 흔히 제기하는 문제로, 예를 들면 사회복지사가 자신에게 불친절했다거나 기대한 만큼의 생활비를 주지 않았다고 불만을 갖는 것이다.

④ **역할수행상의 문제** : 자신의 지위에 따라 사회적·문화적으로 기대되는 행동양식을 수행하는 데 어려움을 느끼는 문제들이다.

⑤ **사회적 전환에서 파생되는 문제** : 사람들은 일생 동안 결혼, 임신, 퇴직, 이혼 등과 같은 중요한 전환기를 겪게 되는데 이럴 때 적응하지 못하고 심각한 정서상의 혼란을 겪거나 대처할 방향도 찾지 못해 문제상황에 놓이게 된다.

⑥ **심리행동상의 문제** : 우울증, 신경증적 거식증과 같은 심리정신적 문제와 범죄행위 등과 같은 통제되지 않은 행동이 모두 포함된다.

⑦ **자원의 부재나 결핍의 문제** : 기본적으로 필요한 욕구가 해결되지 않음으로써 발생되는 것으로, 예를 들면 가난의 문제는 돈이라는 자원의 결핍을 의미하고, 의료서비스의 부족, 생계비 부족 등이 여기에 속한다.

⑧ **의사결정의 어려움** : 인생의 중대한 갈림길에서 감정적 혼란으로 인해 객관적이며 합리적인 선택을 하지 못하는 경우이다.

⑨ 다민족사회에서 발생하는 인종 간의 상이한 문화로 인해 파생되는 문제이다.

(2) 정보의 발견

Brown과 Levitt(1979 : 408-415)은 사정 시 정보를 수집하는 데 유용한 지침을 다음과 같이 12가지 질문으로 제시하였다(양옥경 외, 2005 : 182-188).

① 누가 문제체계에 관여되어 있는가? 클라이언트가 제시한 문제에 누가 관여되어 있는가를 찾는 것이다.

② 참여자들은 어떻게 관여하고 있는가? 문제체계에 관여된 사람들이 서로 어떻게 서로 상호작용(interaction)하여 문제를 발생시키는가? 하는 것으로 문제행동이 일어나기 전, 문제가 발생되는 동안, 문제발생 직후에 관여된 사람들이 각각 어떻게 행동하였고 서로에게 어떠한 영향을 미쳐서 문제행동을 촉진시켰는가 하는 것이다.

③ 클라이언트가 문제에 어떤 의미를 부여하는가? 클라이언트의 문제에 대한 지각은 앞의 선행사건과 클라이언트의 사고가 행동을 동기화하기 때문에 클라이언트가 문제에 어떤 의미를 부여하는지에 대해 알아야 한다. Hurvitz는 변화를 방해하는 전형적 의미부여 형태를 다음과 같이 9가지로 보았다(Hurvitz, 1975 : 225-240 ; 양옥경 외, 2005 : 183-184 재인용).

- 사이비 과학적 설명 : "요즘 바이오리듬상 우리가 서로 맞지 않는 것 같다", "그 행동은 유전인 것 같다" 등이다.
- 심리적 낙인 : "우리 어머니가 편집증이므로 별 수 없이 거짓말을 할 수밖에 없다", "그녀는 과잉행동을 보이는 것이다" 등
- 다른 사람에게 변화의 능력이나 동기가 없다는 믿음 : "그녀가 변할 리 없다", "그는 내가 이혼을 요구하게끔 자꾸 나를 자극하는 것이다" 등
- 변화될 수 없는 외적 요인 : "아버지만 살아계셨다면……" 등
- 변화할 수 없는 내적 속성에 대한 잘못된 믿음 : "나는 원래 성적 욕구가 없는 사람이다", "난 원래 재수 없는 사람이다" 등
- 무력함에 대한 비현실적 감정 : "난 아무리 해도 그녀를 따라갈 수 없어", "난 아무것도 할 수 없어. 그냥 그의 처분만을 기다릴 뿐이야" 등
- 고정된 철학적·종교적 원칙 : "낙태는 죄악이기 때문에 어쩔 수 없이 낳을 수밖에 없어" 등
- 인간본질에 대한 가정을 주장 : "그 나이의 아이들은 다 그래", "여자의 행복이란 시집을 잘 가는 데 있어" 등
- 문제에 관련된 다른 사람의 한계점을 주장 : "그 사람은 너무 둔해서 내 감정을 이해하지 못한다", "그녀가 너무 멍청한 것 같다" 등

④ 문제행동이 어디서 일어나는가? 문제행동이 일어나는 장소에 대해서 아

는 것은 문제행동을 촉진시키는 상황적 요인을 발견하는 데 도움이 된다. 학교에서 과잉행동을 보이는 아이가 집에서는 얌전하게 있다면 문제행동을 보이는 장소와 보이지 않는 장소의 차이를 통해 문제의 원인이 무엇인지 알아볼 수 있다.

⑤ 언제 문제행동이 일어나는가? 이것은 문제행동을 촉진시키는 시간적 요인을 발견하는 데 도움을 주는 것으로 문제행동이 일어나는 시기와 줄어드는 시기의 차이점을 통해 문제가 발생하는 요인에 관련된 사람들의 행동을 더 깊이 있게 탐색해 볼 수 있다. 예를 들면, 주의가 산만한 아이가 엄마와 하루 종일 집에 같이 있을 경우에 증세가 더 심해지고 학교에서는 그렇지 않다면 엄마와 함께 있는 시간에 문제행동이 촉진된다는 것을 알 수 있을 것이다.

⑥ 문제행동이 일어나는 빈도는 어느 정도인가? 이것은 문제행동이 얼마나 클라이언트의 전반적 삶에 폭넓게 영향을 미치는지를 이해하는 데 도움을 준다.

⑦ 문제행동은 언제부터 있어 왔는가? 이것은 문제행동의 역사를 알아보는 것으로 문제행동이 언제 발생하여 어떤 과정을 거쳐 지금까지 진행하여 왔는지를 알아보는 것이다. 제일 처음 문제행동이 발생했던 상황에 대한 깊이 있는 탐색은 초기의 유발요인을 발견하는 데 도움을 준다.

⑧ 문제와 관련하여 채워지지 않은 욕구는 무엇인가? 클라이언트는 자신이 원하는 바를 피상적으로 이야기하기 쉽기 때문에 사회복지사는 뛰어난 공감력으로 클라이언트의 채워지지 않은 욕구를 발견해야 한다. 예를 들어, 성격이 맞지 않다고 자주 싸우는 부부의 경우, 좀 더 깊이 있게 탐색해 보면 서로를 존중하지 않고 공감하지 않기 때문에 서로 사용하는 대화에서 문제를 발견할 수 있다.

⑨ 문제에 대한 클라이언트의 정서적 반응은 어떠한가? 이 질문은 감정이 지나칠 경우 오히려 문제가 더 악화될 수 있고, 경우에 따라 행동보다 감정이 더 문제가 되어 감정을 일으킨 선행 문제행동의 중요성이 가려지기도 하기 때문에 매우 중요하다. 예를 들어, 늦게 들어오는 남편이 바람을 피우는 것이라 생각하여 분노를 느낀 부인이 남편이 들어오자마자

화를 냈고, 남편은 현관에 들어오다 말고 다시 문을 닫고 나가 버렸다면 결국 늦게 들어오는 남편의 행동보다 그녀의 분노가 부부관계를 악화시킨 상황이 되어 버린 것이다. 이런 이유로 사회복지사는 문제에 대한 클라이언트의 정서적 반응을 탐색하게 된다.

⑩ 클라이언트는 그동안 문제에 어떻게 대처해 왔으며 문제를 해결하는 데 어떤 기술이 필요한가? 이 질문은 클라이언트가 스트레스를 감당하는 수준과 그의 문제해결 및 대처기술을 파악하는 데 도움이 된다. 과거에 이와 유사한 어려움을 어떻게 대처해 왔는지, 그리고 지금은 무엇 때문에 과거와 같은 대처를 하지 못하는지에 대한 실마리를 제공해 준다.

⑪ 클라이언트는 어떤 장점과 기술을 가지고 있는가? 클라이언트의 문제를 해결하기 위해 활용 가능한 자원이 무엇인지를 발견할 수 있게 해 준다. 장점과 잠재력을 적극적으로 활용함으로써 클라이언트가 상실된 힘을 회복하고 자기비난과 자신에 대한 부정적 평가에서 벗어날 수 있도록 도울 수 있다(박미은, 1996 : 53-79). 이러한 방법은 클라이언트가 자신에 대한 긍정적 시각을 가짐으로써 스스로 문제해결의 주체가 되고 변화에 대한 강한 동기를 가질 수 있어 효과적이다. 따라서 사회복지사는 클라이언트가 스스로 보지 못하고 있는 장점을 볼 수 있도록 돕고 그가 가지고 있는 문제해결에 필요한 기술이 무엇인지 적극적으로 찾아내어 활용하도록 해야 한다.

⑫ 필요로 하는 외적 자원은 무엇인가? 사회복지사는 이 질문을 통해 클라이언트가 필요로 하는 자원을 얻을 수 있는 자격과 과정에 대한 정보를 제공하여 자원과 클라이언트를 연결해 주는 매개자의 역할을 할 수 있다. 또한 사례관리자(case manager)로서 클라이언트에게 적절한 서비스가 적절한 시기에 제공될 수 있도록 지역사회자원에 대한 정보를 가지고 있어야 한다. 예를 들면, 노숙자가 심각한 음주를 하고 있다면 그에게 의료보호서비스가 제공될 수 있도록 공적 자원과 연결이 필요하고 또한 음주와 관련된 치료체계와 접촉할 수 있도록 매개자의 역할을 해야 한다.

(3) 문제형성

사정의 세 번째 영역은 클라이언트가 호소하는 문제와 욕구 그리고 욕구 충족을 방해하는 요인들을 고려하여 문제를 형성하고 그것을 통해 목표설정과 개입계획을 세우는 것이다. 따라서 문제형성(formulation of problem)은 그동안 얻어낸 정보들을 분석하여 사회복지사가 전문적 소견으로 판단하는 것이다(양옥경 외, 2005 : 188).

문제형성은 클라이언트의 충족되지 못한 욕구가 무엇인지 구체적으로 알아야 한다. 왜냐하면 클라이언트가 제시한 문제를 충족되지 못한 욕구로 바꾸어서 재진술해야 클라이언트를 돕기 쉽기 때문이다(Hepworth & Larsen, 1995 : 180). 예를 들어, 남편이 사업에만 열중하여 대부분의 시간을 사업상의 문제로 시간을 보내는 것에 불만을 가지고 있는 클라이언트의 경우, 그가 제시한 '남편의 사업'의 문제를 '남편이 가족과 함께 시간을 보내고 사랑받고 싶어 하는 욕구'로 바꾸는 것이다.

이렇게 욕구를 바꾸어서 재진술하게 되면 문제와 관련된 두 사람이 서로의 욕구를 어떻게 만족시킬 수 있을지 타협하도록 하는 개입의 목표가 설정될 수 있을 것이다.

3) 사정내용

(1) 클라이언트의 자원에 대한 사정

클라이언트의 자원에 대한 사정은 그의 문제해결능력, 필요한 자원과 한계, 성격 등의 측면에서 이루어지며 특히 강조되는 것은 클라이언트가 보유하고 있는 자원에 대한 사정이다. 클라이언트의 자원에 대해서는 다음과 같이 분류하고 있다(Kirst-Ashman & Hull, 1993 : 156-158 ; 김융일 외, 1995 : 227-228).

① 교육정도와 취업경험 : 클라이언트의 문제가 실업이거나 경제적 문제인 경우에는 특히 이 부분에 대한 사정이 중요하다. 취업에 필요한 교육배경, 기술, 경력 등에 대한 사정이 주요 내용이다.

② 문제해결능력과 의사결정능력 : 클라이언트가 과거에 어려운 문제를 해결해 본 경험, 현재의 문제와 유사한 문제해결에 동원되었던 방법,

이 방법의 재적용의 가능성 타진 등에 대한 사정은 현재의 문제를 해
결하는 데 더 중요한 단서를 제공한다.

③ 개인적 자질과 성격 : 클라이언트의 대인관계, 긍정적 자질과 성격, 신
체적 측면, 지적 능력, 상담에 임하는 태도, 약속시간 지키기 등은 매우
중요한 정보가 된다. 클라이언트의 자원이라고 할 때 이 부분이 차지하
는 비중이 가장 크다.

④ 물리적·재정적 자원 소유 : 주택, 자동차, 저축 등에 대한 조사는 클라
이언트의 문제해결에 긴요한 자원으로서 반드시 평가되어야 한다.

⑤ 문제해결에 대한 동기와 의지 : 문제해결에 대한 클라이언트의 의지와
동기, 변화에 대한 긍정적이며 적극적인 자세 등은 원조과정에 의미가
큰 자원이다.

(2) 환경적 측면에 대한 사정

클라이언트의 문제에 영향을 미치는 환경에 대한 사정은 주요한 사정과
정 중의 하나로서 개인에 대한 환경의 적절함과 부적합, 긍정적 측면과 취약함
등이 사정의 내용이 된다. 이러한 환경에는 부부관계와 가족은 물론 친구, 친
척, 이웃 등을 포함하는 사회자원체계들이 이에 속하고 그 외 탁아, 건강서비
스, 취업구조, 행정조직 등도 포함된다(김융일 외, 1995 : 228).

(3) 클라이언트의 정서, 심리상태에 대한 사정

클라이언트의 심리상태는 지능, 동기화, 대처행동의 유형, 자기개념, 불안
이나 우울의 정도, 일반적 인성의 통합 등을 표준화된 심리검사를 통해 파악할
수 있다. 예를 들어, MMPI(The Minnesota Multiphasic Personality Inventory)는 가장
많이 사용되는 객관적 성격검사라 할 수 있는데, '예, 아니요, 모르겠다'로 응답
하는 567개의 자기기술적 문장으로 구성되어 있다. 이 외에도 아동과 성인의
지능검사, 인지적 지체검사 등이 사용된다.

그러나 이러한 검사를 사회복지사가 다 완벽하게 알아야 하는 것은 아니
다. 심리상태에 대한 검사가 필요하다는 사실을 인지한다면 심리학자에게 의
뢰할 수 있기 때문이다. 클라이언트의 정신장애와 관련해서도 마찬가지다. 사
회복지사가 정신장애가 있는 클라이언트를 만나게 되면 그를 정신과적 치료에

신속히 의뢰하는 것이 가장 중요하다. 그러기 위해서는 정신질환의 증상을 인식할 수 있어야 하는데, Daiches(1983, Sheafor et al., 1997 재인용)는 정신적 상태를 사정하는 데 고려해야 할 범주로 일반적 외모와 태도, 행동, 시간과 공간의 지향, 기억, 감각, 지적 기능수행, 기분과 정서, 지각의 왜곡, 사고내용, 통찰, 판단의 11가지를 지적하고 있다.

사회복지사는 대화 중에 자연스럽게 "당신은 몇 년에 태어났습니까?", "지금은 몇 년입니까?", "지금 우리나라 대통령 이름은 무엇입니까?" 등의 질문을 끼워 넣어 클라이언트의 정신상태를 점검할 수 있다. 또는 DSM-Ⅳ(Diagnostic and statistical Manual)와 같은 정신질환 진단도구가 사용될 수 있다(엄명용 외, 2006 : 276-277). DSM-Ⅳ는 미국 정신의학협회가 200가지가 넘는 정신장애를 17개의 넓은 범주로 분류하고 각각의 장애에 대하여 주요 증상과 주변적 특성, 질환의 진전경로, 발병시기, 관련된 신체질환, 사회적 기능손상, 발병 관련 인자, 진단기준 등에 대해 자세히 수록되어 있다.

DSM을 전문직 활동에 활용하는 것에 대해 클라이언트의 장점보다는 병리적 부분에만 치우친다는 견해도 있으나 Williams는 이 진단분류체계를 적극적으로 활용할 것을 권장하는 이유는 다음과 같다(김융일 외, 1995 : 231 재인용).

첫째, 클라이언트의 정신, 정서, 행동상의 문제에 대해 정신과 의사, 심리사, 혹은 간호사와 같은 다른 전문직과 원활한 의사소통을 가능하게 하고, 둘째, 이 진단분류체계가 정신질환의 원인적 측면보다 증상이나 행동에 대해 상세히 다룸으로써 사회복지실천의 개입에 필요한 문제를 규명하는 데 도움이 되고, 셋째, 정신질환에 대한 사회복지사의 이해를 높여 준다는 것이다.

(4) 클라이언트의 역할수행의 문제에 대한 사정

역할수행과 관련되어 파생하는 문제는 자신이 수행하는 역할과 외부에서 기대하는 역할 간의 심각한 괴리로 인해 발생하며 역할상의 문제는 역할이론(role theory)을 적용하여 평가할 수 있다. 역할과 관련된 문제를 설명하는 개념을 보면 다음과 같다(김융일 외, 1995 : 232-234).

① **역할갈등**(role conflict) : 역할갈등이란 역할을 수행하면서 겪는 어려움을

의미하는 것으로 역할 내 갈등(intra role conflict), 역할 간 갈등(inter role conflict)의 두 가지 형태의 문제가 있다. 역할 내 갈등이란 하나의 지위 (position)에 기대되는 역할(role)들에 대한 합의가 결여될 때 개인이 겪는 어려움이다. 예를 들면, 아내라는 역할에 대해 시어머니, 남편, 본인 자신이 각각 다른 기대를 가지고 있을 때 관련자들의 기대 불일치로 인해 아내의 역할수행에 많은 갈등을 겪게 되는 것이다. 역할 간 갈등이란 한 개인에 의해 수행되는 여러 가지 역할들이 상호불일치할 때 발생하는 것이다. 예를 들면, 한 여성이 엄마, 아내, 직장인의 여러 역할을 동시에 수행하면서 겪는 어려움을 말할 수 있다.

② **역할모호성**(role ambiguity) : 어떤 지위에 대한 역할이 분명히 규정되지 않았을 때 발생하는 문제를 역할모호성이라 한다.

③ **역할과중**(role overload) : 한 개인이 자신에게 기대되는 역할들을 부담되고 힘들게 느껴서 문제가 발생할 경우 역할과중이라 한다.

④ **역할단절**(role discontinuity) : 삶의 주기에 따라 기대되는 역할이 변화되는데, 변화되는 역할 간에 유사성이 부족할 때 파생되는 문제가 역할단절이다. 예를 들면, 현대사회에서 조기 퇴직은 직업인으로서 역할상실을 갖고 오기 때문에 노인문제를 발생시키는 계기가 되는데 이것이 대표적인 역할단절이다.

역할과 관련된 여러 개념들은 클라이언트의 역할상의 문제를 평가하는 데 적절한 이론적 틀을 제공한다.

(5) 자아방어기제에 대한 사정

클라이언트에 대한 사정에서 그가 사용하는 자아방어기제(self defense mechanism)를 분석해 보는 것은 원조과정에서의 갈등상황과 개입전략에 대해 클라이언트가 보이게 될 반응을 예견할 수 있는 좋은 평가방법이다. 방어기제란 정신분석이론에 근거를 둔 것으로서 현실적으로 다룰 수 없는 불안이나 죄의식으로부터 자신을 보호하기 위해 고안된 무의식적 전략이다(장인협 감역·김인숙 외 공역, 1992 : 105). 자아방어기제의 사용은 개인의 현실인식능력과 대인관계능력을 손상시키고 현실적 문제해결에 장애가 되므로 높은 수준의 자아방어와 현실왜곡은 문제가 있는 성격이다(김융일 외, 1995 : 236).

클라이언트가 사용하는 방어기제는 다음과 같은 것들이 있다(이종복·전남련, 2005 : 174-179).

① **억압**(repression) : 억압은 가장 기본적이고 중요한 방어기제로서 자아가 수용할 수 없는 것, 바람직하지 못한 충동, 사고, 감정, 기억 등을 의식하지 않으려고 무의식 속에 밀어 넣어 불안으로부터 자아를 보호하고자 하는 것이다. 즉, 억압은 용납할 수 없는 충동을 무의식으로 추방하는 능동적·무의식적 과정으로, 꿈, 농담, 말의 실수 등으로 나타난다. 죄책감이나 수치심, 자존심을 상하게 하는 경험일수록 억압되기 쉽다.

② **반동형성**(reaction formation) : 반동형성은 불안을 야기하는 충동, 감정, 생각이 의식의 수준에서 반대의 것으로 대체되는 것을 말한다. 처음의 충동이나 감정, 생각은 완전히 사라지는 것이 아니라 반대의 표현을 통해 의식에서 감춰지는 것이다. 증오는 애정으로 대체되고, 관심은 무관심으로, 질책 대신 칭찬으로 표출된다. 반동형성은 현실적으로 적응에 문제를 일으키지 않는 한 불안을 막는 유용한 방어기제가 된다.

③ **퇴행**(regression) : 잠재적 외상(trauma)이나 실패가능성이 있는 상황에 처할 때 해결책으로 초기의 발달단계나 행동양식으로 후퇴하는 것이 퇴행이다. 어릴 때 효과적이고 위안이 되었던 행동으로 되돌아가 갈등이나 스트레스를 피하는 것이다. 배변훈련이 충분히 된 아동이 동생이 태어난 후 부모의 관심이 동생에게 집중되자 대소변을 가리지 못하게 되는 것이 대표적인 예라 할 수 있다.

④ **격리**(isolation) : 과거의 고통스러운 기억과 연관된 감정을 의식에서 떼어내는 것이 격리이다. 즉, 감정이 사고와 분리된다. 아버지와 관련되어 해결되지 않은 감정이 무의식에 남아 있는 한 청년이 자기 아버지의 갑작스러운 죽음에 대해 말할 때는 슬픈 감정을 전혀 보이지 않으면서 아버지를 연상시키는 권위적인 남자가 죽는 영화를 볼 때 비통하게 우는 것은 격리의 한 예가 된다.

⑤ **취소**(undoing) : 취소는 보상과 속죄의 행위를 통해 용납할 수 없거나 죄

책감을 일으키는 충동이나 행동을 중화 또는 무효화하는 것으로 심리적 말살이라고 불리기도 한다. 예를 들면, 여비서에게 성적으로 끌리는 것을 느낀 남자가 부인에게 줄 비싼 선물을 사는 것이나 기도문을 되풀이하는 마술적 방법으로 죄책감에서 벗어나려고 하는 것이 취소에 해당된다. 취소과정에 의해 현실은 왜곡되는데, 의식수준에서는 용납할 수 없거나 죄책감을 일으키는 충동이나 행동이 없었다고 여긴다.

⑥ **투사**(projection) : 자신의 용납할 수 없는 충동, 생각, 행동을 무의식적으로 다른 사람이 이러한 충동, 생각, 행동을 느끼거나 행한다고 믿는 것이다. 예를 들어, 남자들에 대해 자기가 느끼는 강한 성적 감정을 인정하고 싶지 않은 여성이 모든 남자들이 성적으로 그녀에게 관심이 있으며 끊임없이 그녀를 원한다고 느끼는 것이 투사에 해당된다. 투사란 사회적으로 인정받을 수 없는 자신의 행동과 생각을 마치 다른 사람의 것인 양 생각하고 남의 탓을 하는 것을 말한다.

⑦ **투입**(introjection) : 투입은 외부의 대상을 자기 내면의 자아체계로 받아들이는 것을 뜻한다. 특히 애증과 같은 강한 감정을 직접적으로 표현하는 것을 피하기 위해 다른 사람을 자기로 간주하는 것을 의미한다. 외부대상에 대한 적대적이거나 부정적인 감정을 자신에게로 지향시킨다는 점에서 투입은 우울증을 야기하는 중요한 기제로 간주된다. 예를 들어, 어머니를 미워하는 것이 자아에 수용될 수 없기 때문에 나 자신이 미운 것으로 대치된다. 투사와 반대되는 개념이다.

⑧ **자기로의 전향**(turning against self) : 공격성 같은 본능적 충동이 자기에게 향하는 것을 의미한다. 예를 들면, 부부싸움을 한 남편이 화가 나서 자기 머리를 벽에 부딪치는 것은 부인에 대한 분노를 자기한테로 향한 것이다.

⑨ **역전**(reversal) : 감정, 태도, 특징, 관계, 방향을 반대로 변경하는 것을 뜻한다. 역전과 반동형성의 구별은 어렵다. 엄밀한 의미로 반동형성은 감정의 역전에 해당되기 때문이다. 그러나 반동형성보다 역전이 더 일반적인 기제이며, 더 광범위한 행동을 포함한다. 역전의 예로는 극도로 수동적이며 무력한 어머니에게 무의식적으로 반항하면서 성장해 자신만만하고 유능하게 된 여성이 자신의 성공에 대해 죄책감과 불안을 경

험하는 것을 들 수 있다.

⑩ **합리화**(rationalization) : 용납할 수 없는 태도, 신념, 또는 행동을 정당화하기 위한 시도로 그럴듯한 설명을 하는 것이다. 즉, 정당하지 못한 자기의 행동에 너무 괴롭기 때문에 그럴듯한 이유를 붙여서 자신의 행동을 정당화하거나 불안의식을 제거하는 것이다. 예를 들면, 배고픈 여우가 포도를 따 먹으려고 했으나 손이 닿지 않자 따 먹어도 포도가 실 것이라 생각하고 자신을 위로하는 것이다.

⑪ **전치**(displacement) : 본능적 충동이 진짜 대상에서 덜 위협적인 대상으로 옮겨 가는 것을 말한다. 즉, 실제로 있는 어떤 대상에 향했던 감정이 그대로 다른 대상에 표현하는 것이다. 전치는 대상에 대한 감정에 강조점을 둔다.

⑫ **동일시**(identification) : 주위의 중요 인물들의 태도와 행동을 닮는 것을 의미한다. 즉, 용납할 수 없는 충동 자체를 부정하고 그 충동을 갖고 있는 사람 또는 그 사람의 일면과 동일화하여 받아들이는 과정을 말한다. 예를 들면, 강한 공격적 충동을 억압하고 있는 사람이 강력하고 공격적인 히틀러와 같은 사람을 동일시하는 것이다.

⑬ **전환**(conversion) : 심리적 갈등이 신체감각기관과 수의근육계의 증상으로 표출되는 것을 의미한다. 예를 들면, 글을 쓰는 데 갈등을 느끼는 소설가의 원고를 쓰는 오른 팔에 마비가 오는 것이다.

⑭ **지성화**(intellectualization) : 지성화는 고통스러운 감정과 충동을 누르기 위해 그것들을 직접 경험하는 대신 그것들에 대해 생각을 많이 하는 것을 말한다. 즉, 용납할 수 없는 정서와 충동을 직접 경험하지 않고 지성적으로 사고함으로써 피하는 것이다. 지성화를 사용하는 사람들은 대단히 지적으로 보이는데, 설명하고 있는 감정이나 상황을 느끼지 않고도 감정적 의미를 가진 주제에 관해 충분히 말할 수 있다.

⑮ **보상**(compensation) : 실제든 상상이든 자신의 성격, 지능, 외모 등 이미지상의 결함을 메우거나 체면을 유지하려는 무의식적 노력을 의미한다. 즉, 심리적으로 약점이나 제한점이 있는 사람이 이를 보상받기 위하여 다른 어떤 것에 몰두하는 경우를 들 수 있다.

⑯ **내면화**(internalization) : 내면화는 다른 사람, 특히 부모의 태도, 규범, 가

치관을 자신의 성격으로 흡수하는 것을 말한다. 예를 들면, 어머니를 미워하는 감정을 사용할 수 없기 때문에 자기 자신을 미워하는 것으로 대치하는 것으로 투사와 반대되는 개념이다.

⑰ **부정**(denial) : 부정은 자아가 현재의 상황에 있는 위협적 요소를 감당할 수 없는 경우 위협적 요소가 존재한다는 사실을 인정하지 않는 것을 말한다. 즉, 의식화되면 도저히 감당할 수 없는 어떤 생각이나 욕구를 무의식적으로 부정하는 것이다. 엄연히 존재하는 위험이나 불쾌한 현실을 부정함으로써 그로 인한 불안을 회피하고 편안한 상태를 유지하는 방어기제이다.

⑱ **치환**(displacement) : 치환은 제1우선의 대상으로 향하던 무의식적 욕구나 충동이 그 모양을 바꾸어서 다른 제2의 대상으로 향하여 바뀌지는 작용이다. 예를 들면, 사랑하는 사람으로부터 선물이나 물건 그 자체와는 상관없이 애지중지하는 것으로 선물을 보낸 사람에 대한 애정이 물건으로 바뀌어 치환된 것을 말한다.

⑲ **대치**(substitution) : 대치는 원래 자신이 바라는 대로 이루어지지 않았을 때 그 좌절감과 긴장을 줄이기 위해 그 비슷한 것을 취하여 만족을 얻는 상태를 말한다. 예를 들면, 잘생기고 멋진 남자친구를 사귄 여자가 그 남자친구와 헤어진 후 그와 비슷한 용모를 가진 남자를 사귀는 것을 들 수 있다.

클라이언트의 방어기제를 평가하고 이에 대한 반응을 할 때 사회복지사가 지켜야 할 지침은 다음과 같다(김융일 외, 1995 : 238).

첫째, 방어기제의 다양한 용어는 문제의 행동을 간결하게 기술하고자 사용하는 것이지 그것 자체가 클라이언트의 행동을 설명해 주는 것은 아니다. 그러므로 사회복지사는 클라이언트의 욕구불만, 개인적 고통 등을 방어기제에 의존할 수밖에 없었던 행동의 이면을 이해해야 한다.

둘째, 방어기제도 학습되는 것이어서 클라이언트는 과거에 의존했던 기제에 자주 의존하는 경향이 있다. 따라서 사회복지사는 클라이언트가 과거에 사용했던 방어기제의 평가를 통해 그가 사용할 방어기제를 예측해 볼 수 있다.

셋째, 두려움과 불안이 크면 사람들은 더욱 강하게 방어기제에 의존하는 경향이 있다. 그러므로 클라이언트의 견고한 방어기제를 해결할 수 있는 유일한 방법은 사회복지사가 클라이언트와 감정이입적·온정적·신뢰적 관계를 수립하여 안도감과 편안함을 느끼게 하는 것이다.

(6) 가족에 대한 사정

가족은 개인의 심리정서적 안녕에 큰 영향을 미치기 때문에 가족의 여러 측면을 평가해야 한다(김융일 외, 1995 : 245).

첫째, 가족의 의사소통, 즉 가족구성원 사이에 이루어지는 감정과 생각의 상호 교환에 대해 평가한다.

둘째, 가족구조에 대한 평가로 가족구성원 간의 경계, 하위체계를 포함한 체계로서 가족의 기능, 구성원의 행동을 규제하는 가족규범, 구성원의 역할, 가족 내 권력의 균형, 가족내력이 현재의 가족에 미치는 영향 등이다.

셋째, 출산, 죽음, 결혼 등에 가족주기에 따른 전환이 어떻게 적응했는지에 대한 평가이다.

넷째, 가족불화, 부모-자녀 간의 관계 문제, 구성원 개인의 문제 등 가족갈등의 주요 문제를 평가한다.

4) 사정에 유용한 도구

(1) 가계도

가계도(genogram)는 2~3세대에 걸친 가족관계를 도표로 제시함으로써 현재 제시된 문제의 근원을 찾는 것으로 항상 사회복지사와 클라이언트가 함께 작성해야 한다(Zastrow, 1995 : 227). 가계도는 각 가족구성원이 한 세대에서 다음 세대까지 생물학적, 법적 그리고 정서적으로 어떻게 관련되어 있는지를 도표로 묘사하는 것(김유순·이영분 역, 1992 : 129)으로 가족 스스로가 세대 간 반복되는 관계유형을 찾고 그것에 대한 통찰력을 갖도록 하는 데 매우 유용한 도구이다(양옥경 외, 2005 : 190). 즉, 가계도란 3세대 이상에 걸쳐 가족구조를 도식화하여 구성원에 대한 정보를 기록하고 그들 간의 관계를 기술한 것으로서 가족을 평가하는 과정에서 가장 먼저 이루어지는 작업이다(김유순·이영분 역, 1992 : 129).

|그림 8-1| 가계도의 상징

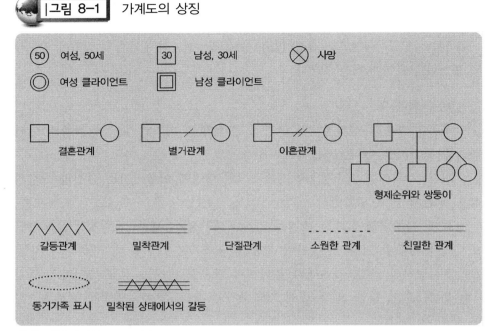

여성, 50세 · 남성, 30세 · 사망
여성 클라이언트 · 남성 클라이언트

결혼관계 · 별거관계 · 이혼관계 · 형제순위와 쌍둥이

갈등관계 · 밀착관계 · 단절관계 · 소원한 관계 · 친밀한 관계

동거가족 표시 · 밀착된 상태에서의 갈등

〈출처 : 양옥경 외(2005 : 191).〉

가계도의 사례

　　이 가족의 부부는 각각 이번이 두 번째 결혼이다. 남편 쪽에서 보면 부인이 33세의 젊은 나이에 딸과 쌍둥이 아들을 두고 사망했으며, 아내는 두 번의 유산을 경험하고 딸을 입양하였고 전남편과 1990년에 이혼하고 현재의 남편과 결혼하여 아들을 하나 두고 있다. 이 가족은 형제자매관계가 다양한 복합가족으로서 클라이언트로 지목된 인물은 막내인 7세의 남자아동이며 아버지의 이전 결혼 소생인 배다른 형제들과 15년 이상의 연령차를 보여주고 있고 아내가 데려온 입양된 딸까지 해서 혈연관계가 복잡함을 보여준다. 가계도는 이처럼 복잡한 가족 내 관계를 한 장의 그림으로 간단히 보여주고, 문제나 문제가 될 만한 가족의 역사 등을 일목요연하게 볼 수 있게 해 준다.

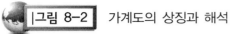

|그림 8-2 가계도의 상징과 해석

---

1. 가족구성원과 가족구조를 표시하는 기호

□ 남 ○ 여   출생연도 43-94 사망연도 사망

▣ (작은 사각형 안에 사각형)   ◎ Index Person(IP)

□——○ m. 60 60년에 결혼   □——○ s. 70 70년에 별거   □——○ d. /72 72년에 이혼

□——○
60 62 65   1남 2녀의 자녀
(출생순으로 오른쪽부터 시작)

□——○   입양 혹은
위탁양육아동

□——○
△ 3mos. 임신 3개월   □——○ × 인공유산   □——○ ● 자연유산

현재 부모와 자녀를 점선으로 묶음.
언제 부모(혹은 후견인)가 바뀌었는지 기록

2. 가족상호작용을 나타내는 기호. 이러한 기호들은 선택적으로 사용될 수 있으며, 별도의 용지에 기술할 수도 있다.

□══○ 매우 가까운 관계   □〜〜〜○ 갈등관계   □----○ 소원한 관계

□—||—○ 단절된 관계   □≋≋≋○ 밀착됨과 동시에 갈등적 관계

〈출처 : 김융일 외(1995 : 247).〉

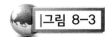|그림 8-3| 가계도의 사례

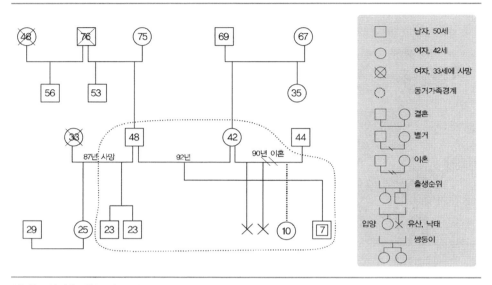

〈출처 : 엄명용 외(2006 : 273).〉

가계도는 종이와 필기도구를 사용하는 평가도구로서 상징적 기호들로 구성되며 가족에 관한 정보는 짧게 기술되는 것이 기본이다. 사회복지사는 가계도를 작성하고 해석하기 위해서 여러 가지 기호들을 익숙하게 활용하고 해석할 수 있는 기술이 있어야 한다(김융일 외, 1995 : 246). 가계도에서 공통적으로 사용하는 상징들은 〈그림 8-1〉과 같다.

(2) 생태도

생태도(eco-map)는 클라이언트의 상황에 의미 있는 체계들과의 관계를 그림으로 표현함으로써 특정 문제에 대한 개입계획을 세우는 데 매우 유용한 도구이다. 가계도와 마찬가지로 클라이언트와 사회복지사가 함께 그리는 것으로(Zastrow, 1995 : 226) 그리는 방법은 〈그림 8-4〉처럼 우선 클라이언트와 상황의 초점이 되는 가족도표가 원 안에 표시된다. 그리고 다른 의미 있는 체계들과 가족들과의 관계를 선으로 표시한다(양옥경 외, 2005 : 194).

생태도는 체계적이고 생태학적인 관점에서 가족을 보는 데 도움이 된다.

생태도는 클라이언트의 양육환경과 유지환경의 종류와 관계의 질, 그리고 체계 사이의 에너지의 흐름을 보여줌으로써 가족에 대한 현재 지역사회자원이나 체계들의 영향과 상호작용의 변화를 보여준다. 생태도는 가족이 지역사회에서 얼마나 많은 외부체계들과 관계를 맺고 있는지, 고립의 정도는 어떠한지, 관계의 질은 어떠한지를 보여줌으로써 가족내부에 대한 이해와 함께 외부와의 연결과 적응정도를 파악할 수 있게 해 준다(엄명용 외, 2006 : 274).

〈그림 8-4〉에 소개된 가족 역시 재혼가족이다. 아버지 김정훈은 첫 부인 조애라와의 사이에서 경희라는 딸을 두고 이혼한 후 현재의 부인 이영희와 결혼하여 아들과 딸을 각각 두고 있다. 가족구성원을 보면 큰 딸 경희는 약시라는 신체적 장애를 가지고 있으며 학교에 잘 적응하지 못하고 있고, 같이 살고 있는 새엄마 이영희보다 친모 조애라에게 집착하고 있는 사춘기 소녀이다.

경우는 친구관계나 학교생활이 모두 비교적 문제가 없는 데 반해 막내인

|그림 8-4 생태도의 사례

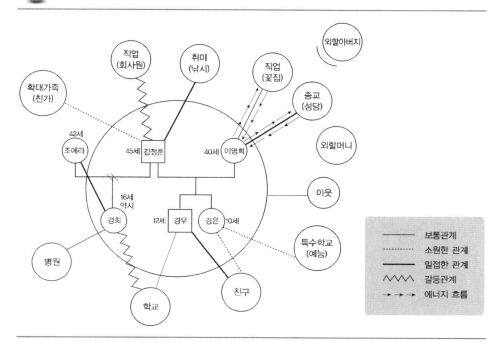

〈출처 : 엄명용 외(2006 : 274).〉

경은은 매우 우수한 아이로 특수학교에 다니면서 예능특기교육을 받고 있지만 친구가 별로 없다. 이 가족은 외부체계와의 관계를 보면 부모는 모두 직업활동을 하고 있고, 아버지는 낚시, 어머니는 성당이라고 하는 심리적 의존처가 있으나 양가의 확대가족은 모두 별 도움이 되지 못하고 있다. 아버지의 확대가족은 이 가족 전체와 관계가 소원하고, 이영희는 아버지와는 관계가 단절되었고, 어머니와는 갈등관계에 있다. 이영희는 성당으로부터 상당한 지지를 받고 있으며 꽃집 경영에 힘을 쏟고 있는 동시에 도움도 받고 있다. 아버지는 현재 자기 직업에 대해 갈등을 느끼고 있다.

(3) 사회도

사회도(sociogram)는 상징을 사용해서 집단 내 구성원 간에 상호작용을 표현하는 그림으로 구성원 간의 개인적 수용과 거부 및 집단 내의 대인관계를 평가하는 데 사용하는 기법으로 Moreno와 Jennings가 개발한 방법이다(남세

|그림 8-5 사회도의 예

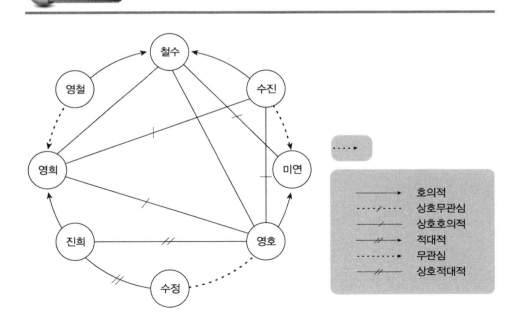

〈출처 : 양옥경 외(2005 : 195).〉

진·조흥식, 1997).

　사회도 역시 생태도처럼 개입과정에서 변화를 측정할 때 여러 번 그려서 비교해 봄으로써 집단의 특징적 상호작용과 대인관계유형의 변화를 파악할 수 있다. 뿐만 아니라 집단구성원의 행동을 관찰만으로는 파악하기 어려운 집단 내의 소외자, 2인군, 3인군, 결탁, 경쟁관계, 경쟁적 연합, 하위집단 등을 사회도를 통해 파악할 수 있어 유용하다. 단, 사회도는 집단 내의 비공식적 구조 내에서의 개인의 지위는 파악할 수 있지만 구성원의 실제 행동을 나타낼 수 없다는 점과 집단과정의 어느 주어진 순간만을 포착하고 있어 관찰 및 사정의 수단으로 사용하기에는 편리하지만 그 현상의 이유를 설명하지 않기 때문에 치료나 개입을 결정할 때 이용하기에는 적당치 않다(남세진·조흥식, 1997 ; 엄명용 외, 2006 : 275-276).

　〈그림 8-5〉의 사회도를 해석하면, 철수가 이 집단의 리더로서의 역할을 하며, 집단 내에서 다른 구성원과의 상호작용은 매우 긍정적이다. 그리고 영희, 수진, 영호는 집단 내에서 하위집단을 이루고 있으며, 수정과 진희는 집단에서 소외되어 있음을 알 수 있다.

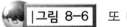 **|그림 8-6 |** 또 다른 사회도의 예

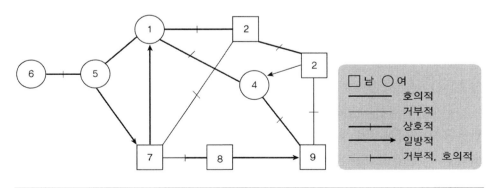

〈출처 : 엄명용 외(2006 : 276).〉

제 3 절 계획과정

계획과정은 수집된 자료를 근거로 사회복지사와 클라이언트가 공동협의에 의하여 다루어야 할 문제를 정의하고 목적을 구체화시키고 문제로부터 목적으로 옮겨 가기 위하여 계획된 중재방법을 제공하는 과정이다. 계획과정은 사고, 이성 및 결정을 포함하는 인지과정이라 할 수 있다. 감정도 중요하지만 계획은 이성적 기초 위에서 이루어져야 할 것이다. 물론 계획수립은 감정을 다루는 계획을 포함하며 더 나아가 이성적 계획은 중재활동을 나타낸다. 계획과정은 사회복지사와 클라이언트가 앞으로 다룰 문제를 정의하고 목표를 설정하여 중재계획을 서로 협상하는 과정이며, 특히 중재계획을 세울 때는 활동의 네 가지 한계인 시간, 기술, 윤리 및 기관의 기능을 고려해서 이루어지도록 한다(전재일 외, 2004 : 314-315). 계획과정은 목표설정과 계약으로 나눌 수 있다.

1. 목표설정

목표는 목적을 세분화한 것으로 단기적이며 구체적이라는 점에서 목적과 구별된다. 사회복지실천과정에서 목적은 클라이언트의 '복지'나 '삶의 질 향상'이라고 할 수 있고, 이러한 목적은 단기적 개입목표들이 달성됨으로써 이루어질 수 있다. 목표는 앞 절의 사정과정에서 문제와 욕구를 정의하고 문제에 영향을 미치는 요인을 분석한 것을 근거로 설정되는 것이다.

사회복지실천과정에서 목표설정이 중요한 이유는 사회복지사와 클라이언트에게 개입과정의 방향을 명확하게 제시하여 방황 없이 진행할 수 있도록 도와주고 개입이 끝난 후에도 그 결과를 효과적으로 평가해 줄 수 있기 때문이다.

목표는 '문제가 해결된 상태' 또는 '개입을 통해서 일어나기를 바라는 변화'를 의미한다. 바람직하다고 생각하는 변화에 대해 무엇을 목표로 한 것인가에 대해서는 사회복지사와 클라이언트가 함께 합의해야 한다. 만약 두 사람의

관점이 일치되지 않으면 합의될 때까지 기다려야 한다(Compton & Galaway, 199
4 : 398 ; 양옥경 외, 2005 : 196).

Hepworth와 Larsen은 목표의 선정지침으로 몇 가지를 제안하였는데, 그
내용을 살펴보면 다음과 같다(엄명용 외, 2006 : 283). 첫째, 목표는 클라이언트가
희망하는 결과와 관련이 있어야 동기부여가 가능하다. 둘째, 목표는 명시적이
며 측정 가능한 형태여야 하고 달성 가능한 것이어서 클라이언트가 성취감을
느낄 수 있어야 한다. 셋째, 사회복지사의 지식과 기술에 상응해야 하고 사회
복지사의 가치나 권리를 크게 위배하지 않아야 한다. 넷째, 성장을 강조하는
긍정적 형태로 기술되어야 하고, 다섯째, 기관의 기능과 일치해야 한다.

이는 또 SMART형식으로 축약되어 설명되기도 한다. 즉, ① 구체성(speci-
fic), ② 측정가능성(measurable), ③ 성취가능성(achievable), ④ 현실성(realistic), ⑤
시기적절성(timely)의 다섯 가지가 고려되어야 한다는 것이다.

Hepworth와 Larsen의 지침을 양옥경 등은 다음과 같이 기술하고 있다
(Hepworth & Larsen, 1986 : 302-307 ; 양옥경 외, 2005 : 197-199).

① 목표는 반드시 클라이언트가 바라는 바와 연결되어야 한다. 목표가 클
  라이언트가 바라는 바와 연결되어야 한다는 것은 목표 속에 클라이언
  트의 바람이 반영되어야 한다는 것이다. 그렇게 되어야 클라이언트가
  동기를 가지고 목표를 달성하고자 하는 노력을 하게 될 것이다.

② 목표는 명백하게 측정 가능한 형태로 진술되어야 한다. 목표가 측정 가
  능한 형태로 명백하게 제시되어야 하는 이유는 변화하고자 하는 바가
  무엇인지 분명할 때만이 그 결과를 주관적 판단이 아닌 객관적 관찰에
  의해 평가할 수 있기 때문이다.

③ 목표는 달성 가능해야 한다. 클라이언트는 문제가 발생하면 일단 스스
  로 문제를 해결하고자 하는 노력을 하지만 대부분의 노력이 실패하여
  좌절된 상태에서 사회복지사를 찾아오게 된다. 따라서 목표는 적더라
  도 달성 가능한 것으로 하며, 목표달성을 통해 클라이언트가 성취감을
  느껴 문제해결능력이 향상될 수 있도록 해야 한다.

④ 목표는 사회복지사의 지식과 기술에 상응하는 것이어야 한다. 목표가

반드시 사회복지사의 지식과 기술에 상응해야 한다는 것은 사회복지사의 지식과 기술 내에서 목표달성이 가능해야 한다는 것이다. 만약 사회복지사의 능력 밖이라면 지도감독을 통해 목표에 접근할 수 있어야 하고 그렇지 않으면 자격이 되는 다른 전문가에게 의뢰해야 한다.

⑤ 목표는 성장을 강조하는 긍정적 형태여야 한다. 목표가 성장을 강조하는 긍정적 형태여야 한다는 것은 주로 '……하기'로 진술되어야 한다는 것을 의미한다. 즉, '비난하지 않기'보다는 '칭찬하기'로 한다는 것이다. '……를 하지 않는 것'은 문제행동의 상식을 의미하지만 '……를 하는 것'은 긍정적 행동을 얻는 것을 의미한다. 잃는 것보다 얻는 것이 변화의 동기를 더 많이 제공하게 된다.

⑥ 목표가 사회복지사의 중요한 권리나 가치에 맞지 않는다면 동의하지 않아야 한다. 아무리 가치나 권리가 개인적인 것이라 할지라도 클라이언트의 요구사항이나 목표가 근본적으로 사회복지사의 가치나 권리에 맞지 않아 받아들이기 어려운 것이라면 동의해서는 안 된다.

⑦ 목표는 반드시 기관의 기능과 일치해야 한다. 사회복지사가 기관의 조직 내에 있는 한 사회복지사의 변화노력은 기관의 기능과 일치해야 한다. 만약 일치되지 않을 경우 다른 기관으로의 의뢰를 생각해야 한다.

2. 계 약

목표가 설정되면 서로의 의무와 과업, 구체적 실천활동을 상호약속하는 계약단계로 들어간다. 계약을 중시하는 것은 개입활동의 성공여부는 클라이언트가 자기가 해야 할 일과 역할을 분명하게 인식하고 적극적 참여가 요구된다는 사실을 인정하는 데 달려 있다고 해도 과언이 아니기 때문이다. 계약은 동시에 클라이언트로 하여금 문제해결과정에서 자신이 수동적 존재가 아니라 중심적 역할을 하며 사회복지사와 동등한 인격으로 대우받는다는 사실을 일깨워 줄 수 있다. 결국 사회복지실천은 사회복지사와 클라이언트 사이의 일종의 계약관계인 것이다.

계약은 사회복지사와 클라이언트가 이해한 내용의 본질을 간결히 재검토하는 것으로서 대개 계약당사자 및 관련된 주요 인물의 역할, 문제 리스트와

| 표 8-1   계약서에 포함될 내용

포함사항	구체적 내용
1. 구조적 요인	・사례번호, 참석자 ・날짜, 시간 ・장소
2. 문 제	・클라이언트가 규정한 문제 ・사회복지사가 규정한 문제 ・개입활동을 위한 합의된 문제 개요 ・최종목표
3. 최종목표	・명확하고도 구체적으로, 목표달성정도가 측정될 수 있도록 기술
4. 계 획	・접근방법 ・클라이언트의 과제 ・사회복지사의 과제 ・세션 내의 과제 ・평가계획(목표와 과정에 대한 평가)
5. 비 용	・합의된 목표를 달성하기 위하여 사용될 비용
6. 서명날인	・사회복지사 서명날인 ・클라이언트 서명날인

목표의 우선순위, 최종목표, 사회복지사와 클라이언트의 과업과 책임, 개입방법과 개입의 몇 가지 구조적 요인(장소, 기간) 및 평가방법으로 구성된다(엄명용 외, 2006 : 284). 계약서에 포함할 내용을 정리하면 〈표 8-1〉과 같다.

제 4 절   변화과정

이 과정은 계획을 이행하는 과정으로서 사회복지사의 활동, 즉 중재적 역할을 수행함으로써 목표에 도달하려는 것을 말한다. 따라서 사회복지사는 클라이언트와 함께 명백한 목표를 성취함에 있어서 클라이언트를 돕는 데 실제로 사용할 능력, 기술, 지식 및 접촉의 도전에 직면하게 된다. 그러므로 사회복지사는 특정한 세부상황에 적용할 수 있는 다양한 이론을 숙지하고 있어야 하는데, 사회복지사의 활동은 크게 직접적 중재(클라이언트에 대한 활동)와 간접적 중재(체계에 대한 활동)로 나누어진다(전재일 외, 2004 : 315).

1. 개입목표와 과업

1) 개입목표

개입은 문제해결을 위해 목표를 달성하려는 전문적 활동이다. Hamilton (1951)은 클라이언트의 기능을 회복시키고 개선시키는 것이 개입의 목표라고 하였다. 이 단계의 목표는 다음과 같다(엄명용 외, 2006 : 286).

첫째, 문제해결을 위한 구체적 변화전략의 수립

둘째, 개입, 원조, 교육, 동기유발, 자원연결, 행동변화 등을 통한 변화의 창출

셋째, 지속적 점검(monitoring)을 통한 변화정도의 유지와 평가

사회복지사가 개입을 수행하는 특정한 상황에서 반드시 염두에 두어야 할 원칙은 다음과 같다(Johnson, 1982 ; 엄명용 외, 2006 : 287).

첫째, 경제성의 원칙 : 선택된 활동은 사회복지사와 클라이언트의 시간과 비용을 최소화할 수 있는 것이어야 한다. 클라이언트가 스스로 할 수 있는 일은 사회복지사가 관여하지 말아야 하며 도움이 필요한 일에는 요구되는 도움만을 제공하고, 클라이언트가 혼자서 할 수 없는 일만 사회복지사가 한다.

둘째, 클라이언트의 자기결정의 원칙 : 개입의 전 과정을 통해 가능하면 클라이언트가 스스로 의사결정을 하도록 해야 한다.

셋째, 개별화의 원칙 : 도움을 필요로 하는 특정 클라이언트체계의 특성과 욕구에 맞도록 개입활동을 조정해야 하는데, 클라이언트의 능력과 상황에 맞는 접근이 필요하다.

넷째, 발달적합의 원칙 : 개입의 전체방향은 클라이언트체계의 발달적 단계에 적합한 것이어야 한다.

다섯째, 상호 의존성의 원칙 : 사회복지사 활동의 일부는 클라이언트의 활동에 달려 있다. 클라이언트의 활동과 클라이언트의 변화능력을 고려한 후 개입이 출발되어야 한다. 사회복지사와 클라이언트의 활동은 서로에게 의존하고

있으므로 양측의 활동은 상호보완적이어야 한다.

여섯째, 서비스 목표에 초점의 원칙 : 사회복지사와 클라이언트의 모든 활동은 어떤 식으로든 두 사람의 합의한 계획의 목표에 부합되어야 한다.

2) 사회복지사의 과업

수행과정에서 사회복지사의 역할은 매우 다양하다. Compton과 Galaway (1984)는 사회복지사가 개입을 할 때의 개입역할을 중개자(broker), 조력자 (helper), 교사(teacher), 중개자(mediator) 및 옹호자(advocate)의 다섯 가지로 분류하였다(엄명용 외, 2006 : 287 ; Compton & Galaway, 1984 : 427-436 ; 김융일 외, 1995 : 261-262).

① **중개자**(broker) : 중개자란 클라이언트와 서비스나 자원을 연결해 주는 역할로서 사회복지사는 지역사회의 기관과 자원에 대한 충분한 정보와 지식을 가지고 있어야 한다. 예를 들면, 생활형편이 어려운 혼자 사는 노인에게 말벗이 되어 줄 자원봉사자와 집안일을 도와주는 가정봉사원, 그리고 경제적 후원자 등의 자원을 연결해 주는 것이다.

② **조력자**(helper) : 조력자의 역할은 클라이언트가 자기 스스로 문제를 해결할 수 있는 능력을 기르고 필요한 자원을 찾아낼 수 있도록 돕는 것을 의미한다. 현재 상태의 변화를 가져오는 것은 사회복지사가 아니라 클라이언트 자신인 만큼 사회복지사는 클라이언트의 능력을 개발하는 데 최선을 다한다. 예를 들면, 고부갈등을 겪고 있는 클라이언트가 자신과 시어머니와의 문제의 근원을 분석하고 관계를 개선할 수 있도록 통찰력을 길러주거나 대안을 모색해 볼 수 있게 하는 것이다.

③ **교사**(teacher) : 교사의 역할은 클라이언트에게 새로운 정보나 지식, 그리고 기술을 배울 수 있도록 도와주고 직접 가르치기도 하는 역할이다. 때로는 사회복지사 자신을 모델링해 보임으로써 클라이언트에게 새로운 행동을 가르치는 것 등이다. 장애를 가진 자녀를 기르는 부모에게 발달단계에 따른 적합한 보호방법을 전수한다든지 다양한 특수교육이나 훈련의 기회와 내용을 알려 주는 일들이 될 수 있다.

④ **중재자**(mediator) : 중재자의 역할은 양자 간의 논쟁이나 갈등을 일으키고 있는 클라이언트에게 개입하며 타협 또는 외부체계를 조정하여 상호만족스러운 합의에 도달하도록 하는 것이다. 예로는 자퇴한 학생의 복학을 위해 학교당국, 학부모, 학생 자신의 다양한 입장과 욕구를 수렴하여 해결방법을 모색하는 것 등이 될 수 있다.

⑤ **옹호자**(advocate) : 옹호자의 역할은 클라이언트를 대신해서 클라이언트의 이익을 대변해 주는 역할로서 논쟁, 타협, 투쟁 등을 통해 클라이언트의 이익과 권리를 보호하려는 것이다. 즉, 기존제도로부터 클라이언트가 불이익을 받을 때 그 집단을 위해 정보를 수집하고 요구사항을 분명히 하며 제도에 도전하도록 지도력을 발휘하는 적극적이고 직접적인 역할이다. 이 역할의 목표는 특정 제도를 비난하거나 비판하는 것이 아니라 정책을 개선하고 변화시키려는 것이다(양옥경 외, 2005 : 202). 도심 재개발로 철거를 당하게 된 철거민 세입자들의 권리를 확보하기 위한 활동이 한 예가 될 수 있다.

2. 개입기술

여기서는 사회복지사의 개입활동을 클라이언트 자신에 대한 직접적 개입과 클라이언트를 제외한 체계들에 대한 개입인 간접적 개입으로 나누어 설명한다. 직접적 개입이란 기본적으로 개인, 가족이나 소집단체계 자체의 변화나 주변환경과 연결된 개인, 가족, 소집단의 기능과 관련된 것이다. 간접적 개입이란 클라이언트를 돕기 위해 클라이언트 이외의 개인, 소집단, 조직 또는 지역사회에 주의를 기울이는 활동이다(엄명용 외, 2006 : 290).

1) 직접적 개입

직적접 개입은 클라이언트의 심리적·내적 측면의 욕구나 문제 등에 초점을 두며, 중재를 통하여 클라이언트가 생활에서 필요한 대처능력을 향상시키는 데 목적이 있다. 문제되는 상황이 어떤 것이든 긍정적이고 효과적인 방법으로 대응할 수 있도록 클라이언트의 감정, 주관적 사실, 사고와 행동방식에 초점을 두어 장애가 되는 태도와 행동, 그리고 인간관계의 왜곡을 수정하려고 하는 것이다(전재일 외, 2004 : 316).

이와 같은 개인에 대한 개입활동을 Hamilton(1940)은 직접적 치료방법이라고 하여 심리적·내적 측면에 대한 개입이라고 하였다. 개인에 대한 개입활동이 필요한 경우는 욕구의 성격에 달려 있는데 대개 다음과 같은 경우라고 할 수 있다(엄명용 외, 2006 : 291).

- 문제가 주로 클라이언트의 내적·주관적 원인에서 비롯된 경우
- 대인관계에 문제가 있는 경우
- 문제의 초점이 애매하여 문제해결에 어려움이 있는 경우
- 위기상황에 처하여 감정이 복잡하고 갈등을 겪고 있는 경우
- 자원을 이용할 수 있는 클라이언트의 능력이 손상된 경우

개인에 대한 개입활동은 다음과 같은 범주가 속할 수 있다(엄명용 외, 2006 : 292).

- 클라이언트의 사회적 기능을 지원하는 활동
- 클라이언트와 다른 사람의 사회적 기능을 조정하기 위해 취하는 활동
- 관계를 발전시키기 위한 활동
- 상황 속의 개인에 대한 이해를 가능하게 하기 위한 활동
- 문제상황을 분석하고 대안을 창안할 수 있게 하는 활동
- 계획과정에 필요한 활동
- 클라이언트로 하여금 가능한 자원을 인식하고 이용할 수 있게 해 주는 활동
- 위기상황에서 필요한 활동

2) 간접적 개입

간접적 개입이란 사회복지사가 목표달성을 위하여 사회복지사와 상호작용할 계획에 합의하지 않은 체계에서 변화를 일으키는 행동에 개입하는 것이다. 간접적 개입은 표적체계에서 변화를 일으키기 위하여 취해지는 사회복지

사의 활동이다. 사회복지사는 목표달성에 필요하다고 믿을 때만이 이러한 행동을 수행한다.

복잡하고 민감한 표적체계(target system)와 실천하기 위하여 사회복지사는 클라이언트의 요구나 사회복지사에 저항적인 잠재적 자원을 발견하며, 증거제공, 홍보, 교섭, 조직, 시위운동, 합법적 행동을 취하는 것, 그리고 정책개발에 영향을 미치는 것과 같은 정책기술들을 활용한다. 사회복지사는 가끔 표적체계에서 변화를 일으키기 위하여 여러 가지 정책기술들을 결합해서 사용할 필요가 있다(전재일 외, 2004 : 321).

클라이언트를 둘러싸고 있는 양육환경이나 유지환경, 즉 가족이나 집단을 포함한 광범위한 체계에 문제의 근원이 있거나 이러한 체계들과의 상호작용에 문제가 있을 경우, 또 개인의 곤란과 문제를 다룰 때에는 개인보다 환경(체계)의 변화를 통해서 목표에 도달하게 되는데, 이를 환경에 대한 개입활동 또는 클라이언트체계에 간접적으로 도움을 준다는 의미에서 간접적 개입이라고 한다.

간접적 개입의 다른 중요한 영역은 자원서비스다. 빈곤가정을 국민기초생활보장수급자로 책정하여 재정적 원조를 해 주거나, 의료서비스와 연결시켜 준다거나, 보유서비스를 연결시켜 주거나 또는 이 세 가지 모두를 가능하도록 각 기관과 긴밀히 협조하여 원조를 제공하는 일들이 환경에 대한 개입활동에 속한다. 또 학대받는 아동이나 배우자에게 쉼터를 통해 일시보호를 제공하거나 중퇴한 학생의 복교를 위해 학교 당국과 학생 사이를 중재해 주거나, 직장 내 폭력방지를 위한 상담이나 스트레스 관리 프로그램을 개발해 주거나, 아동, 노인 또는 정신지체장애인이나 사회경제적·교육적 박탈로 인해 자기권리를 주장하지 못하는 클라이언트의 권리를 대신 변호하고 주장해 주는 활동도 환경에 대한 개입활동에 해당한다(엄명용 외, 2006 : 298).

클라이언트의 변화를 위해 사회복지사가 행하는 환경에 대한 개입활동은 첫째, 서비스 조정에 관련된 활동, 둘째, 프로그램 계획과 개발을 위한 활동, 셋째, 환경조작(environment manipulation), 넷째, 옹호(advocacy)활동으로 나눌 수 있다(엄명용 외, 2006 : 299).

3. 점 검

변화과정에서 해야 할 또 다른 활동은 개입활동의 전개과정이 설정된 목표에 비추어 볼 때 올바른 것인지 여부를 점검(monitoring)하는 것이다. 개입의 초기단계에서 맺은 계약은 문제의 우선순위와 목표, 그리고 사회복지사와 클라이언트의 개입활동의 구체적 내용을 포함하고 있다. 그러나 이러한 계약의 내용은 개입활동이 진전되는 과정에서 클라이언트 자신이나 주변환경의 변화에 따라 달라질 수 있는데, 이러한 변화를 감지하고 적절히 대처하기 위해서는 진전과정에 대한 끊임없는 점검과 지속적 평가가 요구된다(엄명용 외, 2006 : 302). 점검을 하는 목적에 대해 Hepworth와 Larsen(1990)은 다음과 같이 기술하고 있다.

첫째, 점검은 개입전략의 효과성을 평가하기 위한 것으로, 만약 개입결과 예상한 효과가 나타나지 않는다면 사회복지사는 그 원인을 찾아내어 제거하거나 대안을 강구해야 한다.

둘째, 점검은 개입전략의 효율성을 평가하기 위한 것으로 목표를 달성하려는 클라이언트의 노력을 평가하여 개입활동의 초점을 지속시켜야 한다.

셋째, 점검은 개입의 진전과정에 있을 수 있는 장애요인을 발견하여 대처하기 위한 것으로 점검을 통해 클라이언트의 반응을 평가하여 진전이 부진할 때 클라이언트가 보이는 부정적 태도와 정서에 즉각적으로 대처해야 한다.

넷째, 점검을 통해 개입의 효과를 지속적으로 평가하여 원조과정에 대한 클라이언트의 동기와 자신감을 고양시킨다.

결론적으로 점검은 이미 수립된 개입계획이 차질 없이 수행되도록 하는 것인 동시에 변화나 문제가 생기면 이를 클라이언트의 최선의 이익이라는 원칙하에 계획을 수정할 수 있는 융통성을 발휘하기 위한 것이라고 할 수 있다(엄명용 외, 2006 : 302-303).

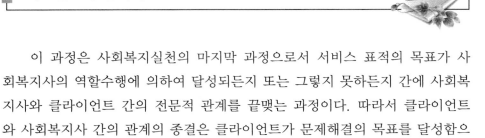

제 5 절 종결과정

　이 과정은 사회복지실천의 마지막 과정으로서 서비스 표적의 목표가 사회복지사의 역할수행에 의하여 달성되든지 또는 그렇지 못하든지 간에 사회복지사와 클라이언트 간의 전문적 관계를 끝맺는 과정이다. 따라서 클라이언트와 사회복지사 간의 관계의 종결은 클라이언트가 문제해결의 목표를 달성함으로써 더 이상 사회복지사의 원조를 필요로 하지 않는 경우와 클라이언트의 문제가 기관의 서비스의 범위를 벗어나거나 사회복지사의 능력을 능가하거나 혹은 여러 가지 이유로 사회복지사가 계속적 서비스를 제공하지 못할 경우의 두 가지로 구분될 수 있다(전재일 외, 2004 : 326-327).

　종결과정에서는 개입활동 전반에 걸친 평가를 하게 된다. 사회복지실천의 전 과정에서 계속적으로 일어나는 일로서 사회복지실천의 목적과 목표의 달성 정도를 결정하며, 동시에 목적과 목표를 성취하기 위해 사용된 수단의 적합성을 심사하는 과정이기도 하다. 평가는 개입의 전 과정에서 지속적으로 시행되지만 특히 개입이 끝날 때 더욱 중요하다. 종결단계에서의 평가는 일어나도록 기대되었던 일들이 정말로 일어났는지를 보는 것이다(엄명용 외, 2006 : 304).

1. 종 결

　종결은 사회복지사의 개입활동을 계획에 따라 마무리하는 것이다. 일반적으로 종결은 계획된 개입기간이 종료되었거나 목적이 달성되었을 때 일어난다. 따라서 종결은 사회복지사의 개입결과를 정리하고 영향력을 거두는 과정으로 이제부터 클라이언트는 스스로 문제에 대처하게 되었다는 예고이기도 하다. 때문에 클라이언트는 불안과 긴장을 느낄 수도 있고 사회복지사의 관계를 종결하는 것에 대한 혼합된 감정을 경험하게 된다. 따라서 개입을 성공적으로 마무리하려면 클라이언트가 긍정적 성과를 얻게 한 다음, 돕는 관계가 원활하고 만족스럽게 끝나도록 해야 하는데 여기에는 상당한 기술과 신중한 계획이 필요하다(엄명용 외, 2006 : 304).

　　Hepworth와 Larsen(1986 : 578)은 종결과정에서 사회복지사의 과업을 다음과 같이 정리했다(김융일 외, 1995 : 310). 첫째, 종결시기를 결정하고, 둘째, 클라이언트와 사회복지사의 이별과정 중 공통적으로 경험되는 정서적 반응을 상호 해결하고, 셋째, 제공된 서비스의 목표달성정도를 평가하고, 넷째, 얻어진 이익(gain)을 유지하며 계속적 성장계획을 수립하는 것이다.

　　Sheafor(1991)는 종결할 시기를 판단해야 하는 기준으로 첫째, 개입목적의 달성정도, 둘째, 서비스의 시간 내 제공완료여부, 셋째, 클라이언트 문제상황의 해결정도, 넷째, 사회복지사와 기관의 투자노력, 다섯째, 이득체감에 대한 사회복지사와 클라이언트의 합의여부, 여섯째, 클라이언트의 의존성, 일곱째, 클라이언트에 대한 새로운 서비스의 적합성을 제시하고 있다(엄명용 외, 2006 : 305).

　　Hepworth와 Larsen은 종결의 유형을 다음과 같이 설명하고 있다(Hepworth & Larsen, 1986 : 578-585 ; 김융일 외, 1995 : 310-316 ; 양옥경 외, 2005 : 277-280).

1) 시기상조의 클라이언트의 일방적 종결

　　시기상조의 클라이언트의 일방적 종결은 클라이언트가 약속시간에 나타나지 않거나 여러 가지 피상적 이유를 제시하면서 문제를 더 이상 논의하지 않으려 할 때 종결하게 되는 것을 말한다. 시기상조의 일방적 종결은 종종 클라이언트의 해소되지 않은 저항감의 표현일 때가 있기 때문에 이런 경우에는 종결 전에 저항감을 반드시 해소하는 것이 필요하다. 어떤 클라이언트는 그들의 종결결정을 다른 요인들의 탓으로 돌려 더 이상 원조를 필요로 하지 않는다는 등의 이유로 종결을 요구한다. 그러나 사회복지사는 그들의 문제가 시기상조의 종결 이후에 오히려 악화될 수도 있다는 것을 인식해야 한다.

　　집단인 경우 역시 한 구성원의 일방적 종결은 집단 전체에 부정적 영향을 미치게 된다. 우선 남아 있는 구성원들은 떠나는 구성원에 대한 분노, 죄책감, 그동안 가져 왔던 소중한 관계에 대한 상실, 이 집단을 계속 지속시켜야 하는지에 대한 의심 등을 가지게 된다. 그리고 떠나는 구성원도 역시 떠나는 것에 대한 양가감정, 상실감, 떠나는 것에 대한 죄책감, 계속 남아 있도록 강요하는 집단에 대한 분노 등을 경험하게 된다. 한 구성원이 논의 없이 종결했을 때 사회복지사는 집단에서 이 사건을 토의하고, 이 사건의 의미와 이 사건이 집단에 미치는 영향에 대해 구성원들이 어떻게 인식하고 있는지를 판단하고, 집단이 이 구성원을 찾아가서 다시 오도록 하는 것을 바라는지의 여부를 함께 결정해야 한다.

2) 시간적 제약에 의해 일정기간만 제공되는 계획적 종결

시간적 제약에 의해 정해진 기간만 제공되는 계획된 종결에는 학기 중에만 서비스를 제공하는 학교 프로그램, 입원기간에만 제공되는 병원서비스, 실습기간에만 사례를 다루는 실습생의 경우가 포함된다. 이러한 종결은 미리 알려진 것이므로 클라이언트 입장에서는 갑작스럽게 종결을 맞는 것보다 충격이 적고 그에 대한 대비를 할 수 있어 종결에 따른 감정을 해소할 충분한 시간을 갖게 된다. 종결일을 미리 아는 것은 이별에 대한 감정을 해결할 수 있는 충분한 시간을 줄 수 있지만 기관기능에 관련된 시간제약으로 결정되는 종결은 클라이언트의 문제가 정해진 시기에 적절하게 해결되지 않을 수도 있다. 학기나 훈련기간이 끝나서 종결해야 하는 또 다른 어려움은 그와 같은 종결이 사회복지사가 의도적으로 부과하는 시간제한만큼 긍정적 성과기대를 주지 못할 수도 있다는 것이다.

3) 시간제한이 있는 계획적 종결

시간제한적 방식에 의한 계획적 종결은 초기부터 사회복지사와 클라이언트가 개입의 시간을 미리 제한하고 시작하는 것이다. 시간제한은 미리 정해지기 때문에 종결과정에 강력한 영향을 준다. 처음부터 종결시간을 안다는 것은 정서적 집착과 의존성의 정도를 제한함으로써 종결에 따르는 클라이언트의 상실감을 줄여 준다. 시간제한이 있는 유형에서는 일반적으로 이별에 대한 정서적 반응이 시간제한이 없는 종결의 유형에서보다 훨씬 덜 강렬한 경향이 있지만 여기서도 애착형성과 상실경험이 있기 때문에 사회복지사는 종결에 대한 반응에 민감해야 한다.

이런 종결에서 사회복지사가 해야 할 과업은 첫째, 표적문제에 대해 클라이언트가 성취한 업적을 평가하고, 둘째, 필요하다면 계속적 문제해결 작업계획을 세우고, 셋째, 클라이언트를 원조해서 그들이 배운 문제해결방법을 삶의 문제에 적용할 수 있는 방법을 깨닫게 하고, 넷째, 사후 세션을 계획하는 쪽으로 초점을 바꾸어야 한다.

4) 시간제한이 없는 계획적 종결

시간제한이 없는 방식에 의한 계획적 종결에서는 언제 종결할 것인지를 결정하는 것이 중요하다. 일반적으로 사회복지사와의 만남을 통해 클라이언트가 이득체감의 시점에 도달했을 때, 즉 세션으로부터 얻는 이득이 점차로 줄어드는 때에 종결하는 것이 적절하다.

클라이언트가 일이 꽤 오랫동안 잘되어 가고 있으며, 중단하는 것에 대해 생각해 왔다고 말한다면 사회복지사는 클라이언트가 가까운 장래에 종결을 할 준비가 되어 있다는 사실을 인정하고 이를 반영할 수 있다. 클라이언트가 이 사실을 확인한다면 함께 종결계획을 짜기 시작하고 제안하는 것이 적절하다.

이별에 관한 정서적 반응을 다루는 것은 시간제한이 없는 서비스에서의 종결의 경우에 특히 중요하다. 사회복지사가 장기간에 걸쳐 클라이언트의 삶에서 중요한 역할을 수행해 왔기 때문에 클라이언트는 상당히 싫어하면서 종결에 접근할 수 있다. 클라이언트는 종결을 외상을 입는 것으로 인식할 수도 있고, 종결에 대해서 치료와 사회복지사에게 매달리거나, 옛날 문제의 제발을 보고하거나, 새로운 문제를 제기하거나, 사회복지사의 대리인 발견 등의 저항을 나타낼 수도 있다.

5) 사회복지사의 이동에 의해 재촉된 종결

사회복지사의 이동에 의한 종결은 클라이언트와 사회복지사 모두에게 어렵다. 왜냐하면 많은 클라이언트들이 계속해서 원조를 요구하기 때문이다. 과거에 부모나 중요한 사람들로부터 거부되거나 버려진 클라이언트는 특히 상처를 받기 쉽고 자존심에 손상을 입는 경험을 할 수 있다. 사회복지사가 떠남으로 인해 서비스가 종결될 경우에는 시간이 허락하는 한도 내에서 클라이언트로 하여금 그들의 정서를 극복해 내도록 원조하고, 다른 사회복지사에게 의뢰하는 것을 수용할 수 있도록 준비시킨다.

사회복지사는 종결이나 의뢰가 클라이언트에게 긍정적 경험이 될 수 있도록 다음과 같은 최소한의 전문가적 의무를 가져야 한다(Sheafor, Horejsi, & Horejsi, 1997 : 410-411 ; 김융일 외, 1995 : 328-330).

① 사회복지사는 종결이 급작스럽게 예상 밖의 일이 되지 않도록 최선을 다한다. 종결은 계약단계에서 논의되어야 한다.

② 클라이언트가 종결을 원하더라도 사회복지사는 계속 진행해야 한다고 생각하는 경우 사회복지사는 계속해야 하는 이유를 클라이언트에게 설명해 주는 동시에 지금 종결함으로써 생길 수 있는 부정적 결과들도 설명해야 한다.

③ 법원명령에 의해 제공되는 서비스의 종결은 특별한 고려가 필요하다. 사회복지사는 서비스를 끝내기 전에 모든 명령의 조건들이 충족되어 있는지 확인해야 한다.

④ 제공되는 서비스를 축소해야 하고, 기관 내의 사례이전을 억제해야 하며 사회복지사가 기관 내에서 자리를 옮기거나 바꾸는 경우에 클라이언트와의 서비스 계약을 변경해야 하는 행정결정 때문에 유발된 종결에는 특히 유의해야 한다.

⑤ 사회복지사는 종결이 클라이언트의 가족과 사회적 관계망 내의 다른 사람들에게 어떻게 영향을 줄 수 있는지를 예상해야 한다.

⑥ 어떤 경우에는 사회복지사 자신의 심리적 욕구 때문에 종결이 어려울 수도 있다.

⑦ 종결이 가까워지면 접촉빈도를 조금씩 줄이는 것이 바람직하다. 클라이언트가 아주 의존적이라면 떼어 내는 과정에서 클라이언트를 이웃이나 비공식적 자원들과 연결시키도록 노력해야 한다.

⑧ 중요한 관계를 끝내는 데 수반되는 상실과 분노의 감정은 클라이언트가 표시하지 않더라도 사회복지사가 먼저 말을 꺼내야 한다.

⑨ 공식적 종결이 끝난 몇 주 후의 사후면접이나 전화접촉계획은 이별을 두려워하는 클라이언트를 안심시킬 수 있다. 욕구가 생겼을 때 기관에 또 다시 올 수 있다는 것을 클라이언트에게 알려 주어야 한다.

2. 평 가

평가란 개입의 효과성과 효율성을 측정하는 것이다. 효과성은 목표달성여부를 말하고, 효율성은 투입된 비용(시간, 노력, 금전적 비용)과 산출된 성과 간의 비율을 말하는 것이다(김용일 외, 1995 : 281). 평가란 무엇이 클라이언트에게 도움이 되었고, 어떤 것들이 달리 진행되었어야 했는지를 말해 준다. 사회복지실천에서 클라이언트와 사회복지사 및 기관에 최대한의 정보를 제공할 수 있는 한 가지 방법은 개입계획을 세울 때 평가계획을 미리 고려하는 것이다.

평가는 평가의 내용에 따라 여러 가지 유형으로 나눌 수 있다. 하나는 총괄평가(summative evaluation)이고, 다른 하나는 형성평가(formative evaluation)이다. 총괄평가가 개입의 결과, 즉 전반적 효과성 및 효율성에 대한 것이라면 형성평가는 개입의 과정을 보는 것이다. 사회복지실천에서는 총괄평가도 중요하지만 형성평가도 중요하다. 왜냐하면 사회복지실천은 목적달성만이 중요한 것이 아니라 목적을 달성하기 위해 취한 방법이 얼마나 적합한 것인지도 중요하기 때문이다(엄명용 외, 2006 : 313).

1) 결과평가[1]

결과평가(outcome evaluation)는 설정했던 목표들이 얼마나 달성되었는가를 평가하는 것이다. 즉, 개입과정을 통해 원했던 변화가 일어났는가 하는 평가이다. 그러나 결과를 측정하려면 무엇보다도 그 결과가 어떤 개입으로 인해 일어났다는 것을 검증해야 한다. 클라이언트의 변화는 개입 외에도 다른 여러 가지 변수들에 의해 영향을 받으므로 결과가 개입의 순수한 효과라고 보기 어려운 경우가 많다. 따라서 이러한 문제점을 극복하기 위해 가장 많이 사용하는 조사설계방법이 사전, 사후로 평가하는 방법과 개입한 실험집단과 개입하지 않은 통제집단을 비교하는 방법이다. 두 방법 모두 결과를 개입의 영향으로 해석하는 데 있어 객관성을 갖기 위해 사용되는 것이다.

---

1) Hepworth & Larsen(1986 : 589-590) ; 양옥경 외(2005 : 274-277).

(1) 사전, 사후 비교방법

사전, 사후 비교방법은 사회복지실천과정을 평가하는 데 가장 많이 사용하는 방법으로 우선 평가하고자 하는 문제와 그 측정도구를 명확히 해야 한다. 그리고 개입하기 전에 문제가 어느 정도인지를 측정하고 개입 후 다시 같은 방법으로 문제의 정도를 측정하여 그 변화를 개입의 결과로 보는 것이다. 예를 들면, 의사소통에 문제가 있는 부모를 훈련하여 '나 메시지(I-message)'를 쓰게 한 후 '나 메시지'를 쓰기 전과 어떻게 자녀의 행동이 달라졌는지를 비교해 보는 것이 여기에 속한다.

(2) 통제집단과 실험집단의 비교

이 방법은 개입을 한 집단과 개입을 하지 않은 집단을 비교하여 그 차이를 개입의 결과로 추정하는 것이다. 이 방법은 사전, 사후 비교방법에 비해 적게 사용되는데 그 이유는 우선, 개입이 필요한 집단에 의도적으로 개입을 하지 않는다는 것이 사회복지윤리에 맞지 않기 때문이다. 또한 두 집단 간의 차이를 개입의 결과로 보려면 두 집단 간에 다른 변수의 영향은 거의 통제되었다는 전제가 되어야 하는데 실제 그런 집단을 설정하기가 현실적으로 어렵기 때문이다. 여기서 두 집단의 비교는 개입 이후 사후만을 할 수도 있으나 객관성을 높이기 위해서는 사전, 사후를 비교하는 것이 좋다. 왜냐하면 사후만을 측정할 경우, 개입 이전에 이미 존재하는 두 집단의 차이를 알 수 없기 때문이다. 예를 들면, 아이들의 공격성을 보기 위해 한 집단은 공격적 장면을 많이 보게 하고 한 집단은 공격적 장면을 통제하여 두 집단 간의 공격성을 비교해 보는 것이 이에 속한다.

2) 과정평가

과정평가는 개입과정을 클라이언트가 어떻게 지각하는지를 평가하는 것이다. 즉, 과정이 자신에게 도움이 되었다고 느끼는지 아니면 자신에게 오히려 나쁜 영향을 주었다고 생각하는지를 평가하는 것이다. 특히 사회복지사가 목표를 달성하기 위해 사용한 방법이나 기법에 대한 피드백을 포함한다.

3) 실무자 평가

실무자에 대한 평가는 사회복지사의 행동, 마음가짐, 태도, 속성 등이 개입과정에 어떤 영향을 미쳤다고 생각하는지에 대한 피드백을 요청하는 것이므로 이때 이 평가에서 사회복지사는 어떠한 비판도 각오해야 한다(Hepworth & Larsen, 1986 : 590 ; 양옥경 외, 2005 : 277). 사회복지사는 실천가로서 갖는 장점과 단점을 솔직히 클라이언트에게 지적해 주도록 요청함으로써 스스로를 잘할 수 있는 기회를 갖는다.

클라이언트는 사회복지사의 태도를 "말이 빠르다", "무시하는 말투이다", "주의 깊게 말을 듣지 않는다", "건방지다", "쌀쌀맞다", "다정하다", "온유하다", "편하다" 등으로 평가하기도 하고 사회복지사 자신이 모르는 버릇 등에 대해서 평가할 수 있다. 즉, "왜 그렇게 볼펜을 물어뜯느냐", "다리를 자주 흔들어 댄다", "눈을 자주 깜박인다", "머리를 너무 긁적거린다" 등의 평가를 한다. 부정적 평가는 고통스럽기는 하지만 사회복지사가 자신의 태도와 행동이 개입결과에 어떤 영향을 미치는지를 지각하는 데 매우 중요한 의미를 갖게 하고 자신이 의식하지 못하고 있었던 행동을 수정할 수 있는 기회를 제공할 수 있기 때문에 의미가 있다.

01 사회복지실천과정을 한 사례를 택하여 접수, 사정, 계획, 변화, 종결과정으로 나누어 어떻게 실천해 볼 것인지 팀워크를 이루어 작성해 보시오.

02 접수 시 사회복지사가 갖추어야 할 공통적 과제를 논의하시오.

03 사정과정에서 자료수집정보원으로 활용할 수 있는 것에는 어떤 것들이 있는지 설명하시오.

04 자신의 성격과 심리를 알아보기 위해 실시할 수 있는 검사의 종류를 알아보고, 실제로 검사를 실시한 후 검사의 결과를 동료와 비교해 보고 자신의 특이한 점을 발견하시오.

05 사정의 특성을 설명해 보시오.

06 사정내용에는 어떤 것들이 포함될 수 있는지 설명하시오.

07 자아방어기제의 종류에 대해 자세히 알아보고 내가 잘 쓰는 방어기제는 어떤 것인지 찾아보시오.

08 클라이언트의 방어기제를 평가하고 반응할 때 사회복사가 지켜야 할 지침을 설명하시오.

09 자신의 가계도를 직접 그려 보고 해석하시오.

10 우리 가족의 생태도를 그려 보고, 친한 친척, 한 가족을 임의로 선택하여 생태도를 그려 본 후 비교하시오.

11 자신의 사회도를 그리시오.

12 변화과정에서 사회복지사의 과업은 어떤 것이 있는지 설명하시오.

13 직접적 개입과 간접적 개입이 무엇인지 정의를 내리고 사례를 들어 설명하시오.

14 종결의 유형을 자세히 설명하시오.

15 평가의 종류를 설명하시오.

01 사회복지사의 역할 중 기존의 제도로부터 클라이언트가 불이익을 받을 때 제도에 도전하도록 지도력을 발휘하는 것을 무엇이라고 하는가?

① 중개자   ② 조력자   ③ 옹호자
④ 중재자   ⑤ 교육자

02 각 가족구성원이 한 세대에서 다음 세대까지 생물학적, 법적, 정서적으로 어떻게 관련되어 있는지를 도표로 나타난 것을 무엇이라 하는가?

① 생태도   ② 심리검사   ③ 가계도
④ 자료수집   ⑤ 상담

03 사회복지사업을 평가하는 목적과 가장 거리가 먼 것은?

① 사회사업서비스의 질적 향상을 꾀하고자 하는 것이다.
② 사업담당자의 책임성을 높이려는 것이다.
③ 프로그램의 타당성을 규명하려는 것이다.
④ 사회문제를 효과적이고 효율적으로 해결하고자 하는 것이다.
⑤ 평가를 통하여 우수기관과 그렇지 않은 기관을 분류하기 위해서이다.

04 Johnson이 말하는 사정의 특성을 모두 고른 것은?

가. 사정은 계속적 과정이다.	나. 사정은 이중초점을 가진다.
다. 사정은 개별적이다.	라. 사정에는 사고의 전개과정이 있다.

① 가, 나, 다   ② 가, 다   ③ 나, 라
④ 다   ⑤ 가, 나, 다, 라

05 다음 중 집단과 일하는 사회복지사가 집단 내의 소외자, 친구 간의 관계, 하위집단, 연합 등을 파악하는 데 유용한 사정도구는?

① 가계도   ② 생태도   ③ 사회도
④ 애니어그램   ⑤ MBTI

06 사정과정에 대한 설명으로 틀린 것은?

① 계속적인 과정이다.   ② 사고의 전개과정이다.
③ 개별적이다.   ④ 정보와 자원의 수집과정이다.

⑤ 정확한 판단이 중요하다.

07 개입이 효과적·효율적이었는가를 사정하는 단계는?

① 사정단계 ② 접수면접 ③ 계획과 계약
④ 평가와 종결 ⑤ 목표 수립

08 사회복지실천과정 중 종결단계에서 클라이언트를 돕는 구체적 방법으로 적절하지 못한 것은?

① 목표 정리하기 ② 변화에 대해 이해와 안정시키기
③ 종결계획을 수립하기 ④ 사정의 결과를 설명하기
⑤ 자료와 정보를 비교평가하기

09 다음 중 가계도를 통하여 알 수 없는 것은 무엇인가?

① 가족구조의 역학관계 ② 가족 내 경계선 ③ 생물학적 연결관계
④ 사회적 자원 ⑤ 정서적 관계

10 다음 중 생태도에 관한 내용으로 옳지 않은 것은?

① 가족과 외부 환경 간의 관계를 알 수 있다.
② 회기를 진행하며 수정이 가능하다.
③ 에너지의 흐름은 선의 굵기로 나타낸다.
④ 가족이 접하고 있거나 필요한 거시체계를 알 수 있다.
⑤ 긍정적·부정적 에너지의 정도는 선의 형태로 표시한다.

11 다음 중 클라이언트의 정보수집방법이 아닌 것은?

① 잠재적으로 쓸모 있는 자료의 출처로서 클라이언트의 자기진술
② 비언어적 행동의 직접 관찰
③ 상호작용의 관찰 및 클라이언트와의 직접적 상호작용의 경험
④ 클라이언트의 자기 모니터링
⑤ 심리검사 및 부수적 출처로부터의 정보

12 종결상황에서 만족할 만한 관계로 끝나 가는데 아들에 관한 이야기가 남아서 클라이언트가 아쉬워할 때 사회복지사의 적절한 대응으로 옳은 것은?

① 사회복지사가 서운함을 표현하면 안 된다.
② 종결시점을 말하고 클라이언트가 사적으로 서운해 하는 시간을 갖도록 해준다.
③ 종결을 지연시킨다.
④ 종결 후 다시 시작할 수 있다는 여지를 주지 않는다.
⑤ 사적으로 클라이언트와 관계를 맺지 않는다.

13 다음 중 접수단계의 과업에 대한 설명이 아닌 것은?

① 클라이언트의 문제가 해당 기관에서 해결할 수 없는 것이라면 다른 적합한 기관을 알선한다.
② 클라이언트의 문제와 욕구를 확인한다.
③ 라포를 형성한다.
④ 짧은 시간에 얻은 정보로 클라이언트를 유형화 한다.
⑤ 인테이크(Intake) 단계라고도 한다.

14 다음 중 가계에 대한 설명으로 옳지 않은 것은?

① 소원한 관계는 점선으로 나타낸다.
② 가계도에 자연유산과 인공유산을 구별하여 표현한다.
③ 3세대 이상을 표시한다.
④ 보웬의 다세대적 가족치료에서 활용한다.
⑤ 가계도에 가족 외에 동거인은 표시하지 않는다.

15 다음 중 생태도로 알 수 있는 것은?

① 출신 초등학교   ② 가족의 자원
③ 금융자산   ④ 동종업체 간 직장의 위치
⑤ 여가활동의 빈도

16 목표설정에 관한 설명으로 옳지 않은 것은?

① 클라이언트의 자기결정권을 존중한다.
② 클라이언트와 합의하에 목표를 정한다.
③ 우선시하는 욕구를 먼저 선택한다.
④ 성장을 강조하는 긍정적 형태로 기술해야 한다.
⑤ 가능한 한 많은 부분을 포괄할 수 있는 큰 목표가 유용하다.

17 접수시 클라이언트에게서 획득할 수 있는 정보로 모두 묶인 것은?

- 보 기 -
가. 이전에 서비스를 받은 경험   나. 현재 문제
다. 사회력   라. 기본정보

① 가, 나, 다   ② 가, 다   ③ 나, 라
④ 라   ⑤ 가, 나, 다, 라

18 접수과정에서 사회복지사의 역할이 아닌 것을 모두 고른 것은?

> **- 보 기 -**
> 가. 클라이언트의 유형화   나. 클라이언트에 대한 동기부여
> 다. 문제 형성   라. 저항감 해소

① 가, 나, 다   ② 가, 다   ③ 나, 라
④ 라   ⑤ 가, 나, 다, 라

19 다음 중 사정단계에 대한 설명으로 옳지 않은 것은?

① 클라이언트와 사회복지사의 상호과정이다.
② 사정은 원조과정 이후에도 계속 된다.
③ 정보를 수집·분석·종합화 하면서 다면적으로 공식화하는 과정이다.
④ 복합적인 수준에서 개인적·환경적 강점을 사정한다.
⑤ 사정은 개별적이다.

20 종결단계에서 수행해야 할 사회복지사의 역할이 아닌 것은?

① 계약을 한다.
② 클라이언트와 함께 개입과정을 검토한다.
③ 목적을 어느 정도 달성하였는지 평가한다.
④ 클라이언트가 기술을 잘 활용할 수 있도록 한다.
⑤ 클라이언트의 감정을 얘기할 수 있도록 한다.

21 개입 후 클라이언트에게 변화를 지속할 수 있는 동기를 부여하고 종결 이후에 발생한 문제를 다룰 수 있는 여유를 갖게 해 주는 것은?

① 면 접   ② 사 정   ③ 사례관리
④ 사후관리   ⑤ 목표설정

22 사회복지실천시 종결단계에서 해야 할 사회복지사의 태도는?

① 문제를 규정한다.
② 목표를 설정한다.
③ 성과에 대해 확인한다.
④ 라포를 형성한다.
⑤ 기간이 정해져 있기 때문에 문제가 해결되지 않았어도 종결한다.

23 사회복지실천의 자료수집방법으로 옳은 것을 모두 고른 것은?

> -보 기-
> 가. 질문지 활용 　　　　　　　　　　　나. 구두면접
> 다. 가정방문 　　　　　　　　　　　　　라. 감시카메라 설치

① 가, 나, 다 　　　　　② 가, 다 　　　　　　③ 나, 라
④ 라 　　　　　　　　　⑤ 가, 나, 다, 라

24 사회복지서비스의 한계규정에 대한 설명 중 가장 적당하지 않은 것은?
① 이익추구의 배제
② 사회적 후원과 책임
③ 기관의 목적과 일치
④ 종교적 가치와 이념이 기본
⑤ 개인적 직면과 사적 활동

25 사회복지실천현장에서 생애발달적 관점으로 접근해야 하는 문제는?
① 노숙자문제 　　　　　　　② 성폭력문제
③ 이혼문제 　　　　　　　　④ 가정폭력문제
⑤ 노인치매문제

26 다음 제시된 내용은 사회복지실천과정 중 어느 단계에 해당하는가?

> -보 기-
> ·문제를 욕구로 전환한다.
> ·개입수준의 전략을 선택한다.
> ·문제를 해석된 용어로 표현한다.
> ·여러가지 문제 중 우선순위를 정한다.

① 계획단계 　　　　　　② 개입단계 　　　　　　③ 사정단계
④ 계약단계 　　　　　　⑤ 관계형성단계

27 사회복지실천과정에서 계약의 요소가 아닌 것은?
① 서비스의 종류 　　　　　　② 서비스의 기간
③ 클라이언트의 역할 　　　　④ 서비스모델근거이론
⑤ 클라이언트의 사인·서명

28 다음 중 가계도를 통하여 알 수 없는 것은?

① 가족의 구조　　　　　　　　　② 가족 및 구성원의 관계
③ 가족 간의 의사소통　　　　　　④ 동거가족
⑤ 세대 간의 반복유형

29 사회복지사와 클라이언트가 생태도를 분석하는 차원에서 적절하지 않은 것은?

① 사정과 개입을 위한 중요한 정보를 산출한다.
② 사회적 맥락 속에서 클라이언트의 상황과의 관계를 나타낸다.
③ 클라이언트와 상황의 초점이 되는 가족도표가 원 안에 표시된다.
④ 사회복지사가 생태도를 그리고 난 후에 분석하고 평가해 준다.
⑤ 환경 속의 클라이언트에 초점을 두기 때문에 클라이언트를 생태학적 관점에서 이
   해하는 데 도움을 준다.

30 다음의 내용은 무엇에 대한 설명인가?

> **-보 기-**
> 클라이언트의 욕구가 기관이 제공할 수 있는 것 이상일 경우에는 다른 기관을 연결시켜
> 준다.

① 조   정　　　　　　② 의   뢰　　　　　　③ 활   용
④ 사   정　　　　　　⑤ 탐   색

31 접수단계에서 사회복지사가 다루어야할 사항은?

① 계약서 작성
② 지역사회자원 연계
③ 서비스의 점검 및 재사정
④ 목표설정과 개입계획 수립
⑤ 서비스제공의 적합성 여부 판단

32 사회복지실천에서 공식적 자원에 해당하는 것은?

① 친   구　　　　　　② 친   척　　　　　　③ 종교기관
④ 자원봉사자　　　　　⑤ 사회복지사

33 사회복지실천의 과정에서 계약에 포함되어야 하는 내용이 아닌 것은?

① 클라이언트의 기대　　　　　　② 개입기법
③ 서비스 결과　　　　　　　　　④ 모니터과정과 수단
⑤ 원조과정의 본질과 사회복지사와 클라이언트의 관계 명확규정

34 사회복지실천과정의 종결단계에서 이루어져야 하는 과업에 대한 내용으로 옳지 않는 것은?

① 종결시기 결정하기
② 변화를 가로막는 장애물 해결하기
③ 분리과정 동안 경험하는 정서적 반응을 서로 해결하기
④ 제공된 서비스와 목표달성 정도 평가하기
⑤ 획득된 성과를 유지하고 계속 발전할 수 있도록 계획하기

35 접수단계에서 사회복지사의 역할은?

① 클라이언트 적격성 판단
② 자원파악
③ 인구사회학적 조사
④ 변화를 유지시키기
⑤ 이별에 대한 정서 해결

36 다음 중 모델링기법을 주로 사용하는 단계는?

① 접수단계   ② 개입단계
③ 계획단계   ④ 종결단계
⑤ 사후관리단계

37 개입단계의 면접으로 맞는 것은?

① 표준화된 절차로 한다.
② 사정도구를 주로 활용한다.
③ 개인의 문제해결능력을 높이기 위한 과정이다.
④ 라포 형성에 초점을 둔다.
⑤ 클라이언트에 대한 정보수집이 목적이다.

38 다음 중 가족을 사정하기 위한 도구에 해당하는 것을 모두 고르면?

> ─ 보 기 ─
> 가. 가계도   나. 인터뷰
> 다. 사회적 관계망 그리드   라. 실험설계

① 가, 나, 다   ② 가, 다   ③ 나, 라
④ 라   ⑤ 가, 나, 다, 라

39 다음 중 소시오그램을 통해서 파악할 수 없는 것은?

① 친화력과 반감 등 관계의 방향과 정도
② 집단성원 간의 선호도와 무관심
③ 하위집단의 형성 여부
④ 원근관계의 유형
⑤ 구성원 각각의 성격

40 다음 단계 중 문제를 욕구화시키는 것은 어느 단계에 속하는가?

① 사정단계   ② 계획수립단계   ③ 평가단계
④ 개입단계   ⑤ 접수단계

41 다음 중 생태도에서 소원한 관계를 나타내는 것은?

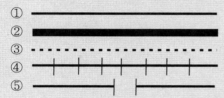

42 경제적 어려움을 호소하는 클라이언트에게 문제해결 방법을 찾은 결과 직장을 얻는 것이라 보고, 직업훈련을 실시하여 개입하고자 하는 것은 어느 단계에서 이루어지는가?

① 개입단계   ② 자료수집 및 사정단계
③ 목표설정단계   ④ 종결단계
⑤ 접수단계

43 다음 중 자료수집의 정보원에 해당하는 것을 모두 고르면?

> -보 기-
> 가. 클라이언트가 직접 관찰한 내용   나. 클라이언트의 심리검사
> 다. 비언어적 행동관찰   라. 클라이언트의 자기모니터링

① 가, 나, 다   ② 가, 다   ③ 나, 라
④ 라   ⑤ 가, 나, 다, 라

|정답| 1. ③   2. ③   3. ⑤   4. ⑤   5. ③   6. ④   7. ④   8. ⑤   9. ④   10. ③   11. ④
12. ②   13. ④   14. ⑤   15. ②   16. ⑤   17. ⑤   18. ②   19. ②   20. ①   21. ④   22. ③
23. ①   24. ④   25. ⑤   26. ①   27. ④   28. ③   29. ④   30. ②   31. ⑤   32. ⑤   33. ③
34. ②   35. ①   36. ②   37. ③   38. ①   39. ⑤   40. ②   41. ③   42. ②   43. ④

CHAPTER **09** 사회복지실천
접근방법

Theories/of/Social/Work/Practice

사회복지실천에서는 일반적으로 세 가지 수준의 활동으로 나눌 수 있다. 첫 번째는 미시적 수준(micro level)으로 개인과 일대일을 기본으로 하는 활동, 두 번째는 중간수준(mezzo level)으로 가족과 소집단을 중심으로 하는 활동, 세 번째는 거시적 수준(macro level)으로 지역사회 또는 법, 정책의 변화를 모색하는 활동이다. 전통적으로 사회복지사가 수행해 온 접근방법은 개인, 집단, 가족, 지역사회를 중심으로 한 실천이다. 이 장에서는 각각에 대해 정의, 목적, 개입방법에 대해 개괄적으로 살펴보고자 한다.

THEORIES OF SOCIAL
WORK PRACTICE

제1절 개인수준의 실천

1. 개별사회사업의 정의

개인수준의 실천은 '개별사회사업(case work)'이라 하며, 사회복지사와 클라이언트의 일대일의 관계로 전개되는 실천과정이다. 개별사회사업에서 '사례

(case)'는 각 개인이 가진 개별적이고 특수한 문제를 지칭하는 말이고, 클라이언트(client)는 문제를 가지고 있어서 전문적 도움을 필요로 하고 있는 사람을 말한다. 사회복지사가 대상으로 하는 문제는 사회문제와 관련된 관계에서 클라이언트가 갖고 있는 구체적·현실적 생활상의 기능장애이므로 개별사회사업은 "사회환경과의 조정을 필요로 하는 클라이언트의 문제를 사회적 측면에서 다루고 이것을 각 클라이언트의 조건이나 사정에 따라 개별적으로 다루어 그 적응에 도움을 주는 일련의 과정"이라고 할 수 있다(전재일 외, 2004 : 228).

개별사회사업에 대한 학자들의 정의를 살펴보면 우선 Richmond(1922 : 98)는 "개별사회사업이란 개별적·의식적으로 개인과 그의 사회환경 간의 조정을 통하여 그 사람의 인격(personality)을 발달시키는 과정"이라고 하였다. Richmond는 사회복지사가 클라이언트에게 사용하는 방법이 누가 보아도 과학적으로 증명될 수 있는 전문적 기술을 포함한 실천방법이 되길 원하였기 때문에 직접적 실천경험과 인접과학의 지원을 받으면서 개별사회사업이 발전되어 왔다. 『사회진단』(Richmond, 1917)에서는 개별사회사업 실제에 관한 지식을 체계화하고 클라이언트가 갖고 있는 문제에 대한 조사와 조직적 접근을 시도하여 개별사회사업을 명확히 하고자 하였다. Richmond(1917)의 정의를 통하여 개별사회사업의 기본적 조건을 다음의 네 가지로 정리해 볼 수 있다(전재일 외, 2004 : 229).

① 개인과 그가 속한 사회환경 간의 조정이다.
② 개별적으로 행해지는 조정이다.
③ 개별사회사업과정은 결과를 전망하여 행해지는 의식적 조정이다.
④ 개별사회사업의 궁극적 목표는 인격(personality)의 발달이다.

Bower의 정의를 보면 "개별사회사업이란 클라이언트와 그가 속한 환경의 전체 또는 일부분에서 보다 나은 적응을 해 나가도록 개인이 가진 능력과 지역사회의 자원을 적절히 동원하기 위하여 인간관계학의 지식과 대인관계의 기술을 활용하는 예술"이라고 하였다(Bowers, 1949 ; 전재일 외, 2004 : 230).

Perlman의 정의를 보면 "개별사회사업이란 개인이 사회인으로서의 기능을 수행함에 수반되는 여러 가지 문제를 보다 효과적으로 해결하기 위해 복지관(human welfare agency)에서 활용하는 과정"으로 정의하고 있다(Perlman, 1957).

Perlman은 진단주의 학파의 입장과 기능주의 학파의 견해를 모두 받아들여 (진단주의에서 중시하던 심리학이나 Freud의 정신분석이론 중심의 정신의학, 성격발달과 Rank의 이론을 바탕으로 한 기능주의의 창조적 자아와 개인의 능력을 인정하여 개인적 성장을 돕는) 개별사회사업은 치료과정이 아니고 기관(agency)의 기능에 따른 사회복지사와 클라이언트의 역할관계를 통해 전개되는 문제해결과정이라는 입장을 취하고 있다(전재일 외, 2004 : 231).

　앞의 학자들의 정의를 종합해 보면 개별사회사업은 다음과 같은 일반적 특징을 가진다고 볼 수 있다(전재일 외, 2004 : 232).

① 개별사회사업의 대상은 문제를 가진 개인이다.
② 개별사회사업의 주체는 문제에 대한 과학적 지식과 전문적 기술을 가진 전문가이다.
③ 그 방법은 대상에 따라 달라지는 개별적(case by case)인 것이다.
④ 개별사회사업은 성격의 성장, 발달과 환경에의 적응을 다루는 의식적 노력이다.
⑤ 개별사회사업은 사회복지사와 클라이언트 간의 인간관계를 중요시하는 협동적 활동이다.
⑥ 개별사회사업은 과정(process)이며 예술이다.
⑦ 예방보다는 치료적 입장에서 문제해결 및 재조정을 중요시한다.
⑧ 개인과 그의 사회환경과의 상호작용을 중요시하는 개인의 내면강화와 환경조정을 한다.
⑨ 클라이언트의 주체성을 인정한 측면적 도움이다.
⑩ 기관의 기능을 중시한다.

2. 개별사회사업의 목적

　개별사회사업은 일대일 관계를 기반으로 개인적이고 사회적인 문제들을 해결할 수 있도록 돕는 데 그 목적이 있다. 개별사회사업에는 개인이 사회에 적응할 수 있도록 돕는 것과 개인의 특수한 욕구에 따라 사회적 서비스를 받을 수 있도록 돕는 것이 모두 포함된다(Zastrow, 1989 : 399-410 ; 양옥경 외, 2005 :

207). 여러 학자들의 정의에 따라 목적을 분석하면 "개인의 사회관계에 있어서 보다 나은 적응과 개인의 성격발달", "개인에게 있어서 중요한 변화, 즉 현실적 한계와 가능한 자원을 고려하고 개인과 개인의 상황에 있는 역량을 이용하는 변화"를 들고 있다. 요약하면 개별사회사업의 목적으로서 일반적 경향은 사회적 관계의 적응이라는 관점에서, 또 개인과 환경 전체 간의 적응이라는 관점에서 성격의 발달이라고 인식되어 왔으나, 이것은 개별사회사업활동의 범위 내에서 완전히 달성되지 못하는 부수적 목적으로서 인정되는 것이다.

개별사회사업 고유의 본질적 목적은 대개 부수적 목적, 즉 "개인과 그의 환경 전체의 전부 또는 일부와의 보다 나은 또는 좋은 조화로운 적응"에 대해 바람직한 개인의 능력이나 지역사회의 자원을 활용할 수 있게 하는 것이다(전재일 외, 2004 : 233-235).

3. 개별사회사업의 구성요소

개별사회사업의 구성요소를 통해서 그 개념을 명백히 하려고 시도한 대표적인 학자는 Perlman이다. Perlman에 의하면 개별사회사업은 복잡성, 역동성 및 발전성을 가진 현상이고 또 "개별사회사업은 그것이 생명원으로 하고 있는 다양한 지식, 주입하고 있는 윤리적 위탁, 실천을 가능케 하는 기술 등에 의해 복잡하게 된다. 그리고 개별사회사업은 경험하고, 실천하고 또 검토하는 하나의 생활사건이다. 그러므로 개별사회사업을 하나의 정의로 설명한다는 것은 거의 불가능한 일이다"라고 전제하고 있다. Perlman은 이처럼 복잡한 개별사회사업 실제의 내용과 특성을 명확히 하기 위해 "개별사회사업은 문제(Problem)를 가진 사람(Person)이 일정 장소(Place)에 오는데, 이곳에서는 전문적 대리인이 주어진 과정(Process)을 통해 그를 돕는다(A person with a problem comes to a place where certain representatives help him by a given process)"고 하면서 기본적 구성요소로서 4P(Person, Problem, Place, Process)를 들어 개별사회사업을 고찰하는 단서를 제시하였다(전재일 외, 2004 : 236). Perlman이 말한 구성요소는 다음과 같다(전재일 외, 2004 : 237-239).

1) 사람(person)

여기서의 사람(Person)은 일상생활의 사회적 측면이나 정서적 측면에 있어서 도움을 요하는 개인을 가리키며, 이 같은 사람을 개별사회사업에 있어서는 클라이언트라 부른다. 진단학파의 이론을 적용하여 클라이언트와 그 가족을 분석하였고 '상황 속의 인간'의 중요성을 강조하여 개인에 관한 것뿐만 아니라 사회상황과 인간의 상호 교류 전체를 파악한다.

클라이언트라는 말은 물론 어떤 도움을 필요로 하는 사람이기는 하나 보다 정확하게 개별사회사업관계가 형성되어 어떤 도움의 단계에 들어간 대상자이다. 이러한 사람은 도움을 신청한 신청자(applicant)이다. 그러나 도움을 받기 위해 찾아오는 사람을 포함하여 클라이언트라고 하는 것이 일반적이다. 인간은 누구나 지금은 도움을 필요로 하지 않지만 언제 다른 사람의 도움을 필요로 하게 될지는 모른다. 이러한 면에서 모든 사람은 클라이언트가 된다. 이것은 현재 도움을 필요로 하고 있거나, 도움을 받고 있는 사람, 즉 실제적 클라이언트(actual client)와 현재는 별 문제가 없어 도움이 필요 없거나, 문제가 있어도 여러 가지 이유에서 도움을 요청하지 않는 사람, 즉 잠재적 클라이언트(potential client)로 나눌 수 있다(Pincus & Minahan, 1973 : 57).

2) 문제(Problem)

개별사회사업의 대상인 클라이언트의 문제(Problem)는 Richmond에 의하면 "사회환경과의 사이에 있어서 조정을 필요로 하는 적응이상의 상태"이다. 그리고 Hamilton에 따르면 문제란 그 개인의 바람직한 생활에 지장을 주거나 방해가 되는 충족되지 못한 욕구불만(경제적·의료적·오락적)이나 그 개인이 사회적 역할을 수행함에 있어서 비효율적이거나 방해가 되는 긴장(심리적·사회적·신체적) 같은 것들이다. 즉, 문제란 어떤 욕구, 장애, 욕구불만, 부적응 등에서 또는 이러한 모든 것들이 얽혀서 일어난다고 볼 수 있다.

3) 장소(Place)

여기서 장소(Place)란 문제를 가진 개인이 도움을 받기 위해 찾아오는 사회시설 또는 기타 여러 종류의 사회복지기관을 말한다. 이 기관의 기본적 성격은 물질적 원조, 환경의 조성, 상담 및 심리적 도움을 주는 사회복지의 기능을 수행하는 장소이다.

4) 과정(Process)

과정(Process)이란 사회복지사와 클라이언트 간에 전문직업적 대인관계를 매개로 하여 도와주는 문제해결과정이다. 이 과정에서 대인관계는 문제해결에 유익하도록 전문적으로 확립된 관계이며, 사회복지사의 지식과 기술에 의해 의식적으로 조작되는 대인관계이다. 그러므로 개별사회사업에서의 과정이란 원조를 전문적으로 필요로 하는 사람인 클라이언트와 사회복지사 간에 진전되는 업무로 의미심장한 인간관계 중에서 진행되는 일련의 문제해결을 말한다.

4. 개인수준의 개입

개별사회사업에서 사회복지사와 클라이언트의 일대일의 관계를 기반으로 하여 개인의 욕구와 문제해결을 도우려는 개인수준의 개입에서는 면담과 상담 기술이 필수이다(양옥경 외, 2005 : 208-216). 개인수준에서 개입을 통해 이와 같은 변화를 일으키려면 Zastrow가 지적한 치료적 면담기술이 필요하다. 치료적 면담의 목적은 클라이언트가 변화하도록 돕거나, 사회적 환경이 보다 클라이언트의 필요에 맞도록 변화를 돕는 것이다. 사회복지사가 개인수준에서 클라이언트의 문제해결을 위해 사용할 수 있는 치료적 면담과 상담기술은 다음과 같다(양옥경 외, 2005 : 208-216).

1) 개인의 변화

일반적으로 사회복지실천에서 상담을 통해 추구하는 개인의 변화는 인지적 영역, 행동적 영역, 정서적 영역으로 나눌 수 있다. 여기서는 감정의 표현촉진과 자기인식확장을 통한 개인의 변화, 인지수정을 통한 개인의 변화, 행동체험을 통한 변화에 대해 간단히 살펴본다.

(1) 감정의 표현촉진과 자기인식확장을 통한 개인의 변화

우울과 불안, 분노와 적개심, 열등감 및 수치감 등으로 인해 대인관계나 사회적 역할수행에 어려움을 느끼게 되는 경우 정서가 주된 문제가 된다. 이러한 정서문제에 개입하려면 감정을 촉진하여 감정의 정화와 함께 자신에 대한 이해를 확장하도록 도움으로써 변화를 가져올 수 있다.

많은 치료적 면담의 기법들은 클라이언트에게 숨겨진 감정을 표현하도록 독려한다. 공감적 경청(empathy)과 반응(reflection)을 통하여, 그리고 의도적 감정표현과 통제된 정서적 관여를 통하여 클라이언트가 감정을 표현하도록 돕는다. 감정표현은 그 자체만으로 감정의 정화(catharsis) 효과가 있다. 그러므로 사회복지사는 클라이언트의 표현된 감정에 대하여 감정의 배경이나 원인에 대해 이해하고 자신의 감정을 수용하도록 도와야 한다.

Rogers는 의사소통에 있어서 감정을 표현하도록 도와주는 전문가의 역할이 중요하다고 하였다. 진실한 의사소통은 클라이언트를 평가하지 않고, 이해하며, 경청하려고 할 때 형성되기 때문에 상대방의 입장에서 상대방이 표현한 사고나 태도를 통해 느낌을 반영해 나가는 것이 중요하다.

(2) 인지수정을 통한 개인의 변화

인지상담이론은 인간의 심리적 문제나 대인관계의 문제가 자신이나 세상에 대해 갖고 있는 잘못된 전제나 신념 때문이라고 본다. 그러므로 인지상담의 목표는 클라이언트에게 문제를 일으키는 잘못된 전제나 신념을 밝힘으로써 개인의 변화를 모색하는 것이다. Ellis의 합리정서적 이론은 이와 같은 잘못된 지각이나 사고과정의 변화를 통해 개인의 변화를 모색하는 대표적 이론이다. 인간의 인식과 사고, 정서적 행동과 반응은 〈그림 9-1〉과 같은 순서로 일어난다.

〈그림 9-1〉을 보면 정서적 반응과 행동의 결과는 매우 밀접하게 연관되어 있어 즉각적으로 반응을 하게 된다. 예를 들어, 스포츠머리를 한 남자를 보면 두려움을 느끼고 피하려고 하는 사람도 있고 친밀하게 대하는 사람도 있다. 이는 과거의 경험과 연상되어 스포츠머리를 한 사람에서 사기를 당했거나 어려움을 겪었던 사람은 자동적으로 피할 생각을 먼저 하게 되므로 이성적 판단을 하기가 어려워진다. 그러나 스포츠머리를 한 인기 선수에게 사인을 받았거

 |그림 9-1| Ellis의 합리정서적 이론

〈출처 : 양옥경 외(2005 : 211).〉

나 개인적 친밀감을 유지하고 있는 사람은 스포츠머리를 한 다른 사람들과도 친밀한 행동을 자연스럽게 취할 수 있는 것이다.

| 표 9-1 | 일반적인 잘못된 믿음과 바람직한 믿음의 예

잘못된 믿음	바람직한 믿음
만약 내가 남을 불편하게 한다면 그것은 큰 잘못이므로 나는 고통스러워야 한다.	항상 남들의 반응을 따를 수는 없다. 그렇지 않으면 내가 상처받기 쉽다. 나를 기쁘게 하는 것은 남을 기쁘게 하는 것만큼 중요하다.
세상은 인정사정없는 곳이다. 사람들은 자기 자신 외에는 누구에게도 신경 쓰지 않는다.	세상에는 다양한 종류의 사람들이 있다. 무자비한 사람도 있고, 이타적인 사람도 있다. 이타적인 사람도 꽤 많다. 만약 나를 포함하여 사람들이 이타적이고자 노력한다면 세상은 보다 좋은 곳이 될 것이다.
남자들의 여자에 대한 유일한 관심은 여자들을 지배해서 성적 노리개로 쓰는 것뿐이다.	여자들이 다양하듯이 남자들도 다양하다. 건강한 남성과 여성은 섹스에 대한 관심이 있지만 반드시 자신만의 쾌락을 위해 남을 이용하는 것은 아니다.
훌륭해지기 위해 사람은 완벽히 유능하여야 하며 하는 일마다 성공해야 한다.	모든 사람은 고유의 재능영역이 있어서 어떤 부분에서는 남들보다 잘할 수 있다. 누구도 완벽하지 않으며, 때때로 좌절하기 마련이다.
경쟁에서 지는 것은 끔찍한 충격이다.	이기면 기분이 좋지만 승자가 있으면 항상 패자도 있기 마련이다. 승리할 때뿐 아니라 패배할 때도 얻는 것이 있다.
타인의 복지를 증진하기 위해 자신을 희생하고 고통스럽게 하며 자신을 희생하는 것은 미덕이다.	남을 돕고 남에게 관심을 주는 것이 바람직하기는 하지만 나의 개인적 만족을 추구하는 것 또한 나의 몫이다. 불필요한 고통은 미덕이 아니다.

〈출처 : 허남순 외 역(2004 : 169).〉

그러므로 어떤 사건이나 행동에 직면했을 때 떠오르는 생각과 감정은 각 개인의 고유한 경험에 의한 매우 주관적인 자기중심적 해석에 따라 나타나는 반응으로 볼 수 있다. 일반적인 잘못된 믿음과 바람직한 믿음의 예는 〈표 9-1〉과 같다.

인지수정을 위한 구체적 방법은 잘못된 믿음(belief)체계에 의한 왜곡된 사고를 논박하거나 교육하는 인지적 기법과 인지적 과제를 부여하는 지시적 방법 등이 있다(정원식 · 박성숙 · 김창대, 1999).

① **논박**: 논박에는 논리성에 기반을 둔 논박, 현실성에 기반을 둔 논박, 실용성에 기반을 둔 논박 세 가지가 있다. 첫째, 논리성에 기반을 둔 논박은 클라이언트가 가지고 있는 생각의 비논리적인 면을 지적하는데, 예를 들면 클라이언트가 나는 '반드시'~해야 한다. '파멸적인', '모든', '절대적'으로, '완전히', '해야만 한다' 등이(김혜란 · 홍선미 · 공계순, 2002 : 194-195) 저변에 깔려 있을 때 비논리적임을 논박하는 것이다.

둘째, 현실성에 기반을 둔 논박은 클라이언트가 가지고 있는 생각이 현실적으로 일어날 수 없는 것임을 지적하는 것이다. 예를 들면, "만약 이 일이 이루어지지 않으면 하늘이 무너지고 말 거예요."라고 말하면 만약에 우리 뜻대로 되지 않는다고 하늘이 무너지면 도대체 이 세상은 어떻게 되겠는가? 우리가 원하는 대로 세상일이 다 이루어지는 것이 가능한가?를 지적해 줄 수 있을 것이다.

셋째, 실용성에 기반을 둔 논박은 클라이언트가 염려하는 비합리적 신념이 실제로 자신에게 어떤 도움이 되는지를 지적하고자 하는 것이다. 예를 들면, "당신이 절대적으로 남에게 사랑을 받아야만 한다."고 하면 절대적 바람이 실제적으로는 클라이언트에게 도움이 되지 않고 부담이 되고 있음을 느끼게 해 주는 것이다.

② **인지적 과제**: 인지적 과제는 클라이언트로 하여금 일상생활에서의 자신의 비합리적 신념을 찾아 목록을 만들어 오도록 하고 그 목록에 있는 내용을 스스로 논박해 보고 합리적 생각으로 바꾸게 하는 것이다. 그리고 비합리적 신념 대신 합리적 신념으로 바꾼 문장을 큰 소리로

읽도록 해보는 것도 좋은 과제이다.

(3) 행동체험을 통한 개인의 변화

이것은 인간의 행동 중에서도 반복적으로 나타나면서 문제를 발생시키는 것을 행동체험을 통해 개인의 변화를 모색해 보는 것이다. 예를 들어, 사람들 앞에 나서서 발표를 하거나 자신의 의견을 제시할 때 자신감이 없어 얼굴을 자주 붉히는 클라이언트가 있다고 가정하면, 사회복지사는 클라이언트와 함께 발표할 자료를 미리 요약해 보고 실제 발표하는 것처럼 여러 차례 연습을 거치면서 발표할 때 "잘하고 있다"거나, "잘할 수 있다"면서, 자신감을 불어 넣어 주면 실제로 사람들 앞에서 얼굴을 붉히지 않고 연습 때 했던 것처럼 발표를 잘 마칠 수 있을 것이다.

이와 같은 대부분의 행동치료법들은 행동체험을 통해서 정서적 변화를 일으키는 기법을 쓰고 있다. 대표적 행동치료기법은 '긴장이완훈련', '체계적 둔감법', '자기주장훈련', '행동수정기법', '토큰경제법(token economy)', '타임아웃(time out)', '강화기법(사회적 강화, 물질적 강화)' 등이 있다.

2) 관계의 변화

사회복지실천에서 만나게 되는 많은 클라이언트는 관계의 문제 때문에 사회적 욕구가 충족되지 않아 고통을 느끼는 경우가 많다. 이러한 관계의 문제는 주로 가족, 동료, 친구, 직장 등 클라이언트가 속한 체계에서 일어나게 되고, 관계는 상호작용적 요소가 강하기 때문에 개인의 변화만으로는 미흡하고 상호작용이 일어나는 체계가 변화되어야만 관계의 문제해결이 효과적인 경우가 아주 많다(양옥경 외, 2005 : 218).

그러므로 인간관계의 문제를 갖고 찾아오는 클라이언트의 관계변화를 돕기 위해서는 의사소통을 효과적으로 사용할 수 있도록 돕는 것이 필요하다. 의사소통이론에 대해서는 제6장 제2절에 소개해 두었으므로 참고하기 바라며 여기서는 효과적 의사소통기술의 향상에 대해서 양옥경 등(2005 : 219-222)이 정리한 내용을 중심으로 개괄적으로 살펴본다.

의사소통은 언어적 수준과 비언어적 수준, 그리고 상황적 수준의 세 수준을 고려했을 때 이들 수준의 일치성이 높을수록 건강하고 기능적인 의사소통을 하는 것이라고 한다(Hepworth et al., 1997). 의사소통의 일치성을 높이기 위해서는 의사소통의 표현기술로 의사전달을 명확하게 하는 것이 중요하므로 여기서는 나-전달법(I-Message)과 의사소통 수신기술에 대해서 살펴본다.

(1) 의사소통의 표현기술

의사소통의 효과적 표현기술로는 나-전달법을 들 수 있다. 나-전달법은 상대방의 행동으로 인해 나 자신이 어떻게 느끼고 있는지를 객관적으로 전달하는 것이다. 그러나 너-전달법(You-Message)은 상대방을 탓하고 비난하면서 상대방이 잘못하고 있다고 말하는 것으로 상대방을 말로 공격하게 되는 것이다.

나-전달법은 단순히 상대방의 행동에 대한 나의 느낌을 설명하는 것이므로 내가 중심이 되어 나의 느낌을 말하는 것이기 때문에 상대방을 탓하지 않는다. 예를 들어, 부모의 일을 방해하는 자녀가 있다고 가정할 때 부모를 방해하는 자녀의 행동 그 자체보다는 행동의 결과에 대해 중점을 둔다. 예를 들면, "○○가 새 옷을 입고 나가서 모래놀이를 하면 옷에 흙이 묻거든. 그러면 엄마는 속이 상해. 왜냐하면 엄마가 또 빨래를 해야 하기 때문이야."와 같은 것이다(전남련·김혜금, 2006 : 257).

나-전달법은 다음과 같은 세 가지 요소로 구성된다(Gordon, 1975 ; 전남련·김혜금, 2006 : 257 재구성). 첫째, 나에게 문제를 소유하도록 하는, 즉 나를 괴롭히는 상대방의 행동은 무엇인가? 수용할 수 없는 상대방의 행동에 대해 비난하지 않고 비평도 하지 않으면서 화를 내지 않고 단순히 행동상황을 서술한다. 둘째, 상대방의 그 행동이 나에게 어떤 영향을 끼치고 있는가? 즉, 상대방의 행동이 나에게 미치는 구체적 영향이 무엇인지 간결하게 서술한다. 셋째, 내가 그 행동의 결과에 대해 어떻게 느끼고(감정) 있는가? 상대방의 행동이나 그 행동이 미칠 구체적 영향에 대해 나의 감정 또는 느낌이 어떤지를 서술한다. 예를 들어 설명하면 다음과 같다. "엄마가 지금 전화를 받고 있는데, ○○가 큰 소리로 떠들면(행동), 엄마는 짜증이 난단다(감정). 왜냐하면 저쪽 편에서 무슨 말을 하는지 알아들을 수 없기 때문이야"(구체적 영향).

나-전달법에는 구조가 바뀔 수도 있다. '상대방의 행동이 내게 미치는 영향'과 '감정'의 순서가 바뀔 수 있고 '감정'을 빼고 '행동'과 '영향'만을 진술할 수도 있다. 예를 들면, "당신이 계속 술을 마시면(행동), 나는 속이 상해요(감정). 왜냐하면 또 위장약을 먹어야 하니까요(구체적 영향)"를 "당신이 계속 술을 마시면(행동), 또 위장약을 먹어야 하니까(영향) 나는 속이 상해요(감정)"로 바꿀 수도 있다.

나-전달법을 효과적으로 실행하기 위해서 다음과 같은 절차나 공식을 사용하고 있다.

> ① 네가 ~하면 (행동서술)
> ② 나는 ~라고 느낀다(느낌서술)
> ③ 왜냐하면 ~(결과서술)

나-전달법은 자아개념을 상실하지 않게 하고 상대방이 스스로 문제해결의 책임을 지도록 유도하고, 상대방에게 개방적 의사소통기법을 터득하게 하고 상대방에게 적극적 경청을 경험하게 하고 서로 솔직한 감정이입을 가능하게 하는 장점이 있다.

(2) 의사소통의 수신기술

의사소통을 잘하기 위해서는 상대방의 이야기를 집중하여 듣고 상대방이 표현하고자 하는 것을 왜곡하지 않고 그대로 이해하고 수용해야 한다. 상대방의 이야기를 잘 들어주는 것도 하나의 기술이기 때문에 수신기술을 향상하기 위해서는 다음과 같은 반응이 필요하다.

첫째, 신체적으로 집중한다. 상대방을 쳐다보고 상대방의 말을 수용할 수 있는 몸가짐을 갖고 비언어적인 면에서도 수신할 준비가 되어 있음을 보여준다.

둘째, 상대방의 말을 중간에 끊거나 끼어들지 않으며 상대방이 말하고자 하는 요점을 이해하고자 노력한다.

셋째, 상대방이 한 말의 의미를 보다 명확하게 하도록 하기 위해 "한 번 더 말씀해 주시겠어요?", "그 뜻은 이런 것 같은데 맞나요?" 등의 반응을 보인다.

넷째, 상대방이 계속해서 말을 하도록 "음", "그렇군요", "그래요", "계속 해서 말씀해 보세요"라는 언어적 반응을 보인다든지, 고개를 끄덕끄덕하면서 공감하는 느낌이 상대방이 느낄 수 있는 비언어적 반응을 보인다.

제 2 절　집단수준의 실천

1. 집단사회사업의 정의

집단사회사업의 정의, 목적, 실천방법 및 기술에 대해 분명한 정의를 내리 기는 어렵다(Alissi, 1980 : 5-35). Vinter, Rose, Sarri 등은 소집단에서 개인적 변화 의 기술에 초점을 두어 사람들의 소집단을 지도하는 것이라고 보고, 어떤 학자 들은 전문가가 클라이언트의 개인적 욕구를 충족하도록 돕고, 기관 혹은 단체 가 그 자체의 목표를 달성하도록 돕는 전문가 치료집단 및 과제집단과의 실천 을 의미하는 것으로 보기도 하지만 광의의 정의는 초보적 실천가가 집단사회 사업의 범위를 이해할 수 있도록 정의하고 있다.

> "집단사회사업은 사회정서적 욕구를 충족시키고, 과제를 수행하는 데 목적을 둔 인간의 소집단들과의 목표지향적 활동이다. 이러한 활동은 집단의 각 구성 원과 서비스 전달체계 내에서 전체로서의 집단에 지향되어 있다."

이 정의는 계획적이고 질서정연한 전문가의 활동이 인간과의 전문적 실 천의 맥락에서 수행되는 목표지향적 활동으로 집단사회사업을 설명하였다. 목 표지향적 활동은 여러 가지 목적을 가진다. 예를 들면, 집단사회사업전문가들 은 구성원을 재활시키고, 교육하고, 사회화와 성장을 돕는 것을 목적으로 할 수 있다. 전문가는 또한 구성원이 집단발전을 위한 책임감을 증가시킬 수 있 도록 구성원의 지도력 개발을 도울 수 있다. 동시에 전문가는 집단이 사회적 환경을 변화시킬 수 있도록 해야 한다. Siporin, Pincus와 Minahan, Klein 등은 실천적 견해로서 상황 속의 인간을 강조하였다(전재일 외, 2004 : 258-260).

2. 집단사회사업의 목적

Klein(1972)은 집단사회사업의 일부분이고 그들의 대인관계에 있어서 그리고 그들의 환경과의 참만남에 있어서 개인을 돕는 사회복지사의 역사적 임무에 적합한 여덟 가지의 특별한 목표를 제시하고 있다(Klein, 1972 ; 전재일 외, 2004 : 261-263).

① **재활** : 재활(rehabilitation)의 과정은 사람이나 일이 이전의 능력 또는 수준으로 회복하는 것을 의미한다. 사람의 재활은 감정적 또는 정신적 어려움이나 행동에 관한 것이라 할 수 있다. 그것은 또한 어떤 태도나 가치를 변화시키는 수단에 관한 것이라 할 수 있다.

② **교육훈련** : 교육훈련(habilitation)의 과정은 치료(treatment)보다는 오히려 성장과 발달을 의미한다. 어려움을 가진 어떤 개인이 어렸을 때 행동하는 법을 배운 적이 결코 없었기 때문에 '재활'이라는 용어가 의미하는 것으로는 회복될 수는 없다고 보고 교육훈련이 성장과 발달을 가져온다고 본다.

③ **교정** : 교정(correction)의 과정은 사회법(social law) 혹은 사회적 관습에 대해 어려움을 가지고 있는 사람들과 범법자나 폭력자를 돕는 것을 의미한다.

④ **사회화** : 사회화(socialization)의 과정은 사람들이 사회적으로 기대되는 것을 행하는 방법 그리고 다른 사람들과 같이 살아가는 방법을 돕는 것을 의미한다.

⑤ **예방** : 예방(prevention)의 과정은 어려움이 일어나기 전에 그 어려운 문제를 미리 처리하고 사람들이 필요로 하는 환경적 영양물을 제공하는 것을 의미한다.

⑥ **사회행동** : 사회행동(social action)을 격려하는 과정은 사람들이 대처하고 적응하는 것 이외에 그들의 환경을 변화시키는 것을 배우도록 돕는 것을 포함한다. 집단에서 적극적 관계를 통해 개인은 이끌고, 따르고, 결

정을 내리는 데 참여하고, 그들 자신에 대해 책임을 지고 더 큰 지역사
회에 대해 책임을 지는 것을 배우게 된다.

⑦ **문제해결** : 문제해결(problem solving)의 과정은 사람들이 과업을 달성하
고, 결정하고 사회문제를 해결하도록 집단을 이용하는 데 도움을 주는
것을 의미한다.

⑧ **사회적 가치** : 사회적 가치(social value)의 발달을 조장하는 과정은 개인
이 생활과 관련된 실천 가능한 사회적 가치를 발달시키는 것을 돕는
것과 관계가 있다. 집단은 동시에 이들 목적 모두 혹은 이들 중 어느
하나를 위해 이용될 수 있다.

3. 집단수준의 개입

사회복지실천에서의 집단개입의 역사는 1844년 George Williams가 런던
YMCA(Young Men's Christian Association)에서 다양한 레크리에이션과 사회화 집단
을 활용하여 젊은이에게 기독교 정신을 심어 주고자 한 데서 그 기원을 찾을
수 있다. 이러한 YMCA와 YWCA 등의 집단활동은 산업화, 도시화가 이루어지
면서 점차 도시빈민지역의 젊은이를 중심으로 사회환경을 조직하고 개선하고
자 하는 목적을 가지게 되었다. 또한 초기 집단개입실천의 장으로 인보관
(settlement house)을 들 수 있는데, 여기서는 집단의 힘을 활용하여 도시빈민과
이민 온 사람들을 교육, 계몽하고 이웃으로 만들어 종교적·문화적 정체감을
가질 수 있도록 돕고 정서적 지지와 원조를 제공하였다(Zastrow, 1987 : 4).

이처럼 초기 집단개입은 지역사회조직의 개념과 연결되어 발전해 오다가
1923년 집단사회사업(group work)이 웨스턴리저브(Western Reserve) 사회사업대학
원의 교과목으로 채택되면서 하나의 사회복지방법론으로 자리 잡게 된다.
1960년대 이후에는 사회변화뿐 아니라 개인의 치료와 변화를 목적으로 정신병
동, 병원, 아동복지기관, 교도소, 학교 등에서 소집단활동이 활성화되면서 사회
복지실천의 주요 개입방법으로 성장하게 되었다(정진영·황성철 외 역, 1998 : 5
2 ; 양옥경 외, 2005 : 230).

여기서는 집단개입을 집단역동, 집단개입의 방법, 집단의 특성으로 나누

어 살펴본다(양옥경 외, 2005 : 231-245).

1) 집단역동

집단개입이 가능한 것은 바로 집단구성원의 상호작용을 통해 나오는 힘, 즉 집단의 역동 때문이다. 역동은 전체적 집단과 개별적 집단구성원에게 강한 영향력을 미쳐 집단의 치료적 효과를 가져오게 한다. 집단역동(group dynamic) 은 상호작용을 통해 나오는 구성원의 힘의 합 이상이다. 즉, 개별 구성원으로 는 생각하기 어려운 힘이 그들의 상호작용을 통해 나온다는 것이다.

(1) 의사소통과 상호작용

집단구성원은 언어적·비언어적 의사소통으로 집단 내의 상호작용을 하게 된다. 상호작용은 집단중심 또는 리더중심일 수 있다. 집단중심의 상호작용은 자유롭게 서로 의사소통하는 자유로운 상호작용을 한다는 점에서 집단과정을 촉진시킬 수 있다. 그러나 초점 없는 피상적 이야기는 오히려 목표달성을 어렵게 할 수 있다. 리더중심의 상호작용은 리더를 통해서 구성원들이 서로 의사소통하거나 리더가 한 사람과 이야기하는 것을 다른 사람들이 지켜보는 것인데, 이것은 구성원 간의 자유로운 상호작용을 방해한다는 점에서 바람직하지 못하다.

(2) 집단결속력

집단결속력(group cohesion)은 집단구성원들로 하여금 집단에 머물도록 하는 데 영향을 미치는 요인들의 합 이상이다. 집단결속력은 집단에 대한 매력에서 나온다. 집단구성원이 집단을 통해 잃는 것보다 얻는 것이 많을 때 생긴다. 집단구성원이 결속력이 있으면 집단에 대한 소속감이 생기고 자신을 더 잘 표현하며 타인과의 관계를 활발하게 할 수 있어 집단을 통한 효과가 더 커질 수 있다. 집단의 결속력이 강할수록 구성원들이 서로에게 미치는 영향력 또한 커진다.

(3) 사회통제역학(social control dynamic)

집단이 질서를 유지하기 위해서 구성원들로 하여금 일정한 방식을 따르도록 하는데 이때 통제력을 사용하게 된다. 사회적 통제에는 규범과 역할, 지위가 있다. 규범(norms)은 집단 내에서 적절한 행동에 대한 구성원 간의 합의이며, 구체적 행위뿐 아니라 집단 내에서 허용 가능한 전반적 행동패턴을 규정하는 것이다. 역할(role)은 집단 내에서 각 구성원이 수행하기를 기대하는 기능에 대한 합의로 여기에는 노동과 적절한 힘의 분배가 포함된다. 지위(status)는 집단 내의 다른 구성원들에 비해 상대적으로 평가되는 각 구성원의 위치이다.

(4) 집단문화

집단문화(group culture)는 집단구성원이 공통적으로 가지는 가치, 신념, 관습, 전통을 의미한다. 이러한 문화는 구성원들이 동질적일수록 빠르게 형성되고 이질적일수록 늦게 형성된다. 대부분의 집단구성원은 자신의 경험과 인종, 종교 등으로부터 고유한 문화를 집단으로 가져오지만 이러한 가치들은 의사소통과 상호작용하는 과정에서 서로 섞이게 되고 결국 새로운 일련의 집단문화를 형성하게 된다. 집단문화는 집단에 대한 매력과 집단 내의 지지적 분위기에 상당한 영향을 미치게 된다.

사회복지실천분야에서 집단개입의 효과를 가져올 수 있는 치료적 요소는 희망부여, 보편성, 정보공유, 사회적 지지, 가족집단으로 재현, 사회화 기술의 개발, 집단응집력, 카타르시스의 7가지로 볼 수 있다. Yalom(1975 : 3-18)은 집단 정신치료의 치료요소(curative factor)로 이 7가지에 모방행동, 대인관계학습, 집단응집력, 실존적 요인을 추가하였다.

① 희망부여 : 집단치료는 클라이언트에게 그들이 변할 수 있다는 희망을 심어 준다. 집단에서 구성원은 자신보다 더 심한 문제를 가진 사람이 회복되는 것을 보면서 혹은 자신과 유사한 문제를 가진 사람이 효과적으로 문제에 대처하는 것을 보면서 희망을 갖게 되기 때문에 커다란 치료적 가치를 갖는다.

② 보편성 : 대부분의 집단구성원은 자신의 문제가 독특하고 자신만이 이러한 괴로움을 겪고 있다는 생각에 더 절망하게 되는데 집단에 들어와서 다른 사람들의 문제가 자신과 비슷하고 자신의 문제가 꽤 보편적으로 일어나고 있다는 사실을 발견하면서 위로를 얻게 된다.

③ **정보공유** : 집단리더와 구성원들로부터 받게 되는 충고, 제안, 대처방안, 직접적 안내 등을 통해 귀중한 정보를 얻게 된다. 이렇게 정보를 주고받는 과정은 자신의 문제에 대한 통찰을 돕고 해결능력을 향상시키는 효과를 가져오게 된다.

④ **사회적 지지**(이타심) : 집단구성원은 조언과 격려, 동정 등을 통해 서로를 돕는다. 집단구성원끼리 서로 도움을 주고받는 과정에서 도움을 주는 자는 자신이 누군가를 지지하고, 제안하고, 충고로써 도움을 줄 수 있다는 것에 스스로를 가치 있는 존재라고 느끼게 된다. 그리고 도움을 받는 자는 자신이 혼자가 아니라는 것을 배우게 된다는 것이다.

⑤ **가족집단으로의 재현** : 집단은 여러 가지 측면에서 가족과 유사하여 각 구성원은 리더나 다른 구성원에게 가족과의 상호작용을 반복하게 된다. 리더는 부모의 역할을, 다른 구성원들은 형제의 역할을 반복해 보면서 새로운 가족이 되어 상호작용을 하는 가운데 클라이언트들이 원래 가족으로부터 받은 상처를 치료하는 데 도움이 된다.

⑥ **사회화 기술의 개발** : 집단구성원들로부터 받는 피드백을 통해 대인관계적 행동에 있어서 자신의 단점을 수정할 수 있다.

⑦ **카타르시스** : 집단 내의 보호적 분위기 속에서 구성원들은 자신의 행동에 장애를 초래했던 억눌려 있던 감정을 자유롭게 표현함으로써 카타르시스를 경험하게 된다.

⑧ **모방행동** : 집단의 리더와 구성원들은 새로운 행동을 배우는 데 있어서 서로 유용한 모델이 될 수 있다.

⑨ **대인관계학습** : 집단과의 상호작용을 통해 클라이언트는 자신에 대한 통찰력을 얻고 자신이 갖고자 하는 관계형성에 대한 아이디어를 찾을 수 있을 뿐만 아니라 집단은 자신의 새로운 관계형성방식을 시험해 보는 장(field)이 될 수 있다.

⑩ **집단응집력** : 집단 내에서 발달하는 소속감이나 친밀감은 클라이언트에게 위로와 용기를 제공한다.

⑪ **실존적 요인** : 클라이언트들은 자신들의 경험을 공유함으로써 인생은 종종 공정치 못하다는 것과 비록 다른 사람들의 지지가 매우 도움이

된다고 하더라도 그들은 자기 스스로의 결정을 내려야 한다는 것을 배우게 된다.

2) 집단개입의 방법

집단개입을 분류하는 유용한 방법 중 하나가 Papell과 Rothman(1966)의 분류이다. 즉, 사회적 목표 모델(social goals model), 상호작용 모델(reciprocal model), 치료 모델(remedial model)로 구분된다(엄명용 외, 2006 : 417-419 ; 이필환 외 역, 2000 : 246-248 ; 양옥경 외, 2005 : 235-236).

(1) 사회적 목표 모델

사회적 목표 모델은 사회의식과 사회책임을 강조하는 개념으로 주로 '사적인 문제'를 공적인 것으로 해석하여 사회적 쟁점에 대한 토론과 대안을 모색함으로써 집단구성원을 바람직한 시민으로 성장시키며 민주적 과정을 습득하는 것을 지향한다.

(2) 상호작용 모델

집단구성원과 사회 간에 공생적이며 상호적인 관계를 통해 집단구성원의 요구와 문제를 해결하는 것에 초점을 둔다. 상호작용 모델은 집단을 통해 개인기능과 사회기능을 육성하는 것으로 가정폭력피해자집단, 에이즈환자집단 등이 여기에 속한다.

(3) 치료 모델

개인의 치료를 위한 도구로 집단을 활용하는 모델로 집단은 개인의 목적을 달성하는 하나의 방법이나 관계사항으로 집단과정을 통한 변화 그 자체가 목적이 아니라 개인의 치료와 재활을 위한 수단이 된다. 대표적 집단은 알코올중독자들의 회복집단, 정신치료집단 등이 있다.

Toseland와 Rivas는 집단의 목적에 따라 치료집단(treatment group)과 과업집단(task group)으로 나누었다. 치료집단은 집단구성원의 교육, 성장, 행동변화 또는 사회화에 대한 욕구를 충족시키기 위해 구성된 집단으로 여기에는 지지집단, 교육집단, 성장집단, 치료집단, 사회화 집단이 있다. 과업집단은 의무사항의 이행조직 또는 집단의 과업성취를 위해 구성된 집단으로 위원회, 행정집단, 협의회, 치료회의, 사회행동집단 등이 있다(Toseland & Rivas, 1995 : 20-29 ; 양옥경 외, 2005 : 236). 집단의 종류를 살펴보면 다음과 같다(양옥경 외, 2005 : 236-242).

① 지지집단

지지집단(support group)에서는 특히 구성원이 현재의 생활사건에 대처하고, 앞으로의 생활사건에 효과적으로 대처할 수 있는 대처능력을 향상시키기 위해 지지개입전략을 사용하는 것이 특징적이다.

지지집단에서의 사회복지사는 구성원이 미래에 대한 희망을 갖고 자조와 상호 원조노력을 통하여 대처기술을 향상시킬 수 있도록 촉진하는 역할을 한다. 이 집단은 자신들의 경험을 공유하고 때로는 지역사회의 편견과 낙인으로부터 벗어나 안정과 위로를 집단 안에서 찾을 수 있으므로 강한 정서적 유대를 보이게 된다. 이 집단의 참여자들은 '도우면서 치료(helper therapy)'하는 효과를 보게 된다. 즉, 타인을 도움으로써 스스로를 가치 있는 존재라는 심리적 보상을 얻게 되고 비슷한 혹은 더 심각한 문제를 가진 다른 사람을 도움으로써 자신의 문제에 대한 통제력을 가지게 된다(Zastrow, 1987 : 6).

② 교육집단

교육집단(educational group)의 일차적 목적은 집단구성원에게 기술과 정보를 제공하는 것으로 주로 전문가의 강의와 교육이 중심이고 교육의 효과를 강화하기 위해 집단토론의 기회를 제공한다. 집단의 구성원은 교육주제에 대한 공통의 관심을 가지며 대개 청소년, 예비부모 등의 인구사회학적 공통성을 가지게 된다. 집단의 크기가 작을수록 일대일의 의사소통의 기회는 상대적으로 많아지지만 일반적으로 교육집단의 자기노출(self-disclosure)은 적은 편이다 (Toseland & Rivais, 1995 : 25).

③ 성장집단

성장집단(growth group)은 최근 다양한 세팅에서 활용되고 있다. 즉, 결혼한 배우자들을 위한 만남집단(encounter group), 청소년을 위한 가치명료화

(value-clarification) 집단 등이 있다. 이러한 집단들은 주로 구성원의 자기계발, 잠재력 계발, 인간관계 개선 등을 목적으로 하므로 다른 집단에 비해 자기노출이 아주 높은 편이다. 집단구성원들은 집단을 통해 통찰력을 얻고 새로운 행동을 시도하며 타인에게 피드백을 받아 인간으로서 성장하게 된다. 성장집단은 심리사회적 질병을 치료하는 것이 아니라 심리사회적 건강을 증진시킨다는 점에서 치료집단과 다르다(Toseland & Rivas, 1995 : 26).

④ 치료집단

치료집단(therapy group)은 행동을 변화시키거나 개인적 문제를 완화하기 위한 혹은 사회적·의학적 충격 뒤에 재활하기 위한 목적으로 집단구성원을 돕는 것이다. 이 집단은 정신질환, 약물복용 등 역기능적 문제를 보이거나 병든 사람을 건강하게 하는 목적을 가지고 있어 의료 모델에서 기인되었다고 할 수 있다. 치료집단에서 치료자는 권위적이고 변화매개자로서 역할을 하게 된다. 집단 자체의 목적도 중요하지만 개개인의 치료적 목적이 매우 중요하므로 치료자는 집단 내에서 일대일 치료적 관계를 맺게 된다. 집단구성원의 자기노출수준이 가장 높은 편이다(Toseland & Rivas, 1995 : 27).

치료집단은 개인의 치료를 목적으로 한다는 점에서 개별치료와 유사하지만 개별치료에 비해 몇 가지 장점이 있다. 우선 집단의 특성상 다른 구성원을 도움으로써 자신의 변화를 가져올 수 있다. 즉, 남에게 도움이 되므로 심리적 보상을 얻게 되고 자신의 문제에 대해 더 쉽게 통찰할 수 있다는 것이다. 또한 개별적 치료 세션보다 새로운 상호작용을 시험해 보기 쉽고 무엇보다도 시간과 인력 차원에서 동시에 여러 사람을 같이 치료할 수 있어 효율적이다(Zastrow, 1987 : 7 ; 양옥경 외, 2005 : 241).

⑤ 사회화 집단

사회화 집단(socialization group)의 목적은 집단구성원으로 하여금 사회에서 수용 가능한 태도와 행동을 습득하도록 돕는 것이다. 즉, 소년원의 학생, 정신병원의 정신장애인, 미혼모 등이 앞으로 지역사회에 적응하고 미래에 대한 계획을 세울 수 있도록 돕는 것이다. 사회화 집단은 행동함으로써 학습하는(learning-through-doing) 접근방식을 사용하는데, 크게 사회적 기술훈련집단(social skills group), 자치집단(governance group), 레크리에이션집단(recreation group)으로 나눌 수 있다(Toseland & Rivas, 1995 : 28-29).

사회적 기술훈련집단은 사회적 관계와 사회적 기능이 사회적응에 만족스러울 정도가 되지 못하는 사람에게 역할극(role play), 심리극(psycho drama), 기타 언어적·비언어적 활동을 통해 사회적 기술을 향상시켜 사회화를 돕는 것이다. 자치집단은 시설거주자들이 자신들의 욕구를 해결하기 위하여 토론하고 결정하는 과정을 습득하여 스스로 자신의 역할과 책임을 익히는 것이다. 레크리에이션집단은 여가활동을 통해 인간관계를 맺는 방법과 잠재되어 있는 감정을 표현하는 방법을 익히는 것으로 레크리에이션은 집단의 목적이자 대인관계 기술을 익히고 소속감을 증진시키는 수단이기도 하다(양옥경 외, 2005 : 243).

집단의 종류에 따라 구성원의 상호작용 정도를 나타내면 〈표 9-2〉와 같다.

Papell과 Rothman의 집단사회사업 모델을 정리하면 〈표 9-3〉과 같다.

| 표 9-2 | 집단구성원의 상호작용 정도

집단의 종류	목 표	자기노출	집단의 예	사회복지사의 역할
지지집단	스트레스 대처방법을 알려는 집단, 대처능력 향상	대체로 높음 ↗	한부모집단, 이혼자녀집단	지지적 역할
교육집단	교육을 통해 집단토론기회 제공	가장 낮음 ↘	성교육집단	교육자 역할
성장집단	구성원의 잠재능력의 향상을 위한 집단	아주 높음 ↑	여성집단, 퇴직 후의 고령자집단	조력자 역할
치료집단	자신들의 문제를 행동으로 변화	지지집단보다 낮지만, 높은 편	본드흡입 청소년집단, 금연집단	치료자(변화매개자) 역할
사회화 집단	사회적 기술습득을 위한 집단	→ 보통	클럽, 여가집단, 공격적 성격아동집단, 참만남 집단	조력자 역할, 교육자 역할, 시범적 역할

| 표 9-3 Papell과 Rothman의 집단사회사업 모델

접 근	모 델
〈발달적 접근〉: 가장 고전적, 대표적 ① 전제 : 인간문제는 집단경험을 통해 해결하는 것이 효과적 ② 주요방법 · 현상학적 접근 · 지금-여기(현재 집단경험 중시) · 목표는 구성원에 의해 정하고 그들에 의해 해결 · 인간을 문제자로 보지 않음→인간의 문제를 분석하지 말 것⇒강점관점	〈사회적 목표 모델〉: 사회구성원의 목표→민주주의 이념 강조-고전적 모형 ① 준법 준수, 공동체 의식 함양, 시민의식 ② 사회적 참여가 반드시 필요, 이의 제기해서 사회행동 실천 ③ 인보관 운동, YMCA, YWCA, 청소년 단체 ④ 사회복지사는 교육자 역할/조력자
〈조직, 환경적 접근〉 ① 재활적 접근 ② 미시간 모델(Michigan Model) ③ 개인의 문제를 환경의 문제로 봄 →개인의 문제해결 위해 환경을 개선시켜야 함	〈치료 모델〉 ① 목표지향적/지시적(치료를 할 수 있는 목표가 분명) ② 전문가에 의해 행동변화가 분명하게 이루어져야 함 ③ 사회복지사의 역할 : 치료자, 변화매개자 ④ 장소 : 교정기관, 학교 ⑤ 행동수정이론, 인지행동이론, 자아심리이론
〈상호작용 접근〉 ① 체계이론 ② 특정인에 의해 이뤄지면 안 됨. 타인과의 관계 중요시, 과정 중시 ③ 집단경험 가장 요구	〈상호작용(매개) 모델〉 ① 인간을 타고나거나 선천적으로 보지 않고, 유래된 인간으로 봄→결과보다 과정 중시 ② 실존주의에 입각한 집단경험 강조 (클라이언트가 주체) ③ 초기에 목표를 너무 강조하지 마라. 목표는 초기에 정하는 것이 아니라 상호작용의 과정에 의해 정함(프로그램에 입각한 집단경험) ④ 사회복지사의 역할 : 정보제공자, 매개자

3) 집단의 특성

집단개입방법은 집단의 유형과 목적에 따라 다양하지만 집단의 크기와 기간, 집단의 개방 등은 집단에 중요한 영향을 미치는 요소들로 내용은 다음과 같다(Zastrow, 1987 : 15-17 ; 양옥경 외, 2005 : 244-245 ; 조휘일·이윤로, 2003 : 237-238).

(1) 집단의 크기

집단의 크기는 구성원의 만족도, 상호작용, 집단결과에 영향을 미친다. 집단이 클수록 스트레스와 의사소통의 장애를 경험할 확률은 커지지만 문제해결

기술과 자원은 더 풍부해질 수 있다. 그러나 확실히 집단이 커지면 구성원의 자기표현이 억제되고 주요한 역할을 담당하는 일부 구성원의 지배적 기여로 자유로운 토론이 방해받게 된다. 일반적으로 가장 만족스런 소집단의 크기는 5명 정도이다.

Slater는 집단의 규모에 대한 자신의 연구에서 5명이 가장 만족스러운 크기였다고 했다. 5명으로 구성된 집단에서는 친밀감이 형성될 수 있었고, 정보교환이나 수집, 의사결정 면에도 매우 효과적이었다고 한다. 홀수이기 때문에 투표할 상황에도 가부를 결정하기에 적절했다고 한다. Reid(1991)는 보통 5~12명이 친밀한 관계형성을 위한 적정수라 하고, Rose(1987)는 3~8명이 적정수라고 추천하고 있다. 8명을 초과하면 모든 구성원이 자신의 문제, 상황을 꺼내놓기가 어려워진다고 한다. 작은 규모의 집단이 일반적으로 좋게 평가된다.

(2) 기 간

집단의 기간을 결정할 때는 전체 세션과 각 세션의 시간에 대한 내용이 포함된다. 대부분의 집단은 일정기간 동안 일주일에 한 번씩 1시간 30분에서 2시간가량 진행된다. 그러나 각 세션의 시간은 집단의 상황과 진행과정에 따라 융통성 있게 적용되어야 한다.

(3) 개방집단과 폐쇄집단

개방집단은 집단이 진행되는 중간에 기존의 집단구성원 이외에 새로운 구성원을 언제든지 받아들이는 것으로 개방집단은 새로운 구성원을 추가함으로써 시너지 효과를 볼 수 있다. 새로운 구성원이 합류함으로써 이들은 집단에 새로운 견지를 제공해 줄 수 있고 욕구가 있는 구성원에게 즉각적 지지를 줄 수 있다. 그러나 반면에 집단의 안정감이 깨질 수 있고 새로운 구성원이 계속 들어옴으로써 집단 내에서의 자기노출이 제한될 수도 있다. 그러므로 새로운 구성원을 받아들일 때는 구성원 중에 한 명을 선정하여 새로운 구성원에게 오리엔테이션을 충분히 시켜 주는 것이 좋다.

폐쇄집단은 처음에 구성된 집단구성원이 일정 틀 내에서 집단활동을 하기 때문에 매우 기능적일 수 있으나 일부 구성원이 중도에 탈락할 경우 그 효과성이 치명적일 수 있으므로 집단구성원의 이탈을 고려하여 처음부터 구성원을 모집할 때 필요한 수보다 한두 명 더 모집하는 것도 고려해 볼 수 있다.

제3절 가족수준의 실천

THEORIES OF SOCIAL WORK PRACTICE

1. 가족수준실천의 기본가정

가족과의 실천은 종종 가족지원사업(family support work)이나 가족상담 (family counseling)의 두 가지 범주로 분류된다. '가족중심의 실천'과 '가족에 대한 실천'이라는 용어는 환경 속의 인간이라는 관점과 더 큰 사회체계의 다단계적 관점을 기반으로 한다.

가족에 대한 전문적 지식과 사회복지실천기반에 관한 기본가정은 다음과 같다(전재일 외, 2004 : 241).

첫째, 가족에 대한 직접실천은 다양한 이론과 개입방법을 이해하고 적용해야 한다. 이론적인 틀에는 체계적·행동적(생물·심리·사회적), 그리고 스트레스 대처 관점 등이 포함된다.

둘째, 가족중심의 실천은 상황 속의 인간과 환경 속의 인간을 강조한다.

셋째, 가족의 욕구나 결손뿐만 아니라 강점도 파악하여 가족에 대한 실천이 이루어져야 한다.

넷째, 경험상의 지식으로 실천방법을 지속적으로 개발하여야 한다.

다섯째, 지식의 개발은 명제적 지식과 과정상의 지식, 모두를 포함한다.

2. 거시적 가족실천

거시적 가족실천은 국가정책이나 법률·행정 등을 통해 가족의 역기능을 돕는 것으로 볼 수 있다. 가족의 안녕에 중요한 영향을 미치는 정책영역들이 있다(Kamerman, 1995). 각 정책이슈는 가족과 개인을 포함하는 클라이언트에게 직접적 영향을 미치는 것으로 이를 6가지로 구분하여 설명하면 다음과 같다(전재일 외, 2004 : 243-245).

① **고용** : 얼마나 많은 가족구성원이 수입이 있는 일을 할 수 있는지는 정책에 의해 규정된다. 국가정책은 어떤 종류의 직업을 어디에 둘 것인지를 결정한다.

② **현물·현금급여** : 얼마나 많은 수입이 선정된 사람들에게 제공되고 제공되지 않는 것은 정책적인 일이다. 얼마나 많은 돈이 자원이 없는 가족에게 지급되는가는 지방에 따라 다를 수 있다. 이러한 돈은 가족의 삶의 질에 직접적으로 영향을 미친다. 이와 같이 어떤 지역에서는 보다 나은 수준의 공공부조나 급여가 제공되어 다른 지역보다 나은 삶의 질을 가족에게 허용한다.

③ **건강보호** : 정책은 건강보험이나 의료보호와 같은 공적으로 재정이 충당되는 건강보호에 적격성이 있는지 없는지를 결정한다. 적격성이 있는 사람들일지라도 이러한 프로그램이 충분히 지급되지 못하거나 전혀 어떤 건강욕구를 충족시키지 못할 수도 있다.

④ **주택제공** : 특히 여성과 아동만이 있는 가족을 포함하여 무주택가족이 점점 더 많아지고 있다. 주택공급은 핵가족화와 인구이동으로 수요가 증가되고 있으나 이에 부응하지 못하고 있는 실정이다.

⑤ **주간보호** : 직장여성의 자녀, 노인 및 장애인의 증가로 주간보호의 문제는 점차 사회적 이슈로 제기되고 있다. 주간보호는 비용이 많이 들고 질이 아주 다양하다. 부모나 보호자가 일할 수 있도록 정부가 주간보호를 위한 자원을 제공하는 정책을 수립해야 한다.

⑥ **아동의 지지 유지** : 자녀의 양육비를 지원받지 못한다면, 그때 어떤 일이 일어나겠는가? 기존 정책은 아버지의 봉급의 일부를 압류할 수 있는가? 즉, 법적으로 그가 급여를 받기 전에 봉급을 공제하여 그의 가족에게 보내는가? 정책은 이것이 자동적으로 이루어지거나 어머니를 위해 대변하는 법률상담을 받아야 하는 것은 규정할 것인가? 등의 영향을 미친다.

3. 미시적 가족실천

미시적 가족실천으로서 가족치료는 가족에 초점을 두는 치료방법을 통칭하는 용어이다. 즉, 가족체계의 역기능적 상호작용 패턴과 관계구조를 변화시킴으로써 문제해결과 스트레스 대처를 돕고, 건강하고 기능적인 개인과 가족이 되도록 돕는 접근방법이 가족치료이다(송정아・최규련, 1997 : 3). 가족치료에는 서로 다른 이론적 배경을 가진 다양한 모델들이 포함되지만 여기서는 몇 가지 모델의 특성을 간략히 살펴보고자 한다(전재일 외, 2004 : 246-253).

1) 정신분석적 가족치료

정신분석적 가족치료의 목표는 과거의 무의식적 이미지에 대한 통찰을 통한 인격변화와 가족구성원의 무의식적 구속으로부터의 자유, 현실에서 보다 건강하고 온전한 개인과 가족의 성장에 있다. 정신분석적 가족치료에서는 가족구성원의 증상 감소와 더불어 갈등해결을 도와주며, 방어기제를 분석하고, 억압된 욕구나 충동을 노출하기보다는 방어기제를 지지하고, 의사소통을 명백히 하는 데 초점을 둔다. 특히 정신분석적 가족치료 모델에서는 사정을 강조한다. 치료자는 누가 치료에 참여해야 하는지를 결정해야 한다. 오늘날 정신분석적 가족치료는 가능한 한 모든 가족구성원을 치료에 참여하게 하지만, 일반적으로 핵가족이나 부부를 중심으로 한 치료이다.

2) Minuchin의 구조적 가족치료

구조적 가족치료는 가족을 재구조화(restructuring)함으로써 가족이 적절한 기능을 수행할 수 있도록 돕는 방법이다. Minuchin은 가족 내에서 발생되는 견고하고 반복적인 상호작용 패턴을 가족의 구조라 하며 그 패턴을 재조직하거나 새로운 구조와 상호작용 형태로 대체시키는 작업이 가족을 재구조화하는 가족치료라고 하였다(Minuchin, 1974 : 51 ; 양옥경 외, 2005 : 250).

1970년대 Minuchin에 의하여 개발된 구조적 가족치료는 가장 영향력 있는 가족치료 모델 중의 하나이다. 이 모델에서는 가족을 하나의 기본적 구조로 보고, 가족 안에서 일어나는 복잡한 상호작용은 때때로 예측할 수 없는 방향으로 문제를 야기한다고 본다. 또한 가족 내에는 가족구성원의 상호작용 패턴과 지속적이고, 반복적인 가족행동의 패턴이 있으며, 세대관심 등으로 구분되는 다양한 하위체계가 있다(Nichols & Schwartz, 1995).

따라서 구조적 가족치료는 가족구조(family structure)의 중요성을 강조하고 있고, 하위체계 간의 명확한 경계를 확립하는 활동에 주로 관여하고 있다.

3) Satir의 경험적 가족치료

경험주의적 가족치료는 1960년대 인본주의 심리학의 영향을 많이 받았으며, 개인과 가족의 정서적 경험과 지금-여기(here and now)의 경험을 강조하고 있다(송정아·최규련, 1997 : 129).

경험적 가족치료는 가족 내 의사소통의 명확화를 강조한다. Satir는 문제가 있는 가정의 의사소통은 모호하며 간접적이라고 지적하면서 이러한 의사소통은 가족구성원의 낮은 자존감(self-esteem)에서 기인된다고 하였다. 즉, 자신의 자존감을 확장하고 결핍된 욕구를 채워 줄 것이라는 기대를 가지고 배우자를 만나지만 결혼을 통해 그 환상이 깨지면서 불화가 발생한다. 나름대로 그 차이를 직접적으로 직면하지 않고 상대방을 자신이 원하는 방식으로 조정하기 위해 의사소통은 점점 모호해지고 간접적이 되며, 때로는 제삼자인 자녀를 사이에 두고 대화하는 방식을 취하기도 한다(Zastrow, 198 : 237).

경험적 가족치료의 목적은 무엇보다 성장(growth)이다. 그러므로 성장을 위한 증상완화와 사회적 적응, 내면적 경험과 외면적 행동이 일치에 의한 개인의 통합력 증진, 의존성 탈피, 경험확대 등을 통한 가족과 그 구성원의 창의력 증진과 문제해결능력 증진이 주목표이다.

Satir는 가족 내의 의사소통유형을 주로 언어적 표현과 비언어적 표현이 서로 일치하는 경우와 불일치하는 경우로 나누었다. 일치하는 경우는 건강한 의사소통, 불일치하는 경우는 역기능적 의사소통이라 하고 역기능적 의사소통유형을 회유형, 비난형, 계산형, 혼란형으로 나누었다.

4) Bowen의 다세대 가족치료

Bowen의 가족치료는 여러 가족치료접근 중에서 인간의 행동과 인간문제에 대해 가장 포괄적인 관점을 가지고 있다. 이 모델은 정신분석에서 출발하여 가족생활로 구체화되었으며, 하나의 독립된 가족치료 모델로 발전하였다(Nichols & Schwartz, 1995 : 362 ; 전재일 외, 2004 : 250-251). 그리고 이 모델의 주요한 전제는 개인이 성숙하고 건강한 성격으로 분화하기 위해서는 먼저 개인의 가족에 대한 미해결된 정서적 애착이 긍정적으로 해결되어야 한다는 것이다. 이 모델의 이론적 기반은 정신역동적 접근법과 체계적 관점을 연결시킨 것으로 볼 수 있다. 치료의 초점은 개인이나 부부단위이지만 주로 다세대의 가족체계에 두고 있다.

Bowen 이론에서 가족 내 문제의 핵심은 가족구성원의 불안과 정서적 융합에 있다. 그러므로 치료목표는 가족구성원의 불안을 감소시키고 자아분화수준을 높이는 것이다. 가족체계가 변화하려면 폐쇄된 가족유대를 개방하고 삼각관계에서 벗어나야 한다. 문제는 사람이 아니라 체계 안에 원래부터 있는 것으로 보고 개인의 변화는 다른 사람과의 관계성 변화를 통하여 이루어진다고 본다. Bowen의 다세대 가족치료 모델은 체계역동 방향으로 증상을 이해하고 클라이언트로 하여금 자기발전을 향해 평생 노력하도록 격려하며, 실제로 가족과 접촉을 하면서 그들의 사고기능을 변화시켜 줌으로써 그들의 자아분화를 높이는 데 목적이 있다.

5) Haley의 전략적 가족치료

전략적 가족치료는 원래 Haley가 Milton Erickson의 관점과 개입방법을 "전략적 치료(strategic therapy)"라고 명명한 데서 비롯되며(Haley, 1973), Erickson의 전략적 접근을 사용하여 제시된 문제를 해결하는 특성을 갖는 치료 모델을 통칭하는 말이다. Haley는 최면요법을 실시하는 Milton Erickson으로부터 직접적 치료전략과 기법의 영향을 많이 받았다. Haley의 치료기법을 '전략적'이라 표현한 이유는 인간의 행동이 왜 일어났는지에는 관심이 없으며 단지 행동의 변화에만 관심을 가지기 때문이다. 즉, 문제행동을 변화시키기 위한 다양한 전략에 그 초점이 있다(김유숙, 1998 : 174 ; 양옥경 외, 2005 : 256).

전략적 치료자들은 클라이언트 통찰을 통한 성찰이나 이해의 변화보다는 행동의 변화를 일으키는 데 관심이 더 많다. 그들은 이론보다는 치료기법에 대해 주로 기술한다. 그들은 특정한 행동의 연쇄과정을 관찰하고 변화시키는 것에 관심을 갖는다. 모든 전략적 치료 모델에서 치료의 목표는 현재에 제시된 문제를 해결하는 것이다. 대부분 전략적 가족치료는 주 1회 간격으로 총 10~15회의 치료를 실시한다. 그러나 목표달성방법, 변화의 지속정도, 치료자의 책임 등에 대해서는 각 접근마다 다른 입장이다.

6) 해결중심 가족치료

해결중심 가족치료는 1970년대 초에 Steve de Shazer와 In-soo Kim Berg와 동료들이 발전시킨 방법으로 전략적 가족치료이론에 뿌리를 두고 있다. 이 치료 모델은 1982년부터 Steve de Shazer와 In-soo Kim Berg를 중심으로 밀워키의 단기가족치료센터에서 발전된 것으로 클라이언트가 긍정적으로 생각하도록 함으로써 문제를 축소시켜 나가는 모형이다(송성자, 1997 : 160-180).

이 치료 모델은 인간의 강점과 무한한 잠재력에 초점을 두고 자신에 대한 예언을 실현하도록 돕고, 일반적으로 치료횟수를 15회 이내로 제한하며, 치료 간격은 1주에서 6주의 간격을 둔다. 그리고 작은 문제의 해결에 대한 변화와 성공적 경험을 하기 시작하면 점차로 보다 큰 문제해결책을 더 쉽고 빠르게 발견할 수 있다는 가정에 기초해서, 작은 변화가 시작되면 사람들은 낙관적이고 문제해결에 대해 자신감을 느끼며, 이러한 변화는 가족구성원 간에 역동적으로 나타난다고 본다(Berg & Miller, 1992). 변화에 관한 이런 과정과 철학을 기초로 이 치료 모델은 낙관적 현실을 창조하고, 작은 변화에서 시작해서 큰 변화를 가져오도록 하는 여러 질문기법과 과제를 주는 패턴들을 개발하였다. 이 모델은 문제의 원인을 가족이나 개인 내부에서 찾기보다는 자신의 삶을 개선하도록 그 사람의 능력을 강화시키는 데 중점을 둔다.

해결중심 가족치료는 다른 치료 모델과 달리 치료기간이 짧으면서도 치료자들이 일련의 질문기법과 과제부여기법들을 활용하여 클라이언트를 강화하는 데 효과가 크고, 전체 가족이 참여하지 않아도 적용할 수 있는 장점이 있다(전재일 외, 2004 : 253).

4. 가족수준의 개입

제2차 세계대전 이후 전쟁으로 인한 개인의 심리적·정서적 문제가 가족의 해체, 청소년 비행 등의 가족문제를 제기하면서, 가족의 구조변화를 통해 개인의 행동과 태도에 변화를 주려는 가족치료에 관심이 모아지기 시작했다. 초기의 관심은 주로 정신분열병 환자와 그 가족에 대한 것이었으나 일반가족으로 확대되었다. 1950년대에는 주로 정신분열병 환자 가족에 대한 연구에 기반을 두어 학파 간 구분이 뚜렷하였고, 1960년대에는 전체 가족에게 개입하기 위한 새로운 개입전략과 기술을 발전시켰고, 1970년대에는 치료기법이 발달하여 행동주의 접근법과 같은 혁신적 치료기법이 소개되었으며 1980년대에 이르러서는 가족치료가 하나의 전문직으로서 정체감을 갖게 되었다(송성자, 1997 : 135-136 ; 양옥경 외, 2005 : 245-246).

기능적 가족은 가족구성원 간의 분명한 경계와 자율성이 있고 서로 염려하고 깊이 신뢰하는 분위기가 형성된다. 또한 의사소통이 공감적이고 개방적이며 가족의 규칙은 가족발달에 맞고 유연성이 있다. 그러나 역기능적 가족은 폐쇄적이고 가족의 규칙에 융통성이 없고 위협적이며 서로에게 집착하는 정도가 심하거나, 지나치게 무관심하여 적절한 가족의 기능을 수행하지 못하게 된다. Goldenberg와 Goldenberg는 가족의 역기능의 종류를 다음과 같이 보았다(Goldenberg & Goldenberg, 1985 : 58-85 ; 양옥경 외, 2005 : 247-249).

① **이중구속 메시지와 위장** : 이중구속(double-bind)은 한 사람이 다른 사람에게 메시지를 보낼 때 적어도 두 가지 또는 그 이상의 상반된 메시지나 요구를 동시에 보냄으로 인해 메시지를 받는 사람은 어떻게 반응하든지 간에 실패하게 되는 것을 의미한다. 예를 들면, 오랜만에 만나는 아이가 뛰어와 안길 때 어머니는 밀치면서 "다 큰 아이가 어린아이처럼 행동한다"고 나무란다. 시무룩해 있는 아이에게 다시 어머니는 "오랜만에 만났는데 너는 반갑지도 않느냐?"며 서운해 하는 것으로, 아이는 어떻게 반응하든 어머니의 욕구를 만족시킬 수 없게 되는 것이다.

위장(mystification)은 자기행동을 통해 분명 상대방으로 하여금 어떤 생각을 품게 했으면서도 그 생각을 말로 표현하면 자신의 행동을 부인하는 것을 의미한다. 예를 들어, 퇴근하여 돌아온 남편이 엉망인 집안을 보고 화가 나, 문을 쾅 닫고 신경질적 반응을 보이자, 부인이 "집안이 엉망이어서 화가 났느냐?"라고 물었다. 이때 남편이 "내가 언제 화를 냈느냐?" 하는 것이 위장인데 이는 가급적이면 갈등을 피해 현상을 유지하겠다는 의미이다.

② **대칭적 · 보완적 관계** : 대칭적(symmetrical) 관계는 한 사람의 행동이 상대방의 행동에 영향을 주고 다시 또 그 행동에 영향을 받아 서로 계속 상승작용하는 것을 의미한다. 즉, 한쪽이 비난하면 다른 쪽은 더 심하게 비난하고 이를 받아 다시 더 심하게 비난하여 결국 걷잡을 수 없이 관계가 악화되는 의사소통방식이다. 이러한 상호작용은 세력경쟁에서 서로 우세한 입장에 서려고 하기 때문에 일어난다. 보완적(complementary) 관계는 대칭적 관계와 같은 극한 대립은 없지만 불평등과 차이가 극대화되어 한 사람은 매우 지배적이고 또 한 사람은 매우 복종적인 관계를 맺는 것이다.

③ **밀착, 유리된 가족** : 밀착(enmeshment)된 가족은 가족구성원 간의 상호작용이 너무 지나쳐 과잉염려가 있는 가족으로 가족 중 한 사람의 일이 다른 사람에게 미치는 영향이 지나치게 크다. 예를 들어, 아이의 성적이 떨어졌다고 어머니가 죽고 싶다고 이야기하는 것으로, 지나친 일체감 때문에 자율성이 보장되지 않아 가족구성원들이 정신신체적(psychosomatic) 증상을 보일 수 있다. 유리(disengagement)된 가족은 지나치게 자주적이어서 가족에 대한 충성심이 많이 부족한 것을 의미한다. 꼭 필요한 경우에서조차도 가족으로서의 보호기능을 수행하지 못하게 된다. 대체로 이러한 가족구성원은 밖에서도 다른 사람과 관계를 잘 맺지 못해 소외된 감정을 경험하게 된다.

④ **속죄양** : 가족 중 환자로 지적된 사람(Identified Patient, IP)으로 가족의 균형을 유지하기 위해 병리적 문제를 짊어지고 있으므로 속죄양(scapegoat)으로 표현된다. 보통 가족구성원 모두가 한 개인이 속죄양이 되는

과정에 참여하게 되는데, 가족구성원은 가족의 역기능을 그 개인의 문제로 전가시켜 균형을 유지하려 하고 그 사람 역시 자신을 희생하여 가족의 조화로운 관계를 유지하려고 한다. 흔히 가족 모두가 "이 사람만 아니면 우리 가족에게는 아무런 문제가 없다"고 하는 바로 그 사람이 속죄양이 되는 것이다.

⑤ **가정폭력** : 가정은 공격성을 표현하는 데 있어 비교적 규제와 통제가 적고 다른 집단에 비해 밀접한 상호작용을 하고 있어 서로에 대한 기대가 높고 이러한 기대가 만족되지 않을 때 그러한 좌절이 쉽게 폭력으로 나오는 경향이 있다.

⑥ **알코올 및 물질남용** : 가족구성원 중 한 사람이 알코올 및 물질남용을 하게 되면 역기능적 가족이 된다. 물질남용을 하는 사람은 환자로 지적되고 그는 속죄양의 역할을 하면서 가족의 항상성과 체계유지의 기능을 수행한다. 일반적으로 물질남용을 보이는 가족의 경우, 지나치게 과잉보호하며 허용적인 어머니와 유리되고 나약하며 때로는 알코올 문제를 가지는 아버지가 전형적이다. 취한 상태에서 물질남용하는 사람은 공격성을 표현하고 가족 내에서 금지된 행동을 하게 된다.

⑦ **지속적 가족신화** : "싸우지 않는 가족은 행복한 가정이다", "화합하는 가족은 모두 의견이 같아야 한다", "부부는 서로 말을 하지 않아도 통한다", "우리 가정은 남자가 더 우월하다" 등과 같은 잘못된 가족신화는 무비판적으로 가족구성원에게 받아들여져서 그 신화에 따라 서로에게 기대를 하게 된다. 이러한 신화에 짓눌려 가족구성원은 유사 상호작용을 하게 되어 겉으로는 서로 잘 이해하고 긍정적으로 상호작용하는 것 같지만, 실제로는 상당한 거리감을 두고 있다. 그러나 서로의 의견이 다르면 관계가 파괴된다는 잘못된 가족신화 때문에 개인적 정체감을 희생해 가면서까지 형식적 동의와 충성을 보이는 것이다.

제4절 지역사회수준의 실천

1. 지역사회수준실천의 정의

Anderson과 Carter는 지역사회를 장소와 비장소의 개념으로 나누어 정의하였다. 즉, 지역사회를 장소(as place)로 이해하는 경우에는 "주거와 생계를 위해 제한된 영역상의 공간을 공유하며 이러한 공간 속의 공유과정에서 생겨나는 특징적인 사회적 행동양식을 마련함으로써 공통의 욕구를 충족시키기 위한 기능을 수행하는 곳"으로 정의된다. 반면에 지역사회를 비장소로 이해하는 경우에는 "주요한 사회적 기능(재화와 서비스 생산·분배·소비, 사회화, 사회통제, 사회참여, 상호부조 등)을 수행하는 사회적 단위체와 체계의 결합"으로 정의한다. 여기에는 장소와 상관없이 다른 구성원과 나누고 있는 연대의식이나 정체감을 중심으로 형성되기도 한다(양옥경 외, 2005 : 263).

Weick과 Saleebey(1995)는 지역사회를 수동적이기보다 능동적인 개념으로 정의하여 가족이 가족구성원의 보호막으로서의 기능을 하는 대신 지역사회는 그 구성원을 지탱하고 보호하며, 활력을 주는 풍부한 자원이 된다고 보았다(전재일 외, 2004 : 267 재인용).

사회복지실천에서의 지역사회복지를 포괄적으로 정의하면 전문 혹은 비전문인력이 지역사회수준에 개입하여 지역사회에 존재하는 각종 제도에 영향을 주고, 지역사회의 문제를 예방하고 해결하고자 하는 일체의 사회적 노력을 의미한다. 따라서 지역사회복지는 개인복지나 가족복지보다 넓은 차원의 개념이며 아동복지, 청소년복지, 노인복지라는 대상층 중심의 복지활동보다 지역성이 뚜렷하다는 점에서 그 차이를 발견할 수 있다(최일섭·류진석, 1997 : 35 ; 양옥경 외, 2005 : 263).

지역사회수준실천의 주요 목적은 각 구성원의 복지를 증진시키기 위해 가능한 한 최고의 환경을 제공하는 것이다. 지역사회수준실천은 클라이언트가 그 변화노력의 초점이 개인이나 가족, 혹은 치료집단보다 더 큰 지역사회 내에

서의 사회복지활동을 묘사하는 용어이다. 지역사회수준실천과 개인·가족·
집단과의 사회복지실천 사이에는 유사점들이 있으며, 의사소통과 관계형성기
술, 집단들과의 활동 시 필요한 기술, 문제해결의 기술은 서로 적용이 가능하
다(전재일 외, 2004 : 267 재인용).

2. 지역사회수준실천의 과정

지역사회복지는 개별사회사업이나 집단사회사업처럼 ① 문제파악, ② 계
획수립, ③ 계획실행, ④ 평가의 과정으로 전개된다. 여기서는 전재일 등(2004 :
268-275)이 정리한 내용을 중심으로 살펴본다.

1) 문제파악

지역사회복지의 전개에 있어서는 지역사회를 역사적, 문화적, 사회적으로
고유의 요소를 가진 존재로서 이해하고, 문제를 개별화하여 파악하는 일이 전
제된다. 이를 위해서는 지역구조와 특성－인구동태, 자치회 등의 주민조직, 사
회자원, 산업구조－외에 지역의 역사와 주민의식에 관한 기존자료, 조사보고
서 등을 수집하고 지역사회의 전체상을 명확하게 해야 한다.

다음은 주민의 욕구를 통해 지역사회의 문제를 발견해야 하는데 이때 물
론 기존의 자료도 참고해야 되지만 조사를 실시해야 할 경우도 있다. 뿐만 아
니라 대상이나 문제를 한정해서 지역답사를 하거나 주민간담회를 통해서 욕
구를 파악하고 이를 문제해결을 위한 동기부여로 연결시키는 것도 중요하다.
문제가 발견되면 그 해결을 위해서 모든 조건을 검토하는 지역진단의 단계가
된다.

지역진단에서는 ① 주민의 문제의식 정도, ② 문제의 발생원인, ③ 욕구와
사회자원의 관계가 중요한 사항이 된다. ①과 같이 문제에 대한 주민의 관심
이나 해결에의 요구도를 파악하는 것은 문제를 다루는 순서를 확정하는 판단
자료가 되며, ②의 추구는 예방 및 해결책을 생각하는 요건이 되고, ③은 주민
욕구에 대한 사회자원의 유무나 그 활용상황의 파악으로 문제해결의 전망을
생각하는 데 없어서는 안 될 작업이 된다. 이러한 지역진단을 통해 문제해결

의 우선순위나 절차를 확정하고 다음의 '계획수립', '계획실시'의 과정과 연결
해서 지역활동의 통합화를 도모할 수 있다.

2) 계획수립

지역사회복지실천에 있어서 계획은 사업계획, 조직계획, 재정계획, 세 가
지로 수립된다. 사업계획은 문제해결의 우선순위를 확정한 후 달성할 목표를
설정하는 것이다. 구체적으로 단기 및 중장기적 목표의 설정과 그 달성을 위
한 시책, 사회자원의 동원필요성 검토 등의 계획이 포함될 수 있다. 조직계획
에서는 문제해결을 위한 조직 만들기를 생각한다. 조직계획은 지역의 지도층
등을 핵으로 조직화하고, 이 조직활동이 지역 전체로 확충해 가는 과정을 목표
로 하는 것이 일반적이다. 재정은 공공기관의 예산보다는 유연한 성격을 갖고
있다. 재정계획은 공동모금 등의 기존의 민간재원 활용과 함께 자체적으로 재
원을 확보하기 위한 지역사회 바자회 등을 열어 주민참여를 촉진할 수도 있다.

홍보활동은 계획수립에서 실시에 이르기까지 과정을 보조하는 것이다. 그
목적은 지역사회의 문제상황과 지역사회복지실천의 필요성을 많은 주민에게
알려서 정보의 공유화를 도모하고, 문제해결을 위한 참여에 동기를 부여하는
일이다. 광고에는 컴퓨터 등의 다양한 정보매체의 이용이 가능하고 커뮤니케
이션을 도모할 수 있는 주민간담회나 연수회와 같은 참여방식도 좋다.

3) 계획실행

계획실행의 과정에 있어서는 주민의 복지에 대한 이해와 주체적 활동을
촉진하는 '지역조직화', 사회자원개발 및 공사의 관계기관, 시설, 단체 등의 연
락조정을 도모하는 '복지조직화'의 전개가 중시된다. 또한 주민 스스로의 노력
이나 사회자원의 동원으로는 문제해결이 되지 않을 경우 사회행동을 도모하는
주민집회가 있다.

지역조직화란 주민이 주체적으로 문제해결을 도모할 수 있도록 지역사회
에서 활동하는 측면원조의 과정이다. 이 과정에는 고령자나 장애인 및 그 가
족 등의 대상자를 조직화하는 것이 가장 중요하고, 그 다음은 지역사회에서의
활동을 위한 기반조직을 구성하는 일이고, 세 번째는 대상자의 문제해결이나

욕구에 대응하는 자원봉사활동의 촉진을 도모하는 일이다.

복지조직화는 사회자원의 동원 및 개발이 가장 중요하다. 지역에 있어서 사회자원이란 시설·서비스·상담기능·각종의 수당이나 융자제도 등의 제도적 자원, 또한 대상자 조직이나 자원봉사집단 등의 지역조직자원이나 가족·이웃관계 등의 비공식자원까지도 포함된다. 그 다음은 사회자원을 효율적으로 활용해서 욕구를 충족시키기 위해 관계기관, 단체 간의 연락조정을 도모하고 시스템을 구축하는 일이다.

사회자원의 개발 등에서 주민 간의 이해대립이 클 경우 지역조직화, 복지조직화도 곤란한 경우가 있다. 이때 대립에 의해 불이익을 받을 특정의 주민을 위해 주민집회를 할 수 있다. 주민집회는 주민 각자의 주체성과 자유의지를 존중하고, 각자의 욕구와 사고를 충분하게 반영한 자유로운 토의에 의해서 결론을 얻는 것을 목표로 해야 한다.

4) 평 가

앞의 과정을 거쳐 최종단계인 평가가 이루어진다. 평가는 과제의 목표달성도, 지역진단이나 계획실시의 타당도, 과정목표 등을 평가하게 된다. 과제목표(task goal)는 사회자원의 개발, 정비 등의 구체적 과제의 달성도이다. 재정효과의 정도, 또는 주민의 욕구를 어느 정도 충족하였는지를 양적 및 질적으로 평가하는 기준이다. 또한 어떤 기관·단체가 어느 정도 공헌했는가의 평가도 행해진다. 과정목표(process goal)는 '계획수립'에서 '계획실시'까지의 과정에 있어서 주민의 주체형성의 정도, 관계한 기관·조직의 활동을 긍정적으로 평가하는 것이다. 구체적으로 열거하면, ① 활동에 대한 주민의 관심도나 참가도 및 연대감의 정도, ② 기관·조직 간의 연계나 협력체제의 수준, ③ 지역사회 문제해결능력 향상의 정도 등이 평가의 주요 내용이 된다.

3. 지역사회수준의 개입

지역사회수준에서의 개입방법은 사회적 지지체계의 개발, 서비스 조절, 프로그램 개발, 클라이언트 집단을 위한 옹호활동 등으로 나눈 양옥경 등(200

5 : 264-273)이 정리한 내용을 중심으로 살펴본다.

1) 사회적 지지체계의 개발

Hepwroth와 Larsen(1986 : 548-552)은 사회적 지지체계를 개발하는 방법을 다음과 같이 소개했다.

① **자연적 지지체계의 활성화** : 자연적 지지체계의 활성화는 클라이언트의 자연적 지지체계를 의도적으로 개입하여 활성화하는 것이다. 즉, 사회 복지사가 기존의 체계들이 클라이언트의 욕구에 맞게 적절히 기능하도 록 돕는 것이다. 예를 들면, 사교육비에 대한 부담을 가지고 있는 학부 모들을 돕기 위해 학부모 각자가 잘할 수 있는 과목을 한 과목씩 맡아 서 그 지역 아이들을 위해 가르칠 수 있도록 개입할 수 있다.

자연적 지지체계를 활성화하는 또 다른 방법은 지역사회에 있는 기존 의 체계들을 사회복지서비스를 대체할 수 있도록 활용하는 것이다. 예 를 들면, 사회적 서비스가 상대적으로 부족하거나 사회복지기관이 지리 적으로 너무 멀리 떨어져 있는 지역에서는 지역사회에 있는 교회, 학원, 교사, 목사, 학교, 병원, 이발소, 미용실 등 기존 체계의 인적·물적 자 원을 사회복지서비스의 대안으로 활용할 수 있다. 즉, 저소득층 아동의 학습지도를 위해 방과 후 학교 교실을 빌려 교회의 청년부 학생들이 학 습지도를 할 수 있고, 저소득층 노인의 치아건강을 위해 교회건물을 빌 려 한 달에 한 번씩 지역 내 치과의사가 무료진료를 할 수도 있다.

② **공식적 지지체계의 활용** : 공식적 지지체계의 활용은 클라이언트의 욕구 에 환경이 반응할 수 있도록 기존의 다양한 사회복지기관 및 프로그램 을 활용하는 것이다. 예를 들면, 지역 내 주민의 레크리에이션, 교육, 사교를 위해 YWCA, YMCA, 주민자치센터, 여성회관 등을 활용하거나 재난 시 음식과 의료서비스를 제공하기 위해 적십자사를 활용할 수 있 다. 그 외 병원, 보건소, 요양시설, 상담센터 등을 활용할 수 있다.

③ **자원봉사자의 활용** : 자원봉사자의 활용은 클라이언트의 욕구를 만족시 키기 위해 사회복지사가 활용하는 지지체계의 한 형태이다. 자원봉사

자란 자신의 친족이 아닌 사람들을 위하여 자발적으로 무보수로 서비스하는 사람으로서 비공식적으로 이웃을 돕는 것보다 어떤 공식조직을 통해서 서비스하는 사람이라고 정의할 수 있다(Darvil & Munday, 1984 : 3 ; 양옥경 외, 2005 : 226). 예를 들면, 독거노인을 위한 말벗서비스, 거동이 불편한 노인을 위한 밑반찬서비스, 또한 장애인을 위한 교통편의 제공, 시설아동에게 정서적 지지서비스를 할 수 있다.

2) 서비스 조정

여러 가지 문제를 가진 클라이언트에게 복합적 서비스가 주어질 때 조정(coordination)이 필요하다. 마치 관현악단을 지휘하는 것처럼(Ballew & Mink, 1996 : 242) 공동의 목적을 달성하기 위해 흩어져 있는 서비스들이 적절한 시기에 적절한 방법으로 클라이언트를 도울 수 있도록 조정하는 것을 의미한다. Johnson은 조정의 형태를 다음과 같이 세 가지로 보았다(Johnson, 1989 : 355-356 ; 양옥경 외, 2005 : 267-268).

① **서비스 연결** : 복합서비스를 제공하는 기관의 여러 전문가들이 특정한 클라이언트에게 관심을 갖고 서로 연결하는 것이다. 예를 들면, 종합복지관에서 의료 담당자, 재활 프로그램 담당자, 상담가 등이 서로 연결하여 서비스가 중복되지 않고 효과적으로 도울 수 있도록 연결하는 것이다.

② **의뢰** : 의뢰는 다른 기관이나 전문가에 대한 정보를 제공하고 서비스를 받을 수 있도록 연결해 주는 것이고, 조정은 그러한 의뢰를 넘어서 의뢰한 서비스가 제대로 전달되고 있는지 그리고 그 결과가 어떤지를 평가하는 것까지를 모두 포함한다. 의뢰체계를 통해서 서로 다른 기관의 전문가들과 연결되어 서비스를 제공하는 형태를 조정이라 한다.

③ **사례관리** : 조정의 마지막 형태는 사례관리(case management)이다. 이것은 클라이언트의 문제와 욕구를 평가하여 필요로 하는 서비스를 찾고 그런 서비스를 연결해 주는 책임을 사회복지사가 맡는 것을 말한다.

3) 프로그램 개발

클라이언트의 욕구와 문제해결을 위한 서비스가 지역사회 내에 없을 때에는 프로그램 및 자원을 개발해야 한다. 이창호와 최일섭은 프로그램을 개발하는 단계를 학생비행의 문제를 예로 들어 다음과 같이 설명하였다(이창호·최일섭, 1993 : 108-111 ; 양옥경 외, 2005 : 268-271).

① **문제확인** : 문제의 규모와 심각도를 조사한다. 즉, 학생비행의 문제가 규모와 내용 면에서 생각 이상으로 심각하며 그 원인이 상당수 그들을 돌보아 줄 학교 또는 사회적 메커니즘이 없기 때문이고 특히 저소득층 청소년의 경우에는 경제적 문제 때문임을 파악하는 것이다.

② **욕구파악** : 부모, 교사 등 여러 관계집단을 대상으로 문제해결의 욕구를 파악한 결과 문제학생의 치료를 통한 재범률의 방지가 시급하고 이어 예방에 대한 욕구가 가장 많음을 파악한다.

③ **목적 및 하위목적의 설정과 우선순위 결정** : 학생비행방지 프로그램의 목적을 그들의 사회적 재활, 또는 사회통합으로 하고 그 하위목적으로 문제학생의 치료, 우범학생의 예방, 저소득층 학생의 경제적 지원을 설정한 후 하위목적 간의 우선순위를 정한다.

④ **성취목표의 구체화** : 각 하위목적달성을 위한 대안의 선택에 앞서 그 하위목적의 달성 여부를 측정할 수 있는 목표들을 구체화한다. 즉, 비행학생의 재범률 10% 감소, 우범단체 탈퇴율 20% 증가, 100명에게 학비지급 등을 목표로 정했다.

⑤ **제공 서비스** : 각 목표별로 이를 달성할 수 있는 여러 대안들을 가지고 비용효과분석을 시작한다. 각 서비스의 비용과 효과를 예측한다.

⑥ **대안선택** : 각 대안별로 총비용(예산)을 계산하여 각 대안이 가져올 사회적 편익, 혹은 효과를 계산한 뒤 하위목적별로 비용효과분석, 비용편익분석을 실시, 최소의 비용으로 최대의 효과를 낼 수 있는 대안을 선택한다.

⑦ **세부 프로그램 설계** : 각 선택된 대안들의 구체적 설계작업으로 예를 들

어 학교사회복지사를 채용할 경우 채용시기, 배치, 그들의 전문역할, 지위, 조직을 정하고, 각 프로그램 역시 실시일정, 내용 등을 정한다.

⑧ 예산 : 앞에 구성된 사업계획을 모두 취합하여 프로그램의 우선순위에 따라 예산이 배분된다.

⑨ 집행 : 세부계획과 예산이 확보된 프로그램을 적당한 조직체계 속에서 일정기간 집행한다.

⑩ 평가 : 각 하위 프로그램들이 각각의 하위목적을 달성하였는지, 각각의 하위목적들이 모여 전체목적을 달성하였는지를 평가한다.

⑪ 피드백 : 문제의 정의, 욕구, 목표선정, 대안선택 등의 전 과정에서 다시 피드백되어 사업의 확대, 조정을 결정한다.

4) 클라이언트 집단을 위한 옹호활동

사회복지사는 부적절한 또는 불평등한 사회적·법률적·제도적 기능 및 사회복지기관의 기능으로 인해 욕구를 충족할 수 없는 클라이언트 개인이나 집단을 위해서 옹호(advocacy)활동을 하게 된다. 옹호에는 개인에 대한 옹호와 집단에 대한 옹호가 있다. 개인에 대한 옹호는 특정 개인에게 서비스와 혜택이 제공되도록 노력하거나 클라이언트의 존엄성을 인정하도록 영향을 미치는 것이고, 집단옹호는 특정 불이익집단을 위해 제도적·법률적 체계를 변화시키도록 노력하는 것이다. 주로 옹호활동을 하게 되는 상황은 다음과 같다 (Hepworth & Larsen, 1986 : 570 ; 양옥경 외, 2005 : 271-272).

- 사회복지기관이나 직원이 수급자격이 있는 클라이언트에게 서비스나 혜택을 제공하지 않을 때
- 비인간적 방법으로 서비스가 전달될 때
- 인종, 종교, 신념 때문에 클라이언트가 차별을 받을 때
- 서비스와 급여 사이의 틈(gap)으로 인한 어려움이 생기거나 역기능이 발생할 때
- 정부나 기관의 정책이 자원과 급여를 필요로 하는 사람들에게 부정적 영향을 미칠 때

- 클라이언트가 스스로에게 유리하도록 행동하지 못할 때
- 유용한 자원이 없어 많은 사람들의 공통된 욕구가 해결되지 못할 때
- 위기상황으로 인해 클라이언트가 서비스와 급여에 대한 절박한 욕구를 가지고 있을 때
- 클라이언트가 시민의 혹은 법적 권리를 거부당했을 때
- 조직의 절차와 시설이나 제도가 클라이언트에게 부정적 영향을 미칠 때

Johnson은 옹호를 하는 접근방식으로 정치적 과정에 영향력을 행사하는 것과 사회행동(social action)이 있다고 했다(Johnson, 1989 : 373). 정치적 과정에 영향력을 행사하는 것은 대부분의 공공정책이 입법행동의 결과로 나타나고, 입법행동은 정치영역에서 이루어지므로 정치과정에 영향력을 행사하여 정책결정과정이 클라이언트 집단의 욕구에 적절히 반응하도록 노력하는 것이다. 사회행동은 기본적 제도변화를 위해 권력구조, 제도, 정치적 구조에 압력을 행사하는 것을 의미한다.

(1) 정치적 과정에 영향력 행사

최일섭과 류진석(1999 : 252-253)은 정치적 과정에서 영향력을 행사하기 위해서는 모든 정책형성단계에 압력을 가해야 한다고 하였다.

첫 번째 단계는 이슈를 논의의 대상으로 삼는 단계로 정치인에게 이슈에 대해 관심을 갖게 하고 이슈의 중요성을 깨닫도록 하는 단계이다.

두 번째 단계는 문제에 대한 가능한 해결방안을 제시하는 것으로 어떤 문제가 법안으로 제출되기 전에 자신들의 견해를 정치인이나 정부의 관료들에게 알리는 것이다.

세 번째 단계는 법이나 규정이 통과되도록 압력을 넣는 단계로 전통적 로비활동을 하는 것이다. 의원들과 직접 접촉하거나, 편지를 쓴다든지 전화를 걸거나 위원회 등에서 증언을 한다든지 하여 왜 이 정책이 형성되어야 하는지를 알게 하는 등의 로비활동을 하는 것이다.

네 번째 단계는 법이나 규정을 실천하도록 영향력을 행사하는 단계로 어떤 법이 보다 강력하게 집행되도록 하거나 평등하게 집행되도록 한다든지, 또 실제로 집행될 수 있도록 압력을 행사하는 것이다.

(2) 사회행동

사회행동을 실행하는 효과적 전략을 최일섭과 류진석(1999 : 240-250)은 다음과 같이 보았다.

첫째, 대상집단을 이기기 위해 힘을 갖기 위한 전략이다. 이는 현재 일어나고 있는 사태에 관한 지식을 정부당국이나 정치인에게 제공하거나, 반대집단에 불편과 손해를 입힐 수 있는 힘이 있음을 과시하는 것이다. 상대방의 약점을 들추어내거나 집단행동에 많은 시간을 동원해서 힘을 과시하여 대상집단을 이기려고 할 수도 있다.

둘째, 사회행동 캠페인의 합법성을 확보하는 전략이다. 이는 자체의 조직원과 일반 주민은 물론 때로는 상대 조직에게 일반적으로 수용될 수 있는 전략을 선택하는 것이다. 그러나 어떠한 전략도 기존의 법질서를 해치는 것이 되어서는 안 된다.

셋째, 지역사회의 타 조직과 협력하는 전략이다. 어느 한 사회행동조직이 수적으로 힘을 얻기 위해서 다른 조직들과 협조, 연합, 동맹하는 것이다.

넷째, 협상전개의 전략이다. 협상을 성공적으로 이끌기 위해서는 갈등의 범위를 어느 정도로 할 것인지 사전에 충분히 협상에 대한 준비가 되어 있어야 한다. 예를 들면, 보육정책에서 5세아 무상교육을 모든 아동을 대상으로 전국적으로 실시하는 것으로 요구할 것인지 아니면 국민기초생활수급권자들의 차상위계층까지만 요구할 것인지를 사전에 협상에 대한 준비가 되어 있어야 한다는 것이다.

연|구|문|제

Theories of Social Work Practice

01 개별사회사업이란 무엇인가? 학자들의 정의를 바탕으로 여러분의 정의를 내리시오.

02 Perlman이 제시한 개별사회사업의 구성요소를 정리하시오.

03 개인수준의 개입방법을 제시하시오.

04 효과적 의사소통기술을 향상시킬 수 있는 방법을 말하고 나-전달법(I-message)을 정리하시오.

05 친구·가족 간에 나-전달법(I-message)을 써 보고 느낌, 관계의 변화 등을 쓰시오.

06 얄롬이 제시한 집단정신치료의 치료요소를 제시하고 각각의 요소를 예를 들어 설명하시오.

07 라펠과 로드만이 제시한 집단사회사업 모델을 설명하시오.

08 집단구성원의 상호작용정도(자기노출)를 집단의 종류에 따라 노출순위를 정리하시오.

09 가족치료의 치료 모델의 종류와 특성을 설명하시오.

10 가족 역기능의 종류를 정리하시오.

11 지역사회수준실천에서 클라이언트를 위한 옹호활동을 제시하시오.

12 사회행동이 무엇인지 정의하고 한 가지 예를 들어 효과적 전략을 설명하시오.

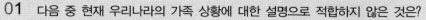

기│출│문│제

Theories of Social Work Practice

01 다음 중 현재 우리나라의 가족 상황에 대한 설명으로 적합하지 않은 것은?

① 조손가정과 3세대 가정이 늘고 있다.
② 맞벌이 가정의 증가로 출산과 육아가 사회문제화되고 있다.
③ 평균수명의 증가로 노인 인구가 늘어났다.
④ 출산율과 평균 자녀 수는 지속적으로 감소하고 있다.
⑤ 부부 중심의 가정이 늘고 있다.

02 다음 중 성격이 다른 집단을 고르면?

① 부부갈등치료집단   ② 성폭력피해자집단   ③ 실직자분노조절집단
④ 참부모훈련교육집단   ⑤ 도박중독재활집단

03 다음중 집단지도자의 역할에 대한 설명으로 옳은 것은?

① 정해진 규칙은 혼란방지를 위해 바꿀 수 없다.
② 소수의견을 수용하거나 활용하지 않는다.
③ 하위집단이 형성되지 않도록 구성원을 독려한다.
④ 구성원들의 의도와 행동이 조화를 이루는지 살핀다.
⑤ 구성원 개인의 신념과 가치가 집단 내에서 표현되지 않도록 한다.

04 다음 중 문제 집단사정에 관한 설명으로 옳은 것은?

① 집단지도자의 주관적의 관찰은 배제되어야 한다.
② 집단진행을 위해 사정은 초기단계에 실시해야 한다.
③ 집단을 사정할 때 개별성원에 대한 정보는 필요하지 않다.
④ 사회도를 통해 성원들 간의 관계유형과 하위집단을 사정할 수 있다.
⑤ 성원들의 상호작용 빈도를 사정할 때는 의미분화척도가 유용하다.

05 다음 보기에 해당하는 가족치료모델로 가장 적절한 것은?

> 상담자가 가족치료를 위해 우선적으로 어머니와 상담을 하는데 가족용어를 사용하도록 하여 먼저 실시하고 그 뒤로 가족 구성원들이 차례로 상담을 하였다.

① 구조적 가족치료   ② 경험적 가족치료   ③ 전략적 가족치료
④ 다세대적 가족치료   ⑤ 해결중심 단기 가족치료

06 다음 중 부모를 대상으로 하여 집단을 운영하는 사회복지사가 이들에게 정보를 제공하였다. 이는 무슨 집단에 해당하는가?

① 교육집단   ② 지지집단   ③ 치료집단
④ 자조집단   ⑤ 사회화집단

07 다음 사례에서 집단적 치료효과에 해당하는 것은?

> 결혼 이주여성 프로그램에 참가하고 있는 ○○은 자신의 영어실력으로 방과 후 지역아동센터에서 아이들의 영어를 가르칠 수 있다는 동료의 말을 듣고 새로운 자신감이 생겼다.

① 실존성   ② 이타주의   ③ 희망주기
④ 교정적 재현   ⑤ 사회기술 발달

08 가족수준의 사회복지실천 개입 과제는?

> 가. 가족정책 개발   나. 가족의 상위체계 수용
> 다. 가족이 속한 사회와 문화 이해   라. 가족을 위한 자원 개발과 강화

① 가, 나, 다   ② 가, 나   ③ 나, 라
④ 라   ⑤ 가, 나, 다, 라

09 집단구성의 특징이 아닌 것은?

① 동질성 집단은 성원 간의 관계를 증진하고 집단의 결속력을 높인다.
② 이질성 집단은 성원에게 다양한 관점과 견해를 제공해 개인의 문제를 해결하는 데 자극이 될 수 있다
③ 집단사회복지사는 성원이 자신의 욕구를 충족시키고 집단목적을 성취하기 위하여 의도적으로 집단을 구조화해서는 안 된다.
④ 집단의 크기는 목적을 효과적으로 성취할 수 있을 만큼 크기는 작아야 하고 성원이 만족스러운 경험을 할 수 있도록 커야 한다.
⑤ 개방집단과 폐쇄집단 중 어느 하나를 선택하는 것은 집단목표, 환경에 따라 달라질 수 있다.

10 집단성원들에게 기술과 정보를 제공하는 집단은?

① 교육집단   ② 지지집단   ③ 성장집단
④ 과업집단   ⑤ 사회화집단

11 지역복지계획의 필요성에 해당하는 것을 고르시오.

> 가. 지역단위의 사회복지 제도화
> 나. 사회복지서비스의 수급 조정과 안정적 공급
> 다. 사회자원의 조달과 적정 배분
> 라. 지역사회에서 국민기초생활보장의 확립

① 가, 나, 다   ② 가, 다   ③ 나, 다
④ 라   ⑤ 가, 나, 다, 라

12 개별상담에서 치료자와 클라이언트와의 관계에 있어 가장 중요한 것은?
① 면담장소   ② 상호 신뢰성   ③ 면담시간
④ 상호 의사소통체계   ⑤ 역전이

13 집단 역동을 이해하고 활용하는 사회복지사의 태도로 옳은 것은 무엇인가?
① 하위집단이 형성되면 초기에 개입하여 해체한다.
② 집단 구성원의 목표 달성을 촉진시키는 활동을 한다.
③ 활발한 상호작용을 위해 집단의 크기를 크게 구성한다.
④ 갈등이 형성되면 직접 다루지 않고 회피한다.
⑤ 특정 역할을 집단원에게 고정화한다.

14 거동이 불편한 독거노인에게 병원에 동행할 자원봉사를 연계해 주는 사회복지사의 역할은 무엇인가?
① 대변자   ② 옹호자   ③ 중개자
④ 교사   ⑤ 상담자

15 나-전달법(I-message)의 절차나 공식에 들어가는 것은?

> 가. 행동서술   나. 느낌서술   다. 결과서술

① 가   ② 가, 나   ③ 나, 다
④ 가, 다   ⑤ 가, 나, 다

16 집단발달단계별 사회복지실천에서 집단지도자의 역할 및 과업이 가장 적절한 것은?
① 준비단계 – 성원들의 노력을 지지하여 집단의 역동성을 촉진한다.
② 초기단계 – 집단에 대한 의존성을 감소시킨다.
③ 사정단계 – 성원 간 의사소통 유형을 관찰하여 집단기능을 평가한다.

④ 중간단계 – 집단의 환경적 요소를 마련한다.

⑤ 종결단계 – 집단참여에 대한 동기를 부여한다.

17 다음 사회복지실천현장 중 2차 현장에 속하는 것은?

① 교정복지시설 　　　　　② 여성복지관

③ 아동보호전문기관 　　　④ 노인교실

⑤ 장애인생활시설

18 다음 중 집단사회복지실천의 사정단계에서 이루어지는 일에 해당하지 않는 것은?

① 실제 변화를 통한 문제해결

② 자료의 수집

③ 개별성원에 대한 성원

④ 의사소통 및 상호작용 유형

⑤ 집단이 구성되어 있는 지역사회환경의 파악

19 다음 중 성장집단인 것은?

① 부모교육을 위한 모임

② 장애아동을 둔 부모들의 친목 모임

③ 마약중독자 모임

④ 알코올 집단 자조 모임

⑤ 리더십 향상 모임

| 정답 |　1. ①　2. ④　3. ④　4. ④　5. ③　6. ①　7. ②　8. ④　9. ③　10. ①

11. ①　12. ②　13. ②　14. ③　15. ⑤　16. ③　17. ①　18. ①　19. ⑤

CHAPTER 10 사례관리

Theories / of / Social / Work / Practice

　　사례관리(case management)는 다양한 문제와 복잡한 욕구로 인하여 여러 가지 도움이 동시에 필요한 클라이언트에게 종합적 서비스를 체계적으로 연계하여 적합한 서비스를 제공하기 위한 실천방법이다. 사례관리는 사회복지실천의 전통적 방법인 개별실천, 집단실천, 지역사회복지의 몇 가지 측면을 통합적으로 적용한 사회복지실천의 핵심적 기술의 하나로 때로는 보호관리(case management) 사례조정(case coordination), 서비스 통합(service integration), 보호조정(case coordination), 자원조정(resource coordination), 서비스 조정(service coordination), 연속적 보호조정 등의 다양한 용어로 불린다.

　　이 장에서는 사례관리의 정의, 목적, 역사적 배경, 사례관리와 전통적 사회복지 접근방법의 차이를 살펴보고, 사례관리의 과정과 사례관리자의 역할에 대해 개괄적으로 고찰해 보고자 한다.

THEORIES OF SOCIAL
WORK PRACTICE

제 1 절 사례관리의 정의

사례관리는 영어의 case management라고 하는데, 이 중 case는 개별 클라이언트를 의미하며 사례관리는 다음과 같이 여러 학자들이 정의하고 있다.

미국 사회사업백과사전(NASW, 1987)에서는 사례관리란 "복잡한 여러 가지 문제와 장애를 가지고 있는 클라이언트가 적합한 형태로, 적절한 시기에, 그들이 필요로 하고 있는 모든 서비스를 받을 수 있도록 보장하는 것"이며, 따라서 이것은 포괄적 서비스를 제공하기 위한 방법으로 정의하고 있고, Johnson과 Rubin(1983 : 49)은 사례관리는 "사회복지사가 보호가 필요한 사람으로 하여금 적절한 서비스를 받을 수 있게 하는 것이며, 사회복지사가 책임을 갖고 다양한 서비스를 연결하여 보호를 필요로 하는 사람의 문제를 해결하는 방법"이라고 하였다.

Parker(1987)는 "요보호자를 위하여 모든 원조활동을 연결, 조정하는 것"으로 사례관리를 정의하였고, Moxley(1989)는 사례관리를 "선정된 사례관리자가 복합적 욕구를 지닌 클라이언트의 복지와 기능화를 최대화하기 위해 고안된 활동으로, 공식적·비공식적 자원들의 망(network)을 조직하고, 조정하며, 유지하는 사회적 방법"이라 하였다. 특히 이 방법은 비용이 많이 드는 입원기관을 탈피하여 가족과 이웃이 있는 지역사회 세팅에서 연약한 또는 만성적 손상을 입은 클라이언트에게 광범위하고 지속적인 보호 및 훈련서비스를 제공하여 자기충족성을 성취할 수 있도록 돕는 방법이다(조휘일·이윤로, 2003 : 213).

Rothman(1991 : 520)은 사례관리를 정신보건, 노인복지, 아동복지, 보건, 발달장애 등의 분야와 같은 인간서비스 분야에서 폭넓게 사용되는 실천 모델이라고 보고, 사례관리가 만성의 심각한 문제를 가진 클라이언트에게 지역사회에서 지속적이고 폭넓은 서비스를 제공하는 전략이요, 방편이라고 하였고, Moore(1990 : 444-448)는 사례관리가 가능하게 하는 차원과 촉진하는 차원의 구성된 실천개념이라고 정의하였다. 가능하게 하는 역할이란 개인이나 집단이 독립적으로 가능할 수 있도록 그들의 잠재력을 최대화하는 것이며, 촉진하는 역할은 도움을 필요로 하는 클라이언트의 사회적 제도·조직·기관 사이를 연계하는 것으로 보고 있다(조홍식 외, 2001 : 372).

여러 학자들의 정의를 종합하여 전재일 등(2004 : 277-278)은 사례관리는 장기간 서비스를 제공받아야 하는 복합적 문제를 가지고 있는 클라이언트에게 서비스를 제공하는 중재방법이라고 하였다. 즉, 사례관리란 복잡하고 다양한 문제나 욕구를 가진 클라이언트가 개별적 기관이나 전문가 등의 지역사회 내의 서비스 제공자들을 일일이 찾아다니지 아니하고 사례관리자로부터 필요한 서비스를 보다 용이하고 효과적으로 받아들일 수 있도록 필요한 자원을 활용하여 클라이언트로 하여금 지역사회 내에서 독립적 생활을 할 수 있게 도와주는 통합적 서비스 전달방법이라고 하였고, 조홍식 등(2001 : 373)은 사례관리는 장애인, 노인, 정신질환자 등의 주로 장기적 문제를 가진 클라이언트를 대상으로 사례관리자가 오랜 시간 동안 책임지고 필요로 하는 서비스를 다양한 원천으로부터 동원하여 연결하고 모니터하는 활동이라고 하였다.

제 2 절 사례관리의 목적

사례관리란 사례관리자와 클라이언트 사이의 관계에 기초한 대인관계과정으로서, 사례관리자는 클라이언트와의 상호관계에서 개발된 보호계획을 통하여 장기원조의 욕구와 지원망에 관한 것들의 기능적 능력을 향상시키거나 극대화시키며, 연속적 보호를 수반한 일련의 효과적 서비스 전달을 촉진하고 보장한다. 또한 사례관리개입의 초점은 사회복지실천의 가치를 반영하며, 클라이언트의 능력과 환경 간의 조화를 증진하는 데 목적을 두고 있다. 이것은 기능의 손상 또는 질병을 동반한 문제를 개선하거나, 지원망을 수립하거나, 클라이언트 수준에서 서비스 조정을 행하거나, 체계수준에서 효과를 창출하는 것 등을 포함한다(전재일 외, 2004 : 373). 사례관리의 주요 목적은 비공식적 자원체계(가족, 친족, 친구 등)와 공식적 지원체계(국가 및 공공기관)가 보유하는 각종 자원을 통합하는 기능이다(Moore, 1987 : 79-99).

사례관리의 구체적 목적은 다음과 같다(조휘일·이윤로, 2003 : 213-214). 첫째, 외부환경에 적응할 수 있는 클라이언트의 잠재력을 최대화한다. 둘째, 클라이언트와 가족이 여러 서비스와 자원체계에 접근하여 이를 활용할 수 있는 방법을 습득하게 하여 가족, 이웃, 친구 등 비공식적 지원체계가 클라이언트를 보조할 수 있는 능력을 최대화시킨다. 셋째, 클라이언트와 가족의 욕구를 충족시키는 데 있어서 공식적 도움 체계의 능력을 최대화하는 역할들을 수행한다(Moore, 1990 : 444-448).

서비스 전달이라는 측면에서 사례관리의 목적을 구체적으로 정리하면 다음과 같다(조홍식 외, 2001 : 373 ; 장인협, 1995 ; Intragliata, 1982 : 655-674 ; 엄명용 외, 2006 : 342). 첫째, 특정 시점에서 포괄적 서비스를 조정하여 개인에게 제공하고 시간의 경과에 따라 변화하는 개인의 욕구를 충족시킬 수 있도록 즉각적이고 포괄적인 서비스를 지속적으로 제공하는 보호의 연속성을 보장하는 것이다. 둘째, 클라이언트가 다양한 서비스 체계와 협상하는 것을 원조함으로써 서비스에 대한 접근가능성을 증대시키고, 서비스의 단편화로 인한 서비스 접근 장애를 극복하여 클라이언트에 대한 전반적 책임을 지도록 함으로써 책임성을 증대시킬 수 있다. 셋째, 서비스가 클라이언트의 욕구에 적합하고, 적절한 방법으로 제공될 수 있도록 보장함으로써 서비스 계획의 효율성을 향상시킨다.

Intagliata는 사례관리의 목적을 다음과 같이 구체적으로 제시하였다. 첫째, 클라이언트의 회복과 재발의 순환으로 지역사회와 시설 사이에서 이동하는 것과 같이, 어떤 일정한 장소나 기간 내에서 계속적으로 서비스를 제공하는 보호의 연속성을 보장하는 것이다. 둘째, 일정기간 동안 혹은 필요한 경우에는 개인의 일생을 통하여 개인의 욕구가 변화할 때, 서비스가 개인의 욕구의 모든 영역에 제공되도록 보장하는 것이다. 셋째, 서비스 이용자의 적격성, 기준, 규정, 정책, 절차 등과 관련된 서비스의 접근에 대한 장애물을 극복하고 개인이 필요한 서비스에 쉽게 접근할 수 있도록 원조하는 것이다. 넷째, 서비스가 클라이언트의 욕구에 적합하고, 적당한 시기에 적절한 방식으로 제공될 수 있도록 하며, 동시에 서비스가 중복되지 않도록 관리하는 것이다.

엄명용 등은 사례관리의 목적을 클라이언트가 직면한 장애를 극복하기 위해서 직접적 서비스를 충분히 제공하고 클라이언트를 자원과 연결시키고, 간접적 서비스를 충분히 제공함으로써 클라이언트가 사례관리사의 도움 없이도 자원들과의 연결을 유지할 수 있도록 하는 것이라고 하였다(엄명용 외, 2006 : 343).

제 3 절 사례관리의 등장배경

사례관리는 인보관 운동과 자선조직협회에서 그 기원을 찾아볼 수 있고 Richmond시대 이래로 사회복지의 전통적인 분야로 자리를 잡았다. 1950년과 1960년 탈시설화의 영향으로 인한 정신장애인의 지역사회보호를 목적으로 사례관리 차원의 개입이 수행되었고, 현대적 의미의 사례관리는 1970년대에 들어오면서 시작되었다. 1976년 미국사회사업가협회에서는 사회복지실천의 관심이 치료(cure)에서 보호(care)로 변화되고 있으며, 사례관리가 클라이언트 보호를 위한 실천의 새로운 출발점을 나타내는 개념이라고 제안하였다. 이 밖에도 지역정신보건 분야, 가족 관련 분야 및 노인복지 분야에서도 각각 사례관리의 필요성을 지적하였다(엄명용 외, 2006 : 335). 사례관리가 1980년대에 들어 새롭게 케이스워크보다 진보된 하나의 방법론으로 활용되기 시작한 것은 다음과 같은 역사적 배경이며 구체적 내용은 다음과 같다(양옥경 외, 2005 : 302-304 ; 엄명용 외, 2006 : 335-337 ; 조흥식 외, 2001 : 374-380).

1. 탈시설화의 영향

미국은 1950년대 이후 정신장애인을 병원이나 시설에 수용하지 않고 지역사회 내에서 치료하고 관리하는 탈시설화 정책을 실시하여 지역사회보호와 관리가 전개되었다. 그러나 특히 스스로 관리가 불가능한 중중의 만성 정신장애인은 복잡하게 흩어져 있는 여러 종류의 서비스에 접근하는 것이 불가능하여 실제로 그들을 지역사회 내에서 제대로 관리하는 데에는 실패하였다. 따라서 이들이 지역사회에 거주하게 되면서 지역사회 전체에 분산되어 있는 서비스를 통합적으로 제공하는 서비스 관리체계의 필요성이 나타나게 되었다. 또한 각 기관들마다 보유하고 있는 자원이나 수혜자격요건이 달라서 이들을 통합적으로 관리하는 전문적 필요성이 대두되었다.

2. 복잡하고 분산된 서비스 체계

복잡하고 분산된 서비스 체계를 통합, 연계하기 위함이다. 지역사회 정신보건운동 초기의 서비스 전달체계는 주로 공공부문에서 주도하였으나 점차 민간부문으로 옮겨 오게 됨에 따라 서비스 간의 조정을 담당할 역할장치가 거의 없어지게 되었다. 서비스 망이 점차 고도로 복잡해지고 분산됨으로써 서비스가 중복되는 현상이 나타나기도 하고 서비스 간 연계성이 부족하게 되었다. 이러한 서비스의 복잡화 현상은 클라이언트가 각 서비스마다 다른 기관을 방문해야 하는 문제를 야기하였으며, 심지어 접근기회마저 차단하는 경우가 생기게 되었다. 따라서 사례관리는 이러한 서비스의 연계성을 확보하고자 나타난 것이다.

3. 클라이언트와 그 가족에게 부과되는 과도한 책임

지역사회 내의 적절한 환경자원이 제대로 마련되어 있지 못해 클라이언트와 그 가족들이 너무 많은 책임을 감당하게 되었다. 그 결과 클라이언트와 그 가족들에게 과중한 부담이 발생하게 되면서 사회적 환경자원들을 개발하고 이를 클라이언트에게 연결하고 제공할 수 있는 기증과 후원이 요구되었다.

4. 다양한 문제와 욕구를 가진 클라이언트의 증가

탈시설화 이후 심각하고 장기적이고 복잡한 욕구를 지닌 클라이언트는 서비스를 덜 받게 되는 현상이 발생하였고, 결과적으로 범죄와 연루되거나 부랑자 등의 다른 문제가 야기되었다. 클라이언트는 지역사회에서 생활하기 위해 생활 전반에 걸친 다양한 욕구와 해결해야 할 문제들을 가진다. 그 문제들을 해결하기 위해서는 지역사회에서 살아가는 데 필요한 서비스를 조직화하고 그 욕구를 충족시키는 활동이 필요하였다.

5. 서비스 비용 억제의 필요성

자원이 한정된 상황에서 서비스 비용을 억제하고 전달의 효과를 최대화하려는 노력은 항상 중대한 관심사다. 따라서 제한된 자원 내에서 서비스 전달의 효과를 최대화하면서 서비스의 비용과 중복을 점검해야 하는 전문기술의 필요성이 요구되었다. 사례관리는 보호의 총계획을 관리하고 비용을 억제하는 수단으로 적합하다고 평가하게 되었다.

6. 사회적 지지와 사회적 망의 강조

공식적 서비스 자원들을 연계하여 제공하는 것도 중요하지만, 공식적 지지는 클라이언트의 지역사회생활을 향상시키는 데 중요한 역할을 할 수 있다. 따라서 점차 사회적 지지 망을 포함한 사회적 지지체계에 대한 인식이 인간서비스 전문가들 사이에서 점차 증가함에 따라 비공식적 자원으로 사회적 지원망을 구성하고 그 지지를 받도록 하는 조력자의 역할이 요구되었다. 그러나 공적 서비스와의 통합이나 조정이 이루어지지 않을 경우에는 매우 부적당한 것이 될 수도 있다. 그렇기 때문에 공식적 서비스와 비공식적인 사회적 자원체계가 공급하는 서비스에는 양적·질적 차원에서 상당한 차이가 존재한다는 것을 인식하면서, 공식적이고 전문적인 서비스와 비공식적 자원체계와 지원망을 조정하고 통합하려는 사례관리방법이 주목받게 되었다.

오늘날 사회복지서비스 영역에서 사례관리의 활용이 더욱 확대 보급된 이유는 다음과 같다.

첫째, 노인, 장애인, 정신장애인 등에 대한 기존의 시설수용중심의 보호정책으로부터 탈시설화 정책의 도입과 지역사회에 기초하는 재가복지 프로그램의 실시가 확대되면서 사례관리의 필요성이 강조되었다.

둘째, 사회복지서비스가 중앙집권적 서비스에서 지방분권적으로 전환되어 사회복지서비스의 공급주체가 중앙정부에서 지방정부로 옮겨 오면서 사례관리에 대한 필요성이 강조되었다.

셋째, 클라이언트의 욕구가 복잡화되어 가는 데 반해 기존 사회복지실천의 단일 서비스 체계는 복합적 욕구를 가진 클라이언트 문제에 대응방안의 미흡함을 인식하면서 사례관리의 도입이 본격화되었다.

넷째, 기존 사회복지서비스의 대부분이 범주화되어 분류되고 자원과 자격요건 측면에서 서비스 공급주체의 다원화 요구가 강조되면서 서비스의 단편성과 범주적 분류에서 벗어나서 상호작용할 수 있도록 하는 사례관리 필요성이 대두되었다.

다섯째, 사회적 지원체계와 지원망의 중요성에 대한 인식이 증가하면서 그리고 사회복지서비스에 있어서 비용억제의 필요성과 서비스의 효과성, 책임성에 기초하여 서비스의 중복에 대한 점검의 필요성 강화 그리고 서비스 전달효과의 극대화에 대한 관심이 증대되면서 사례관리의 욕구가 더욱 높아지게 되었다(Moxley, 1989 ; 엄명용 외, 2006 : 337-338).

제 4 절 사례관리와 전통적 사회복지 접근방법의 차이점

THEORIES OF SOCIAL
WORK PRACTICE

사례관리는, 전통적 사회복지실천의 통합적 접근 혹은 모델로서 특정대상집단을 위한 직접 서비스 실천에서의 최상의 아이디어와 지역사회실천에서의 최상의 아이디어를 통합한 형태의 실천 모델로서 클라이언트에게 좀 더 포괄적이고 지속적인 서비스를 제공한다. 전통적 사회복지실천은 기관의 기능에 기초한 서비스와 프로그램에 클라이언트가 참여한다고 할 수 있다. 그러나 사례관리는 클라이언트의 욕구중심으로 사회복지기관을 벗어나 지역사회까지 그 범위를 넓혀 폭넓은 서비스를 제공하며 점검과 재사정을 통해 서비스의 제공과 조정으로 클라이언트가 어느 정도 만족한 상태인지 또한 새로운 변화가 필요한지 조사하여 클라이언트의 다양한 욕구를 만족시키려고 노력하는 통합적 서비스를 제공하는 실천방법이다.

사례관리는 클라이언트 중심 철학이며 적극적 지역사회보호를 강조하는 특징이 있다. 클라이언트 중심 철학이란 클라이언트 욕구에 기초하여 서비스를 개발, 제공하는 것이며, 적극적 지역사회보호란 단편화되고 분산된 지역사회서비스를 조정하고 통합하는 것이다. 따라서 사례관리자는 지역사회자원에 대한 충분한 지식과 정보를 획득하여야만 클라이언트의 복지를 향상시킬 수 있다. 그러므로 사례관리는 자원관리와 조정 등의 간접적 서비스를 제공해야 하는 동시에 클라이언트와 환경체계를 사정하여 클라이언트의 다양한 욕구를 만족시킬 수 있는 서비스 제공과 연결 그리고 직접적 서비스도 제공하여야 한다(엄명용 외, 2006 : 329-330).

사회복지실천의 개별적 접근과 사례관리 사이의 상이한 특성은 다음과 같다(엄명용 외, 2006 : 331).

첫째, 서비스의 목적을 보면 사회복지실천의 개별접근은 사회복지사와 클라이언트 간의 특별한 관계를 맺고 특정한 목표를 달성하기 위해 특정한 개입목표를 수립하고 개입을 시도하여 클라이언트를 변화시키려는 직접적 서비스의 제공을 목적으로 하고 있다. 그 반면 사례관리는 직접적 서비스의 제공보다는 오히려 간접적 서비스의 제공을 통하여 보호의 연속성 보장, 비용효과성의 증대, 접근성과 책임성의 증진, 일차집단의 보호능력의 향상 및 사회적 기능의 향상을 목적으로 하고 있다.

둘째, 대상의 차원에서 보면 사회복지실천의 개별적 접근은 자기 스스로 해결하기 곤란한 문제를 가진 심리사회적 문제를 가진 사람인 개인을 대상으로 하지만, 사례관리는 사회적 기능상의 심각한 문제를 지닌 복합적 욕구를 가진 허약한 노인, 만성장애인 및 발달장애아 등을 대상으로 하고 있다.

사례관리는 복합적이고 장기적이며 다양한 욕구를 가지고 있는 클라이언트를 대상으로 하여 개별적 상황에 따른 원조계획을 세워 클라이언트 자신의 자원뿐만 아니라 가족, 친구, 이웃 등의 비공식적 자원, 그리고 각종 수당과 급여와 같은 공적 프로그램과 서비스 등 공식적 자원 등과 연계하여 대응함으로써 클라이언트의 복지추구와 기능의 강화, 서비스의 효과성을 증진하기 위해 여러 가지로 전문 분화된 공적 서비스와 사적 서비스 등의 제반 서비스를 적절하게 조정하는 서비스 체계다. 개별적 사회복지실천과 사례관리를 비교하면 〈표 10-1〉과 같다.

|표 10-1| 개별적 사회복지실천과 사례관리의 비교

구 분	사회복지실천의 개별적 접근	사례관리
개 념	스스로 해결하기 곤란한 문제를 가진 개인에게 성격발달과 사회적응을 도모하기 위하여 전문가가 행하는 개별적·의식적 문제해결과정	복합적 욕구를 가진 클라이언트의 욕구충족과 사회적 기능 향상을 위해서 그들과 사회자원과의 연결과 조정을 통하여 그들을 보호하는 과정
대 상	·특정한 문제 혹은 문제를 가지고 있는 클라이언트 ·아동, 청소년, 가족, 여성 등 ·대체로 문제해결이 가능하고, 문제가 해결되면 정상적 기능을 수행하며 생활이 가능함	·만성적 장애를 가지고 있는 클라이언트 ·보호가 필요한 아동이나 노인, 장애인 등 ·장애인이나 발달장애아동, 노인 그리고 만성정신장애인, 만성신부전증, 만성심장병 등 의존적이고 장애를 가지고 있는 사람 ·이로 인해 사회적 기능수행에 어려움이 있는 사람 ·문제가 다양하고 복합적이고 지속적 ·대체로 완전한 문제해결이 용이하지 못하기 때문에 정상적 생활이나 자립생활을 유지하는 일이 어려움
문 제	사회부적응, 음주, 흡연, 청소년비행, 가족해체, 가정폭력, 부부갈등, 부모-자녀 문제, 학교폭력, 매춘 등 사회·개인적 문제 등 대체로 한 사람의 클라이언트가 특정한 문제를 가지고 있음	경제적 문제, 의료적 문제, 가정생활을 지속하는 데 어려움, 정보접근 등 사회적 자원의 활용이 용이치 못한 점, 교통과 환경적 장벽으로 인한 아동문제, 사회적 낙인문제로 인한 교육, 고용의 차별과 이들 가족의 문제 등 다양한 문제를 한 사람의 클라이언트가 동시에 가지고 있음
목 적	성격의 발달과 사회적응능력의 향상	보호의 연속성, 비용효과성, 접근성과 책임성, 일차집단의 보호능력의 향상, 사회적 기능의 향상
장 소	사회복지기관을 비롯한 상담소, 학교, 가정 등	클라이언트의 가정, 클라이언트가 속해 있는 생활시설, 병원, 요양원, 지역사회 재활시설 등
과 정	초기접수→문제사정→개입목표수립, 개입방법 활용에 의한 개입→개입목표달성 후 종결, 사후관리 등 개입의 시작과 끝이 있음	·대상자 발견→문제사정→개입목표수립→개입→개입과정을 모니터링과 재사정·과제평가에 의한 환류, 새로운 문제·욕구발견→개입전략의 수정-개입-모니터링-개입 등 재사정과 환류에 의해 새로운 개입

		이 지속적으로 이루어짐 • 대체로 클라이언트에 대한 지속적 관리가 이루어지는 특징이 있음 • 다만 소수의 클라이언트만이 기대하는 수준의 재활을 통해 지역사회 내의 자립생활이 가능한 경우 종결이 이루어짐
선 결 조 건	실천과정에 클라이언트의 참여와 문제해결 의지	• 공적 차원에서 사례관리를 지원하는 각종 법률 및 제도와 정책적 기반이 마련되어야 함. 예를 들어, 각종 연금, 급여, 수당제도 마련, 지역사회보호기금의 활용, 자원활용에 따른 예산 자원, 각종 자립생활지원기금의 확충 등 • 클라이언트가 사회구성원으로서 사회통합과 정상화가 가능할 수 있도록 사회구성원의 사회적 성숙이 우선적으로 이루어져야 함 • 사례관리자에 의해 클라이언트의 자신, 가족자원 및 지역사회의 인적·물적 자원이 총망라되어 개발되고 조직되어 활용됨
원 칙	개별화, 의도적 감정표현, 통제된 정서적 관여, 수용, 비심판적 태도, 클라이언트의 자기결정, 비밀보장	성장과 변화에 대한 신념, 장점과 잠재력의 강조와 개발, 클라이언트의 자기결정, 책임성과 보호의 연속성, 서비스 제공의 포괄성, 지역사회자원의 적극적 개발과 동원, 권리와 비밀보장 등
전문가의 특징	• 특정 전문가에 의한 개입이 가능 • 사회복지사는 상담자 혹은 치료자의 역할이 강조됨	• 다양한 전문가들에 의한 팀 접근 요구 • 사회복지사는 클라이언트 차원에서 옹호와 대변자의 역할이 강조되며, 팀 차원에서는 조정자 역할 요구

〈출처 : 엄명용 외(2006 : 333-334).〉

그 외 전통적 사회복지실천방법과 사례관리와의 차이점은 다음과 같다(전재일 외, 2004 : 288).

첫째, 대부분의 사례관리 모델들은 사정의 기능을 강조하고 있다.

둘째, 사례관리는 서비스에 대한 점검과 평가의 기능을 매우 강조하고 있다.

셋째, 사례관리는 자원의 연결과 자원의 조정에 대한 기능이 강화되었다.

넷째, 기존의 사회복지실천방법들이 클라이언트의 특성에 관계없이 일정한 형식을 유지한 채 전개된 것이라면 사례관리는 비정형화된 형식으로 클라이언트의 특성에 상관없이 보편적으로 적용할 수 있다.

다섯째, 기존의 사회복지실천은 보편성을 띤 획일적 서비스 제공방식이었

|표 10-2 사례관리실천에서의 주요 특성

- 클라이언트와 사회복지사의 관계형성과 신뢰를 바탕으로 한다.
- 위기에 놓인 클라이언트와 함께 일할 때, '상황 속의 인간'이라는 관점을 적용한다.
- 복합적이고 다양한 문제와 장애를 가진 클라이언트를 보호하기 위해 서비스 연속성의 목적을 갖는다.
- 질병과 기능상실에 동반되는 정서적 문제들을 개선시키는 임상적 개입을 시도한다.
- 서비스 전달체계에 대한 개입 시 중개와 옹호의 사회복지기술을 사용한다.
- 표적대상인 클라이언트는 경제, 의료, 사회 및 개인적 보호욕구 등의 지역사회를 기반으로 하는 장기적 보호서비스를 필요로 한다.
- 최소한으로 규제된 환경에서의 서비스 제공을 원칙으로 한다.
- 클라이언트의 기능과 보호수준을 결정하는 지지망 사정이 필요하다.
- 자기결정, 인간의 가치와 존엄 및 의사결정 시 상호책임 개념 등의 전통적인 사회복지적 가치에 기반을 두고 있다.

으나 사례관리는 대상, 장면, 사례관리자의 환경 등에 따라 그 적용방법이 상당히 달라지는 다양한 특성을 갖고 있다.

사례관리실천의 주요 특성은 〈표 10-2〉와 같다(배민진, 1995 ; 양옥경 외, 2005 : 312 재구성).

제5절 사례관리의 과정

THEORIES OF SOCIAL
WORK PRACTICE

사례관리의 과정은 클라이언트나 기관의 성격, 사례관리자의 역할, 클라이언트의 목표 등에 따라 다르게 나타날 수 있으나 일반적 단계는 초기접촉 → 사정 → 계획 → 개입 → 점검 → 평가의 단계로 실행된다. 학자들이 제시한 사례관리과정을 표로 제시하면 〈표 10-3〉과 같다(최성연, 1997 ; 양옥경 외, 2005 : 312 재구성).

표 10-3	사례관리과정
Steinber & Cater(1983)	사례발굴→사정→목표설정과 서비스 계획→보호계획실행→점검
Weii(1985)	클라이언트 확인과 접근→사정과 진단→서비스 계획과 발굴→서비스와 클라이언트 연결→서비스 실행과 조정→서비스 전달체계 점검→옹호→평가
Mink & Ballew	계약→사정→계획→자원조정→조정→해약
Moxley(1989)	사정→계획→개입→점검→평가
Doll(1991)	홍보→사정의 결정수준(사전심사)→욕구사정→보호계획→보호계획실행→점검→재평가
Rothman(1991)	기관에 접근→인테이크→목표설정(사정)→계획수립→연결(개입)→점검→재사정→결과평가

여기서는 사례관리과정을 Rothman과 엄명용 등이 정리한 내용과 일반적으로 활용하는 단계를 중심으로 살펴보고자 한다(Rothman, 1991 : 523 ; 엄명용 외, 2006 : 350-359 ; 양옥경 외, 2005 : 313-318).

1. 초기접촉

클라이언트는 기관, 가족, 지역사회, 조직, 교회, 경찰, 학교로부터의 의뢰 (referral)과정이나 스스로의 방문과정을 통해 기관과 접촉하게 된다. 외부로부터 이루어지게 되면 기관에서는 클라이언트를 수용하게 된다. 대부분의 기관들이 기본적으로는 의뢰에 의해 클라이언트와 접촉하게 되며, 이 밖에도 또 다른 접촉방식으로는 사례관리자가 기관 밖으로 클라이언트를 찾아 나서는 아웃리치(outreach) 방식으로 기관의 클라이언트를 접촉하려는 노력들이 지역사회에까지 확장되어 클라이언트를 찾아서 기관의 서비스 체계로 들어오도록 하는 것이다. 이러한 접근방식은 서비스가 가장 필요하나 스스로는 기관과 접촉하지 않는 클라이언트를 대상으로 한다.

2. 사 정

사정은 클라이언트의 발전과 성장을 가져올 수 있는 상황의 강점(strengths)

을 파악하기 위하여 노력하는 동시에 클라이언트의 제한점도 함께 인식한다. 사정과정에서 있어서 사례관리자는 클라이언트가 현재의 상황에서 가장 우선적으로 해결되기를 바라는 욕구를 파악하기 위한 욕구사정을 한다. 특히 자료조사나 수집과정을 통하여 클라이언트에게 제공 가능한 혜택과 서비스에 대한 사정뿐만 아니라 클라이언트에 대응하는 가족의 대처능력, 협조, 노력상황 등에 관한 면밀한 사정이 요구된다. 사정은 다음과 같은 분야에서 구체적으로 이루어져야 한다.

- 욕구 및 문제사정 : 클라이언트의 욕구 및 해결해야 하는 문제(클라이언트와 함께 욕구 및 문제목록을 만들고 우선순위를 정한다)
- 자원사정 : 클라이언트가 문제를 해결하는 데 있어서 유용하게 활용할 수 있는 자원(공식적 · 비공식적 자원을 클라이언트와 함께 사정해야 한다)
- 장애물 사정 : 클라이언트가 자원을 활용하는 데 있어서의 장애물, 즉 외부 장애물, 선천적 무능력, 내부 장애물 등 이 세 분야는 상호역동적으로 이루어진다.

3. 계 획

계획은 사정에서 수집한 정보를 클라이언트에게 도움이 되는 일련의 활동으로 전환하는 과정이다. 계획은 사정을 자세히 할 수 있도록 도와주며 사례관리활동을 위한 합리적 기초가 된다. 개입계획을 수립하는 과정에서 클라이언트는 가능한 한 폭넓게 관여하면서 자신의 욕구를 정확히 밝히고 좀 더 효율적 개입계획수립을 가능케 하며 궁극적으로는 사례관리의 목적을 달성할 수 있는 서비스 결과가 나오도록 해야 한다. 개입계획은 클라이언트 욕구를 적정화하고 필요한 서비스를 효과적으로 전달하며 수행하는 과정에서 클라이언트 지원망을 발전시키기 위해 필요한 몇 가지 주요 구성요소를 함께 수반하고 있다. 개입계획을 수립하는 데 있어 고려하여야 할 사항은 다음과 같다.

- 계획 가운데 실행해야 할 관련 욕구영역에 대한 특정화
- 주요 목표의 명확화

- 서비스와 지지적 목표들에 대한 분류화와 항목화
- 계획된 목표달성을 위한 고안된 특정 활동을 수행할 활동자의 선정
- 각각의 목표달성을 위한 시간안배
- 각각의 목표들이 달성되었을 시 기대되는 변화에 관한 진술

4. 개입(연결)

계획이 세워지고 개입의 목적과 전략이 결정되면, 사례관리자는 개입을 하게 된다. 이때의 개입은 크게 내부자원의 획득을 위한 직접적 서비스 제공과 외부자원 획득을 위한 간접적 서비스 제공으로 나누어진다. 직접적 서비스 제공의 경우 사례관리자는 이행, 안내자, 교육자, 정보제공자, 자원자로서 기능한다. 반면, 간접적 서비스 제공의 경우에는 중개자, 연결자 및 옹호자로서의 역할을 한다. 사례관리자는 서로 다른 유형의 자원들과 지역사회기관 그리고 클라이언트를 연결(linking)함으로써 클라이언트에 대한 서비스와 지원계획을 적용할 수 있는 매개자의 역할을 수행하게 된다.

5. 점 검

점검은 서비스와 지원이 잘 이루어지고 있는가를 모니터링하는 것으로 점검은 사례관리의 여러 가지 기능 중에서도 매우 중요하다. 기관과 비공식적 망과의 접촉은 점검(monitoring)이 중심이 된다. 점검은 클라이언트의 수립된 실행계획에서 정해진 서비스의 전달과정을 추적하는 방법으로서 사례관리자에 의해 행해지는 활동적이고 유동적인 과정이라는 뜻을 지니고 있다. 점검은 서비스 전달을 관찰 또는 감독하는 기능을 포함한다. 사례관리자는 서비스 전달체계를 통해서 클라이언트의 변화와 진척사항을 추적하게 된다. 사례관리자가 행하는 점검의 내용은 다음과 같다.

- 클라이언트 지원망의 구성원들이 목표를 달성하기 위하여, 특정 행동을 수행하고 그들의 책임을 수행하는 데 적절한 시간안배가 이루어지고 있는지를 점검한다.

- 클라이언트에 대한 계획이 수립된 시점에서 욕구를 충족시킬 수 있는 필요한 서비스와 자원을 가지고 있는지 점검한다.
- 클라이언트에 대한 서비스와 지원계획이 어느 정도 잘 이행되고 있는지를 점검한다.
- 그 계획이 성공적인지 혹은 역행적 결과를 가져오고 있는지, 즉 서비스와 지지의 산출결과를 검토하는 일 등을 점검한다(Steinberg & Carter, 1983 ; Rubin, 1987 ; 엄명용 외, 2006 : 357 재인용).

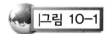 **|그림 10-1|**   사례관리과정

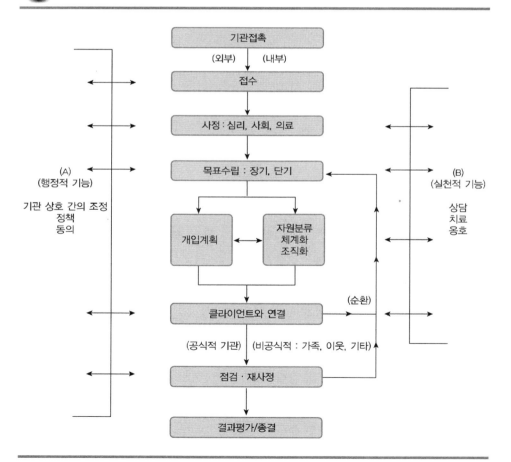

〈출처 : Rothman(1991 : 523) ; 엄명용(2006 : 350).〉

6. 평　가

평가란 '사례관리자에 의해 형성되고 조정되는 서비스 계획, 구성요소, 활동 등이 과연 시간을 투자할 만한 가치가 있는지 여부를 측정하는 과정'이다(권진숙·전석균 역, 1999). 평가와 점검은 그 개념상 구별된다. 점검이 '정해진 활동이 계획대로 잘 이루어지고 있는지'를 살펴보는 것이라면, 평가는 '사례관리자의 활동이 클라이언트의 삶에 어떤 차이점을 만들어 가고 있는가'를 보는 것이다(양옥경 외, 2005 : 317). 사례관리의 평가내용은 다음과 같다(엄명용 외, 2006 : 359 ; 양옥경 외, 2005 : 318 재구성).

첫째, 개입계획 시 구성된 전문인력, 서비스 그리고 자원들이 목표로 삼은 사례관리목적을 달성하기에 적정한 것이었는가에 대한 평가

둘째, 클라이언트에 관한 서비스와 개입계획에 관한 평가

셋째, 클라이언트에 대한 서비스와 지지계획에서 정해진 활동과 과업이 적절한 방법으로 수행되고 있는지의 여부에 대한 평가

넷째, 클라이언트에 대한 서비스와 지원계획은 클라이언트 욕구에 부응할 수 있는 것인지, 특히 클라이언트 지지망에 대한 계속적 사정과 점검을 통해 드러난 욕구와 관련해서 본 클라이언트의 만족도에 관한 평가

여기에서는 Rothman과 일반적으로 활용한 단계를 중심으로 6단계로 나누어 살펴보았다. Rothman은 사례관리과정을 8단계로 나누고 〈그림 10-1〉과 같이 제시하였다.

제6절　사례관리자의 역할

사례관리자의 업무는 클라이언트와 함께 클라이언트에게 필요한 원조형태를 구체화하고, 도움을 효과적으로 활용하는 데 있어서 존재하고 있는 장애

물을 확인하고 극복함으로써 클라이언트에게 직접적 서비스를 제공하고, 동시에 클라이언트를 잠재적 원조자와 연결시키고, 문제가 해결될 때까지 이러한 연결이 유지되도록 간접적 조정서비스를 제공하는 것이다.

사례관리자의 업무는 경계를 교량하는 데 자신을 활용할 것을 요구한다. 경계교량(boundary spanning)이라는 용어는 조직의 경계를 넘나든다는 것을 의미한다. 사례관리자가 경계를 교량하는 역할을 수행하는 데 있어서 활용할 수 있는 활동을 살펴보면 다음과 같다(김만두 편역, 1993 : 59-61 ; 조홍식 외, 2001 : 380-381).

첫째, 복지서비스 조직, 복지서비스의 주요 영역, 공식적·비공식적 서비스 영역 전반에 걸쳐서 클라이언트와 서비스에 대한 정보에 대해 조정하는 것이다.

둘째, 클라이언트에게 도움을 제공할 수 있는 특정 전문가를 연결하는 고정된 지점으로서 도움을 주는 것과 동시에 서비스 제공자와 사회적 망 구성원이 클라이언트의 욕구에 관한 정보와 욕구충족을 위하여 제공되고 있는 서비스 현황에 관한 정보를 구할 수 있도록 도움을 주는 것이다.

셋째, 실행되고 있는 서비스와 사회적 지지활동의 영향 및 적절성에 관한 평가적 환류를 제공함으로써 서비스 제공자들과 사회적 망 구성원이 스스로 자기교정을 할 수 있도록 도움을 주는 것이다.

넷째, 범주별 서비스 전달체계 때문에 서비스 대상에서 누락된 클라이언트 혹은 복합적 문제를 가지고 있기 때문에 현존하는 분류영역 속에 적용되지 못하는 클라이언트를 위해 서비스를 획득하도록 하는 것이다.

다섯째, 사회적 망 구성원이 그들의 비독립적 구성원에게 지지를 제공할 수 있도록 돕고, 서비스 제공자들이 접근 가능하고 적정한 서비스를 제공할 수 있도록 도움으로써 클라이언트의 독립성을 증진시키거나 기능화의 더 높은 수준에 이르도록 하기 위해 고안된 능력배양활동을 이행하도록 하는 것이다.

여섯째, 클라이언트의 욕구사정 정보가 지역사회 내의 복지서비스에 대한 계획으로 흡수되도록 하는 것이다.

일곱째, 클라이언트 서비스 계획 내에서 서비스의 중복성을 알아내고 중복이 감소되도록 하여 서비스의 비용효과적 전달을 증진시키는 것이다.

엄명용 등(2006 : 346-348)은 구체적 사례관리자의 역할을 다음과 같이 정리하였다.

첫째, 사정자로서의 역할이다. 사정자로서의 사례관리자는 클라이언트의 약점, 역기능, 질병, 결함, 증상 등과 같은 부정적 요소보다는 강점, 능력, 성장과 발전의 가능성, 건전한 기능, 자원, 잠재력 등의 긍정적 요소에 중점을 두고 클라이언트의 욕구를 수집하고 분석하며 종합한다.

둘째, 계획자로서의 역할이다. 계획자로서의 사례관리자는 클라이언트의 욕구를 충족시키기 위한 사례계획, 치료, 서비스 통합, 기관의 협력 및 서비스망을 설계한다.

셋째, 상담자로서의 역할이다. 상담자로서의 사례관리자의 업무는 클라이언트에 대한 이해를 발전시키고 클라이언트가 스스로 지지망과 같은 자원을 개발하고 유지하는 방법을 알 필요가 있다는 사실을 가르치는 것이다. 때때로 클라이언트는 새로운 지식이나 기술이 필요하기도 하고 때로는 그들 자신에 대해서 새로운 것을 학습할 필요가 있다. 사례관리자는 클라이언트와의 신뢰관계를 발전시키는데, 이러한 관계는 클라이언트의 행동 속에 있는 역기능적 측면을 점검하는 것을 가능하게 하고, 보다 유용한 측면의 개발을 촉진시킨다.

넷째, 조정자로서의 역할이다. 조정자로서 사례관리자는 클라이언트의 문제와 원조자들로부터 도움이 필요한 욕구를 사정하고, 원조를 수행하는 과정에서 클라이언트의 욕구와 자원과의 관계, 클라이언트와 원조자 간의 관계에서 필요한 조정과 타협의 책임이 있다. 사례관리자는 계획을 수립하고 클라이언트가 이러한 원조자들과 효과적 접촉을 할 수 있도록 돕는다. 필요하다면, 사례관리자는 갈등을 감소시키고 지지망의 효과성을 증진시키기 위해서 원조자들과 의사소통을 한다.

다섯째, 중개자로서의 역할이다. 중개자는 클라이언트가 필요로 하는 자원을 소정의 사회기관으로부터 제공받지 못하거나, 지식이나 능력이 부족하여 다른 유용한 자원을 활용하지 못할 경우에 사례관리자가 다른 유용한 자원과 클라이언트를 연결시키는 역할을 수행한다.

여섯째, 평가자로서의 역할이다. 평가자로서의 사례관리자는 프로그램의 효과성, 효율성 및 비용효과성을 검토하기 위하여 사례관리과정 전반에 관한 정보와 자료를 수집하고 분석한다. 평가에서 사례관리자는 개별 클라이언트, 담당사례, 서비스 계획, 서비스 전달체계, 서비스 활동 및 지원체계의 효과성을 분석한다.

일곱째, 옹호자로서의 역할이다. 대체로 사례관리가 필요한 클라이언트의 경우, 스스로 자신을 대변하고 옹호할 수 있는 능력이 부족하다. 이들 클라이언트에게 필요한 자원이 존재하지 않거나, 자원을 필요로 하는 클라이언트에게 제대로 자원이 공급되지 않는 경우가 많다. 이때, 사례관리자는 클라이언트를 대변하여 클라이언트의 요구사항을 구체화시키고 가능한 한 자원이 클라이언트에게 적절히 공급될 수 있도록 노력하며, 클라이언트의 옹호자로서 활동한다.

제 7 절 사례관리의 사례

1. 서 언

본 사례는 인천에 위치한 ○○○노인복지관 사례관리의 사례이다. 클라이언트는 동시다발적으로 발생한 긴급 상황의 문제와 가족과의 관계에서 심리사회적인 면으로 다양한 문제점을 나타내었고 이에 복지관 측에서 문제해결을 위해 대책 마련을 준비하게 되었다. 이에 대한 방안으로는 클라이언트의 심리사회적 문제를 파악하고 정확한 치매검사와 가족과의 관계 개선에서 오는 정서적 안정지원과 지역사회 내 자원을 연계하고 클라이언트 상황에 맞는 적절한 서비스를 제공하는 것으로 사례관리의 과정은 다음과 같다.

2. 사례개요

1) 인적사항

이 름	이○○(여, 86세)
주 소	인천광역시 ○○구 ○○○동
보호형태	기초생활수급자
세대유형	독거노인
의뢰경위	타 기관으로부터 의뢰
기관 및 담당	○○○노인복지관-전○○재가사회복지사

2) 가족배경

(1) 가계도 및 생태도

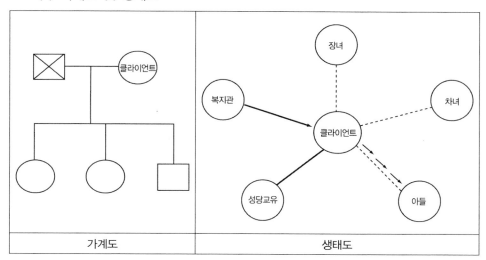

| 가계도 | 생태도 |

(2) 심리사회적 가족력(교통사고-합의금, 치료 / 월세 / 수급비 없어짐)

클라이언트는 기초생활수급자로 현재 혼자 살고 있다. 클라이언트는 슬하에 2남 1녀를 두었으나 1950년 6.25 전쟁 당시 홍역과 설사병으로 자녀들을 잃었다고 한다. 6.25 전쟁 이후 부모를 잃은 3남매(1남 2녀)를 거둬 친자식처럼 키웠으나 현재 3남매와는 소원한 관계에 놓여있다. 클라이언트는 3월 10일 교통사고로 입원하여 오른쪽 발목 수술 후 5월 14일에 퇴원하였으나 교통사고 이후부터 치매증상이 보이고 있다. 클라이언트는 성당 교우들과 복지관의 도움으로 기본적인 생활을 유지하고 있다.

클라이언트는 현재 수급자 탈락의 불안으로 가족 외의 사람들에게 아들을 조카라고 말하고 있으며 아들에 대한 무조적인 신뢰감을 보이고 있다. 아들은 현재 귀가 잘 들리지 않은 상황이며 일용직으로 생활을 이어가고 있다. 가끔 클라이언트의 수급비를 가로챌 때도 있으나 클라이언트는 아들이 했다는 것을 인정하지 않으려고 한다.

클라이언트의 배우자는 젊은 시절 2층짜리의 집을 소유하였는데 장녀의 배우자 사업자금을 보태기 위해 집을 담보로 대출을 받고 딸이 갚지 않아 집을 잃게 되었다. 이 일을 계기로 클라이언트는 장녀와 장녀의 가족 모두에게 좋지 않은 감정을 갖게 되었으며 장녀가 자신의 수급비 및 통장에 대해 언급할 때마다 예민한 반응을 보이고 있다.

클라이언트의 차녀는 클라이언트에 대해서는 방관하는 자세를 보이고 있으며 모든 일을 언니에게 미루려고 한다.

(3) 물리적 환경

가. 경제활동 : 현재 클라이언트는 기초생활수급비(○개월 ○○만 ○천원)와 기초노령연금(○개월 ○만 ○천 ○백원)으로 생활하고 있다.

나. 주거상황 : 방 1칸과 부엌이 있는 다가구주택에서 생활하고 있다. 방에는 한 개의 창문이 있으나 채광 및 환풍 상태가 좋지 않다. 또한 화장실이 공동화장실로 소변은 부엌에서 해결하여 위생상 좋지 않은 환경에 놓여 있다. 현재 도시가스비가 5개월 연체되어 있다.

Ⅰ. 접촉단계

A. 문제규명

1. 클라이언트체계가 보는 문제

1) 교통사고 합의금 : 교통사고 이후 합의절차가 늦어짐에 따라 합의금을

받을 수 없게 될까 불안해하고 있으며 합의금을 받게 되더라고 장녀가 가로챌까봐 걱정하고 있다.

2) 장녀에 대한 미움과 불신 : 클라이언트는 자신이 이토록 가난하게 된 것은 장녀가 클라이언트와 배우자의 집을 담보로 대출을 받아 갚지 않아서라고 생각한다.

3) 건강상태에 따른 불안 : 기억력 감소 등 집을 앞에 두고도 알아보지 못하는 증상이 나타나 몹시 불안해 한다. 건강이 점점 좋지 않을 시 돌보아 줄 가족이 없다며 걱정하고 있다.

2. 클라이언트체계와 상호작용하는 다른 주요한 체계가 보는 문제

1) 복지관 친구들이 보는 문제
- 치매증상이 발생된 후부터 씻지를 않아 냄새가 난다.

2) 자녀들이 보는 문제
- 클라이언트를 돌보는 것이 힘에 부친다.
- 클라이언트는 아들에게는 무조건적인 신뢰를 보이나 장녀와 차녀에게는 의심과 불신감을 갖고 있다.

3. 사회복지사가 본 문제

1) 심리정서적 측면 : 교통사고 이 후 기억력 감퇴와 치매증상 발생으로 인해 클라이언트는 다른 누군가에게 돌봄을 받고 싶은 욕구를 강하게 나타냈으며 이로 인해 불안감을 보이고 있다.

2) 가족 내 관계적 측면 : 과거 장녀가 클라이언트와 배우자의 집을 담보로 대출을 받고 이를 갚지 않아 전 재산이었던 집을 잃게 되어 그 이후부터 장녀와 갈등관계를 갖게 되었다. 장녀가 수급비에 대해 언급을 하면 예민한 반응을 보이며 수급비의 행방이 불확실하면 우선적으로 장녀를 의심한다. 귀가 잘 들리지 않는 아들에게는 무조건적인 믿음이 있으며 클라이언트에게 무관심한 차녀에게는 서운한 감정을 갖고 있다.

3) 건강문제 : 교통사고 이후부터 기억력 감퇴 및 같은 물음에 5분 전과 다른 대답을 하는 등의 치매증상이 발생하였다. 또한 교통사고로 인한 오른쪽 발목 수술 부위의 붓기와 통증이 심하여 이동상의 어려움이 나타났다.

4) 결식우려의 문제 : 복지관에서 제공하는 주 1회 밑반찬 지원과 주 5회 경로식당 중식 제공 외에는 식사를 자주 거르는 상황이며 치매 증상 발생 후부터는 식사 준비(조리)에 어려움을 보였다.

4. 클라이언트와 함께 다룰 문제

1) 심리정서적 불안
2) 자녀들과의 관계 개선
3) 건강문제
4) 결식우려의 문제

B. 목표규명

1. 클라이언트체계가 문제를 해결하기 원하는 방법

1) 적절한 돌봄이 있는 요양시설 입소
2) 자녀들이 아닌 클라이언트 당사자에게 교통사고 합의금 지급
3) 치매증상에 따른 불안감소

2. 클라이언트체계가 문제해결을 위해 필요하다고 생각하는 것

1) 지속적 면담
2) 정확한 치매검사와 그에 따른 프로그램 개입

3. 문제결과에 대한 사회복지사의 목표

1) 장기목표
   • 정서적·심리적 안정 추구
   • 치매 증상 개선
2) 중·단기목표
   • 치매검사
   • 장기요양등급 판정(요양시설 입소)
   • 자녀들과의 관계 개선
   • 영양상태 개선

4. 목표의 상세화

1) 장기요양등급 신청

장기요양등급 3등급 이상 판정을 받게 되면 요양보호시설로 입소하여 돌봄을 받을 수 있도록 할 예정이다.

2) 지역 내 치매주간보호센터 및 의료기관 연계

교통사고 이후로 치매증상이 나타난 클라이언트에게 정확한 치매검사를 진행하기 위해 치매검사를 하였다. 사고 후유증으로 거동이 불편한 클라이언트의 건강 상황을 고려해 방문치매검사가 가능한 치매주간보호센터와 연계하여 1차적으로 치매검사를 진행하고 의료장비를 이용할 수 있는 의료기관과 연계하여 2차적으로 치매검사를 진행할 예정이다. 검사결과에 따라 클라이언트 상황에 맞는 적절한 프로그램을 개입할 예정이며 장기요양등급 판정이 불가피할 시 치매주간보호센터와 연계하여 입소를 결정할 예정이다.

3) 후원자 섭외

클라이언트에게 가사 서비스 및 밑반찬 지원이 가능한 후원자를 연결하여 건강한 식생활 및 정서적 안정을 지원할 예정이다.

4) 정서 · 심리적 측면

단절되어버린 자녀들과의 관계회복을 위해 정기적인 전화 안부 및 가정방문과 클라이언트에 대한 지속적인 관심을 제공함으로써 자녀들과의 관계를 개선하고 이로 인해 정서적 불안감을 해소시킬 예정이다.

5. 사회복지사의 입장에서 목표달성을 위해 서비스 체계가 클라이언트에게 제공할 수 있거나 제공해야 한다고 생각되는 것

① 원조 및 자원 : 장기요양등급 신청과 치매검사를 진행하고 가사 서비스와 밑반찬 지원이 가능한 후원자를 섭외한다.

② 지지 또는 확신 : 불안감을 갖고 있는 클라이언트에게 장기요양등급 신청과 치매검사 절차에 대해 안내하고 지속적인 관심과 면담을 통해 안정감을 줄 수 있도록 지지한다.

C. 예비계약

1. 장기요양등급 신청에 따른 구비서류에 대한 설명 : 장기요양등급 신청 시 도장과 주민등록증이 필요함.

2. 치매검사 진행 시 가정방문 검사와 의료기관 방문 등 검사절차에 대해 밀리 알림.

3. 신상의 어려움이나 긴급 상황 발생 시 복지관에 알려야 함.

II. 계약단계

A. 사정과 평가

1. 규명된 문제와 클라이언트체계의 욕구 간의 관련 여부

클라이언트와 자녀들과의 상담을 통해 도출된 문제이고 이에 대한 해결 방안이다.

2. 문제에 주요한 영향을 주는 요인을 규명하기 위한 상황분석

클라이언트는 과거 장녀가 클라이언트와 배우자의 집을 담보로 대출을 받아 집을 잃게 되는 과정에서 장녀에 대한 실망감과 불신감이 생겼으며 남은 재산마저 노리고 클라이언트 배우자에게 약을 탄 음식을 장녀가 주어 사망하였다는 추측에 불신감은 더욱 깊어졌다고 한다. 또한 교통사고로 입원했을 당시 거의 매일 장녀가 클라이언트를 돌보고 있는 와중에 클라이언트는 주위 사람들에게 장녀가 자신을 폭행하고 수급비도 가로챘다고 말하여 노인학대로 ○○노인보호전문기관에 장녀를 신고한 적이 있다. 이로 인해 장녀는 클라이언트에 대한 서운함과 답답한 심경을 토로하였다.

클라이언트는 교통사고 이후 기억력 감퇴 및 자신의 집을 앞에 두고도 알아보지 못하는 치매증상이 나타났다.

3. 가장 주요한 요인을 규명하고 그들의 상호관계를 정의하고 함께 일할 사람 선정

클라이언트는 장녀와의 관계 속에서 오해가 있을 때마다 풀지 않고 마음에 담아두면서 장녀에 대한 불신과 실망을 지니게 되었다. 장녀와의 관계와 상실한 신뢰감 회복을 위해 장녀에게 안부 전화 및 가정방문을 의무적으로 할 수 있도록 기회를 마련하여 클라이언트와의 심리적 거리를 좁히고 친밀하고 긍정적인 관계로 회복될 수 있도록 한다. 또한 치매검사를 진행하여 클라이언트의 건강 상황을 정확히 판단하고 치매 증상을 완화하고 개선할 수 있는 프로그램을 연결시켜 제공하도록 한다. 치매검사 결과 증상이 심하여 돌봄이 필요할 경우, 요양보호시설 및 치매주간보호센터와 연계하여 돌봄을 받을 수 있도록 한다.

4. 계속적 욕구, 결핍 혹은 어려움에 영향을 주는 요인 고려

자녀들의 낮은 경제력과 방관하는 자세, 클라이언트의 수급비를 가로채는 아들의 문제행동, 진행되고 있는 클라이언트의 치매상태, 유용한 자원

5. 유용한 자원, 강점 및 동기를 규명

1) 강점

(1) 개인적 강점

① 자원연계 및 서비스 제공 시 적극적으로 참여한다.

② 적극적인 성격으로 자신의 상황을 자발적으로 이야기하려고 한다.

③ 사람에 대해 거리낌이 없다.

(2) 가족과 다른 자원의 강점

① 성당 교우 등 클라이언트에게 관심을 가지는 자원이 있다.

② G복지관 : 클라이언트는 기관에서 사례관리 대상자로 서비스를 받고 있으며 기관 내의 정기적 사례회의와 문제 상황과 관련된 유관기관들의 사례회의를 통해 문제를 해결하려고 한다.

2) 약점

(1) 개인적 약점

① 수용성 부족 : 자신이 듣고 싶은 이야기만 들으려고 하며 그 외 이야기는 받아들이려고 하지 않는다.

② 노환으로 귀가 잘 들리지 않으며 인지능력이 부족하다.

③ 새로운 상황 발생 시 상황파악에 필요한 시간이 오래 걸린다.

(2) 가족과 다른 자원의 약점

① 자녀들과 소원한 관계에 있고 클라이언트에 대해 자녀들은 방관하는 자세를 보인다(무관심).

③ 자녀들은 낮은 경제력으로 클라이언트를 돌볼 수 있는 형편에 놓여 있지 않다.

6. 문제해결목표에 대한 전문적 판단에 의해 사실 체계화

1) 보험회사를 통한 교통사고 합의금 지급

2) 자녀들과의 관계개선

3) 치매검사 및 관련 프로그램을 통해 치매증상 완화

4) 요양보호시설 및 치매주간보호센터 입소 통해 불안 감소

5) 가사 서비스 및 밑반찬 지원이 가능한 후원자 섭외

B. 행동계획 설정

1. 실행 가능한 목표를 고려하여 목표설정 및 적합한 서비스 양식 결정

1) 교통사고 합의금 해결

보험회사를 통하여 교통사고 합의금을 받을 수 있도록 하고 합의금이 지급될 시 클라이언트 명의의 통장으로 지급될 수 있도록 요청한다.

2) 자녀들과의 관계개선

클라이언트가 느끼고 있는 갈등과 불만사항에 대해 자녀들이 이해할 수 있도록 지속적인 상담을 진행하고 갈등관계에 놓인 장녀와의 관계 회복을 위해 의무적인 안부 전화 및 가정방문의 기회를 마련한다.

3) 치매검사 진행

1차 방문 검사와 2차 의료기관 검사를 통하여 클라이언트의 정확한 건강상황을 파악할 수 있도록 한다.

4) 요양보호시설 및 주간보호센터 입소여부 확인

요양보호시설 입소를 위해 장기요양등급 신청을 하고 불판정의 결과가 있을 시 지역사회 내의 자원을 연계하여 치매주간보호센터에 입소할 수 있도록 한다.

5) 클라이언트 상황에 맞는 후원자 섭외

교통사고 후유증과 치매 증상으로 인해 가사 및 식사준비에 어려움이 있는 클라이언트를 위해 가사 서비스와 밑반찬 지원이 가능한 후원자를 섭외하여 연결한다.

2. 사회복지사의 역할결정

① 중개자 : 보험회사의 합의금 절차과정 안내 및 치매검사 의료기관과 후원자를 연결시킨다.

② 조정자 : 클라이언트와 장녀의 갈등을 해결하여 긍정적인 관계로 나아갈 수 있도록 도와준다.

③ 지지자 : 클라이언트의 입장을 정서적·심리적으로 지지한다.

3. 계획을 방해할 수 있는 체계 내외의 영향 고려

1) 문제해결에 장애가 되는 요인

① 아들과 클라이언트의 관계 : 가끔이지만 반복적으로 발생하는 아들의 클라이언트 수급비를 가로채는 것에 대해 클라이언트는 인정하려 하지 않고 아들은 그럴 사람이 아니라고 한다.

② 자녀들의 무관심 : 경제적으로 넉넉하지 않은 자녀들은 클라이언트를 돌보는 것에 지쳐있으며 이로 인해 무관심한 태도를 보인다.

2) 문제해결에 지지가 되는 요인

① 성당자원 : 오래된 성당 교우들을 통하여 정서적 지지를 얻을 수 있다.

② 후원자 연결 : 후원자 연결로 하여금 결식 우려를 예방할 수 있다.

C. 예 후

클라이언트의 문제는 동시다발적이고 복합적으로 발생하였으며 문제 해결에 있어서도 다양한 자원을 활용하여 접근해야 할 것으로 보인다. 또한 클라이언트의 문제는 단기간에 이루어지기는 힘들 것으로 보이나 문제해결에 있어 적극적으로 참여하려는 입장을 취하고 있다. 이는 곧 문제를 해결 할 수 있는 능력과 자원을 클라이언트가 갖고 있다고 보인다. 지속적인 관심과 지지를 통해 클라이언트의 문제해결 능력과 자원을 표출할 수 있도록 도와주면 자녀들과의 관계 회복과 치매증상 완화에도 긍정적인 영향이 있을 것으로 보인다.

III. 행동단계

A. 계획수행

2011.5.23부터 현재까지(2011. 7. 4) 12회 개입했다. 클라이언트와 자녀들에게 서비스 목표 및 개입 내용에 대해 설명하고 관련 서비스를 제공하였다.

1. 개입내용

① 교통사고 합의금 : 보험회사와 교통사고 합의절차에 대해 문의를 하였으며 이를 수시로 클라이언트에게 안내하였다.

② 치매검사 진행 : 1차적으로 MMSE-KC(치매선별검사지)를 이용한 방문검사를 진행하였으며 2차적으로 의료기관의 치매검사를 진행하였다.

③ 요양시설 및 치매주간보호센터 입소여부 : 장기요양등급 신청을 한 상태로 판정결과를 기다리고 있으며 클라이언트의 상황을 고려하여 입소가 가능한 치매주간보호센터를 선정 중에 있다.

④ 후원자 섭외 : 가사 서비스와 밑반찬 지원이 가능한 후원자를 섭외하였다.

⑤ 청결상태 점검 : 클라이언트의 청결과 의복착의에 대해 지도를 하였다.

⑥ 개별상담 : 시시때때로 발생되는 문제상황에 대해 클라이언트와 상담을 하였고 지지적인 자세를 유지하였다.

⑦ 클라이언트 자녀들과의 상담 : 교통사고 합의금 및 치매검사 진행과 클라이언트의 심리상황에 대해 자녀들에게 수시로 전화통화하였다.

2. 현재까지의 개입상황

날짜	회차	진행과정
5.23	1-1차	• 클라이언트에게 치매검사, 후원자 연계, 교통사고 합의금과 관련해서 복지관 측의 개입이 들어갈 것을 알리고 동의를 구함. • 장녀와 차녀에게 전화통화로 요양보호시설 입소를 위한 장기요양등급 신청과 교통사고 합의금 관련해서 복지관 측이 개입할 것을 알리고 클라이언트와의 관계개선을 위해 의무적인 안부전화 및 가정방문을 할 것을 요청하고 동의를 얻음.

		• 클라이언트 아들과는 연락이 되지 않음.
5.24	1-2차	• 1차 MMSE-KC(치매선별검사지)를 이용한 방문검사 일정에 대해 클라이언트에게 안내함.
5.27	2차	• 클라이언트의 치매검사를 위해 방문검사가 가능한 치매주간보호센터와 연계하여 MMSE-KC(치매선별검사지)를 이용한 방문검사가 약 30분 가량 진행됨.
5.30	3차	• 클라이언트는 ○○경찰서로부터 받은 교통사고 사건처리결과통지서를 갖고 복지관으로 내방함. 합의금을 받지 못한 상황에서 합의처리가 된 것인지에 대해 복지관 측에 확인을 요청함. • ○○보험회사에 확인 결과, 사건처리결과통지서는 치료비 지급에 대한 종결처리를 의미한 것이고 합의금 지급에 대해서는 향후 진행할 계획이라고 함. • 장녀에게 사건처리결과통지서에 대해 전화 안내함. • 장녀는 사건처리결과통지서를 받고 놀란 클라이언트를 안정시키기 위해 전화통화를 하였음.
5.31	4차	• 치매단기보호센터로부터 1차 방문치매검사에 대한 결과와 의료기관의 치매검사를 할 수 있는 치매조기검진의뢰서를 팩스로 받았음. ○○병원 신경정신과에 전화 연락하여 치매검사를 예약함. 예약시간은 2011.07.01(금) 오전 9시 40분임. • 1차 방문치매검사 결과에 대해 클라이언트와 자녀에게 안내하고 다음 절차에 대해 설명함. 이때 장녀는 차라리 치매가 확정적으로 나타나 요양보호시설이든, 치매주간보호센터든 입소가 가능하였으면 좋겠다고 함. 클라이언트에게 서운한 감정은 있지만 자신이 장녀임에도 불구하고 돌볼 수 없는 상황에 불안감이 크다고 함.
6.1	5차	• 클라이언트 집주인의 방문으로 1월부터 5월까지 밀린 도시가스 미납요금과 5월달 월세 입금을 요청하여 이를 차녀에게 전화연락으로 안내하였으나 "모르겠다. 지금은 너무 바빠서 끊어야겠다."라고 하며 전화를 끊었음. • 장녀에게 전화하여 이를 알렸고 도시가스 미납요금은 장녀가 해결하기로 함. 또한 장기요양등급 신청에 대해 안내하고 분실한 클라이언트의 도장과 주민등록증을 재발급 후 신청하기로 함. 도장은 장녀가, 주민등록증은 복지관 측이 재발급하기로 함.
6.2	6차	• 클라이언트의 밑반찬 배달과 말벗 서비스 담당인 독거노인방문 도우미 ○○○에게 클라이언트의 전반적인 상황에 대해 안내하고 간단한 가사서비스를 요청함. ○○○는 간단한 가사서비스 및 개별적으로 밑반찬지원을 후원하기로 동의함. • 클라이언트의 주민등록증을 재발급 신청하였으며 3주 뒤 주민센터에 방문하여 수령하기로 함.
6.3	7차	• 클라이언트의 요양보호시설 입소와 관련해 해당 주민센터 직원과 ○○구 주사에게 전화 연락함. 클라이언트는 현재 장기요양등급 신청을 하면 4등급으로 나올 가능성이 큰 편이라고 함. 장기요양등급 불판정 시 클라이언트를 보호할 수 있는 시설을 미리 알아보는 것이 필요함. • 지역 내 치매주간보호센터에 전화 연락하여 클라이언트의 상황에 대해 안내하고 입소 가능성에 대해 문의한 결과, 단기보호시설로 낮 시간 동안 이용이 가능하나 송영 시 보호자 인계가 되지 않으면 입소가 불가능하다고 함. 현재 클라이언트는 홀로 거주하고 있음.
6.7	8차	• ○○도시가스주식회사에 전화하여 클라이언트의 도시가스미납금액이 처리되었는지 확인하였으나 미입금 상태로 이를 장녀에게 알림. 장녀는 사실 도시가스 미납금액이 부담스러웠으며 교통사고 합의금 지급이 될 경우 이를 해결한다고 함.

6.23	9차	• 클라이언트의 집으로 현재 아들이 와 있는 상태(약 4~5일 전부터 와 있는 것으로 추정). 아들은 클라이언트와의 관계를 부인하였으며 복지관 측과 상담하기를 꺼려하였음. • 클라이언트는 복지관으로 내방하여 통장에 있던 40만원이 인출되었다고 알림. 하지만 무조건적으로 장녀를 의심하지는 않음.
6.28	10차	• 새로 만든 도장을 장녀로부터 전달받아 장기요양등급을 신청함. • 장녀와 상담 중, 아들이 가끔 클라이언트의 수급비를 인출하여 사용하나 클라이언트는 이를 말해도 인정하려 않으려고 함. 교통사고 합의금이 7월 4일에 들어올 예정이며 클라이언트의 새로운 통장을 발급 받아 장녀가 관리하기로 했다고 함. 현재 도장과 주민등록증, 신규 통장은 장녀에게 있음. • 클라이언트의 합의금은 총 ○백○십만원으로 합의금으로 밀린 두 달치 월세와 도시가스미납금, 의치와 치과치료비로 사용될 예정임.
7.1	11차	• 의료기관을 이용한 2차 치매검사가 ○○병원 신경정신과에서 2시간 30분 가량 진행됨. 결과 및 추가검사(CT·소변검사)는 7월 8일에 진행될 예정. • ○○보험회사 측으로 7월 1일 입금될 합의금이 7월 4일로 변경되었다고 연락을 받음.
7.4	12차	• 클라이언트의 치과지정병원을 장녀에게 안내하였으며 7월 11일 클라이언트와 장녀, 담당자가 함께 치과를 방문하여 의치 및 치과치료와 비용에 대해 논의할 예정. • 교통사고 합의금에 대해서는 밀린 월세와 도시가스미납금은 장녀가 계좌이체를 통하여 납부하기로 하였으며 의치 및 치과치료에 대해서는 계좌이체를 통하여 병원 측에 선결제하기로 하였음. 남은 합의금은 클라이언트에게 전달하기로 하였음. • 자녀들은 클라이언트 재산사용금지에 관한 동의서를 작성하기로 함.

B. 평가(12회 개입까지)

① 장녀 외의 다른 자녀들과의 직접적인 접촉을 하지 못했다. 클라이언트의 상황에 대해 장녀와 만나 상담을 하여 장녀와 클라이언트 간의 관계 개선에 긍정적인 영향을 끼쳤으나 아들과 차녀와는 만나 보지 못하여 아들과 차녀와 클라이언트 간의 관계 개선에는 긍정적인 영향을 끼치지 못하였다.

② 3명의 자녀가 있음에도 불구하고 클라이언트에 대해 방관하는 태도를 보였으며 대체적으로 복지관에 의지하려는 부분이 보였다. 클라이언트를 향한 자녀들의 관심을 높이기 위해 지속적인 연락을 취하였으며 클라이언트의 상황과 자녀들이 할 수 있을 일에 대해서 안내·지도하였다.

③ 가사 서비스와 밑반찬 지원이 가능한 후원자를 섭외하여 연계함으로써 클라이언트의 위생 및 건강상태를 향상시킬 수 있었다. 더불어 자신에게 관심을 갖는 새로운 자원이 나타남으로 삶의 의욕과 서비스 참여에 있어 적극

적인 모습을 보였다.

3. 결 언

현재 클라이언트에게는 동시다발적이고 복합적인 문제들이 발생하였고 아직 그 문제들이 해결되지는 않았다. 하지만 클라이언트가 속해 있는 가까운 자원(가족, 성당교우, 복지관 친구들, 사회복지사)에서부터 멀리 있는 자원(병원, 치매주간보호센터, 보험회사 등)까지 클라이언트에게 긍정적인 강한 신뢰감과 관심을 기울인다면 클라이언트는 문제상황 속에서 곧 개선이 되리라 생각한다. 또한 클라이언트의 향상을 위해 사회복지사는 클라이언트와 상호적인 관계, 우호적인 관계, 신뢰적인 관계를 지속적으로 유지하면서 클라이언트를 지지할 수 있도록 해야 할 것이다. 자원의 중개자, 연결자, 조정자 역할을 수행하면서 궁극적으로 클라이언트의 향상을 위해 이들 자원이 연결, 유지되도록 노력해야 할 것이다.

연|구|문|제

Theories of Social Work Practice

01 사례관리에 대한 정의를 나름대로 내리시오.

02 사례관리의 등장배경을 설명하시오.

03 사례관리와 전통적 사회복지실천방법과의 차이점을 비교하여 설명하시오.

04 사례관리의 특성을 정리해 보시오.

05 사례관리의 과정을 일반적 순서로 제시해 보시오.

06 여러분이 사회복지사라고 가정하고 다양한 문제를 가진 클라이언트와 접촉하게 되었을 때 어떠한 단계를 거쳐 서비스를 제공하겠는지 로드만의 그림을 보고 나름대로 계획을 짜시오.

07 사례관리자의 역할에 대해 설명해 보시오.

예|상|문|제

Theories of Social Work Practice

01 사례관리의 등장배경은?

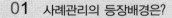

> 가. 서비스 비용 억제
> 나. 다양한 욕구와 문제를 가진 클라이언트 증가
> 다. 경험적 기초
> 라. 탈시설화

1) 가, 나, 다   2) 가, 다   3) 나, 라
4) 가, 나, 라   5) 가, 나, 다, 라

02 사례관리의 개입원칙은?

> 가. 서비스의 개별화   나. 심리치료의 관여
> 다. 서비스 제공의 포괄성   라. 서비스의 한계성

1) 가, 나, 다   2) 가, 다   3) 나, 라
4) 라   5) 가, 나, 다, 라

03 사례관리의 활용이 확대된 이유?

1) 사회복지서비스가 중앙집권적으로 전환
2) 서비스 중복현상에 대한 점검의 필요성 증대
3) 서비스 공급주체의 통합
4) 시설중심 보호정책 필요
5) 클라이언트 욕구 단일화

04 사례관리자 역할은?

> 가. 사정자   나. 옹호자
> 다. 조정자   라. 상담자

1) 가, 나, 다   2) 가, 다   3) 나, 라
4) 라   5) 가, 나, 다, 라

05 사례관리의 과정은?

1) 개입－사정－점검－계획－평가
2) 사정－개입－계획－점검－평가
3) 개입－접수－사정－점검－평가
4) 사정－점검－개입－계획－평가
5) 사정－계획－개입－점검－평가

06 서비스 조정의 한 형태로 복잡하고 다양한 욕구를 가진 클라이언트의 문제를 평가하여 필요로 하는 서비스를 찾아 서비스를 연결해 주는 책임을 다하는 것은 무엇인가?

1) 평가   2) 의뢰   3) 서비스 연결
4) 사례관리   5) 사정

07 사례관리의 개입과정 순서로 바른 것은?

1) 기관접촉 → 사정 → 연결 → 개입계획이나 자원확인, 목록화 → 목표설정 → 접수 → 점검 재사정

2) 초기접수 → 사정 → 기관접촉 → 목표설정 → 개입계획이나 자원확인, 목록화 → 점검 재사정 → 연결

3) 기관접촉 → 초기접수 → 사정 → 목표설정 → 개입계획이나 자원확인, 목록화 → 연결 → 점검 재사정

4) 초기접수 → 기관접촉 → 사정 → 개입계획이나 자원확인, 목록화 → 목표설정 → 점검 재사정 → 연결

5) 개입계획이나 자원확인, 목록화 → 초기접수 → 기관접촉 → 사정 → 목표설정 → 연결 → 점검 재사정

08 사례관리의 순서는?

1) 접수 - 사정 - 모니터링 - 계획 - 실행 - 재사정, 종결
2) 접수 - 계획 - 사정 - 모니터링 - 실행 - 재사정, 종결
3) 접수 - 모니터링 - 계획 - 사정 - 실행 - 재사정, 종결
4) 접수 - 모니터링 - 계획 - 실행 - 사정 - 재사정, 종결
5) 접수 - 사정 - 계획 - 실행 - 모니터링 - 재사정, 종결

09 사례관리가 필요한 이유는?

가. 클라이언트 감소추세	나. 탈시설화 영향
다. 복잡하고 분산된 서비스 체계	라. 사회복지 비용 감소

1) 가, 나, 다   2) 가, 다   3) 나, 다, 라
4) 라   5) 가, 나, 다, 라

10 사회복지실천의 통합적 접근방법의 필요성에 대한 설명으로 옳은 것은?

1) 전통적 방법은 주로 특정 문제를 중심으로 개입해야 하기 때문에
2) 클라이언트의 개별화를 강조하지 않기 때문에
3) 클라이언트의 문제에 따라 한 가지 이론에만 선택적으로 활용하기 때문에
4) 클라이언트의 문제해결방법이 효과적일 때만 개입하기 때문에
5) 클라이언트 문제성격에 따라 정신역동이론에서 생태체계이론까지 전문적이고 효과적인 접근법을 절충적으로 활용해야 하기 때문에

11 사례관리의 등장배경이 아닌 것은?

1) 탈시설화의 영향
2) 복잡하고 분산된 서비스 체계
3) 클라이언트와 가족에게 부과되는 과도한 책임
4) 단순한 욕구를 가진 클라이언트
5) 사회적 지지와 사회적 망의 강조

12 전통적 사회복지실천과 사례관리와의 차이점에 들지 않는 것은?

1) 사례관리는 사정의 기능을 강조한다.
2) 사례관리는 자원의 연결과 조정에 대한 기능을 강조한다.
3) 사례관리는 서비스에 대한 점검과 평가의 기능을 강조한다.
4) 사례관리는 정형화된 형식으로 전개된다.
5) 사례관리는 대상, 장면, 환경 등에 따라 적용방법이 다양하다.

13 사례관리자의 역할에 들지 않는 것은?

1) 옹호자   2) 상담자   3) 조정자
4) 중개자   5) 중재자

01 클라이언트에게 제공되는 서비스와 자원 전달과정을 추적하는 사례관리의 과정은?
① 사정　　　　　　　② 계획　　　　　　　③ 개입
④ 점검　　　　　　　⑤ 평가

02 다음 중 사례관리의 등장배경으로 옳지 않은 것은?

> 가. 탈시설화
> 나. 지역사회복지 전달체계의 일원화
> 다. 클라이언트 욕구의 복합화
> 라. 사회복지 재정의 증가

① 가, 나, 다　　　　② 가, 다　　　　　③ 나, 라
④ 라　　　　　　　　⑤ 가, 나, 다, 라

03 다음 사례에 대한 포괄적 개입 기법은?

> －보　　기－
> 지나가던 행인이 선우(3세)와 진우(4세)의 정신지체인인 엄마와 알코올 중독자인 아빠 가
> 족이 지하철에서 노숙하는 것을 발견하고 지역복지관에 의뢰하였다.

① 아이들은 어린이집에 연계한다.
② 사례관리자를 선정하고 사례관리모델을 적용한다.
③ 엄마를 정신병원에 의뢰한다.
④ 임시주택을 원조한다.
⑤ 아빠를 알코올센터에 의뢰한다.

04 접수단계에 해당하는 것은 다음 중 어느 것인가
① 자원파악　　　　　　　② 변화유지
③ 자원연계　　　　　　　④ 클라이언트의 적격성 판정
⑤ 목표설정

05 다음 중 사례관리의 개입원칙에 대한 설명이 아닌 것은?

① 서비스의 지속성   ② 서비스제공의 포괄성
③ 서비스의 개별화   ④ 클라이언트의 자율성 극대화
⑤ 서비스의 분산화

06 사례관리의 등장배경과 거리가 먼 것은?

① 클라이언트와 가족의 과도한 부담
② 다양한 클라이언트의 욕구 증가
③ 비용효과성 제고
④ 서비스의 분산화
⑤ 정부의 지방분권화

07 접수단계에 해당하는 것은 다음 중 어느 것인가?

① 자원파악   ② 변화유지
③ 자원연계   ④ 클라이언트의 적격성 판정
⑤ 목표설정

08 다음 중 사례관리의 등장 배경으로 볼 수 없는 것은?

① 탈시설화   ② 클라이언트 욕구가 다양해짐
③ 관계를 통한 직접적 원조 강조   ④ 서비스비용 억제
⑤ 서비스 제공의 지방분권화

|정답| 1.④   2.③   3.②   4.④   5.⑤   6.⑤   7.④   8.③

PART 03

사회복지실천의 모델

🌐 제11장 사회복지실천모델의 종류

이 장에 소개되는 실천 모델은 각 모델에 관한 전체적 개요와 이론적 배경, 주요 개념에 대해서만 소개하고 개입과정과 사례에 관한 내용은 사회복지실천기술론에서 자세하게 다루고자 한다.

제1절 클라이언트 중심 모델

1. 개 요

클라이언트 중심 모델(client-centered model)은 인간의 성장과 변화에 대해 인본주의적 관점을 가진 모델로서 사회복지사의 공감적 이해, 무조건적인 긍정적 관심과 진실성을 바탕으로 한 사회복지사와 클라이언트 간의 관계를 중시하는 모델이다(김정희·이창호 공역, 1992 : 104). 이 모델은 최근에 '인간중심접근법(person-centered approach)'이라 불리기도 하는 것으로서 Carl Rogers가 1940년대에 처음 개발한 '인간성장과 변화에 대한 접근법'이다(엄명용 외, 2006 : 371).

당시 개인치료의 지식적인 면과 무의식적 결정론에 근거한 정신분석이론과 환경결정론에 근거한 행동주의 이론에 반대하는 반동으로 인간중심 모델이 생겨난 것으로 볼 수 있다.

Rogers의 인간중심접근법에 있어 핵심사항은 사회복지사가 클라이언트에게 감정이입적 반응(empathic communication), 무조건적 긍정적 관심(unconditional positive regard), 수용(acceptance), 진정한 존중(genuine respect) 등을 표현하면 클라이언트에게 긍정적이고 건설적인 변화가 발생한다는 것이다. 클라이언트에 대해 갖고 있는 사회복지사의 자세 및 가치는 사회복지사와 클라이언트와의 관계를 통해서 상호전달되는데, Rogers(1967)는 인간끼리의 만남의 질을 의미하는 이 관계양상이 개입의 효과를 결정하는 가장 중요한 요소라고 하였다. 클라이언트와 사회복지사 사이에 따뜻하고 진정한 보살핌의 치료관계가 형성되면 클라이언트는 자기 스스로에 대해 진정한 이해를 하게 되며 그것을 바탕으로 클라이언트는 최대한 성장하여 자아실현의 상태를 이룰 수 있다고 본다(엄명용 외, 2006 : 371-372).

이 모델은 교육에 적용되어 학생 중심의 교수법을 만들었으며, 목회상담, 학교상담, 놀이치료, 언어치료 및 결혼과 가족상담에도 사용되고 있다. 또한 클라이언트 중심원리는 사람들과 함께 일하는 전문가들과 비전문가들을 훈련하는 데 폭넓게 쓰이고 있다(김정희·이장호 공역, 1992 : 231). 한편 이 모델은 사회복지실천에 클라이언트와 사회복지사 간의 관계의 질의 중요성을 재강조하고 사회복지사에게 치료원칙을 제시하는 역할을 하였다(김동배·권중돈, 1998 : 306 ; 양옥경 외, 2005 : 335).

2. 이론적 배경

클라이언트 중심 모델은 정신분석과 행동주의 접근의 이론적 대안으로서 인본주의 이론에 기초하고 있다. 인본주의 이론은 심리학의 '제3세력'적 관점으로 일컬어지며, 여기에는 실존치료, 형태치료, 클라이언트 중심 치료 등이 포함된다(조현춘·조현재 공역, 1996 : 285).

Rogers는 1928년부터 10년간 자신만의 실용적이고 효과적인 치료방법을 개발하고 있던 중 기능주의 학자 Otto Rank를 만나 Rank이론에 대해 배우게 되었고 Rank의 이론이 클라이언트 중심 모델의 탄생에 많은 영향을 주었는데 그것이 바로 개인, 치료자 그리고 개인－치료자 간의 관계이다.

치료자는 개인 클라이언트가 자기 자신을 이해하고 수용할 수 있도록 클라이언트의 안내자 역할을 한다. 이때 치료를 일으키는 것은 치료자가 구사하는 기법이나 기술이기보다는 인간으로서의 치료자 자신이다. 사회복지실천과정에서 사회복지사 자신을 이용하라는 것이 여기서 영향을 받았다고 볼 수 있다.

Rank이론에 기반을 둔 관계치료(relationship therapy)의 많은 요소들이 나중에 클라이언트 중심 이론의 골격을 형성하였다. 과거의 경험보다는 현재의 경험과 주변여건을 강조하는 점, 자유로운 감정표현을 긍정적으로 보는 점, 개인의 성장과 개인의 의지에 초점을 두는 점, 치료에서 치료자의 권위적 위치 또는 권위적 태도를 달갑지 않게 생각하는 점 등이 Rank의 관계치료가 Rogers의 클라이언트 중심 이론에 영향을 준 요소들이다. 후에 관계치료는 심리학 분야에서 Rank, Taft, Patterson 등에 의해 계속 발전되었고, 사회복지실천분야에서는 Taft, Virginia Robinson, Ruth Smalley 등에 의해 사회복지실천의 기능주의 학파로 발전되었다(엄명용 외, 2006 : 373-374).

클라이언트 중심 이론은 인본주의(humanism) 사상에 기초를 두고 있다. 인본주의에서는 인간을 본질적으로 성장지향적이고, 진보적이며, 자신의 기본적 잠재능력을 실현하려는 경향을 가진 존재로 보고 있다. 이것을 자아실현경향이라고 하는데, Rogers(1959 : 196 ; 엄명용 외, 2006 : 374)는 이것을 "유기체가 자신을 유지하거나 성장시키는 데 도움이 되는 방향으로 자신의 모든 능력을 개발하려는 선천적 경향"으로 표현하였다.

Rogers는 인간의 본성을 긍정적이고 낙관적으로 보고 각 개인이 사회적으로 구축된 일정한 형식의 틀에 맞춰질 것을 강요받는 대신, 현재 있는 그대로 인정받고 받아들여진다면 각 개인은 유기체가 원하는 대로의 바람직한 삶을 살게 되고, 이는 개인 자신뿐만 아니라 사회 전체의 안녕상태의 향상을 가져오게 된다고 하였다. Rogers는 기존의 관계치료원리와 기법, 그리고 그것을 뒷받침하는 이론과 철학들을 종합하였다.

Rank로부터는 개인 내부에 존재하는 긍정적으로 살아 움직이는 힘과 실현을 향한 인간의 의지, 클라이언트와 치료자와의 관계를 도입하였고, 인본주의적 관점에서는 인간의 본성을 긍정적으로 보는 점, 인간의 성장잠재력과 자아실현능력을 존중하는 점, 인간은 스스로 변화할 수 있는 능력이 있다는 것을 믿는 점 등을 도입하였고 현상을 유기체가 갖고 있는 고유한 관점에 입각하여 경험함을 강조하는 실존적 현상학 이론의 요소가 클라이언트 중심 모델에 포함되었고 이러한 여러 요소들이 상호결합하여 실천 모델로 체계화된 것이 클라이언트 중심 모델이라고 할 수 있다(엄명용 외, 2006 : 374-375).

3. 주요 개념

클라이언트 중심 모델의 주요 개념은 다음과 같다(김정희·이장호 공역, 1992 : 196-204 ; 양옥경 외, 2005 : 339-340).

1) 실현화 경향

실현화 경향(actualizing tendency)은 유기체를 유지하거나 고양시키는 방식으로 발달해 가려는 유기체의 생득적 경향이다. 즉, 인간은 출생 시부터 성취를 향해 생산적으로 성장하도록 운명지어졌다는 것이다. 이는 자율성을 향한 발달이며, 타율성이나 외부세력에 의한 통제로부터 벗어난 유기체가 본래적으로 소유하고 있는 자아실현의 욕구성취를 지향하게 하는 동기(motivation)이다.

2) 자아실현욕구

자아실현욕구(self-actualization)는 보다 기본적인 실현화 경향의 하위체제로 간주된다. 실현화 경향은 기본적인 인간의 동기이며, 자아실현은 이러한 경향의 산물이다. 즉, 자아가 형성됨에 따라 일부 실현화 경향이 자아실현으로 표현된다.

3) 무조건적 긍정적 존중

무조건적 긍정적 존중은 클라이언트의 상황, 관점, 진술의 논리 등을 따뜻하게 감싸 주면서 인정하고 받아들이는 것을 말한다. 인간은 자아가 발달하면서 사랑과 인정을 갈구하게 된다. 즉, 다른 사람들로부터 긍정적 존경을 받고자 하는 욕구가 생긴다. 이러한 긍정적 관심(positive regard)의 욕구는 타고난 것이며, 어떤 사람들은 상당히 중요한 위치를 차지하게 된다. 필요로 하는 사랑과 애정을 얻고 인정받기 위해 인간은 성장과정에서 부모와 중요한 타인들을 기쁘게 하고 자신의 내적 경험은 무시하게 된다. 즉, 점차로 자기 자신에게 '덜 맞추고' 타인의 평가에 '더 맞추어' 행동하게 된다.

4) 조건부 가치(가치의 조건)

조건부 가치(conditions of worth)는 중요한 타인의 긍정적 관심을 무조건 제공하는 것이 아니라 조건부로 주어짐에 따라 인간이 어떤 측면에서는 자신이 존중되고 있지만 다른 면에서는 그렇지 않다고 느낄 때 일어난다. 인간이 무조건적인 긍정적 관심을 경험해 왔다면, 새로운 경험은 그것이 유기체를 유지하거나 고양시키는 데 얼마나 효율적인가에 따라서 가치를 부여받거나 또는 부여받지 않을 수 있다. 조건부 가치는 그것이 실현화 과정을 왜곡한다는 이유 때문에 인간이 자유롭고 최대한의 효율성을 가지는 것을 방해한다고 본다. 즉, 개인이 자신의 유기체적 욕구를 부정적으로 받아들이게 되면 자아통합성이 깨지고 자신의 잠재력과의 접촉이 단절되어 건전한 성장 발달이 방해를 받을 수 있다는 것이다(엄명용 외, 2006 : 382).

THEORIES OF SOCIAL
WORK PRACTICE

제2절 행동주의 모델

1. 개 요

행동주의 모델은 인간의 '행동의 관찰'을 강조한 Pavlov의 고전적 조건화, Skinner의 조작적 조건화, Bandura의 관찰학습 등의 이론적 배경을 갖고 클라이언트의 '환경'요인의 중요성을 인정함으로써 사회복지실천에 중요한 지지를 받게 되었다. 행동주의 모델은 사회화의 중요성을 강조하고 있는 학습이론에 기초를 두고 있다. 인간의 행동은 학습된 행동의 범위를 나타내며 학습이 이루어짐으로써 발달한다고 본다.

오늘날의 행동요법의 기본이 되는 학습과 조건화에 대한 기초적 연구는 19세기 말에서 20세기 초에 걸쳐서 Thorndike와 Pavlov, Skinner 등에 의해서 이루어졌다. 1950년대에 접어들면서 Freud의 정신분석에 회의를 느끼는 많은 학자들이 행동주의적 접근방식의 연구를 시작하였다. Skinner를 비롯하여 Ayllon, Lindsley, Fester, Premack, Wolpe 등은 각기 조작적 행동 및 체계적 둔감법에 대한 개념을 연구, 발전시켜 치료적 영역에 많은 영향을 미쳤다(전재일 외, 2004 : 360).

2. 이론적 배경

행동주의는 인간행동에 대한 과학적 연구로서, 대표적 학자인 Skinner (1974)는 행동주의를 인간의 행동을 내면에서 일어나는 정신적 과정에 의존하지 않고 설명하려는 하나의 시도라고 하였다. 행동주의자들은 사람이란 그가 현재까지 학습한 것의 총합이라고 본다. 어떤 행동의 결과가 유쾌하였으면 그 행동은 비슷한 상황에서 다시 일어날 가능성이 높은 반면, 불쾌한 결과를 가져왔던 행동은 비슷한 상황에서 다시 일어날 가능성이 낮아진다. 이러한 행동을 '조작적 행동(operant behavior)'이라고 한다.

행동주의 모델은 관찰되는 행동에 초점을 두고 바람직한 행동은 '강화'하고 바람직하지 못한 행동은 '소거'하여 행동을 수정하게 한다. 사회복지실천에서 사용되는 행동수정은 순수한 행동수정이라기보다 Bandura(1997)에 의해 발전된 사회학습이론에서 발전된 것이다. 행동수정에는 크게 두 가지 기본적 원칙이 있다. 첫째, 정상적이든 비정상적이든 행동은 모두 같은 원칙하에 발달된다는 것, 둘째, 모든 행동은 학습원리에 의해 수정되거나 변화될 수 있다는 것이다. Bandura의 사회학습이론은 행동이란 조작적 요인과 생물학적 요인, 그리고 반응적 요인이라는 세 가지 조절체계(regulatory system) 중 하나 혹은 그 이상에 의해 획득되거나 유지된다고 하였다. 행동주의적 시각에서 보면 사회복지 클라이언트의 행동은 이와 같은 조작적 요인과 생물학적 요인, 그리고 환경적 자극에 대한 반응적 요인의 세 가지 요인들이 상호작용한 결과이다(엄명용 외, 2006 : 453).

3. 주요 개념

1) 강화와 벌

강화는 행동을 증가시키기 위한 것으로 긍정적 강화와 부정적 강화가 있다. 긍정적 강화는 강화를 제공함으로써 반응행동이 증가하도록 하는 것이고, 부정적 강화는 불쾌한 자극을 제거함으로써 반응행동을 증가시키는 것이다. 긍정적 강화는 사회적 강화, 물질적 강화로 나뉜다. 인간의 행동을 증가시키기 위해서는 사회적 강화와 물질적 강화를 혼합하여 쓰면 더 효과적이다.

처벌은 행동을 감소시키기 위한 것으로 긍정적 처벌과 부정적 처벌이 있다. 긍정적 처벌은 어떤 행동의 결과 불쾌한 자극이 주어지면 이것이 그 행동을 줄이는 결과가 되는 것이다. 부정적 처벌은 어떤 유쾌한 것을 제거하여, 그 결과 그 행동이 미래에 나타날 가능성을 줄이는 것이다.

2) 소 거

소거는 어떤 반응을 일으키는 사건이나 문제행동을 증가 또는 유지시켰던 강화물을 제거시킴으로써 행동이 계속되는 것을 막는 방법이다. 즉, 조건화된 자극을 반복적으로 제시함으로써 반응을 제거하는 것이다. 긍정적 강화에 의해 유지되는 조작적 반응에 대해 강화물을 제거함으로써 완전히 소멸하게 하는 것이다. 예를 들면, 개의 타액분비를 하게 했던 고깃덩어리와 종소리가 연합되어 조건화된 후 조건화된 종소리만(조건자극) 제시하고 고깃덩어리(무조건자극)를 제시하지 않으면 소거되는 것을 말한다.

3) 체계적 둔감법

Wolpe에 의한 역조건화를 이용하여 상상된 자극에 대한 이완된 반응을 활용하는 것이다. 상상된 자극에 대한 불안의 제거는 실제 상황에서 실제 자극에까지 일반화되는 것이다. 특별한 불안과 관련된 자극의 목록을 작성하여 클라이언트의 이야기에 근거하여 서열을 정한다. 근육을 이완시킨 상태에서 낮은 수준의 자극에서부터 시작하여 높은 수준의 자극에 이르기까지를 경험하여 불안 혹은 부정적 반응을 점차 줄이는 방법이다(전재일 외, 2004 : 362-363).

4) 용암법

한 행동이 다른 상황에서도 발생할 수 있도록 그 상황을 점차적으로 변경하여 가는 방법을 말한다. 예를 들면, 대인관계에 미숙한 클라이언트에게 대화법을 학습시키고자 할 때 먼저 사회복지사와의 관계에서 대화법을 익힌 후에 점차 다른 상황에서도 대인관계를 잘할 수 있도록 확대시켜 나가는 방법이다(김융일 외, 1995 : 274).

5) 타임아웃

문제행동이 어떤 상황으로 인하여 강화를 받게 되는 경우에 문제행동을 한 사람을 그 상황으로부터 격리시키는 방법을 말한다. 예를 들면, 동화시간에 아동이 옆에 있는 아동을 괴롭히게 되면 문제행동을 한 아동이 그 동화를 계속 들을 수 없도록 그 상황으로부터 격리시키는 것을 말한다.

6) 가족조각기법

가족조각기법(family sculpting)은 공간을 이용하여 가족구성원을 다양한 신체적 자세로 배열시킴으로써 가족구조를 시각적으로 묘사하는 기법으로 가족갈등의 형태를 공간 속에 행동적 형태로 드러내는 것이다. 가족 간의 갈등 등으로 문제가 있는 가족의 경우 기존의 관계에서 벗어나서 새로운 가족관계를 시각적으로 전시해 보일 수 있다. 예를 들면, 어머니가 지나치게 딸과 밀착되어 있고 아버지는 가족 모두에게 소외되어 있을 경우, 사회복지사는 아버지와 어머니를 가까이서 서로 마주 보게 하고 딸을 부모체계로부터 거리를 두도록 이 가족을 새롭게 조각함으로써 가족이 지향해야 되는 가족관계를 시각적으로 보여주는 것이다(김융일 외, 1995 : 280).

행동주의 모델의 기본원리는 다음에 근거하고 있다(엄명용 외, 2006 : 454-455).

- **조절이론** : 유아기에서 성인기에 이르기까지 사람에게 타인과 자기 자신에 의한 조절(특히 언어적 조절)은 행동을 이끌어 내는 강력한 유인(誘因)으로 작용한다.
- **조작적 행동** : 조작적 행동은 결과에 영향을 받는다. 인간의 행동은 그 행동의 결과가 유쾌한 것이면 강화되고 불쾌한 것이면 감소·소거된다.
- **긍정적 강화** : 긍정적 강화는 행동의 발생빈도와 정도를 증가시킨다.
- **부적 강화** : 부적 강화는 불쾌한 결과를 미리 피할 수 있게 함으로써 행동을 증가시킨다.
- **처벌** : 처벌을 받는 행동은 발생빈도가 줄어든다.
- **소거** : 행동은 더 이상 강화되지 않으면 약화된다.
- **간헐적 강화** : 간헐적으로 강화된 행동은 소거하기가 어렵다.
- **차별적 자극** : 대부분의 조작적 행동은 결국 선행조건에 의해 일어난다. 어떤 행동(욕하기)이 강화(주위의 아이들이 쳐다봄)되었을 때 있었던 자극(주위의 아이들)이 발현되면 그 행동은 일어나기 쉽지만 그 행동이 강화받지 못했을 때(쳐다보지 않음)는 같은 자극(주위의 아이들)이 발현되어도 그 행동은 일어나지 않는다.
- **회피행동** : 불쾌한 사건이 임박했다는 선행조건은 회피행동을 유발한다.
- **조건화** : 조건화를 통해 선행조건은 정서적인 자동적 반응을 불러일으킬 수 있다.
- **모델링** : 대부분의 행동은 다른 사람의 행동하는 것을 보고 모방학습될 수 있다.

THEORIES OF SOCIAL
WORK PRACTICE

제3절 위기개입 모델

1. 개 요

위기개입 모델은 자연재해나 갑작스러운 생활상의 사건으로 인해 격심한 고통의 감정을 일시적으로 경험하고 이로 인해 압도당하거나, 발달과정에서 유발되는 스트레스로 인해 일상생활수행에 어려움이 발생하는 경우 이에 대처할 능력과 자원이 부족하여 문제가 생기는 사람들을 돕기 위한 모델로 위기상황에 즉각적으로 개입하여 전문원조를 제공하기 위한 모델이다. 이 모델은 극심한 스트레스 상황에서 즉각적으로 필요한 서비스의 지원과 격심한 고통 이후에 발생할 수도 있는 심각한 심리적 붕괴현상의 예방에 관심이 있다. 그러므로 위기개입 모델은 긴박한 스트레스 상황 속의 개인이나 가족을 진단하는 준거틀과 임상적 측면에서 예방법으로 일반화할 수 있는 접근방법을 제시한다(양옥경 외, 2005 : 355).

특히 이 접근방법은 단기간을 통해 집중적 활동을 하는 것으로 현재상황의 구체적 사실과 이를 변화시키는 클라이언트 자신의 노력을 강조한다. 즉, 위기개입이란 위기로 인한 불균형상태를 회복하기 위하여 일정한 원조수단을 개인, 가족 및 집단 그리고 지역사회 등에 적용하는 단기치료과정이라고 할 수 있다(전재일 외, 2004 : 353).

2. 이론적 배경

Caplan은 제2차 세계대전 후 이스라엘의 수용소에 있는 아동의 위기상황에 관한 연구를 하였다. 그는 위기란 통상적 행동을 통해 극복할 수 없는 일상의 장애라고 정의하였으며, 위기상황을 두 가지 형태인 발달적 위기와 상황적 위기로 유형화하였다(김기태, 1993 ; 양옥경 외, 2005 : 358). 발달적 위기는 청소년의 정체성 위기, 중년의 위기, 노년의 위기 등 개인의 생애주기에 따른 위기와 가족의 생애주기에 따른 위기를 포함하며, 상황적 위기는 누구에게나 언제라도 일어날 수 있는 신체적 질병, 강간, 자살 등을 포함한다(김혜란·홍선미·공계순, 2001 : 121).

Caplan은 Lindermann의 개념과 단계(비탄에 잠긴 정상적 반응의 행동으로 ① 사별한 사람에 대한 몰두, ② 사별한 사람과의 동일시, ③ 죄책감과 적대감의 표현, ④ 일상생활의 붕괴, ⑤ 신체적 증상의 호소 등이 있다고 하였다. 그는 이러한 비탄반응이 6주 이상 지속되면 전문가의 개입이 반드시 요구된다고 보았다)를 발달적·상황적 위기에 결합시켜 초기의 심리적 트라우마(trauma)를 발생시킨 인지적·정서적·행동적 왜곡을 인정하고 수정하거나 제거하는 것이 위기개입이라고 하였다(양옥경 외, 2005 : 358).

3. 주요 개념

위기는 위험과 기회라는 두 가지 요소가 혼합되어 있는 특성이 있는데, 위기상태를 촉발시키는 특성에 따라 개념을 정의하면 다음과 같다(Gilliland & James, 1997 ; 양옥경 외, 2005 : 365).

1) 상황적 위기

위기상태를 촉발하는 사건을 중심으로 분류한 결과, 심각한 질병, 외상, 사랑하는 사람과의 사별, 자연재해(지진, 해일, 화산폭발 등)와 인재(홍수, 전쟁, 화재, 건물이나 교량붕괴, 교통사고 등), 폭력범죄(강간, 강도 등) 등과 같이 갑작스럽게 발생하는 외부사건에 의한 위기(situational crisis) 등이 있다.

2) 발달적 위기

발달단계에서의 성숙과정(청소년기의 진입, 청소년의 정체성 위기, 중년의 위기, 노년의 위기, 결혼, 자녀의 출생, 노화 등 개인의 생애주기에 따른 위기와 가족의 생애주기에 따른 위기를 포함한다)에서 발생하는 생활사건이나 발달단계마다 요구되는 발달과업에 의한 새로운 대처자원이 필요한 성숙위기(maturational crisis) 등을 들 수 있다.

3) 실존적 위기

위의 양대 위기유형으로서의 발달적 위기와 상황적 위기 외에 Brammer는 실존적 위기를 추가하였다(Gilliland & James, 1997 재인용). 실존적 위기란 목적, 책임, 독립성, 자유, 헌신 등 인간에게 중요한 이슈를 동반하는 내적 갈등이나 불안과 관련된 위기이다. 이는 Maslow의 최상위욕구인 자기실현욕구와 관련된 갈등과 위기로 이해할 수도 있다. 예를 들어, 개인의 특정 전문성이나 조직에서 중요한 영향을 주지 못한다는 불안이나, 60대에 인생이 덧없다고 느끼는 허무감과 위기 등이 이에 해당한다.

제4절 과제중심 모델

1. 개 요

과제중심 모델은 1970년대 초 Chicago대학의 Reid와 Epstein에 의하여 개발된 모델이다. 이것은 특정 심리사회적 문제를 가진 개인이나 가족을 도우려고 계획된 단기형태 혹은 시간제한적 형태이다. 즉, 기존의 장기적 치료가 비용의 문제, 중도 포기의 문제, 사회복지사의 업무부담 등으로 인하여 단기치료에 대한 관심이 고조되면서 보다 집중적인 구조화된 개입형태를 바라는 경향에서 나온 결과이다. 일반적으로 서비스는 2개월 내지 3개월의 기간 내에서 8회 내지 12회 정도까지 제공된다. 클라이언트의 문제에 관해 클라이언트와 사회복지사가 협력해서 발전시키는 과제 또는 문제해결활동을 조직하게 되며, 사회복지사는 클라이언트가 이러한 과제를 수행하도록 돕는 데 그의 노력을 집중하면서 통찰력을 키우고 강화에 이르기까지 절충적 중재를 활용한다(전재일 외, 2004 : 356).

과제중심 모델은 단기치료에서 사용하는 많은 방법, 즉 시간제한, 제한된 목표, 초점화된 면접과 현재에의 집중, 활동과 지시, 신속한 초기사정 그리고 치료의 융통성 등을 이용하고 있다(Epstein, 1992 : 72). 과제중심 모델의 특징은 첫째, 시간제한적 단기개입이며, 둘째, 클라이언트와 사회복지사가 계약한 구체적 문제해결에 개입의 초점을 두는 구조화된 접근이고, 셋째, 클라이언트의 문제해결활동은 그가 수행에 동의한 과제를 중심으로 조직되며, 넷째, 이론보다는 조사에 근거한 경험적 자료를 중심으로 진행된다는 것이다(엄명용 외, 2006 : 435-436).

과제중심 모델은 대인 간의 문제, 개인 내적인 문제, 개인과 환경 간의 문제를 효과적으로 경감할 수 있는 절충적 실천의 틀(frame-work)로서 하나의 이론적 정향에 기초하기보다는 여러 이론을 절충하여 사용할 수 있는 틀을 제시하였다(김혜란 · 홍선미 · 공계순, 2001 : 107).

2. 이론적 배경

과제중심 모델은 1960년대에 본격적으로 시작된 단기치료의 영향을 받아 생성된 모델이다. 단기치료는 그동안의 심리치료에서 장기간을 필요로 했던 정신분석이나 정신역동적 치료방법에서 벗어나 현재의 갈등에 초점을 맞추어 단기간 동안 개입하는 방식으로 전환하게 하였다. 단기치료의 전환요인은 첫째는 장기치료가 반드시 단기치료보다 우세하지 않다는 점이고, 둘째는 사람들은 과거의 상처를 되풀이하지 않고 갈등해소와 현재의 문제해결에 집중할 수 있는 능력을 갖고 있다는 가정이다(양옥경 외, 2005 : 439-440).

과제중심 모델은 단기 심리사회적 접근의 테크닉을 이용하여 클라이언트가 자신들의 문제를 완화하기 위한 과제나 활동을 고안하고 수행하되 시간제한을 두는 구조를 이용하는 것이 특징이다. 이 모델에서는 Perlman의 문제해결과정과 Studt의 서비스 초점을 클라이언트의 과제에 둔다는 생각이 특히 유용하게 받아들여졌다. 이 외에도 경험에 기초한 지식을 일반화하고 있다. 예를 들면, 과제중심 모델이 창안되기 이전까지의 심리치료나 사회사업상담에서 발견된 사실들, 즉 단기의 시간제한적 치료를 받은 사람들이 장기치료를 받은 사람들과 효과 면에서 별 차이가 없었다든가, 의도된 기관과 상관없이 비교적 짧은 시간 안에 효과를 볼 수 있었다든가 하는 발견들이 모델의 밑받침이 되었다.

또 다른 특성은 과제중심 모델의 가치전제와 관련된 것인데 이 모델은 클라이언트의 자기결정권을 존중한다. 이 모델을 사용하는 사회복지사는 자신이 클라이언트의 문제에 대한 최선의 해결책을 알고 있다는 가정을 하지 않는다. 오히려 클라이언트가 자기문제라고 인정하고, 함께 해결하고자 지적한 문제에 제한하여 접근한다(엄명용 외, 2006 : 436-437).

과제중심 모델의 특징은 다음과 같다(엄명용 외, 2006 : 437-438).

① 시간제한적 단기치료서 주 1~2회 면접을 6~12회 정도로 구성하여 대개 4개월 이내에 사례를 종료한다는 특징을 가지고 있다.

② 클라이언트와 사회복지사가 표면적으로 계약한 구체적 문제의 해결에 초점을 둔다.

③ 클라이언트의 문제해결활동을 수행하기로 동의한 과제를 중심으로 단계별로 각자의 과업이 구체화, 구조화된 접근으로 사회복지사는 클라이언트가 과제를 수행할 수 있게 원조한다.

④ 조사에 근거한 경험적 자료에 의존하여 직접적 치료기법을 제공하기보다 클라이언트 스스로 실행 가능한 과제로 대치하도록 하고 과제를 수행할 수 있도록 인도한다.

⑤ 사회복지사의 역할은 제한된 기간 내에 가능한 한 건설적으로 자신의 문제를 완화시킬 수 있는 활동을 할 수 있도록 원조하는 것이다.

⑥ 기본적 가치전제는 클라이언트의 자기결정의 원리다.

⑦ 개입의 책무성을 강조한다.

3. 주요 개념

과제중심 모델에서 말하는 과제는 클라이언트와 사회복지사 간의 동의에 의해 계획되는 특정 유형의 문제해결활동(problem-solving action)이며, 면접 안에서뿐만 아니라 면접 밖에서도 행해지는 활동이다. 과제는 표적문제를 명확히 한 후에 과제계획을 세우게 되는데, 클라이언트와 사회복지사 간의 토론을 통하여 대안적 과제들이 제시되며 행동이나 전략적 계획을 구체화하게 된다. 과제는 일반적 과제와 조작적 과제가 있으며(Reid & Epstein, 1972), 그 밖의 부수적 과제가 있다(양옥경 외, 2005 : 443-445).

1) 일반적 과제

일반적 과제는 행동의 방향을 제시하는 '무엇이 행해져야 하는가?'를 말한다. 일반적 과제는 항상 클라이언트의 목표를 내포한다. 목표는 과제가 행해졌을 때 달성되어야 하는 상태를 말한다. 목표와 과제 모두를 진술하고 이해하는 것이 필수적이다.

2) 조작적 과제

조작적 과제는 클라이언트가 수행해야 하는 구체적 활동을 말한다. 대부분 조작적 과제는 일반적 과제에서 나온다. 조작적 과제는 명확한 활동에 대한 정보를 포함하고 있기 때문에 일종의 하위과제의 형태를 띤다.

3) 과제의 다른 유형들

① 유일 과제 : 한 번의 수행을 위해 계획된 것
② 되풀이 과제 : 반복적 활동을 위해 계획된 것
③ 단일 과제 : 여러 단계들이 필요한 하나의 활동
④ 복잡한 과제 : 매우 밀접하게 관련된 둘 또는 그 이상의 구분된 활동
⑤ 개인적 과제 : 한 사람이 수행하는 것
⑥ 상호적 과제 : 둘 또는 그 이상의 사람들이 수행해야 하는 과제로서 구분되지만 서로 연관되어 있는 과제
⑦ 공유과제 : 둘 또는 그 이상의 사람이 같은 과제를 하는 것
⑧ 인지적 과제 : 정신적 활동들을 검토하여 명확히 하기

제5절 정신역동 모델

1. 개 요

정신역동 모델은 Freud와 그의 동료들의 과업에 기반을 두고 있다. 이 이론은 행동이 인간 마음속의 움직임과 상호작용으로부터 나온다는 점을 강조하며 정신이 행동을 자극하는 방식과 정신과 행동이 사회환경에 영향을 주고받는 방식을 강조하고 있기 때문에 정신역동적이라고 불린다.

현대 정신분석이론은 행동에 대한 기본적 영향력을 본능적 충동(drives)의 개념으로 보는 관점에서 벗어나 어떻게 개인이 사회와 상호작용하는지에 더욱 관심을 갖고 있다. 이는 자아심리학의 영향에서 비롯되었다(Goldstein, 1984 ; 조휘일·이윤로, 2003 : 102).

사회복지에 있어 정신분석의 영향에 대한 최근의 평가는 폭넓게 인정되고 있으며, 또한 정신분석적 사고의 다양한 흐름이 나타나고 있다. 예를 들어, 미국은 정신분석학의 영향으로 자아심리학으로 발전하였으며, 독일 등의 지역에서는 자기심리학으로 발전하였다. 한편 대상관계이론은 영국의 경우 Fairbairn과 Guntrip과 같은 정신분석가의 연구에 기초하고 있다(전재일 외, 2004 : 348).

2. 이론적 배경

Freud는 모든 현상이 우연히 일어나는 것이 아니라 선행현상에 의해 결정된다는 심리적 결정론을 주장하였다. 그는 정신병리, 꿈, 말실수 등의 인간행동은 우연히 일어나는 것이 아니라 원인이 있는데, 대부분 무의식에 그 원인이 있다고 한다. 그러나 무의식의 과정은 직접 관찰할 수 없기 때문에 자유연상이나 최면술, 꿈을 분석함으로써 정신분석을 하게 된다.

Freud는 인간의 마음은 id, ego, superego로 이루어졌다고 하였다. id는 생물학적 충동들로 구성되어 있으며 id의 모든 과정은 무의식적으로 일어난다. ego는 id의 본능적 욕구와 현실을 중재하는 역할뿐 아니라 superego와 현실, superego와 id를 중재하는 역할도 한다. superego는 사회의 가치와 도덕을 내면화하여 현실보다는 이상적인 것을 추구한다. 성숙한 성격은 id, ego, superego가 조화롭고 균형 있게 발전할 때 이루어진다.

위의 성격구조에서 알 수 있듯이 인간은 세 가지 불안을 갖는데, 첫째는 억압되어 있는 id의 성적 충동과 공격적 충동이 분출되어 처벌될 것에 대한 신경증적인 불안이고, 둘째는 현실세계에 있는 위협적 상황에 대한 현실적 불안, 셋째는 도덕, 양심에 위배되는 생각이나 행동을 할 경우 초자아에 의해 나타나는 죄의식에 의한 도덕적 불안이다. 인간은 이런 불안을 야기하는 상황에 직접 대처할 수 없을 때 자신을 불안으로부터 보호하기 위해 무의식적으로 방어기제(defense mechanism)를 사용한다(김혜란·홍선미·공계순, 2001 : 72-73).

3. 주요 개념

1) 정신적 결정론

정신적 결정론(psychic determinism)은 인간의 행위는 우연히 발생하기보다는 인간의 사고과정으로부터 일어난다는 원리이다.

2) 무의식

무의식(unconscious)은 어떤 생각과 정신행위는 우리의 지식으로 알 수 없게 숨겨져 있다는 아이디어이다(조휘일·이윤로, 2003 : 102-103).

3) 전 이

정신병리학에서 중요한 추론은 아동이 한 개인에 속해 있는 어떤 특성을 다른 사람에게도 귀속시킴으로써 왜곡된 지각을 발달시킬 수 있는데, 이것을 전이(transference)라고 불렀다. 예를 들면, 치료과정 중에 클라이언트가 자신의 무의식적 갈등을 문제로 표출하게 될 때 그 갈등과 관계되는 대상에 대한 감정들이 치료자에게 나타나는 것을 말한다(전재일 외, 2004 : 349).

4) 저 항

치료의 초기과정에서 클라이언트는 억압된 감정이나 생각들을 회상할 수 없거나 그 표현을 주저하는 경향을 보인다. 이것은 클라이언트가 보이는 일종의 저항(resistance)이다. 저항은 치료를 방해하기 때문에 치료자는 이것을 지적해 주어야 하며, 클라이언트가 갈등의 상황을 직면할 수 있도록 도와주어야 한다(전재일 외, 2004 : 349). 그 외 자아방어기제는 제8장 제2절 자아방어기제에 대한 사정을 참고하기 바란다.

제6절 심리사회 모델

1. 개 요

심리사회 모델은 Hollis(1964)가 집필한 『케이스워크 : 심리사회치료(*Casework : A Psychosocial Therapy*)』라는 사회복지실천방법 교재를 통해 집대성되었다. 이 심리사회 모델(psycho-social model)은 어떤 특정 이론에 근거하여 발달한 모델이라기보다는 사회복지실천양식이 정형화되고 발달되는 과정에 직·간접으로 영향을 미친 여러 가지 요소들이 절충되고 선택되어 이루어진 모델이다. 이 모델은 19세기 후반 이래 활동을 계속해 온 우애방문단 및 자선조직협회의 활동내용, 그리고 그러한 활동을 요약·체계화한 Richmond(1917)의 실천 모델을 전승하고 그 이후 사회복지실천에 영향을 미친 정신역동이론, 자아심리학, 사회계층별 문화적 차이를 강조한 인류학, 가족단위의 실천개입이론, 클라이언트의 상황을 체계적 관점에서 파악하는 체계이론, 그 밖에 클라이언트 문제와 관련한 사회구조의 역할을 강조한 사회과학 등의 영향을 수용하면서 발전되었다(엄명용 외, 2006 : 409).

초기 심리사회 모델은 정신분석이론의 영향을 받아 개인의 생물학적·내부정신적 과정을 상대적으로 중시하는 경향을 띠었으나 점차 개인 외부의 물리적 여건이나 사회적 여건들도 함께 중시하는 쪽으로 발전하였다. 전체적으로 심리사회 모델은 초기부터 지금까지 줄곧 개인의 생물학적 요소, 내부심리 및 정서의 흐름, 사회환경 및 물리적 환경, 이들 요소 간의 상호작용 등을 모두 동일한 비중으로 존중해 왔다(Woods, 1996 : 555-580).

심리사회 모델은 1930년대 사회복지실천분야에서 있었던 진단주의와 기능주의의 논쟁에서 진단주의의 실천양식에 뿌리를 둔 모델이기 때문에 어떤 사례를 이해하기 위해 클라이언트의 근접환경을 현재 및 과거 시점에서 조사했던 Richmond의 영향을 반영하고 있으며, 관련된 과거사실에 대한 세심한 개인력 조사(history-taking)를 통한 사회연구(social study)를 강조한 Freud의 관점도 반영하고 있다(엄명용 외, 2006 : 410).

심리사회 모델은 정신분석학, 자아심리학, 심리학, 문화인류학 등 여러 분야에 근원을 두고 있으며 대표적 학자는 Freud, Erikson, Hartmann, Rapport 등이다. 이 접근법은 Hollis와 Woods에 의해 더욱 발전되었다. Hollis와 Woods는 상황 속의 행위를 분석하기 위해 체계이론을 활용하고 있고 스트레스의 분석을 위해 정신역동이론을 활용하고 있다(조휘일・이윤로, 2003 : 110).

2. 이론적 배경

정신분석이론이 문제의 원인을 인간의 본능적 충동과 과거의 경험으로 보는 단선론적 관심 때문에 상황 속의 인간을 중시하는 사회복지실천의 기본적 관점과 상반된다는 비판을 받게 되었다. 또한 정신분석이론은 신경장애나 정신질환의 문제가 아닌 일상적인 삶에서 나타나는 문제로 고민하는 대다수의 클라이언트에게 적용하는 데는 한계가 있었다. 이러한 문제점으로 인해 정신분석이론에 기초한 진단주의 사회복지사 중에서 클라이언트의 문제를 사회적 환경과 상호작용에서 파악하려고 하는 심리사회적 관점에 관심을 갖기 시작하였다. 이러한 관점은 초창기의 전통적 사회복지실천방법을 유지하려는 사회복지사의 욕구와 자아심리학의 영향으로 인해 점차 구체적 이론으로 개발되기 시작하였다.

이 이론은 개인의 심리적 특성뿐만 아니라 신체생리적 현상과 사회적 환경(bio-psycho -social)까지도 모두 고려하는 상황 속의 인간(person in situation)이란 관점을 제시하면서 사회복지실천의 고유한 이론으로 발전하게 되었다(윤현숙 외, 2001 : 54).

3. 주요 개념[1]

1) 환기(ventilation)

클라이언트가 공격, 적대감 같은 감정을 표현하지 않고 억압하고 있으면 그의 사고와 행동을 올바르게 표현하지 못하게 되므로 클라이언트의 감정을 정화(catharsis)시켜 준다.

2) 관계형성의 고정

클라이언트가 사회복지사를 통해 마치 어머니와 아동 같은 관계를 경험하도록 하여 클라이언트가 과거에 주변인물과 가지고 있었던 불만족스러웠던 관계를 보상해 준다.

3) 주요 전제[2]

① 모든 개인은 생래적 가치 또는 존엄성을 갖고 있다고 전제된다.
② 모든 인간은 성장능력, 학습능력, 적응력 그리고 사회 또는 물리적 환경을 변화시킬 수 있는 능력을 가진 긍정적 존재로 간주된다.
③ 개인이 어떻게 기능하는가?에 대한 이해를 위해서는 성격체계의 구조나 발달에 관한 Freud의 관점이 이용된다.
④ 심리체계는 독립적으로 존재하는 것이 아니라 생물학적 체계, 사회적 체계와 끊임없이 상호작용한다고 전제된다.
⑤ 문제상황을 다룸에 있어 차별성이 강조된다(클라이언트의 문화적 배경, 사회경제적 배경, 계층, 주변환경 등이 차별적으로 다루어져야 한다).

---

1) 조휘일 · 이윤로(2003 : 111).
2) 엄명용 외(2006 : 411-412).

제7절 인지행동 모델

1. 개 요

인지행동 모델은 인간이 생각하고(사고), 판단·추리하며, 정보를 처리하는 과정인 인지과정의 개념과 함께 행동주의 이론과 사회학습이론의 여러 개념들을 통합하여 적용한 이론이다. 여기서 말하는 인지이론(cognitive theory)은 Adler의 개별심리학, Ellis의 이성 및 감성 정신치료, Werner의 이성적 개별사회사업, Glasser의 현실치료 등의 사고체계를 포함하는 통합적 범주이다. 여기에다 과제 내 주기, 강화, 보상, 반복, 행동기술의 교육 및 습득원조 등의 행동주의적 요소가 결합된 것을 인지행동주의적 접근이라 한다(엄명용 외, 2006 : 390). 주요 학자로는 Beck, Ellis, Meichbaum 등이 접근에 기여하였다(Bruce & Fedric, 1997).

인지행동 모델에 입각한 치료과정은 문제를 일으키는 잘못된 가정과 사고의 유형을 확인·점검하고, 재평가하여 수정하도록 격려하고 원조한다. 이 접근에 포함되는 치료적 하위접근 중에 행동치료, 인지치료, 합리정서치료, 현실치료, 인지행동치료가 있다(Gilliand & James, 1997 ; 양옥경 외, 2005 : 386).

Ellis(1962)에 의하면, 어떤 사람의 믿음, 생각, 자신에게 하는 말 등이 이성적이고 합리적일 경우에는 어떤 현상에 대해 순기능적 감정이나 반응을 보이게 되고, 반대로 믿음, 생각, 자신에게 하는 말 등이 혼란스럽거나 비이성적일 경우에는 역기능적 감정, 정서 및 행동을 표출하게 된다고 보았다.

인지행동 모델은 개인과 환경 모두에 초점을 두면서 문제에 접근할 수 있는 이론적 틀을 제시한다. 즉, 인지행동 모델은 개인과 환경 사이의 상호적 영향이 대개 정보의 교환을 통해 발생한다고 보고 있다. 개인이 환경으로부터 방출되는 정보신호를 전혀 알아차리지 못하거나 그것들을 잘못 해석한다면, 그 개인은 사회환경 가운데서 맞게 되는 각종 문제들에 잘 대처할 수 없다고 한다(Berlin, 1982 : 218-228 ; 엄명용 외, 2006 : 392).

1960년 이후 다양한 인지행동 모델이 등장하였으며 인지행동 모델들은 다음과 같은 기본적 가정을 공유한다. 첫째, 인지활동은 행동에 영향을 미친다. 둘째, 인지활동은 모니터되고 변경될 수 있다. 셋째, 바람직한 행동변화는 인지변화를 통해 영향을 받는다(Dobson & Block, 1988 ; 김혜란·홍선미·공계순, 2001 : 93).

대부분 인지행동 모델은 문제에 초점을 둔 시간제한적 접근으로서 클라이언트가 자신의 사고와 행동을 통제하기 위한 대처기제를 학습하는 교육적 접근을 강조한다. 또한 인지변화는 감정의 변화로 쉽게 이어지지만 인지변화가 자동적으로 행동변화를 수반하는 것이 아니므로 인지변화를 행동변화로 이끌기 위해서는 다양한 행동주의 기술과 기법을 적극 활용한다(김혜란·홍선미·공계순, 2001 : 94).

2. 이론적 배경

인지행동 모델에서는 무엇을 어떻게 생각하는지가 정서적 반응과 행동에 영향을 미친다고 본다. 그러므로 문제행동과 개인적 디스트레스(distress)는 비합리적이고 경직된 사고와 비현실적이고 근거 없는 신념에 기초한다. 인지행동 모델에서 인간은 내적 심리세력에 의해서만 영향을 받는 존재도 아니고, 환경적 영향에 의해서만 행동하는 것도 아닌 개인적, 환경적 그리고 인지적 영향력 사이의 끊임없는 상호작용에 의해 행동한다고 본다. 즉, 환경적 조건은 개인의 행동을 조성시키고, 개인적 조건은 다시 환경조건들을 형성한다는 상호결정론적 입장을 취한다(양옥경 외, 2005 : 337).

Beck(1976)은 인간의 기분을 상하게 하는 데 있어서 중심적 역할을 하는 것은 어떤 사건들 자체라기보다는 사건에 대해 개인이 갖고 있는 생각 또는 오해로 보았고, Adler는 인간이 각기 다른 행동을 하게 되는 것을 성공적 삶이 무엇인지에 대해 개인이 갖고 있는 생각과 그 성공을 이루기 위해 개인이 수립한 목적이 다르기 때문이라고 보았다.

Ellis(1958)는 비논리적, 비이성적, 혹은 경직된 사고가 혼란스럽거나 뒤틀린 감정 및 행동을 유발한다고 주장하였다. Ellis(1958 : 37)에 따르면, 생각은 '자술언어(self-verbalize)', '자기 자신에게 하는 말(self-talk)' 혹은 '내면화된 문장(internalized sentences)'이다. 따라서 Ellis(1958)는 클라이언트가 갖고 있는 자기파괴적 내면화된 문장들을 보다 이성적이고 현실적인 것들로 전환시켜 줌으로써 행동의 변화가 가능할 것이라고 보았다(엄명용 외, 2006 : 394-395).

Lazarus(1976)는 인간의 행동은 자신들이 갖고 있는 자기 자신과 타인에 대한 이미지에 의해 지배된다고 가정하였다. Lazarus(1976)의 입장에 따르면, 잘못된 추측이나 비합리적 인지 등은 우리의 일상생활을 명백히 해치고 있기 때문에 이러한 잘못된 생각들은 사실에 바탕을 둔, 현실적이고 합리적이며 이성적인 생각들로 대체되어야 한다고 주장했다(Lazarus, 1976 ; 엄명용 외, 2006 : 395).

인지행동 모델에 가장 많은 영향을 준 연구는 Ellis의 합리적 정서치료(rational-emotive therapy), Beck의 인지치료(cognitive therapy), Kanfer의 자기규제(self-regulation), Bandura의 자기효능감(self-efficacy) 등이다(전재일 외, 2004 : 369 ; 양옥경 외, 2005 : 399-400 ; Ellis, 1982 : 144-145).

3. 주요 개념

1) Ellis의 합리정서 모델

(1) 기본가정
① 인간은 이성적인 동시에 비이성적이다.
② 정서적 혹은 심리적 장애, 신경증적 행동은 비합리적이고 비논리적인 사고의 결과이다.
③ 비합리적 사고는 생물학적 경향성을 띠고 있으며, 부모와 그 문화에서 특별하게 획득한 비논리적 학습에 기원한다.
④ 인간은 언어적 동물이며, 사고는 보통 기호나 언어의 사용을 통해 일어난다.
⑤ 자기언어화의 결과로서 계속되는 정서장애 상태는 외부환경이나 사건에 의해서가 아니라 내재화된 문장으로 구체화되는 사건들에 관한 지각과 태도에 의해 결정된다.
⑥ 부정적이고 자기패배적인 사고와 정서는 비논리적이고 비합리적인 것

보다는 논리적 · 이성적 사고를 하도록 사고와 지각을 재구성하는 방법
으로 해결해야 한다(양옥경 외, 2005 : 400).

(2) 비합리적 신념

비합리적 신념에는 '반드시', '절대로', '모든', '완전히', '전혀', '파멸적인',
'해야만 한다' 등이 저변에 깔려 있으므로 다음과 같은 내용은 합리적 생각으
로 바꿔야 한다고 제시했다(Ellis, 1962 ; 김혜란 · 홍선미 · 공계순, 2001 : 94-97).

① 모든 주요 타자들로부터 인정을 받아야 하는 것은 성인에게 절대적으
로 필요하다.
② 가치 있는 사람이 되기 위해서는 가능한 모든 면에서 완전히 능력이
있고, 적절하며, 성취적이어야만 한다.
③ 어떤 사람은 사악하고 나쁘며 이런 사람들은 자신들의 악행에 대해 심
하게 비난받고 처벌받아야 한다.
④ 원하는 대로 상황이 되지 않으면 이는 끔찍하고 파멸적이다.
⑤ 불행은 외부적 요인에 기인하며, 사람들은 자신의 슬픔과 근심을 조절
할 능력이 거의 없거나 전혀 없다.
⑥ 위험하거나 두려운 것에 대해서는 매우 염려해야 하며, 이것이 일어날
가능성을 늘 염두에 두어야 한다.
⑦ 인생의 어려움과 책임을 대면하는 것보다는 회피하는 것이 쉽다.
⑧ 우리는 다른 사람들에게 의존해야 하고, 의존할 수 있는 강한 사람을
필요로 한다.
⑨ 과거는 현재 행동의 전적인 결정요인이며, 과거에 영향을 미친 것은 현
재에도 비슷한 영향을 미친다.
⑩ 우리는 다른 사람들의 문제에 대해 매우 조심해야 한다.
⑪ 인간문제에는 항상 옳고 정확하며 완벽한 해결이 있으며 이런 해결책
을 찾지 못한다면, 이는 파멸적이다.

2) Beck의 인지치료 모델 [3]

① **자동적 사고** : 자동적 사고(automatic thinking)란 한 개인이 어떤 상황에 대해 내리는 즉각적이고 자발적인 평가를 의미한다. 이것은 합리적으로 판단하거나 심사숙고한 것이 아닌 자동적으로 튀어나오는 스쳐 가는 생각이다.

② **스키마** : 스키마(schema)란 특정 대상에 대한 이전 경험, 그 대상에 대해 타인이 겪은 경험의 관찰, 그 대상에 대한 타인과의 대화, 개인의 기본적 신념과 가정, 어떤 사건에 대한 개인의 지각, 반응 등을 협성하는 인지구조로 대개 이전의 경험에 의해 형성된다. 즉, 개인이 보고, 듣고, 느끼고, 맛보고, 경험한 직접경험의 모든 자극들과 타인에게 듣고, 관찰한 간접경험 모두를 말할 수 있다.

③ **양분적 사고** : 양분적 사고(all-or-nothing thinking)란 모든 경험을 한두 개의 범주로만 이해하며 흑백논리로 현실을 파악하거나 흑백논리를 전개함으로써 그 이외의 보다 적절한 평가를 못하는 경우이다.

④ **과도한 일반화** : 과도한 일반화(over generalization)란 한 가지 단순한 사건이나 경험을 가지고 부당하게 일반적 법칙을 세우려는 경우이다. 즉, 한두 개의 고립된 사건에 근거해서 일반적 결론을 내리고 그것에 서로 관계없이 상황에 적용하는 것을 의미한다.

⑤ **임의적 추론** : 임의적 추론(arbitrary inference)은 사실과는 전혀 반대되는 근거를 가지고 결론을 내리는 경우로 어떤 결론을 지지하는 증거가 없거나 그 증거가 결론에 위배되는데도 그러한 결론을 내리는 것을 말한다.

⑥ **정서적 추론** : 정서적 추론(emotional reasoning)은 사람이 정서적 경험에 근거해서 그 자신, 세계 혹은 미래에 관해서 추리를 하는 경우를 말한다.

⑦ **선택적 축약** : 선택적 축약(selective abstraction)은 생활에 관련된 경험적 지식에 주의를 집중하여 그것을 제대로 종합하고 이용하지 못한다. 즉, 다른 중요한 요소들은 무시한 채 사소한 부분에 초점을 맞추고 그 부분적인 것에 근거해서 전체 경험을 이해하는 것을 의미한다.

---

3) 양옥경 외(2005 : 405-409) ; 전재일 외(2004 : 370-371).

⑧ **긍정적 측면의 무시** : 긍정적 측면의 무시(disqualifying the positive)는 개인은 상황의 부정적 측면에 초점을 맞추고 긍정적 측면을 무시한다. 개인은 긍정적 측면을 능동적으로 무력화시킨다.

⑨ **완곡한 진술** : 완곡한 진술("should/must/ought" statements)은 완곡한 표현의 죄의식, 압박감 및 원망을 야기할 잠재력을 갖고 있다. 타인에게 완곡한 표현을 할 때에도 실망과 분노를 나타내는 경우가 있다. 완곡한 진술은 반드시 "……해야 한다"는 의미를 포함하는 것은 아니지만 "왜 그는 늘 칭찬에 인색하지?"와 같이 때로는 현실에 대한 불만족을 표현하기도 한다.

⑩ **극대화 및 극소화** : 극대화 및 극소화(magnification or minimization)는 어떤 사건에 대해 사실을 과장하거나 축소하는 것이다. 즉, 어떤 사건이나 개인이 경험한 일을 그 사건이나 경험이 가진 특성의 한 측면만 고려하여 그것이 실제로 가진 중요성과는 무관하게 과소평가하거나 과대평가하는 것을 말한다.

⑪ **진단적 명명** : 진단적 명명(labeling)이란 개인이 자신의 오류나 불완전함에 근거해서 하나의 부정적 정체성을 창조하여 그것이 마치 진실한 자기인 양 단정 짓는 일과 관련 있다.

제 8 절 문제해결 모델

THEORIES OF SOCIAL WORK PRACTICE

1. 개 요

문제해결 모델은 1950년대 초에 진단주의 모형에서 분리된 것으로 정신역동이론에 기초를 두면서 기능주의 이론을 도입한 것이다. 이 모델은 1957년 시카고 대학교의 Perlman에 의해서 처음 소개된 이론으로 클라이언트의 문제해결능력과 대처능력을 향상시키는 것을 목적으로 하는 사회복지실천방법이다.

이 모델은 정신분석이론의 영향을 받는 진단주의 학파와 자아의 의지(will)를 강조하는 기능주의 학파의 오랜 논쟁을 종식시키는 통합적 실천적 모델로 각광을 받았으며, 이후의 체계이론의 영향을 받은 Compton과 Galaway의 문제해결 모델이나 Pincus와 Minahan의 4체계 모델의 기초가 되었다(윤현숙 외, 2001 : 59).

2. 이론적 배경

문제해결 모델은 교육학자인 Dewey의 반영적 사고(reflective thinking)에서 많은 영향을 받았다. 반영적 사고는 인간이 외부환경이나 자신의 행위를 판단하고 결정하게 만드는 인지적 과정을 의미하는 것으로 교육이나 학습은 문제해결의 과정을 습득하는 것이라고 보았다.

Perlman은 사회복지실천을 클라이언트가 자신의 문제를 올바르게 평가하고 판단할 수 있도록 문제를 인식하게 하고 주어진 문제를 해결할 수 있는 능력을 향상시켜 주는 교육과 치료의 중간과정이라고 보았다(Perlman, 1957 : 164-165). Perlman은 Dewey의 이론적 배경에 영향을 받았지만 이 모델은 진단주의 학파와 기능주의 학파의 이론을 모두 절충한 통합주의 모델이다.

기능주의 학파에서는 클라이언트의 지금과 현재 상황을 중시하는 이념, 자아의 기능에 의한 인간의 지속적 변화가능성, 복지기관의 역할과 기능에 대한 관점을 도입하면서 사회복지실천을 원조과정(helping process)으로 규정하였다. Perlman은 진단주의 학파의 이론 중에서는 인간의 심리내적 세계에 대한 역동성과 무의식적 사고에 대한 이론을 도입하여 개인의 정서적 문제는 물론 문제와 연관된 인간의 감정적 상태를 중요시하였다. 그리하여 Perlman은 진단주의 학파의 진단적 사정(diagnostic assessment)을 사용하여 클라이언트의 문제해결 동기와 대처능력 그리고 자원을 사정하고 진단하는 것을 강조하였다(윤현숙 외, 2001 : 60).

3. 주요 개념

Perlman의 문제해결 모델은 사회복지실천을 문제(Problem)를 가지고 있는 사람(Person)이 사회복지기관(Place)에 와서 문제를 해결해 가는 과정(Process)으로 정의하면서 4P를 강조하였다(Perlman, 1957 ; 윤현숙 외, 2001 : 61).

① 문제 : 문제는 개인의 심리내적 원인과 환경과의 상호작용에 의해서 나타나는 사회적 기능수행상의 문제들로서 과거의 경험에 의해서 발생할 뿐만 아니라 새로운 문제의 원인이 되기도 한다.

② 사람 : 사람은 과거의 무의식에 의해 지배를 받는 존재가 아니라 자아의 의지에 따라 항상 변화하고 발전하는 개방된 체계로서 자기에게 주어진 역할과 당면하고 있는 문제에 영향을 받는 존재이다.

③ 기관 : 기관은 문제해결에 필요한 자원과 기능을 갖고 있는 공식적 조직과 사회복지사의 원조가 이루어지는 비공식적 조직을 모두 포함하며 사회복지실천은 기관의 역할 내에서 제공되어야 한다고 보았다.

④ 과정 : 과정은 문제해결을 위해 클라이언트의 참여와 협조를 강조하며 상황에 따라 문제를 재사정하고 수행하는 지속적 원조과정(on-going helping process)이라고 하였다.

제 9 절 권한부여 모델

THEORIES OF SOCIAL
WORK PRACTICE

1. 개 요

권한부여 모델은 1970년대 이후 사회복지에서 일반체계이론과 생태학 이론을 활용하게 되면서 나타난 일반사회복지실천에서 오랫동안 존재해 왔던 강점중심의 실천 모델이라고 할 수 있다. 권한부여 모델은 클라이언트를 문제중심이 아니라 강점중심으로 봄으로써 클라이언트의 잠재력 및 자원을 인정하고 클라이언트가 건강한 삶을 결정할 수 있도록 권한 혹은 힘을 부여하고 하는 것이다(Sheafor, Horejsi, & Horejsi, 1997 ; Solomon, 1976). 따라서 이 모델에서 클라이언트와 사회복지사는 동반자관계에서 문제해결과정에 함께 참여하는 협력자이다(전재일 외, 2004 : 374).

1970년대에는 일반체계이론과 생태학 이론이 사회복지의 주요 이론틀로 활용되면서, 생태체계관점에 근거한 강점(strength) 지향 혹은 해결중심접근 (solution-focused approach)의 중요성이 대두되었고, 이는 Chestang, Solomon, Pinderhughes 등의 학자들에 의해 1970년대 중반에 권한부여 모델로서 새롭게 나타나게 되었다(김동배 · 권중돈, 1998 ; 양옥경 외, 2005 : 462).

권한부여(empowerment)란 누군가에게 권한을 주는 것, 혹은 힘을 부여하는 것, 능력을 주는 것이다(Webster's Ninth New Collegiate Dictionary, 1991 : 1992). 권한부여는 사람들이 개인적 이유이든 혹은 사회구조적 이유이든 또는 개인과 사회환경 등의 복합적 원인으로 그들의 권리, 기회, 자원을 박탈당하거나 상실한 경우에 이를 회복시켜 주는 노력이다. 따라서 권한부여 모델의 개념은 다양한 클라이언트 집단과의 사회복지실천에서의 개입 및 전략, 중요한 기술, 또는 클라이언트를 돕는 일련의 과정으로 정의되고 있다(전재일 외, 2004 : 374).

이 모델은 중증의 정신질환자에 대한 실천 모델로서 가장 잘 개발되어 왔다. 클라이언트의 병리보다는 강점, 자기결정을 강조하며, 정신질환자도 학습하고 성장하고 변화할 수 있다는 생각을 갖는다. 사회복지사가 클라이언트의 내재된 힘을 지지할 때 그들의 긍정적 성장가능성을 고양시킬 수 있다는 것이다(김융일 외, 1995 : 96).

2. 이론적 배경

생태체계관점은 인간과 물리적 · 사회적 환경 사이의 상호교환을 개념적 기반으로 하는 많은 이론들의 공통된 관점으로(Germain, 1983 ; Germain & Gittermann, 1980), 인간행동에 대한 다양한 이론을 통합하고 있으며, 특히 생태학과 일반체계이론의 개념들을 통합하고 있다. 이 관점에서 인간과 환경은 서로 분리되어 있는 것이 아니라 지속적으로 상호교류(transaction)하는 하나의 체계이다(양옥경 외, 2005 : 463).

생태체계관점에서는 인간을 매우 복잡한 존재로 본다. 따라서 '환경 속의 인간(person in-environment)'이라는 인간관을 갖는다. 생태체계에서는 인간의 행동은 인간과 환경 모두의 상호이익을 추구하는 과정에서 나타나는 것으로 보고 부적응이란 존재하지 않는다고 본다. 생태체계관점에서는 '문제'를 환경적 자원의 유무와 관련된 것으로 보기 때문에 부적응적 행동은 환경 안에서의 체계와 자원조정을 통하여 변화할 수 있다고 본다. 또한 이 체계의 관점은 변화에 대해서는 매우 개방적이다. 생태체계관점에서는 사회체계에 대한 이해는 다양한 체계수준에서 이루어지는 개인들과의 관련성을 강조한다. 이런 다양한 체계의 수준을 Bronfenbrenner(1979)는 생태학적 환경이라 하고 이러한 체계 사이에는 위계질서가 존재한다고 보았다.

사회체계는 4체계로 구성된다. 즉, 미시체계(microsystem)는 가족과 같은 직접적 환경 내의 활동, 역할, 대인관계의 유형을 말한다. 중간체계(mesosystem)는 학교 및 가족, 이웃, 종교단체와 같은 개인과 긴밀하게 직접 상호작용하는 두 가지 이상의 환경과의 사이에서 일어나는 과정과 관련성을 의미한다. 외적 체계(exosystem)는 외부환경이 영향을 미치는 과정 및 관련성으로서, 부모의 직장이나 사회정책과 같이 개인과 직접 상호작용을 하지는 않지만 개인의 생활에 간접적 영향을 미치는 체계이다. 거시체계(macrosystem)는 사회제도, 문화, 환경과 같은 보다 광범위한 사회적 맥락을 의미한다(양옥경 외, 2005 : 463-466).

강점관점(strength perspective)은 클라이언트의 강점을 강화시키는 과정이 클라이언트의 역량을 향상시켜 가장 신속하게 클라이언트에게 권한을 부여할 수 있는 전략이라고 본다. 이 관점에서는 문제에 대한 관심보다는 해결점을 발견하고 강점을 강화시키는 데 주요 초점이 있다. 따라서 강점관점이란 클라이언트를 독특한 존재로서 다양성을 인정하고 존중하면서 클라이언트의 결점보다는 강점에 초점을 두고 가능한 모든 자원을 활용하여 클라이언트의 역량을 실현해 나가도록 돕는 것이다(양옥경 외, 2005 : 467).

3. 주요 개념

1) 권한부여

권한부여는 전통적 힘(power) - '통제력 소유 혹은 다른 사람에 대한 영향력', '법적 혹은 행정적 권위, 능력 혹은 권위', '물리적 힘' - 에 대한 개념으로 정의할 수 있다(Webster's Ninth New Collegiate Dictionary, 1991 : 922 ; Browne, 1995 재인용). 전통적 모델에서 힘은 권리 및 자원, 기회의 분배를 결정하는 데 있어서 통제력을 갖는 것을 의미한다. 따라서 권한부여는 다른 사람들에 대한 통제력, 권위, 영향력의 소유일 뿐 아니라 스스로의 삶에 대한 통제력을 가지는 것을 의미한다(Browne, 1995 : 358-364).

2) 협력과 파트너십

권한부여 모델에서 클라이언트는 경험과 역량을 가진 원조과정의 파트너이다. 클라이언트를 돕는 과정의 파트너로 보는 것은 클라이언트를 특정한 잠재력을 가진 인간 및 자원으로 인식하여 클라이언트의 참여를 중시하고 변화노력의 전 과정에서 클라이언트의 자기결정권을 강조한다는 것이다. 즉, 클라이언트는 전문가적 파트너로서 변화과정에 능동적으로 참여하는 파트너이다. 그리고 사회복지와 클라이언트 간의 상호협력적 파트너십을 갖게 한다(양옥경외, 2005 : 475).

3) 역 량

역량(competence)이란 인간체계의 구성원을 돌보는 기능을 수행할 수 있으며, 다른 체계와 효율적으로 상호작용하고, 사회적·물리적 환경의 자원체계에 기여할 수 있는 능력을 말한다. 즉, 역량은 주위환경과 상호작용하기 위해 체계가 소유하고 있는 지식과 기술의 질(quality)로서 정의할 수 있다. 역량은 개인특성, 대인상호관계, 사회적·물리적 환경에서 비롯되는데, 이러한 세 차원이 잘 기능할수록 각 개인의 환경에 대처할 수 있는 역량은 향상된다(Miley, O'Melia, & DuBois, 1995 ; 양옥경 외, 2005 : 477).

4) 소비자

권한부여 모델은 클라이언트와 사회복지사의 관계를 협력과 파트너십을 강조한 수평적 파트너로 보고 클라이언트를 개입의 주체로 보기 때문에 자기결정권을 강조한다. 권한부여 모델은 클라이언트를 기존의 수혜자, 환자, 도움을 받는 사람들이라는 낙인으로부터 소비자(consumer)라는 개념으로 시각을 변화시킨 것이다. '소비자'라는 용어는 사회복지사와 클라이언트체계의 파트너십 내에서 클라이언트의 자기결정권 보호와 활동적 역할을 강조하는 것이다 (Gummer, 1983 ; 양옥경 외, 2005 : 476).

부록

각종 서식 및 재가 사례관리
운영지침

인테이크 기록지

접수연월일 :   년   월   일

담당 사회복지사 :   (인)

담당	과장	부장	관장

1. 가족 및 구성원

대 상 자 명		종교			주민번호		
대상자분류	아동·청소년( ), 노인( ), 장애인( ), 가족구성형태( )						
	일반수급( ), 조건부 수급( ), 자활특례( ), 차상위( ), 저소득( ), 일반( )						
	의료보장	의료보호 1종( ), 2종( ), 직장의료보험( ), 지역의료보험( )					
주 소							
전 화 번 호				의뢰경위			
	관계	성명	생년월일	직업	종교	동거여부	비고
가 족 사 항							

2. 스크리닝 판정 및 사유

판 정 결 과	( ) 잠재적 대상, ( ) 의뢰대상, ( ) 정보제공대상, ( ) 서비스 거부, ( ) 종결
판 정 사 유	

3. 가계도 / 생태도

가계도	생태도

4. 개인력 / 가족력

1) 개인력

2) 가족력

5. 가족 및 사회적 관계

6. 사회적 상황

경 제 상 황	(수입/생활비/저축/부채 등)
건 강 상 황	(장애/병력/진단 및 치료여부 등)
주 거 상 황	(주거형태/방/화장실/난방종류/채광/환기 등)
사 회 심 리 적 상 황	(생활상태/사회적 관계망/심리정서적 상태 등)

7. 일상생활수행능력(ADL, IADL)

8. 대상자 욕구

9. 자원활용상황

공식적 자원	비공식적 자원

10. 클라이언트 태도와 반응 및 사회복지사 의견

11. 서비스 계획

문제 및 욕구	서비스 계획

○○(종합)사회복지관

〈서식-2〉 사정도구틀

사정도구틀

대 상 자 명 :
일 　 　 시 :
담당사회복지사 :

담당	과장	부장	관장

영역	내용	평가기준	배점기준	평가	비고
경제상황(40)	수입(10)	최저생계비 기준 이하	10		
		최저생계비의 120% 이하	8		
		최저생계비의 150% 이하	6		
	지출(10)	수입의 90% 이상	10		
		수입의 80% 이상	8		
		수입의 70% 이상	6		
	주거형태(10)	가건물(비닐하우스 등)	10		
		월세	8		
		무료임대	6		
		전세	4		
		자가	0		
	부채(5)	재산의 30% 이상	5		
		재산의 30% 이하	2		
	법정기준(5)	의료보호 1종	5		
		의료보호 2종	4		
		조건부, 특례	3		
		저소득	2		
의료 및 건강(40)	장애 유무(10)	1급	10		
		2~3급	8		
		4~6급	6		
	질병정도(20)	만성질환(평생)	20		
		장기치료가 필요한 질병	16		
		단기치료가 가능한 질병	12		
	ADL(10)	하	10		
		중	5		
		상	0		
심리·사회영역(40)	생활상태(10)	독거	10		
		보호가 필요한 동거가족	8		
		동거가족	0		
	사회관계망(10)	전혀 없음	10		
		비공식지원체계	6		
		공식지원체계	4		
		공식+비공식지원체계	0		
	지지체계(10)	없음	10		
		있음　비정기	5		
		정기	0		
	심리·정서상태(10)	매우 불안	10		
		불안	5		
		안정	0		
사회복지사의 평가(40)		종합검토	0~40		
총점					
판정결과	□집중형(90% 이상), □일반형(80%-89%), □단순형(70%~79%)				
기타의견					

○○(종합)사회복지관

〈서식-3〉 요보호대상자 관리카드

요보호대상자 관리카드

작성일자   년   월   일

성 명		종교		주민번호	
주 소				연락처	

<table>
<tr><td rowspan="7">가 족 사 항</td><td>관 계</td><td>성 명</td><td>생년월일</td><td>직업</td><td>종 교</td><td>동거여부</td><td>비고</td></tr>
<tr><td></td><td></td><td></td><td></td><td></td><td></td><td></td></tr>
<tr><td></td><td></td><td></td><td></td><td></td><td></td><td></td></tr>
<tr><td></td><td></td><td></td><td></td><td></td><td></td><td></td></tr>
<tr><td></td><td></td><td></td><td></td><td></td><td></td><td></td></tr>
<tr><td></td><td></td><td></td><td></td><td></td><td></td><td></td></tr>
<tr><td></td><td></td><td></td><td></td><td></td><td></td><td></td></tr>
</table>

<table>
<tr><td rowspan="5">연 락 처</td><td></td><td colspan="2">주소</td><td>연락처</td></tr>
<tr><td>가   족</td><td colspan="2"></td><td></td></tr>
<tr><td>통·반장</td><td colspan="2"></td><td></td></tr>
<tr><td>사회복지
전문요원</td><td colspan="2"></td><td></td></tr>
<tr><td>기   타</td><td colspan="2"></td><td></td></tr>
</table>

<table>
<tr><td rowspan="2">주 거 사 항</td><td colspan="4">자가   전세   월세   무료   기타</td></tr>
<tr><td>방수</td><td>개</td><td>부엌</td><td>유·무</td></tr>
</table>

<table>
<tr><td rowspan="2">경 제 사 항</td><td>월 수 입</td><td>월</td><td>원</td><td>복지단체 후원금</td><td>월</td><td>원</td></tr>
<tr><td>정부지원금</td><td>월</td><td>원</td><td>기   타</td><td>월</td><td>원</td></tr>
</table>

원하는 욕구	
건 강 상 태	

<table>
<tr><td rowspan="2">사 회 복 지 사
의   견</td><td>서비스 대상판정</td><td>단순형   일반형   집중형</td></tr>
<tr><td></td><td></td></tr>
</table>

○○(종합)사회복지관

〈서식-4〉 서비스 계획

서비스 계획

대 상 자 명 :
일   시 :
담당사회복지사 :

담당	과장	부장	관장

클라이언트의 문제 및 욕구	결과목표	서비스 목표	서비스 실행방법

○○(종합)사회복지관

〈서식-5〉 서비스 동의서

서비스 동의서

담당	과장	부장	관장

1. 서비스 종류

서비스명	내용	비고	서비스명	내용	비고

2. 서비스 조정 및 중단

서비스 조정	·서비스 이용자에게 적절하지 않거나 서비스 제공목적에 어긋날 때 ·서비스 이용자의 부적절한 서비스 요구가 있을 경우
서비스 중단	·서비스 이용자가 서비스를 중단의 의사가 있을 경우 ·다른 지역으로 이주를 하였을 경우 ·3개월 이상 연락이 끊겼을 경우 ·타 기관과 서비스가 중복되었을 경우

3. 서비스 이용자의 의무

서비스 이용자는 신상의 어려움이나 경제적인 변동이 있을 경우 복지관에 알려야 하며, 어려움을 해결하기 위해 같이 노력하여야 한다.

서비스 제공일 :　　년　월　일 ~ 년　월　일

본 동의서는 ○○복지관에서 제공되는 서비스에 대하여 본 기관과 이○○님이 상호 협의한 내용이며, 매년 1월 재작성을 원칙으로 한다. 또한 서비스 제공에 있어 문제 및 어려움이 있을 경우 서비스 이용자와 복지관과의 상호 협의를 통하여 조정이 가능하다. (단, 생활에 큰 변화가 없을 시 다시 작성하지 않을 수 있다)

년　월　일

서비스 이용자 : ○○○ (인)　　담당 사회복지사 : ○○○ (인)

○○(종합)사회복지관

〈서식-6〉 서비스 점검표

서비스 점검표

대 상 자 명 :
일　　　시 :
담당사회복지사 :

담당	과장	부장	관장

계획목표	서비스 실행내용	서비스 이행 및 목표성취정도	사회복지사 의견
		① ② ③ ④	
		① ② ③ ④	
		① ② ③ ④	
		① ② ③ ④	
		① ② ③ ④	

욕구변화		
환경변화		
사회복지사 의견		☐ 재사정 ☐ 유　지

○○(종합)사회복지관

〈서식-7〉재사정기록지

재사정기록지

재사정연월일 :　　　년　　월　　일
담당 사회복지사 :　　　　　　(인)

담당	과장	부장	관장

클라이언트 개인사항							
관 리 번 호		성명		종교		주민등록번호	
대 상 자 분 　 류	아동·청소년( ), 노인( ), 장애인( ), 가족구성형태(　　　　　　　　　)						
	일반수급( ), 조건부수급( ), 자활특례( ), 차상위( ), 저소득( ), 일반( )						
	의료보장	의료보호 1종( )·2종( ), 직장의료보험( ), 지역의료보험( )					
주　　　소					전화번호.		
가 족 사 항	관계	성명	생년월일	직업	종교	동거여부	비고
재 사 정 유 　 형	( ) 새로운 욕구가 발생 ( ) 긴급한 상황이 발생 ( ) 기타		재사정 요인	( ) 클라이언트에 의한 요인 ( ) 기관과 사회복지사에 의한 요인 ( ) 자원과 환경에 의한 요인			
클라이언트 변 화 욕 구	(클라이언트의 재사정이 필요하게 된 욕구나 상황)						
서 　 비 　 스 제 공 및 문 　 　 제	(클라이언트에게 제공된 서비스와 문제)						
사회복지사 의 　 견							
재사정결과	( ) 종결 ( ) 서비스 재계획 ( ) 의뢰 ( ) 현 상태 유지						
향 후 계 획							

○○(종합)사회복지관

〈서식-8〉 사례관리평가서

사례관리평가서

담 당	과 장	부 장	관 장

관 리 번 호		성명		주민등록번호		
주 소				등록일		

평 가 내 용	서비스 내용	계획의 적합성	결과목적달성	효과성	만족도
	서비스 1				
	서비스 2				
	서비스 3				
	서비스 4				

평 가 결 과 및 이 유	( ) 종결 ( ) 재사정 ( ) 의뢰 ( ) 유지

평가일		담당사회복지사	

○○(종합)사회복지관

〈서식-9〉 의뢰서

의 뢰 서

○○○○기관 담당자 :

성　　　명		성별		주 민 등 록 번 호	
주　　　소				연　락　처	
의 료 보 장				장 애 등 급	
보　호　자				대상자와의 관계	

의 뢰 사 유	

클 라 이 언 트 상　　　태	

상기인을 귀 기관에 의뢰하오니 적극 협조 부탁드립니다.

년　　월　　일

○○(종합)사회복지관

담당자 :
연락처 :

첨부서류 1. 요보호대상자 카드
　　　　 2. 서비스 계획서
　　　　 3. 서비스 제공내역서

〈서식-10〉 가족서비스 신청서

가족서비스 신청서

신청일 : 20   년 월 일   NO.

성 명		성별	남 · 녀	주민등록번호	
주 소					
전화번호	H. C.P.		학력		종교	
참여경로					

가족사항

관계	성명	연령	동거여부	특이사항(건강, 장애, 성격, 특징 등)

생활상태	보호구분	□수급자 □조건부 수급자 □저소득 □일반
	경제상황	월수입금액(만 원), 주 수입원(원) (정부보조금 : 만 원)
	주거상황	□자가 □전세(만 원) □월세(/) □기타( ) (방 개)

도움받고 싶은 내용	

사례관리자 :   (인)   슈퍼바이저 :   (인)

○○종합사회복지관

〈서식-11〉 전화상담기록지

전화상담기록지

사례번호 :

200 년 월 일(: ~ : /총 분)				
클라이언트	성별	연령	주거지	생활정도
	남 · 녀	세		

상담내용분류
대인관계/성격문제/부부문제/자녀문제/진로문제/약물 · 알코올문제/정보제공/
기타()

클라이언트 호소내용

사회복지사 대처내용

사회복지사 소견 및 사후계획

접수자 :　　　　　(인)　　　　　　　　슈퍼바이저 :　　　　　(인)

○○종합사회복지관

〈서식-12〉 초기면접상담기록지

초기면접상담기록지

접수번호 :   접수일시 : 20   년   월   일

클 라 이 언 트		연령		성별	
연 락 처		주소			
가 족 구 성 원					
의뢰(참여) 경위					
주 호 소 문 제					
사 회 복 지 사 소 견					
상 담 결 과	서비스 계획 · 주 서비스 내용 : · 담당직원 :				
	타 기관의뢰 · 의뢰기관 : · 의뢰사유 :				

사회복지사 :   (인)   슈퍼바이저 :   (인)

○○종합사회복지관

〈서식-13〉 상담일지

상담일지(차)

상담일 : 20 년 월 일   NO.

클 라 이 언 트		회기		시간	
장　　　　소		서비스 내용			
클라이언트가 지각한 문　　　　　　제					
클라이언트의 욕구					
회기 내 클라이언트 의 강점 및 자원					
개　입　계　획					
사 회 복 지 사 소 견					
사회복지사 : (인)			슈퍼바이저 : (인)		

○○종합사회복지관

〈서식-14〉 상담축어록

상담축어록

1. 상담개요

1) 클라이언트 :   (성별 :   연령 :   세)

2) 종교 :

3) 직업(클라이언트가 원하는 만큼) :

4) 클라이언트에 대해 이미 안 사실들 :

5) 상담 준비 및 계획 :

6) 첫 느낌-방문 시 상황(처음 만났을 때 내담자의 태도, 표정, 옷차림 등) :

2. 상담대화과정 기록

1) 사회복지사 1 :

　　클라이언트 1 :

2) 사회복지사 2 :

　　클라이언트 2 :

3) 사회복지사 3 :

　　클라이언트 3 :

3. 사회복지사의 견해

　-상담내용의 분석 : 상담내용이 의미하는 바 요약, 클라이언트에 대한 이해, 해석 등

　-분석에 따른 전문적 소견

4. 차기계획

　-다음 상담에서 고려할 사항

　-과제

사례관리자 :   (인)   슈퍼바이저 :   (인)

〈서식-15〉 가족체계사정표

가족체계사정표

가족이름 :

1. 가족체계를 이루는 가족구성원의 이름을 전부 적으시오.

2. 성, 세대, 기능, 애정, 흥미, 특성 등에 따라 가족을 하위체계로 나누시오.

3. 가족체계가 이루는 가족경계를 1~10점 범위에서 평가하시오.

    〈외부경계〉 1----2----3----4----5----6----7----8----9----10
    　　　　　개방　　　　　　　　　　　　폐쇄

    〈내부경계〉 1----2----3----4----5----6----7----8----9----10
    　　　　　개방　　　　　　　　　　　　폐쇄

4. 가족체계의 기능을 1~10점 범위에서 평가하시오

    　　　　1----2----3----4----5----6----7----8----9----10
    　　　　역기능적　　　　　　　　　　　기능적

5. 가족구성원의 역할을 적어 보시오. 각 역할에 대해 가족구성원의 자존감을 증진시키는 역할에는 +를, 가족구성원의 자존감을 저하시키는 역할에는 −를 표시하시오.

6. 가족 내에 역할갈등이 존재하는가? 갈등이 있다면 어떤 갈등인가?

7. 가족의 의사소통유형은 어떠한가?

8. 가족체계와 다음 체계와의 관계를 평가하시오.

    1) 확대가족(친지)　2) 주거　　　　　3) 의료　　　　4) 정신건강

    5) 직업　　　　　6) 학교　　　　　7) 법률기관　　8) 오락

    9) 지역사회　　10) 문화, 종교기관　11) 친구　　　12) 사회복지기관

9. 가족규칙은 무엇인가?

〈서식-16〉 서비스 관리표

서비스 관리표

상담자명 :   작성일   년   월   일

기본서비스	월	화	수	목	금	토	일
이른 아침							
아 침 식 사							
오 전							
점 심 식 사							
오 후							
저 녁 식 사							
야 간							

(비고) 홈헬퍼의 업무내용 :

주간보호서비스의 내용 :

그 외의 서비스

건강기관 :

교통수단 :

경제 면 :

사회·생활·정신 면 :

주의사항 :

특히, 가정방문에 있어서 주의할 점 :

상담내용 (주요문제)

· 케어를 원하고 있는 것

· 해결해야 할 문제점, 케어를 원하고 있는 문제점

〈서식-17〉 지역사회자원목록표

지역사회자원목록표

사례번호 :　　　　　　　　클라이언트명 :　　　　　　　CM :

구분	번호	기관명	지원내용	연락처	담당자명
공식자원	동사무소				
	의료자원				
	종교단체				
	사회복지기관				
	기타				
비공식자원	가구원				
	친척				
	이웃				
	후원자				
	기타				
기타					

○ ○ 종합사회복지관

참 | 고 | 문 | 헌

권진숙·전석균 역(1999), 『사례관리』, 하나의학사.

김기태(1993), 『위기개입론』, 대왕사.

김동배·권중돈(1998), 『인간행동과 사회복지실천론』, 학지사.

김만두 역(1992), 『케이스워크 관계론』, 홍익재.

김만두 편역(1993), 『사례관리실천론』, 홍익제.

김유숙(1998), 『가족치료 : 이론과 실제』, 학지사.

김유순·이영분 역(1992), 『가족분석가계도』, 홍익제.

김융일 외(1995), 『사회사업실천론』, 나남출판사.

김융일·조흥식·김연옥(2005), 『사회복지실천론』, 나남출판사.

김정희·이창호 공역(1992), 『현대심리치료』, 중앙적성출판사.

김혜란·홍선미·공계순(2002), 『사회복지실천기술론』, 나남출판사.

남세진·조흥식(1997), 『집단지도방법론』, 서울대학교 출판부.

문인숙 외 역(1985), 『임상사회복지학』, 집문당.

박미은(1996), "학대받은 아내의 심리사회적 대응과정과 사회사업적 임파워먼트," 『정
　　　신보건과 사회사업』 제3집.

박종삼 외(2006), 『사회복지학개론』, 학지사.

보건복지부, 『보건복지백서 2003』.

송성자(1997), "한국문화와 가족치료 : 해결중심 가족치료 적용," 『한국사회복지학』 32.

송정아·최규련(1997), 『가족치료의 이론과 기법』, 하우.

양옥경 외(1995), 『사회복지실천과 윤리』, 한울아카데미.

양옥경 외(2004), 『사회복지 윤리와 철학』, 나눔의 집.

양옥경 외(2005), 『사회복지실천론』, 나남출판사.

엄명용 외(2006), 『사회복지실천의 이해』, 학지사.

윤현숙 외(2001), 『사회복지실천기술론』, 동인.

이인정·최해경(1998), 『인간행동과 사회환경』, 나남출판사.

이경남 외(2008), 『사회복지실천론』, 학지사.

이원숙(2008), 『사회복지실천론』, 학지사.

이종복·전남련(2006), 『인간행동과 사회환경』, 양서원.

이창호·최일섭(1993), 『사회계획론』, 나남출판사.

이필환 외 역(2000), 『사회복지실천이론의 토대』, 나눔의 집.

장인협(1995), 『재방화 시대의 지역복지실천방법론 : 케어 / 케이스관리』, 서울대학교 출판부.

장인협(1996), 『사회복지학 개론』, 서울대학교 출판부.

장인협·문인숙 역(1983), 『사회복지의 원리와 방법』, 집문당.

장인협·이혜경·오정수(1999), 『사회복지학』, 서울대학교 출판부.

전남련·김혜금(2006), 『부모교육론』, 형설출판사.

전재일 외(2004), 『사회복지실천론』, 형설출판사.

전재일(1981), "사회사업 실제의 통합적 접근방법에 관한 연구," 『사회복지연구』 10.

전재일(1981), "사회사업실제에 있어서 가치관, 사회복지연구," 한사대학 사회복지연구소.

정원식·박성숙·김창대(1999), 『카운슬링의 원리』, 교육과학사.

정진영·황성철 외 역(1998), 『현대 집단사회사업』, 학문사.

조현춘·조현재 공역(1996), 『심리상담과 치료의 이론과 실제』, 시그마프레스.

조홍식 외(2001), 『사회복지실천분야론』, 학지사.

조휘일·이윤로(1999), 『사회복지실천론』, 학지사.

조휘일·이윤로(2003), 『사회복지실천론』, 학지사.

최경화 외(2010), 『사회복지실천론』, 신정.

최성연(1997), "정신질환자를 위한 사례관리 업무개발에 관한 연구," 서울여대 대학원 석사학위논문.

최일섭·류진석(1999), 『지역사회복지론』, 서울대학교 출판부.

한국정신보건 사회사업학회 내부자료(2005).

허남순 외 역(2004), 『사회복지실천이론과 기술』, 나눔의 집.

Alexander, C.(1977), "Social Work Practice : A university conception," *Social Work*, Sep.

Alissi, A. S.(1965), Social influences on Group Values, *Social Work*, 10(11).

Alissi, A.(1980), Social group work : Commentments and perspectives, In A. Alissi(Ed.), *Perspectives on social group work practice*, New York : The Free Press.

Anderson, R. E. & I. E. Carter(1984), *Human Behavior in the Social Environment : A Social Systems Approach*, Chicago : Aldine.

Barker, R. L.(1995), *Social Work dictionary(3rd ed)*, Washington, DC : NASW press.

Bartlett, H. M.(1970), *The Common Base of Social Work Practice*, New York : National Association of Social Workers.

Berlin, S. B.(1982), Cognitive-behavioral intervention for social work practice, *Social Work*, 3.

Biestek, E. P.(1957), *The Casework Relationship*, Illinois : Loyola Univ. Press.

Biestek, E. P.(1973), *The Casework Relationship*, London : Unwin University Books.

Boehem, W. W.(1958), The nature of social work, *Social Work*, 3(2).

Bowers, S.(1949), *The Nature and Definition of Social Casework*, New York : Family Service Association of America.

Brammer, L. M.(1979), *The helping relationship : Process and skills(2nd ed.)*, Englewood Cliffs, N.J. : Prentice-Hall.

Brieland, D.(1977), "Historical overview," *Social Work*, Sep.

Brown, L. & J. Levitt(1979), "A Methodology for Problem : System Identification," *Social Casework*, 60.

Browne, C. V.(1995), "Empowerment in Social Work Practice with Older Women," *Social Work*, 40(3).

Bruce, A. T. & P. Fedric(1997), "Behavioral and Cognitive Theories," in *Theory and Practice in Clinical Case Studies*. Harper & Row.

Carkhuff, R. R.(1971), *The Development of human Resources*, New York : Holt, Rinehart & Winston, INC.

Cohen, N. E.(1958), *Social Work in the American Tradition*, NY : Dryden.

Compton, B. R. & B. Galaway(1994), *Social Work Processes(5th ed.)*, Belmont : Wadsworth.

CSWE(1994), *Handbook of Accreditation Standards and Procedures*, Alexandria, Va : Author.

Darvil, G. & B. Munday(1984), *Volunteers in the Personal Social Services*, NY : Tavistock.

Dobson, K. S. & L. Block(1988), Historical and Philosophical bases of the cognitive-behavioral therapies, In Dryden, W. & Ellis, A.(1988), Rational-Emotive therapy, In *Handbook of Cognitive-Behavioral Therapies*, New York : Guilford.

Dolgoff, R., D. Feildstein, & L. Skolnik(1997), *Understand Social Welfare*, NY : Longman.

Ellis, A.(1962), *Reason and emotion in psychotherapy*, New York : Stuart.

Ellis, A.(1982), *Rational-Emotive Theory and Cognitive Behavior Therapy*, NY : Springer.

Epstein, L.(1992), *Brief Treatment and a New Look at the Task-Centered Approach*, Macmillian Publish Company.

Friedlander, A. Walter(1961), *Introduction to Social Welfare(2nd ed.)*, Englewood Cliffs, N.J. : Printice Hall.

Germain, C. & A. Gittermann(1980), *The Life Model of Social work practice*, New York : Colombia University press.

Gilliland, B. & R. James(1997), *Crisis Intervention Strategies*, Brooks/Cole.

Goldenberg, I. & H. Goldenberg(1985), *Family therapy : An overview*, CA : Brooks/cole.

Goldstein, E. G.(1984), *Ego psychology and Social Work practice*, New York : Free Press.

Goldstein, H.(1973), *Social Work Practice : A Unitary Approach*, Columbia : Univ. of South Carolina Press.

Gordon, T.(1975), P. E. T. "Parent Effectiveness Training," *The tested new way to raise responsible children*, A plum book, New American library, New York and Scarborough, Ontario.

Greenwood, E.(1957), "Attributes of a Profession," *Social Work*, Jan.

Gummer, B.(1983), "Consumerism & clients rights," in A. Rosenblatt, & D. Waldfogel(Eds.), *handbook of clinical Social Work*, San Francisco.

Haley, J.(1973), *Problem Solving Therapy*, San Francisco : Jossey-Bass.

Hamilton, G.(1954), "Self-Awareness in Professional Education," *Social Case Work*, Nov.

Hepworth, D. H. & J. A. Larsen(1997), *Direct Social Work Practice : Theory and Skills*, Pacific Grove : Brooks/Cole.

Howe, D.(1992), *An Introduction to Social Work theory*, 장인협 감역·김인숙 외 공역, 『사회사업 이론 입문』, 집문당.

Hurvitz, N.(1975), "Interactions hypotheses in marriage counseling," in A. Gurman & D. Rice(Eds.), *Couples in Conflict*, NY : Jason Aronson.

Intragliata, J.(1982), "Improving the quality of community care for the chronically mentally disabled : The role of case management," *Schizophrenia Bulletin*, 8(4).

Johnson, L. C.(1989), *Social Work Practice(3rd ed.)*, Massachusetts : Allyn and Bacon.

Johnson, L. C.(1995), *Social Work Practice : A Generalist Approach(5th ed.)*, Boston : Allyn and Bacon.

Johnson, L.(1982), *Social work practices*, Boston : Allyn & Bacon Inc.

Johnson, P. J. & A. Rubin(1983), "Case Management in Mental Health : A social work Domanin?" *Social Work*, 28(1).

Kadushin, A.(1972), *The Social Work Practice : A Generalist Approach*, Boston : Allyn & Bacon Publishers.

Kagle, J.(1991), *Social Work Records(2nd ed.)*, Prespect Heights : Waveland Press.

Kahn, A. J.(1973), *Social Policy and Social Planning*, New York : Random House.

Keefe, T.(1976), "Empathy : The critical skill," *Social Work*, Vol. 21. Jan.

Kirst-Ashman, K. & G. Hull(1993), *Understanding generalist Practice*, Chicago : Nelson-Hull Publishers.

Klein, A.(1972), *Effective group work*, New York : Association Press.

Kohs, S. C.(1966), *The Roots of Social Work*, New York : Association Press.

Lazarus, A. A.(1976), *Multimodal behavior therapy*, New York : Springer.

Levy, C.(1973), "The Value Base of Social Work," *Journal of education for Social Work*, Jan.

Loewenberg, F. M. & R. Dolgoff(1996), *Ethical Decisions for Social Work Practice(5th ed.)*, Itasca, Il : F. E. Peacock.

Mattison, M.(1997), *Ethical Decision Making in Social Work Practice*, Paper Presented at the 15th annual Baccalaureate Program Directors Conference, Philadelphia, October.

Meyer, C. H.(1983), *Clinical Social Work in the Eco-System*, Perspective, N.Y. : Columbia University Press.

Miley, K. K., M. O' Melia, & B. L. DuBois(1995), *Generalist Social Work Practice : An Empowering Approach*, Boston : Allyn and Bacon.

Minuchinm, S.(1974), *Families and family therapy*, Cambridge : Havard Univ. Press.

Moore, S. T.(1987), The capacity to care : A Family focused approach to social work practice with the disabled elderly, *Journal of Gerontological Social Work*, 10.

Moore, S. T.(1990), A social work practice model of case management : The case management gird, *Social Work*, 35(5).

Morales, A. & B. A. Sheafor(1980), *Social Work*, Boston : Allyn and Bacon.

Moxely, D. P.(1989), *The Practice of case management*, Stage Publications, Inc.

NASW(1958), "Working Definition of Social work practice," reprinted in donald Brieland, "Historical overview," *Social Work*, Sep.

NASW(1974), "Social Casework : Generic and Specific" (A Report of the Milford Conference of 1929), reprinted in *National Association of social Workers Classics Series*, Washington D.C. : NASW.

NASW(1995), *Encyplopedia of Social Work*, Maryland : NASW.

Nichols & Schwartz(1995), *Family therapy : Concepts and methods(3rd ed.)*, Boston : Allyn and Bacon.

Northen, H.(1969), *Social Work with Groups*, NY : Columbia Univ. Press.

Parker, R.(1987), *Social Work Dictionary*, National Association of Social Workers.

Perlman(1957), *Social Casework : A Problem-Solving Process*, Chicago : The University of Chicago Press.

Perlman, H. H.(1979), *Relationship : The heart of helping people*, Chicago : University of Chicago Press.

Pincus, A. & A. Minahan(1973), *Social work practice : Model and method*, Itasca, IL : Peacock Publishers.

Reamer, F. G.(1992), "Social Work and the Public Good : Calling or Carrier?" in P. N. Reid

& P. R. Popple(eds.), *The Moral Purposes of Social Work : The character and Intentions of a Profession*. Chicago : Melson-Hall.

Reaner, F. G.(1999), *Social Work Value and Ethics(2nd ed.)*, NY : Columbia Univ. Press.

Richmond, M. E.(1917), *Social Diagnosis*, New York : Rusell Sage Foundation.

Richmond, M. E.(1922), *What is Social Casework?*, New York : Russell sage Foundation.

Rogers, C. R.(1959), A theory of therapy, personality and interpersonal relationship, as developed in the person-centered framework, in S. Koch(Ed.), *Psychology : A study of science*, Vol. 3, New York : McGraw-Hill.

Rothman, J.(1991), A Model of case management : toward empirically based practice, *Social Work*, 36(6), Silver Spring, MD : NASW.

Satir, V.(1972), *People making*, Palo Alto, CA : Science and Behavior Books, Inc.

Scherz, F.(1967), The crisis of Adolescence in Family Life, *Social Casework*, 48.

Schrez, F. H.(1952), "Intake : Concept and Process." *Journal of Social Casework*, 33(4).

Sheafor, W. B., R. C. Horejsi, & A. G. Horejsi(1991), *Technique and Guideline for Social Work Practice(2nd ed.)*, Boston : Allyn and Bacon.

Sheafor, W. B., R. C. Horejsi, & A. G. Horejsi(1997), *Technique and Guidelines for Social Work Practice*, Boston : Allyn and Bacom.

Shulman(1979), *The Skills of helping Individuals and Groups*, Itasca : F. E. Peacock Publishers, Inc.

Siporin, M.(1975), *Introduction to Social Work Practice*, New York : Macmillan Publishing Co., Inc.

Specht, H. & A. Vickery London(1980), *Integrating Social Work Method*, George Allen & Unwin.

Steinberg, R. M. & Carter, G. W.(1983), *Case management for planning and administering Programs*, Lexington, MA : Lexington Books.

Toseland, R. W. & R. Rivas(1995), *An introduction to group work practice*, Boston : Allyn and Bacon.

Vinter, R.(1959), *Group Work's Perspectives and Prospects. in Social Work with Group*, New York : NASW Press.

Whitaker, W. H. & R. C. Federico(1977), *Social Welfare in Today's World*, NY : McGraw-Hill.

Wilensky, H. L. & C. N. Lebeaux(1965), *Industrial Society and Social Welfare*, New York : Free Press.

Willams, R. M., Jr(1952), *American Society*, New York : Alfred A. Knopf.

Wilson, S. J.(1976), *Recording : Guidelines for Social Works*, New York : The Free Press.

Woods, M. E.(1996), Psychosocial theory and social work treatment, In F. J. Turner(Ed.), *Social Work Treatment(4th ed.)*, New York : The Free Press.

Yalom, I. D.(1975), *The theory and practice of group psychotherapy*, NY : Basic Books.

Zastrow, C.(1987), *Social Work with Groups*, Chicago : Nelson-Hall.

Zastrow, C.(1989), *The Practice of Social Work*, Chicago : The Dorsey Press.

찾 | 아 | 보 | 기

1. 전 남 련

중앙대학교 대학원 유아교육학과 졸업(문학 석사)
평택대학교 대학원 사회복지학과 졸업(사회복지학 박사)
(전) 동남보건대학, 서라벌대학, 삼육간호대학, 고려대학교 사회교육원, 평택대학교 사회복지대학원,
　　　평택대학교 평생교육원, 제주관광대학, 한라대학, 덕성여대 평생교육원, 한국방송통신대학교,
　　　수원여자대학 외래교수
(현) 평택대학교 외래교수
　　　글로벌 멘토링 연구회 회장
(저서) 아동복지(2004), 영유아보육개론(공저, 2005), 보육실습의 실제(2003)
　　　　보육학개론 (공저, 2006), 인간행동과 사회환경(공저, 2006)
　　　　보육실습일지(2003), 사회복지실천론(공저, 2006), 지역사회복지론(공저, 2009)
　　　　사회복지개론(공저, 2009), 사회복지실천기술론(공저, 2007)
　　　　사회복지 프로그램 개발과 평가(공저, 2009), 사회복지행정론(공저, 2009)
　　　　사회복지조사론(공저, 2009) 외 다수

2. 이재선

서강대학교 공공정책대학원 졸업(석사)
평택대학교 대학원 사회복지학과 박사과정 중
(전) 녹번종합사회복지관, 갈산종합사회복지관 관장
(현) 계양구노인복지관 관장, 한국사회복지사협회 기획정책위원
　　　한국노인종합복지관협회 정책개발연구위원
　　　인천사회복지협의회 정책기획위원회 부위원장, 글로벌멘토링연구회 연구원
　　　평택대학교, 인천시민대학, 수원대학교, 안산공대 외래교수
(저서) 사회복지현장실습(공저, 2010), 사회복지개론(공저, 2010),
　　　　지역사회복지론(공저, 2010)

3. 정명희

호서대학교 사회복지학(석사)
평택대학교 대학원 사회복지학과 졸업(박사)
(현) 성결대학교 사회복지학과 객원교수
　　　안양시 비산사회복지관 관장
　　　한국다문화총연합회(KMC) 사무총장
　　　(사) 한국다문화사회연구소 대표이사
　　　글로벌 멘토링 연구회 연구원
(저서) 초중고생을 위한 알기쉬운 다문화 교과서(경기북부 다문화 교육센타, 2009)
　　　　알기쉬운 다문화교육 – 일반인편(양서원, 2010)
　　　　사회복지실천론(2011, 양서원)

4. 김치건

숭실대 대학원 사회복지학과 졸업(석사)
성균관대 대학원 사회복지학 박사과정 중
(현) 한국심리검사연구소 선임연구원
　　　한국직업능력개발원 연구원
　　　부천아동발달센터 책임연구원
　　　글로벌 멘토링 연구회 연구원
　　　한국사이버대 사회복지학과 외래교수
　　　cybermba 평생교육원 강사

5. 최홍성

단국대학교 교육대학원 졸업(석사)
평택대학교 사회복지대학원 졸업(석사)
평택대학교 대학원 사회복지학과(박사과정 수료)
(전) 오산대학교 멀티미디어정보학과 강사
(현) 오산정보고등학교 교사
　　　글로벌 멘토링 연구회 연구원
(저서) 인간행동과 사회환경(공저, 2010)
　　　　지역사회복지론(공저, 2010)

6. 오영식
평택대학교 사회복지대학원 졸업(석사)
(현) 제주시 노인일자리사업 자문위원
　　　재단법인 국제평생교육개발원 이사
　　　글로벌 멘토링 연구회 연구원
(저서) 사회복지행정론(공저, 2009)
　　　인간행동과 사회환경(공저, 2010)

7. 홍성휘
대전대학교 산업경영대학원 사회복지과 졸업(석사)
(전) 경북대학교 평생교육원 강사
　　　이라크 의료지원단 선발대장 및 부단장
(현) 글로벌 멘토링 연구회 연구원
(저서) 사회복지개론(공저, 2011)

8. 김연옥
숭실대학교 교육대학원 유아교육과 졸업(석사)
상명대학교 정치경영대학원 사회복지과 졸업(석사)
백석대학교 기독교전문대학원 사회복지과 졸업(박사)
(전) 예지유치원 원장
(현) 예영어린이집 원장
　　　고구려대학교 보건복지과 겸임교수
　　　글로벌 멘토링 연구회 연구원
(저서) 보육학개론(공저, 2011)

사회복지실천론

발행일　2011년 8월 10일 초판인쇄
　　　　2011년 8월 20일 초판발행

공저자　전남련 외 7인
발행인　황인욱
발행처　圖書出版 오래

주　소　서울특별시 용산구 한강로 2가 156-13
전　화　02-797-8786, 8787, 070-4109-9966
팩　스　02-797-9911
이메일　orebook@naver.com
홈페이지　www.orebook.com
출판신고번호　제302-2010-000029호. (2010. 3. 17)

ISBN　978-89-94707-37-2

가 격　20,000원